法律风险管理中的识别、评估与解决方案

THE PERFECT PREVENTION

The Identification, Assessment, and Solution of the Legal Risk Management

吴江水 著

完美的防范

——法律风险管理中的识别、评估与解决方案

北京大学出版社
PEKING UNIVERSITY PRESS

序

感谢上帝,让我有能力、信心和时间去写完这本书。

十年前,当我在一家大型企业担任法律顾问时,每周都要应对大量的法律事务。由于传统的律师工作模式常会错过处理问题的最佳时机、仓促上阵往往影响工作质量,而日常的许多重复劳动又耗费了大量的工作时间,于是开始思考如何既提高工作的质量、效率,又能及早发现和处理问题。

企业的许多重大损失源于简单的低级错误,如果能够及早发现,完全可以用最简单、最有效、最经济的方法予以避免。这类足以招致损失的低级错误在企业中比比皆是,因而是风险控制机制问题而非单纯的法律问题。尤其是当我攻读企业管理研究生,在对企业行为、企业模式以及效率、质量等问题有了更深的理解后,更使我深信这一点并着手设计企业从事法律风险防范时的工作模式和方法。

2003年下半年,对某集团为期四个多月的尽职调查,使我开始了全面的法律风险管理实践。通过零距离接触第一线的车间、污水处理厂、员工宿舍等地,使长达数万字的法律风险状况报告在深度和广度上超出了企业的预料。该项目验证了我对项目的系统化程度、工作深度、法律风险分类方式,以及各类工作的具体操作方法。而在此后实施的项目中,又分别验证了不同的假设和方案,本书提及的制度及流程、文本体系以及诸多管理工具的运用,均为实践检验的结果。

当拙著《完美的合同》第一版于2006年面市后,我便开始构思这本书。由于参与编撰全国律师执业基础培训指定教材《律师执业基本技能》中的《合同业务基本技能》并担任教材的副主编,使这本书直到2007年下半年才正式启动。撰写期间,我的朋友、外教查询了国外多处法律信息或图书网站,甚至是大学图书馆,但均未找到法律风险基本理论及操作方法,各类著述均从具体领域法律风险入手,探讨的仍属法律问题而非法律风险的管理。

在将多年的实践经验和心得转化为理论体系及操作模式过程中,充满了设想、推敲、完善的循环。其中的法律风险基本要素曾长期不得其解,直到去年春节在海南度假,身处温泉孤对湖水时才豁然开朗,将其归为主体、环境、行为,使锁定、分析法律风险有了确切的操作方法。正因如此,我相信这本源于实践并用于实践的书,能够理清许多界限,促进这个领域基本理论及操作模式的成形。而法律风险管理,也将自此不再被用于或被当成对传统法律服务的包装。

本书并不在于揭示某一具体领域的法律风险如何,或蜻蜓点水式地加以简单列举,而是告诉人们怎样才能全面、系统、深入地识别、评估各类法律风险,以及如何设计解决方案、实现有效的法律风险管理。强调以事前控制的方法从制度、流程、文本角度提高工作效率、减少重复劳动、确保法律安全。其中的许多范例已经足够详细,且可在实践中直接借用。

法律风险管理涉及法律、风险、管理三个领域,因此本书仅部分提及法律,并大量涉及其他领域。而在具体法律风险中,合同法律风险是企业最为常见的法律风险,因此在范例中多有提及。

本书的部分内容已经陆续发表在中华全国律师协会经济专业委员会年会,以及本人创办的法律风险管理网(www.legal-risk.cn),相关内容应以本书为准。

由于水平及时间所限,读者朋友如发现本书的不当之处请及时通过本人的邮箱不吝赐教以利不断的完善和提高。通过这本书的抛砖引玉,相信这一领域的研究和交流会不断加深并使其理论更为完善。绝对完美的防范可能并不存在,但我们必须不懈地追求,才能使企业法律风险管理日臻完美,以减少法律风险不利后果带来的各种消极影响、实现企业利益的最大化、法律风险的最小化。

在从事法律风险管理的研究与实践过程中,曾得到中华全国律师协会及其经济专业委员会的大力支持,在此表示感谢。

在本书的撰写过程中，理想国际控股集团及总裁唐新民先生提供了清静、舒适、明亮的办公环境，助理王芳竹为本书的撰写在资料检索、附图绘制、全书校对、版权登记等方面提供了大量的帮助，朋友杨励在移居美国后仍为本书的目录等提供了完美的英译，北大法律信息网提供了全程法律信息支持，在此一并表示感谢！

同时，感谢夫人邵瑛女士主动承担了所有家务，使我能够集中精力撰写书稿。也在此感谢女儿逸飞，她的快乐性格总能将我从身心的疲惫中解脱出来，去续写下一个主题。

荣耀归于神，平安归于神所喜悦的人！

2009 年 8 月　于北京

内容提要

法律风险是什么？法律风险管理又是什么？法律风险管理分为哪些步骤、哪些工作内容？长期以来，法律人对于这些措词早已耳熟能详却又语焉不详。而这些，则正是本书所要探讨和分析的内容。

虽然法律风险的提法出现在中国内地已经十年有余，如果不能透彻地理解其内在规律并建立理论基础，也就无法最为有效地应对法律风险。为此，本书综合分析了法律风险的概念、特征、种类等内容，并以主体、环境、行为三要素的方式，为识别和理解法律风险提供了行之有效的方法。

目前的法律风险评估、法律风险防范等提法，同样也已存在多年而且众说纷纭，代表了整个社会的认识过程。但它们更应被称为法律风险管理，因为这样更能揭示它的内涵，也更能与国外的研究及提法接轨。但法律风险管理并非只是一个新的包装，它包含了将企业管理与法律风险管理融为一体的理念和识别、评估、设计、执行、改进五个基本要素以及相应的工作内容、工作目标。

本书的前两章分别探讨了法律风险和法律风险管理两个基本概念，而后续四章则将法律风险管理要素分别纳入法律风险的识别、评估、解决方案、执行及改进四个主题,并详细讨论了具体的工作原理及方法。如果没有这些环节,法律风险管理只能涉及皮毛,甚至只是对传统业务的包装。

识别法律风险必须依靠深入的尽职调查和专业的工作态度及方式,才能全面、细致地从诸多第一手资料中分析出企业法律风险之所在。完整、全面的法律风险识别是后续工作的基础和质量保障,仅凭经验的简单列举根本不可能全面地揭示直接及关联的法律风险,企业的防御体系也必然会漏洞百出。

而法律风险的评估则需要设定不同的维度,并以定性及定量分析相结合的方式看清企业法律风险全貌。特别是要据此解决法律风险事件发生频度与不利后果严重程度之间的平衡,使企业能够集中资源解决更为重要的法律风险。

设计法律风险解决方案不仅要考虑法律风险的重要程度,还要考虑企业的发展战略及诸多因素的平衡,而不仅仅是提供一套方案令企业削足适履。解决方案的最终体现应该是制度、流程、文本等,以便于融入企业管理解决方案之中,实现企业管理与法律风险管理的合二为一,使管理的效率及效益得到倍增。

法律风险管理的最后落实是对解决方案的宣贯执行和循环改进。在这一阶段所遇到的是企业普遍存在的执行力问题,本书围绕这一问题也展开了一定的探讨,以帮助企业通过培训、循环改进等方式不断提高企业的法律风险管理水平。此外,本书将合同管理及非企业组织的法律风险管理列入本章以供参考。

目 录

第一章 法律风险概说

本章提示 ... 001

第一节 对于法律风险的理解 ... 002
一、法律与法律风险 ... 002
二、法律风险的概念及要素 ... 004
三、法律风险的特征 ... 006
四、法律风险的四大种类 ... 008

第二节 法律风险主体 ... 011
一、法律风险主体的范围 ... 011
二、法人法律风险主体 ... 013
三、自然人法律风险主体 ... 016
四、其他组织法律风险主体 ... 019

第三节 法律风险环境 ... 021
一、法律风险环境的要素 ... 021
二、我国的法律体系 ... 024
三、具体主体的法律规范环境 ... 027
四、对于法律风险环境的选择 ... 028

第四节 法律风险行为 ... 030
一、法律风险主体的设立行为 ... 031
二、法律风险主体经营中的行为 ... 034
三、法律风险主体的非常态行为 ... 037
四、法律风险主体的变更与终止行为 ... 039

第五节 法律风险的不利后果 ... 040
一、刑事处分法律风险后果 ... 041
二、行政处罚法律风险后果 ... 044
三、民事责任法律风险后果 ... 045

四、单方权益丧失法律风险后果　　047
　　五、法律风险的间接不利后果　　048

第六节　法律风险的其他属性　　050
　　一、法律风险与其他风险的关系　　050
　　二、法律风险的各类关系方　　051
　　三、法律风险的阶段性　　054
　　四、不同视角下的法律风险　　057

第二章　法律风险管理基础理论

本章提示　　061

第一节　法律风险管理的概念与发展　　062
　　一、法律风险管理的由来及归纳　　062
　　二、法律风险管理的概念与原则　　065
　　三、法律风险管理的立足点　　068
　　四、法律风险管理与其他风险管理的区别　　070

第二节　企业管理与法律风险管理　　071
　　一、企业管理视角下的法律风险管理　　072
　　二、法律风险管理视角下的企业管理　　074
　　三、合规管理与法律风险管理　　077
　　四、企业法律顾问与法律风险管理　　080

第三节　法律风险管理的总体性问题　　081
　　一、法律风险管理的基本要素　　081
　　二、从法律风险中发现管理策略　　084
　　三、法律风险管理的工作内容　　088
　　四、法律风险管理与法律风险管理项目　　089

第四节　法律风险管理的操作性问题　　091
　　一、全面风险管理的维度　　091
　　二、法律风险管理的维度　　096
　　三、实施法律风险管理的边界　　097
　　四、应对法律风险的基本方法　　100

第五节　法律风险管理涉及的内部关系　　102
　　一、法律风险管理的参与各方　　103

二、企业内部利益关系与法律风险管理　　106
　　三、企业中的正式组织与非正式组织　　109
　　四、企业价值链所涉及的内部关系　　110

第六节　我国的法律风险管理实践　　113
　　一、我国法律风险管理的发展　　113
　　二、企业尝试法律风险管理的动机　　115
　　三、法律风险管理带给企业的变化　　117
　　四、法律风险管理意识　　119

第三章　法律风险的调查与识别

本章提示　　123

第一节　企业法律风险的识别角度　　124
　　一、根据常规经验识别法律风险　　124
　　二、根据组织结构识别法律风险　　126
　　三、根据价值链识别企业法律风险　　128
　　四、根据企业生命周期识别法律风险　　131
　　五、依据法律风险类型识别法律风险　　133

第二节　企业阶段性法律风险概要　　134
　　一、企业设立阶段的法律风险　　134
　　二、企业经营中的基本法律风险　　137
　　三、企业经营中的专有法律风险　　139
　　四、企业非常态下的法律风险　　142

第三节　对企业法律风险的尽职调查　　144
　　一、法律风险管理项目的启动　　145
　　二、尽职调查内容范围的确定　　146
　　三、尽职调查的几种方法　　149
　　四、尽职调查的工作原则及要求　　153

第四节　对企业法律风险的识别过程　　155
　　一、对企业原始资料的判读　　155
　　二、对企业法律风险的基本判断　　157
　　三、企业行为与法律规范的比对　　158
　　四、发现没有提及的法律风险　　160

　　　　五、利用技术方法提高严谨程度　　　　　　　　　　161

　第五节　对具体法律风险的识别　　　　　　　　　　　　165
　　　　一、对外合同中的法律风险　　　　　　　　　　　165
　　　　二、管理制度中的法律风险　　　　　　　　　　　167
　　　　三、企业流程中的法律风险　　　　　　　　　　　170
　　　　四、个案行为中的法律风险　　　　　　　　　　　172

　第六节　法律风险清单的确定　　　　　　　　　　　　　174
　　　　一、制作法律风险清单的原则　　　　　　　　　　174
　　　　二、法律风险清单与法律风险管理　　　　　　　　175
　　　　三、基础性的法律风险清单　　　　　　　　　　　177
　　　　四、对基础性法律风险清单的完善　　　　　　　　179
　　　　五、法律风险清单的提交　　　　　　　　　　　　182

第四章　法律风险的评估与报告

本章提示　　　　　　　　　　　　　　　　　　　　　185

　第一节　法律风险评估概述　　　　　　　　　　　　　　186
　　　　一、法律风险评估的工作目标　　　　　　　　　　186
　　　　二、法律风险评估的工作原理　　　　　　　　　　187
　　　　三、法律风险评估的维度　　　　　　　　　　　　189
　　　　四、法律风险评估信息的采集　　　　　　　　　　190
　　　　五、法律风险的评估方法　　　　　　　　　　　　193

　第二节　法律风险评估的维度　　　　　　　　　　　　　195
　　　　一、法律风险评估的基本维度　　　　　　　　　　196
　　　　二、法律风险评估的其他维度　　　　　　　　　　200
　　　　三、法律风险评估维度的设定　　　　　　　　　　202

　第三节　法律风险点的赋值　　　　　　　　　　　　　　205
　　　　一、对法律风险点赋值的意义　　　　　　　　　　205
　　　　二、赋值的主要方法　　　　　　　　　　　　　　207
　　　　三、为法律风险点赋值的依据　　　　　　　　　　208
　　　　四、不同维度下的法律风险点赋值　　　　　　　　212

　第四节　法律风险评估中的计算　　　　　　　　　　　　216
　　　　一、法律风险评估中的常见计算　　　　　　　　　216

二、综合评估中各维度的权重　　　　　　　　　220
　　　三、对综合评估值的计算　　　　　　　　　　　222
　　　四、对计算结果的修正与分级　　　　　　　　　226
第五节　对评估信息的技术处理　　　　　　　　　　　228
　　　一、突破常规法律事务的边界　　　　　　　　　228
　　　二、以专业化的方式分析及归纳　　　　　　　　231
　　　三、以专业化的方式表述　　　　　　　　　　　235
第六节　法律风险评估的报告与提交　　　　　　　　　239
　　　一、拟定评估报告的原则　　　　　　　　　　　240
　　　二、评估报告中的应有内容　　　　　　　　　　243
　　　三、评估报告的结构与内容组织　　　　　　　　246
　　　四、工作成果的补正与提交　　　　　　　　　　248

第五章　应对法律风险的解决方案

本章提示　　　　　　　　　　　　　　　　　　　　　251
第一节　设计解决方案的基础　　　　　　　　　　　　252
　　　一、设计解决方案时的基本工作　　　　　　　　252
　　　二、设计解决方案的原则　　　　　　　　　　　255
　　　三、方案设计需要考虑的因素　　　　　　　　　258
第二节　法律风险应对方法辨析　　　　　　　　　　　261
　　　一、对法律风险应对方法的理解　　　　　　　　261
　　　二、决策层面的法律风险应对　　　　　　　　　263
　　　三、操作层面的法律风险应对　　　　　　　　　268
第三节　解决方案中的制度设计　　　　　　　　　　　271
　　　一、制度化管理的基本原理　　　　　　　　　　271
　　　二、企业规章制度的总体框架　　　　　　　　　273
　　　三、企业规章制度中的常见缺陷　　　　　　　　275
　　　四、从法律风险管理角度优化制度　　　　　　　277
第四节　解决方案中的流程设计　　　　　　　　　　　280
　　　一、对流程及流程管理的解读　　　　　　　　　281
　　　二、将法律风险管理嵌入现有流程　　　　　　　283
　　　三、流程间的法律风险管理配合　　　　　　　　286

　　　　四、法律风险管理流程的设计　　　　　　　　288

第五节　解决方案中的文本设计　　　　　　　　　　292
　　　　一、文本与法律风险管理系统　　　　　　　　292
　　　　二、对文本的法律风险管理措施　　　　　　　294
　　　　三、对合同文本法律风险的管理　　　　　　　296
　　　　四、对其他文本法律风险的控制　　　　　　　299

第六节　项目法律风险的解决方案设计　　　　　　　302
　　　　一、对具体项目法律可行性的调研　　　　　　302
　　　　二、对具体项目法律环境的调研　　　　　　　305
　　　　三、对交易主体相关情况的调研　　　　　　　308
　　　　四、运筹思维与法律风险管理思维　　　　　　311

第六章　法律风险管理的实施与提高

本章提示　　　　　　　　　　　　　　　　　　　　313

第一节　对解决方案设计思路的回顾　　　　　　　　314
　　　　一、管理视角下的法律风险分类　　　　　　　314
　　　　二、法律风险管理系统的应有功能　　　　　　318
　　　　三、对于法律风险解决方案的测试　　　　　　321

第二节　法律风险管理执行力的提高　　　　　　　　324
　　　　一、影响执行力的管理者因素　　　　　　　　324
　　　　二、被管理者因素及执行力提升　　　　　　　327
　　　　三、增强执行力的有效方法　　　　　　　　　330

第三节　法律风险管理方案的宣贯　　　　　　　　　333
　　　　一、对于宣贯培训的理解　　　　　　　　　　334
　　　　二、宣贯的方法与宣贯的效果　　　　　　　　336
　　　　三、对法律风险解决方案的宣贯　　　　　　　338
　　　　四、以后续措施提升宣贯效果　　　　　　　　341

第四节　解决方案的循环改进　　　　　　　　　　　343
　　　　一、制度化之弊及制度的异化　　　　　　　　343
　　　　二、不断变化中的法律风险要素　　　　　　　346
　　　　三、从管理角度看循环改进　　　　　　　　　348
　　　　四、对法律风险解决方案的循环改进　　　　　351

第五节　法律风险管理中的合同管理　　　　　　　　353
　　一、交易利益最大化的基础　　　　　　　　　　　353
　　二、法律风险管理范畴的合同管理　　　　　　　　355
　　三、对合同文本的法律风险管理　　　　　　　　　358
　　四、对合同事务的法律风险管理　　　　　　　　　361
第六节　非企业组织的法律风险管理　　　　　　　　　363
　　一、非企业组织的法律风险特征　　　　　　　　　364
　　二、非企业组织的营利活动法律风险　　　　　　　366
　　三、机关的特有法律风险　　　　　　　　　　　　369
　　四、政府行政行为法律风险的管理　　　　　　　　371

后　记　　　　　　　　　　　　　　　　　　　　　　383

第一章　法律风险概说

本章提示

自21世纪以来,法律风险一词开始在我国的法律界广为流行。但这种流行仍旧无法回避它所存在的最为根本的问题,那就是法律风险的基本概念等内在特征和外延仍旧处于不确定的状态。或者说,人们很难说清楚它到底是什么,以及它的确切内涵及外延。因此,这一概念虽然随处可见,但大多是基于人们的通常理解去认识和使用,以至于这一概念的不确定性也被用于吸引人们的注意力。

相对而言,法律风险自法律诞生之时起便已存在。但这一概念在我国的法律规范体系中出现距今不过十年时间,而且尚无明确定义。国外的情况也大抵如此,甚至在某些国外著名大学的相关词典中,也找不到这一词条,除非是20世纪90年代末期以后的词典。而大量冠以法律风险之名的出版物,其大量出现也只不过是最近几年的事情,而且大多并不涉及法律风险基本理论。

自21世纪初以来,笔者一直在关注法律风险问题并从事了大量的相关实践工作。因此已经有机会和能力对法律风险的定义、特征、要素等进行理论探讨,并总结、归纳出法律风险内在规律方面的基础理论,为法律风险的后续研究和实践打下基础。

理论意义上的法律风险,是由于法律问题而产生不利后果的各种可能性。至于是否产生法律风险以及产生何种法律风险、影响幅度如何,都是由主体、环境、行为三大要素所决定的,而每种要素中又包含着更多的内容。把握了这三大要素,就可以深入理解和分析具体的法律风险,分清其种类、研究其后果,从而为驯服法律风险找出解决之道。

第一节　对于法律风险的理解

　　风险,是一个非常古老的困扰着人们实现自己意愿的问题。无论是否理解风险的概念,人们决策时都不得不考虑它的存在。人的活动是受意识支配的,只要是意识支配下的行为,无论是作为还是不作为都是决策的结果,而决策的目的则是为了实现某种意愿。除此之外,即使是在执行决策的过程中,也同样会遇到许多意料之外或意料之中的影响意愿实现的情况,进一步地干扰或影响决策愿意的实现。因此,从决策到意愿实现的过程中,充斥着不断排除不利影响以及充分利用有利影响的行为内容。

　　对意愿的实现具有重大影响的因素非常多,其中非常重要的一个因素就是法律。它关系到意愿的内容能否通过合法的途径实现,或者实现意愿的代价如何,以及已经实现的意愿是否会由于其他因素而化为乌有的问题。而且,法律对于阻止人们意愿实现的作用,与促进其意愿实现或实现意愿替代的作用几乎是同样的明显。因此,法律是人们任何活动中都必须正视的问题。

一、法律与法律风险

　　提到法律风险,就不得不首先提及法律,因为法律是判断是否存在法律风险的最为基本的依据。法律是人类文明史上一个划时代的伟大发明,正是这一伟大发明的存在,人类社会才在有序化的活动中发展至今。法律在人类社会的发展方面起着非常重要的导向作用,社会财富的增长和科学技术的发展、文明水平的提高都与法律环境息息相关。但是法律对于社会发展的促进作用大多是间接、长期、隐性的,以至于人们往往只注意到了物质层面的有形成就,却对法律在文明发展进程中的导向性作用视而不见。

　　法律都是以一定体系的形式出现的,任何具体的法律都是整个体系的一部分。正是由于法律对社会发展具有导向性,因而法律体系的发达程度、科学程度是衡量一个社会文明程度的重要标杆。越是发达的社会就越是"配备"有发达和科学的法律体系,使法律规范的触角伸向各个具体角落,去规范人们方方面面的具体行为,确保整个社会稳定、有序地发展。正是由于法律规范的无处不在,才决定了法律风险的无处不在。

　　一方面由于人类的社会性,另一方面由于生存和安全的需要促使更多的人类聚集在一起,为了调整人与人之间的关系、稳定整个群体的秩序,法律便应运而生。

古今中外的各个文明只要发达到一定程度,其结果莫不如此。即使是那些较为原始的文明,它们之中虽然没有现代意义上的法律,但它们之间所存在的"习惯"、"风俗"、"禁忌"等其实也是法律的基本雏形。所有的这一切,归根结底是用一种人人遵守的基本规则来规范人与人之间的关系、规范个人的行为,以合乎当时人们的认识水平并以人们能够接受的方式分配自然资源和社会资源,从而为个体提供安全和生存的保障、维系整个社会的发展。

既然是用于调整整个社会的秩序,法律体系的健全程度与其文明程度有着正比的关系,从一个文明的法律体系中就可以大致看出其所处的发展层面。通过立法,可以制止有害于社会公共利益、妨碍社会发展效率的行为,并通过减少"无序运动"来提高整个社会的基本素养、充分利用所有的资源。甚至可以说,法律这一上层建筑中存在着大量的意识形态方面的因素,因而法律与一个国家的兴衰存在着巨大的牵连。它既可以将一个国家的所有能量充分释放出来,也可以使一个国家错失一个又一个的发展良机。因此,法律规范事实上左右着一个国家的未来,而推动社会进步的变革,也要么是以法律体系的变革为起点、要么是以法律体系的变革为终点。

无论是属地管辖还是属人管辖,整个人类社会到处充斥着不同类型、不同功能的法律。文明社会都"浸泡"在法律规范的"海洋"之中,无论是组织还是个人,其作为或不作为都会受到法律的约束。

虽然各国法律体系的严谨程度大不相同,其立法的理念也大不相同。但在一个典型的法制国家中,法律的强制性规定已经包括了人们作为自然人生活存在的各个方面,人们无时无刻离不开法律规范直接或间接的调整。人们的衣、食、住、行等都有专门的法律来规定人们可以做什么、必须怎么做以及不能做什么。如果违反了相关的规定,法律所区别于其他规范的强制执行力便可能发挥作用,人们面临着由于自己的行为而承担不利后果的可能性。

例如,为了满足生存的需要,人们必须通过自己的工作来取得报酬,并通过报酬去交换生活所必需的一切物品,这便涉及劳动方面的法律规定、合同方面的法律规定、消费者权益方面的法律规定、产品责任方面的法律规定等。如果有交通行为,人们必须遵守交通方面的法律规定;如果有通信行为,人们必须遵守通信方面的法律规定,等等。

企业的情况更是如此,甚至由于企业所面临的法律规范比自然人还要多得多,因此风险更大。企业的销售等行为固然要遵守产品与合同方面相关的法律法规,即使是企业内部,也存在大量的劳动及社会保障方面的法律法规,而财务方面账务处理、单位的组织结构及其设立与解散等也都有法律方面的具体规定。所以说,无论是单位还是个人,都"浸泡"在法律规范的海洋中,这也就意味着"浸泡"在法律风险的"海洋"中。所不同的,只是发生概率方面的不同,以及影响程度上的不同。

二、法律风险的概念及要素

相对于法学体系中的其他基本概念,法律风险一词在中国法律规范中正式出现的历史并不长,几乎是与21世纪同步产生和发展的。因此,一般的法学词典和工具书中均未收录该词。而按照一般的规律,往往是先有概念,然后才有相关的定义及学说。

(一)法律风险的概念

即使是20世纪末国外出版的法律词典、百科全书中,也并无其对应的英文词"legal risk"。因此,大多数的"法律风险"一词或在英文中的"legal risk",目前还只是法律规范中使用的术语,以及人们约定俗成的用语,尚未收录到正式的工具书体系之中。这可能与其产生期晚、概念内涵尚不确定、使用范围狭窄有关。

在我国的法律规范中,首次出现"法律风险"一词是1998年由中国人民银行颁布的《贷款风险分类指导原则(试行)》的附件《贷款风险分类操作说明》。在该附件的第三部分的第五项内容中,仅仅有一个"法律风险"的提法,但并未对其进行解释。在同一时间,在某些商业银行总行下发的管理文件中,也逐渐开始提到这一措词,但无一进行过解释。与此同时,"风险管理"一词也于2004年在中国银行业监督管理委员会颁布的《金融机构衍生产品交易业务管理暂行办法》中出现,但同样采用了约定俗成的用法而未进行解释。

在随后出台的规章中,《中国注册会计师审计准则》中关于衍生金融工具审计的内容里,将法律风险定义为"某项法律法规或监管措施阻止被审计单位或交易对方执行合同条款或相关总互抵协议,或使其执行无效,从而给被审计单位带来损失的风险"。该具体的准则于2006年2月颁布、2007年1月1日起生效。但由于该定义适用面窄,而且用"风险"来解释"法律风险",故基本上没有什么影响力。

较为权威的是国务院国有资产监督管理委员会于2006年6月颁布的《中央企业全面风险管理指引》。该《指引》中将企业风险分为战略风险、财务风险、市场风险、运营风险、法律风险五个大类,由于其涉及的行业比较广泛,因而相对其他规范更为通用、更为权威。但该《指引》同样未对法律风险的概念进行任何解释。

2007年5月,在中国银监会颁布的《商业银行操作风险管理指引》附录,即"有关名词的说明"中,将法律风险的外延描述为"法律风险包括但不限于下列风险"并分别列举为:"①商业银行签订的合同因违反法律或行政法规可能被依法撤销或者确认无效的;②商业银行因违约、侵权或者其他事由被提起诉讼或者申请仲裁,依法可能承担赔偿责任的;③商业银行的业务活动违反法律或行政法规,依法可能承担行政责任或者刑事责任的。"从这一条款中的描述方式及思维逻辑来看，这里只是一种列举而非定义，当然也就没有权威性。

当前，人们对于法律风险一词已经不再陌生，在前面部分也已经分析过，只要有法律存在就有法律风险存在。但法律风险到底是什么、有着怎样的内涵是必须明确的问题，否则在实际工作中就会迷失方向，也根本无法确定工作的内容及工作的目标，相应的工作也有可能只有其名而无其实。

"风险"本身就是指一种发生不利后果的可能性，法律风险也是如此。只要人们的作为与不作为与法律规范的规定或民事法律行为中的约定存在差异，就存在因此而受到法律制裁的可能性，而无论这种可能性是出于对法律规范的生疏、误读还是由于故意行为。体现在合同方面，如果履行合同义务的行为与双方合法约定的义务存在差异，就存在构成违约并承担违约责任的可能性。例如，企业在正常的生产经营过程中，如果不按国家税法的相关规定依法纳税，就存在因偷税漏税而受到法律制裁的可能性，甚至其主要责任人要因此而承担刑事责任。又如，提供产品的一方由于产品质量、交付期限与合同规定不符，就有可能因违反合同约定而被接受产品的一方追究违约责任，甚至有可能因此而承担接受产品一方的可得利益损失，如此等等。

通过以上分析，我们已经可以知道法律风险的大致的内涵和外延，因此也知道了这一概念其实不难理解。根据目前对法律风险一词的实际使用情况，以及法律风险管理实践，其实我们只要在前面讨论结论的基础上稍加概括就能得出这一术语的定义。也就是说，法律风险是指在特定的法律规范体系管辖范围内，法律规范对人们的各种行为有着具体的禁止、允许和授权自行约定等规定，当人们的作为或不作为与这些规定或基于这些规定的约定存在差异时，行为主体就存在因违反法律禁止性规定或违反基于法律规范相关规定的约定，或者由于未能充分利用法律所赋予的权利，从而承担不利后果的可能性。

简言之，法律风险就是指由于作为或不作为与法律规范的规定存在差异，从而导致行为主体因此而承担不利后果的可能性。

（二）法律风险的三要素

通过对法律风险这一概念中的要素进行推敲可以得知，法律风险的构成主要为三个要素，即主体、环境、行为。当三种要素交织在一起，即当特定的主体在特定法律环境下实施特定的行为时，就有可能存在违反特定法律规范的规定或未能充分行使法律授予的权利，从而使自己承受不利后果的可能性。

法律风险主体，是指因实施某种作为或不作为而涉及法律风险的行为方。这个行为方可以是个人也可以是组织，往往在实施某种涉及法律风险的作为或不作为时，都会具有特定的身份。身份对于法律风险的判断至关重要，法律风险主体的身份不同有可能导致法律风险的性质不同,甚至会因身份不同而决定了法律风险的有和无。在从事法律风险的分析工作时,一旦主体的身份被确定,分析的范围就会大幅度缩小,从而针对性愈加明确。

法律风险环境,是指法律风险主体实施作为或不作为时将要涉及的法律规范体系、法律执行情况、公众法制观念等。一个特定地域范围内或一个特定行为所涉及的有效的法律规范体系是分析其法律环境的基础,对于法律风险进行分析时首先要做的就是法律规范体系的分析。法律规范体系存在不同的层级,要想全面了解就必须对各个层级的法律规范加以全面研究,方能得出准确的结论。但如果进一步,各个层级的法律规范的执行情况如何,也是在分析法律风险时非常实际的一个问题。由于法律执行情况的不同,同样性质在不同的法律环境中会面临不同的结果,从而使法律风险面临极大的地域性的差距或不确定性。而公众法制观念其实与民风和法律意识强弱有关,也会影响法律风险的后果。

法律风险行为,是指法律风险主体在特定的法律环境下所实施的某一具体的作为或不作为。这种作为或不作为在与法律规范的规定加以比对后,就能相对精确地"锁定"法律风险主体所面临的到底是何种法律风险与其严重程度,以及可能的不利结果的大致范围。无论法律风险的主体是按法人、自然人、其他组织来区分,还是按企业、机关、事业单位、社会团体来区分,其实都存在主体资格的产生、从事某种活动、消亡等类似的阶段,不同的阶段有不同的行为。明确了这一点,就可以将一个大问题细分成若干个组成部分后再加以细致地研究。

总的来说,只有主体、环境、行为三个要素同时具备,才有可能对主体的法律风险进行准确的分析。三个要素的具体内容较多,这里只是进行简要的介绍,详细的探讨将在其他节的后续内容中展开。

三、法律风险的特征

从前面所概括出的法律风险定义以及归纳出的五种法律风险类型,同时也根据客观存在的实际情况,可知法律风险存在如下特征:

(一)法律风险因素不可控制

法律风险是否爆发并造成实际的风险损失,是决定法律风险的各相关因素共同发生作用的结果。而主体、环境、行为这三种法律风险因素中,存在着许多当事人自己的主观意志所无法控制或不可避免的因素。正是由于这些因素的不可控制性,才导致风险是否爆发、爆发后的损失多少均存在不确定性。如果所有的风险爆发的因素均在可以控制的范围之内,则风险便已经不成其为风险。

在不可控制的因素中,有些是由于鞭长莫及的原因而无法控制,有的则是由于认识能力和知识面的限制,无法准确识别法律风险或无法选择最为合适的对策,从而在事实上等同于不可控制的因素。对法律风险实施有效的管理虽然可以最大限度地抑制或减少法律风险,但并不能够从根本上消除法律风险,因风险与行为有关,只要特定主体的具体行为与强制性法律规范的规定存在差异,就会存在法律风险。

以民事侵权行为为例,一方只能尽一定的努力消除其他方侵权的影响或对侵权行为实施一定的威慑。但侵权行为是否会发生、侵权的程度及危害程度如何,并不是通过单方的努力就可以决定的,因此这种风险始终存在。而对于受到侵权的法律风险所能控制的范围,只有能否证明侵权事实的发生、能否证明侵权的损害结果,以及是否会有合适的理由主张权利、是否有明确的通过诉讼主张权利的意志等,均为侵权方所无法根据自己一方的主观意愿加以控制的因素,而且其中的许多因素是侵权一方所根本无法控制的,因而也就形成了风险爆发因素的不可控制性。

(二) 风险是否爆发不可预见

所谓风险,其本意就是指发生危险的可能性。法律风险也是如此,即使是确凿无疑的法律风险,而且确实存在当事人所不可控制的因素,法律风险也未必爆发成为现实的损失。那些对于法律风险的爆发起决定性作用的因素,即使是当事人全部无法控制,只要其并不发生关键性的相互作用,则风险仍旧还只是风险,不会爆发成现实的风险损失。

此类情况并不少见。在某些交易中,一方当事人存在着明显的违约行为,而且对方拥有相关的证据。表面上看,这种法律风险爆发成风险损失的可能性几乎是百分之百,但由于获得成本的原因,追究违约责任的成本可能接近甚至高于违约责任所造成的损失,也有可能是由于追究违约责任的机会成本非常之高,在此情况下,便有许多当事人放弃追究相关的违约责任。

例如,公权力机关追究违法责任时,必须首先知悉违法事实的发生、并取得完全合法的证据、通过法定的具体诉讼才能实现这种追究。而只要其中一个环节出现问题,都有可能导致这一链条无法向下传递,从而阻碍了后果的发生,以至于风险仍旧长期处于"休眠"状态。

(三) 风险后果幅度无法确定

在大多数的情况下,法律风险到底会造成多大的实际损失大多有不确定性。只有在部分情况下的损失才是确定无疑的。这主要是由于立法上往往有不确定性,许多法律规范本身对于处罚只规定了一个幅度范围,而且有些处罚可以是多种处罚同时并用,只要处于这一范围之内并符合规定的处罚种类,均属正常的处罚。但有时这种处罚的幅度会非常大,因而也就难以确定处罚的损失到底如何。

除了立法的原因外,执法中也存在大量的不确定性的因素。尤其是在地方上,某些企业由于对当地经济起着至关重要的作用,因而某些地方政府部门可能会干预正常的执法行为,从而也造成损失的不确定性。

还有一种情况多发生在民事诉讼中。当某一行为与两种法律关系竞合时,对方可以选择不同的角度提起诉讼,从而获取不同的赔偿。至于民事诉讼中的损失金额,有时甚至需要专业机构进行评估才能确定实际损失,而某些民事赔偿本身就具有一定的随意性,因而对于可赔偿的损失,实际上双方均无确定的把握,因而也就难以预计。

正是由于存在着诸多的不确定性,因而法律风险对于决策者来说并非明确的"应付"、"应收"项目,因而往往在是否采取措施加以避免的问题上犹豫不决。从实际情况来看,某些企业确实长期在法律风险的环伺下历经多年而安然无恙,而也有不少企业只是由于一个法律风险而从此一蹶不振甚至毁于一旦。

四、法律风险的四大种类

无论是自然人还是法人、其他组织都会存在法律风险,只是由于行业的不同、行为的不同、主体的不同,使得法律风险在涉及面、发生损失的概率、控制的需求之间存在着差异,甚至存在着天壤之别。一般来说,企业比个人面临更为复杂和广泛的法律风险,也更为关注法律风险领域的研究成果,对于法律风险采取措施的需求也最为迫切。因此,法律风险的研究一般以企业为研究对象,我们所说的法律风险如果未加说明,就是指企业法律风险。

例如,对于一个具有独立法人资格的企业来说,它既有民事主体方面基本的法律风险,也有企业生产经营过程中与外界发生经营交往中产生的法律风险。无论是直接违反强制性法律规范的行为,还是未能履行约定义务的行为、未能充分行使法定或约定的权利的行为,均有可能为企业带来不利的后果。

"企业法律风险"概念的首次出现,是在国务院国有资产监督管理委员会于2004年5月颁布的《国有企业法律顾问管理办法》之中。该《办法》中虽然第一次正式提出了"企业法律风险"的概念,但并未对其进行任何的解释。从该《办法》的整体内容来看,其外延小于我们前面推导出的定义。由于我们所探讨的企业法律风险内容范围大于该《办法》中所涉及的范围,因此仍旧采用前面所自行归纳出的定义。

即使根据前面所归纳出的定义,法律风险也可以有许多种不同的分类方式。如果从可能带来的不利后果进行分析,法律风险包括以下几类:

(一)刑事责任风险

法律规范体系中大量存在着公权力对于社会秩序和具体行为的调整。这类调整可以归为刑事处罚、行政处罚两大类,其中刑事处罚是最为严厉的公权处罚。为了调整最为基本的经济秩序、社会秩序,使刑法同时具备政府对于国家的管理职能,经济活动中较为严重的违法行为被纳入刑法惩罚的范围,而较轻的则纳入行政处罚的范围。

刑事法律规范涉及国家安全、公共安全、公民的人身及民主权利、合法的财产权等方方面面,从不断发布的刑法修正案中也可以看出,刑法也在根据形势的变化不断地调整刑事犯罪的内涵与外延,以对经济、社会的健康发展提供基本秩序方面的保障。

任何行为只要违反了刑事法律的规定,便面临着刑事处罚的风险。而且,自然人面临刑事处罚风险自不必说,即便是单位也同样有可能构成单位犯罪而同样面临刑事处罚风险,一旦构成犯罪则对单位判处罚金、对其直接负责的主管人员和其他直接责任人员判处刑罚。如果刑法分则和其他法律对单位犯罪另有规定,则依照具体的规定进行处罚。从实际情况看,如果对企业起决定作用的人员受到刑事处罚,或是单位及重要管理人员同时受到刑事处罚,则企业的正常运营会受到沉重打击,当单位犯罪行为与其主营业务有着密切关系时尤其如此。可见,刑事处罚风险对于企业的未来有着至关重要的影响。

(二) 行政处罚风险

对于企业而言,出现行政处罚风险的概率往往高于刑事处罚风险。因为企业的经营行为涉及方方面面的行政法规、地方性法规、规章的强制性规定,稍不留意就有可能因违反了这些规定而受到行政处罚。特别是那些企业经营过程中的非经常性事务,例如办公房屋租赁中的一些特殊情况等,往往会由于并不熟悉相关的法律规定而面临行政处罚风险。

由此可见,行政处罚的法律风险与刑事处罚的法律风险只在处罚的严厉程度上有所区别,其往往只处罚虽然违法但不构成犯罪的行为。但二者的实质却基本相同,即都是对违反法律规范中强制性规定的行为,代表国家的公权力对行为人进行处罚。区别是刑事处罚只针对构成犯罪的部分,而行政处罚只针对不构成犯罪的部分。

如果说刑事处罚一般还只是间接地影响企业的生命,那么行政处罚则可以直接导致经营资格的取消。在某些极端的情况下,如果企业的行为严重触犯了禁止性的法律,行政处罚不仅有可能与刑事处罚一并实施,也可以单独取消行为主体的经营资格。即使未取消经营资格或许可,在某些严厉的行政处罚下,企业继续存续下去的必要性有可能性也已经大大降低,从而影响企业的正常发展。好在对于一般性的违反行政法规的行为,法律所规定的处罚一般均在企业能够承受的范围之内。或许也可以理解为法律的严肃性仍显不足,或者违法的成本尚未全面高于守法成本。

（三）民事责任风险

民事法律风险是相对常见的法律风险，包括各类违约风险和各类侵权风险。由于它并不涉及对人身自由权的限制或剥夺，承担民事责任与承担刑事责任或承担行政处罚结果相比，属于相对"温和"的责任。但即使是这种"温和"的责任，也同样会由于超过了企业能够承受的限度，或由于其产生的连锁反应而断送一个企业的前途。而且，在民事法律风险方面，由于实体及程序法律中大多规定了行使权益的期限和形式，如果不注重这些细节或不能熟练运用这些规定，非常容易造成合法权益的丧失。

例如，某些起步阶段的企业，由于超出其履行能力签订合同，在冒险失败后面临巨额的经济赔偿，最后导致了企业的破产。又如，某些企业的产品由于侵犯知识产权，其赔偿额度已经超过其承受限度，也只能关门了事。

某些情况下，民事法律风险中的连锁反应会比责任本身更有破坏力。某些民事责任问题会打击到企业用户的信心，还有些打击到供应商长期合作的信心。但无论哪种情况，都有可能将那些并非重大的困难，演变成影响企业前途的重大事件。例如，某些企业本身资金紧张，在出现还贷危机后，由于供应商和银行的联合作用，一夜之间企业资产被拿光，造成资金链断裂，并最终导致破产。

总的来说，刑事、行政方面的法律规范由于要充分考虑到整个地域范围内的公平性和具体的可执行性等问题，因此对于处罚的幅度规定一般相对具体。而民事侵权责任方面则既有类似的相对具体的规定，也有较为笼统、无法确定具体责任额度之处。由于我国的民事赔偿制度仍旧未能摆脱"填平主义"的思路，因此既使得某些赔偿难以确定额度，又使得总体的赔偿只能围绕另一方的损失进行，在从事法律风险控制时必须注意我国赔偿制度中的这一特点。

（四）单方权益丧失风险

在法律风险的前三个类型中，即刑事法律、行政法律、民事法律三类法律风险中，大多数的情况是由于企业违反了相关的法律规定而受到公权力的处罚，或是由于违反了民事法律方面的规定而受到其他主体的"处罚"。但在某些情况下，企业也有可能既无刑事责任风险也无行政处罚风险，同时也不存在民事责任风险，而仅仅是由于自身的原因造成了某些权益的全部或部分丧失，这就是单方权益丧失类的法律风险。出现这种单方权益丧失风险的原因，有可能是企业的法律知识不足、工作经验不足、工作中存在疏忽或失误等，其结果是由于自身的原因造成了代价的增加和权益的减少等情况。

这类风险事实上大量存在，造成严重后果的情况也并不鲜见。例如，某合资企业在经营多年后，在评估法律风险时发现其应当享受的税收优惠政策居然根本没有申请享受。又如,某一企业在评估中发现,其某些技术开发项目本来可以享受政府资金扶持,由于不熟悉相关规定而未去申请,因此失去了得到政府资金扶持的机会。

从总体上看,任何一种法律风险处理不当都会造成对自己一方不利的后果,无论是出于违法、违约、侵权,还是由于不当行使权利、怠于行使权利。某些企业直接以违法、违约、侵权、行使权利不当、怠于行使权利为标准,将法律风险分为五类。但通过分析我们可以发现,这五类行为的归纳标准并不统一,前三种是基于客观的法律规范的规定、后两种则是基于主观活动的反应,因而这种分类方式似乎并不严谨。因为,行使权利不当、怠于行使权利两种法律风险的后果,仍旧可能是其行为违法、违约、侵权,与违法、违约、侵权三种法律风险的后果存在重叠,从而使分类陷入混乱。因此,只有通过将法律风险后果作为统一标准进行分类,特别是将某些由于当事人自己的原因造成的权益丧失归入"单方权益丧失",法律风险的分类研究才能严谨、深入地继续下去。

第二节 法律风险主体

在第一节对法律风险基本问题的探讨中,我们已经分析出法律风险的三个要素,即主体、环境、行为。从这一节开始我们将分别探讨这三个具体要素。

不同法律风险主体所面临的法律风险具有不同的特征。其中,法律风险主体的类型及特征往往决定了其可能产生的风险以及不可能产生的风险。研究法律风险主体方面的这些风险,不是为了纯粹的学术探讨,而是为了针对不同的法律风险主体提供更有针对性和实用性的法律风险解决方案。

目前,许多对于法律风险的研究都是直接从应用案例切入,基本上不涉及理论。虽然这种方式研究出的成果便于受众理解,但基础理论对实践有着方向性的指导作用,是对法律风险采取应对措施、实施全面管理的依据。因此,如果这一基础性的工作未能完成,法律风险管理便仍旧停留在经验层面,人们只能知其然而不知其所以然,只会模仿,不会运用。

一、法律风险主体的范围

如果按通常的法律主体的分类方式,法律风险主体可以分为法人、自然人和既非法人也非自然人的其他组织。法律风险的研究,主要是围绕着各类法律风险主体在从事各类活动过程中所可能遇到的不利法律后果的可能性问题。不同的法律主体由于其在法律规范体系中的身份不同、从事的行为不同,因而会面临着不同的法律风险。透过这些不同法律主体在法律风险方面所表现出的特征及规律,可以分析出法律风险与法律主体之间的必然联系和主要特征,从而进一步看透法律风险的各种属性,为评估、应对法律风险提供方向。

在一般情况下所提及的法律风险,其实最主要指的也就是企业法律风险,而且企业法律风险早已成为最主要的法律风险研究对象,但其他风险主体也同样存在着法律风险问题,下面也将提及。

(一) 法人主体

法律风险的主体主要是企业,但"企业"本身并不是一个严格的法律术语,法律风险的研究对象主要是其中的企业法人。虽然民事主体在从事民事行为时也可能受到来自刑事法律、行政法律的处罚,但在绝大多数情况下,民事主体只是在从事民事行为时触及刑法及行政法的有关规定,通过民事行为来营利才是民事主体的根本目的。

企业法人主体所处的法律风险环境及法人的种种行为不仅极为复杂,也是法律风险管理的主要工作目标。但将问题推而广之,不仅企业法人会面临法律风险,任何主体,包括其他种类的法人以及自然人、其他组织,都会由于其特定的身份、特定的行为所涉及的特定法律规范,而面临不同的法律风险。例如,机关法人必须依照相关组织法的规定或法律的授权开展行政许可、执法等活动,事业单位法人必须依照法律规范的规定从事某一领域内的非直接营利性质的活动,而社会团体法人也必须在法律规范及其组织章程的规定范围内开展活动,这些特征与企业法人在其业务范围内从事活动在本质上是相似的,即都是其"本职"行为,只不过行为的后果和适用的法律规范有所不同而已。

(二) 自然人主体

自然人是整个社会中最为基本的单位,他们必须参与一系列的社会行为,因此也就面临着一系列的法律风险。一方面,自然人享有法律所赋予每个自然人的基本民事权利和公民权利,同时法律也规定了自然人的基本民事义务以及基本的公民义务。自然人行使这些法定权利、履行这些法定义务的行为,都是构成法律风险的重要因素。例如,自然人的所有权、财产权、债权、知识产权、人身权这几类民事权利,只要其作为或不作为涉及法律方面的强制性规定或与另一方民事主体的约定,无论是疏忽还是故意,就都有可能导致违约或侵权以及单方权益丧失的风险。

另一方面,当自然人具备了特定的身份时,就比其他普通主体多享有一种身份资格,也因此必须多承担一部分特定的义务,这类与身份或资格相关的法律权利义务分别由各类关于职业或身份的法律规范所规定。例如,当自然人处于法定代表人的地位时,就有权行使法律赋予法定代表人的权利,但同时也必须承担法律规定法定代表人必须承担的义务。在职业方面也是如此,例如,自然人只要具备了机动车的驾驶资格就有权驾驶机动车辆,但与此同时只要是在驾驶机动车辆,就必须承担法律规定机动车驾驶员所要承担的义务。

(三) 其他组织主体

虽然从民法角度进行分类时,一般只需考虑自然人和法人两大主体,但事实上民事主体并不仅限于这两种,还有一些非法人组织在参与民事活动。这些组织不具备法人资格,但又不同于自然人民事主体,其中一个大类是个体工商户、农村承包经营户、个人合伙以及企业之间的合伙(联营)等,另一个大类是不具备法人资格的法人的分支机构,如领有营业执照的企业等。

对于没有法人资格的其他组织,最高法院在《关于适用〈民事诉讼法〉若干问题的意见》的第40条中规定:"民事诉讼法第四十九条规定的其他组织是指合法成立、有一定的组织机构和财产,但又不具备法人资格的组织。"此外,在《民事诉讼法》第49条中则已规定:"公民、法人和其他组织可以作为民事诉讼的当事人。"参照这一规定,在法律风险范畴内,这些"其他组织"也可以成为第三种法律风险主体。

无论是哪一种法律风险主体,都同样会面临前面已经讨论过的四种类型的法律风险不利后果。其中既有共性的方面也有个性的方面,只是侧重面有所不同、风险范围有所不同、发生概率有所不同,并无本质区别。因为某些法律风险完全是由于法律风险主体的身份及与身份有关的特定范围内的行为引起的,没有这种身份就不存在这种法律风险。

二、法人法律风险主体

按照《民法通则》的规定,法人是具有民事权利能力和民事行为能力,依法独立享有民事权利和承担民事义务的组织。虽然"法人"的定义出现在《民法通则》中,但不能就此将"法人"理解为仅仅是民法范畴上的定义,这个定义其实适用于整个法律规范体系。

"法人"是个常用的法律术语,而企业并非法律术语,企业可能有法人资格也可能并不具备法人资格。而法人不仅包括企业法人,还包括机关、事业单位和社会团体。因此,法人企业的法律风险与企业法律风险大部分是相互重叠的,但企业法律风险包括了非法人企业的法律风险,而法人法律风险中包括了非企业的机关、事业单位、社会团体的法律风险。机关法人、事业单位法人、社会团体法人的法律风险其实同样非常值得研究,因为这些法人在法律原则层面上都是非营利性的,除非有特别的规定否则不得从事营利性活动,因而其法律风险与企业法人的法律风险存在许多不同之处。

法人所面临的法律风险仍旧可以按前述方式,从刑事处罚、行政处罚、民事责任、单方权益丧失四个角度进行分析。其中,刑事责任部分主要是法人涉及单位犯罪的问题,而行政处罚法律风险、民事责任法律风险则是法人在存续及活动过程中最普遍存在的。由于法人所面临的行政法律规范体系远远多于自然人,而其所从事的民事行为的复杂程度、影响程度一般都远远大于自然人,因此其单方权益丧失的可能性及不利影响远大于自然人主体。

此外,随着法人规模的不断扩大,法人的分支机构和下属部门也会增多。这些分支机构和下属部门如果出现失误,只要是职务行为或者授权行为,其后果都要由法人来承担,这也是法人由于结构特点而不可避免的法律风险。

(一)企业法人法律风险主体

由于数量最多的法人是企业法人,而推行法律风险管理的最主要的主体也是企业法人,同时企业法人又是最为典型的法律风险主体,因此这里几乎不必专门讨论企业法人的四类法律风险。因为绝大多数的争议或诉讼都是在企业法人之间展开,法律风险所研究的范围也主要是企业法人。虽然企业的法律风险基本上就是企业法人的法律风险,但具有法人资格的企业只是企业的一部分,企业法人与企业之间只是大部分外延相同,但并不等同。

(二)其他法人法律风险主体

除了企业法人以外,按照《民法通则》第50条的规定,"有独立经费的机关从成立之日起,具有法人资格。具备法人条件的事业单位、社会团体,依法不需要办理法人登记的,从成立之日起,具有法人资格;依法需要办理法人登记的,经核准登记,取得法人资格。"因此,至少还存在着机关、事业单位、社会团体三种法人。而且,某些法人无需登记即可具有法人资格,另外一些则必须登记以后才能具备法人资格。

由于这三类法人与企业法人有着很大的不同,因而所面对的法律类型及后果、控制方式与企业法人并不完全一致,甚至三类法人彼此间也不一致。由于法律规范对于这三类法人的相关规定相对较少,因而在其面临的法律风险中,法律规范的不确定性也会影响到其对法律风险的控制。

(三)两种特殊的法人主体

除了前面所讨论的、基于《民法通则》相关规定的企业、机关、事业单位、社会团体四种法人,在目前现行的法律框架下,其实还存在着两种比较特殊的法人,其中一类是基金会,另一类为"法人型民办非企业单位"。前者的成立依据为《基金会管理条例》,后者的成立依据为《民办非企业单位登记管理暂行条例》,两者的法律依据都在《民法通则》所规定的范围之外,甚至后者在国外也无先例。①

在制定《民法通则》的年代,基金会的数量不多而且主要是依照政府要求设立,所以立法中的四类法人中没有包括基金会这一类型。为解决其法律地位问题,最初的办法是将其硬性归入社团法人之列。1988年通过的《基金会管理办法》第2条中便规定,"基金会是指国内外社会团体和其他组织以及个人自愿捐赠的资金进行管理,以资助推进科学研究、文化教育、社会福利和其他公益事业发展为宗旨的民间非营利组织,是社会团体法人。"但由于基金会的性质与社团法人的性质差距实在太大,所以该办法的规定显然不尽合理。为此,2004年6月1日通过的《基金会管理条例》将基金会的性质规定为"利用自然人、法人或者其他组织捐赠的财产,以从事公益事业为目的,按照本条例的规定成立的非营利性法人。"对照《社会团体登记管理条例》对于社会团体的解释"中国公民自愿组成,为实现会员共同意愿,按照其章程开展活动的非营利性社会组织",可见,基金会的外延虽然与社会团体有所交叉,但事实上不同于常规意义上的社会团体。

"民办非企业单位"也是游离于《民法通则》之外的一种法人,而且在整个法律界也是个"另类"。该名词在1996年中共中央办公厅、国务院办公厅《关于加强社会团体和民办非企业单位管理工作的通知》(中办发〔1996〕22号文)中首次出现。此后,1998年10月25日由国务院令以第251号令颁布的《民办非企业单位登记管理暂行条例》确定了这种法人的存在。该《条例》第2条规定,"民办非企业单位是指企业事业单位、社会团体和其他社会力量以及公民个人利用非国有资产举办的,从事非营利性社会服务活动的社会组织。"对于通过登记符合法人条件的这类组织,颁发《民办非企业单位(法人)登记证书》。

根据民政部于1999年12月28日颁布实施,并与《民办非企业单位登记管理暂行条例》配套的《民办非企业单位登记暂行办法》,民办非企业单位根据其依法承担民事责任方式的不同,分为民办非企业单位(法人)、民办非企业单位(合伙)和民办非企业单位(个体)三种。其中,两人或两人以上举办且具备法人条件的,可申请办理民办非企业单位(法人)登记。此外还特别规定,"由企业事业单位、社会团体和其他社会力量举办的或由上述组织与个人共同举办的,应当申请民办非企业单位(法人)登记"。

另外,该《民办非企业单位登记暂行办法》按照所属行(事)业的不同,将这类单位划分为十种类型,分别为:

① 教育事业;② 卫生事业;③ 文化事业;④ 科技事业;⑤ 体育事业;⑥ 劳动事

---

① 参见田杰棠:《我国非营利组织法人制度的现状与主要问题》,载中国论文下载中心,http://www.studa.net/jingji/081003/16282041.html。

业;⑦ 民政事业;⑧ 社会中介服务业;⑨ 法律服务业;⑩ 其他。

也就是说,我国现行法律体系下存在这十类办非企业单位法人,而它们也都是法律风险的主体。

这两种为现行法律所承认的法人,其法律风险同其他法人在本质上是相同的,只不过各种法人还会面临专门的行政法律规范,并因此而存在"个性化"的法律风险。

三、自然人法律风险主体

尽管在法律风险管理领域并不占主要地位,但自然人是法律风险最为"资深"的主体,在法人出现以前,民事主体一直只有自然人。法人与自然人是在法律体系中最为明确的法律关系主体,在法律风险中主体资格的确定性也比较强。按《民法通则》第9条的规定,"公民从出生时起到死亡时止,具有民事权利能力,依法享有民事权利,承担民事义务"。但《民法通则》及其司法解释中并未对"出生"、"死亡"进行定义,因而如果仔细追究,则"出生"、"死亡"在某些特定情况下也会成为概念模糊的问题。例如,传统意义上的"死亡"一般理解为呼吸、心跳不可逆地停止、脑反射消失,但植物人问题为传统意义上的死亡打上了问号。即使是大脑活动已经消失,现代医疗设备仍旧可以维持自然人的呼吸与心跳。至于是否接受"脑死亡"的概念,则是人类文明的发展所引起的对传统法律概念的挑战。

自然人所享有的权利有的属于宪法范畴内的政治权利,有的属于民法范畴内的民事权利,其分类方式多种多样。其中既包括了基本的人身权利,也包括在民事活动中的权利。因此,自然人面临的法律规范体系分为多种类型,其法律风险也分为多种类型。总的来说,自然人无论是否参与经营性行为,都会面临前面所讨论过的四种法律风险。

(一) 自然人的特有民事法律风险

对于自然人法律风险主体,其面临的民事法律风险首先来自民事行为能力,即是否超越了自身的行为能力范围从事了民事行为。自然人有权利能力与行为能力两种基本的能力。按照《民法通则》及其司法解释的规定,自然人分为完全民事行为能力人、限制民事行为能力人以及无民事行为能力人。这些划分直接影响到一个自然人在从事民事活动时的民事后果。无民事行为能力人所为的民事行为当然无效,完全行为能力人所为的民事行为在主体方面有效,而限制行为能力人的民事行为是否有效,则既要根据法律规定又要根据当事人的情况、具体民事行为的情况而定。在某些具体的情况下,限制行为能力人所为的某些合同行为可能成为介于有效与无效之间的效力待定合同,需要根据法定代理人的追认与否确定其效力。

相比之下,自然人的许多权利是法人或其他组织所没有的,仅在《民法通则》中就提到了所有权及财产权、债权、知识产权、人身权等权利,传统民法意义上的婚姻、家庭、财产、继承等相关法律规范的法律风险也就由此而生。自然人可以通过宣告失踪、宣告死亡的方式保护自己的权益,可以通过放弃财产继承而摆脱债务继承,如此等等。这类法律风险来自自然人才能拥有的与身份权相关的权利,如亲权、亲属权、配偶权等。自然人虽然也会在经营中遇到法律风险,但受风险影响的程度不如法人企业。而企业正常生产经营也不会涉及自然人身份权之类的法律关系,因此这里不再讨论那些与自然人身份权相关的法律风险。

(二) 自然人的特有刑事法律风险

自然人所面临的刑事处罚的种类,比法人单位犯罪的刑事处罚种类要多得多。绝大多数的罪名自然人都可以触犯,自然人不能构成的犯罪寥寥无几。但仔细分析可能存在的刑罚种类就会发现,虽然自然人可以触犯的罪名几乎涵盖了所有犯罪行为,但与经营活动有关的犯罪种类则要少得多,当然其种类在总体上仍比单位犯罪的种类多得多。自然人所可能涉及的直接侵犯他人人身权利、民主权利和财产的犯罪多为直接的故意犯罪,不仅与经营活动无关而且某些犯罪还必须具备一定的身份条件才能构成。因此,对于绝大多数的自然人主体来说,绝大部分的可能导致刑事处罚的风险根本不存在。尤其是那些与经营活动无关的刑事犯罪,本身也并非法律风险管理的研究内容,故在此只是提及而没有必要展开。

在与经营行为有关的刑事处罚风险中,《刑法》分则第三章所规定的妨害市场经济秩序罪是最主要的内容。除此之外,特定职业的自然人也存在着因其故意或过失而危害公共安全的刑事处罚风险,以及部分与经营有关的妨害社会管理秩序罪。其中最为主要的妨害市场经济秩序罪共分为八种,分别为:

(1) 生产、销售伪劣商品罪;
(2) 走私罪;
(3) 妨害对公司、企业的管理秩序罪;
(4) 破坏金融管理秩序罪;
(5) 金融诈骗罪;
(6) 危害税收征管罪;
(7) 侵犯知识产权罪;
(8) 扰乱市场秩序罪。

需要注意的是,即使是这些在经营过程中可能形成的刑事犯罪,大多也有身份上的限制,即只有一定职业或身份的人才能构成某类犯罪。例如,劳动安全设施不符合国家规定,经有关部门或者单位职工提出后,对事故隐患仍不采取措施,因而发生重大伤亡事故或者造成其他严重后果的犯罪主体,一般为工厂、矿山、林场、建筑企业或者其他企业、事业单位的直接责任人。

还有一些"生产经营"行为由于违反了国家的强制性规定,因此也会构成犯罪。如非法生产、销售窃听、窃照等专用间谍器材的,以及非法生产、买卖人民警察制式服装、车辆号牌等专用标志、警械,情节严重的行为等。

(三) 自然人的特有行政处罚风险

而在行政处罚方面,自然人所面临的法律风险大致可以分为三类:一类是以自然人身份直接从事经营时所受到的行政处罚,一类是自然人作为法人或其他组织中的一员由于某种行为而受到的行政处罚,还有一类则完全是因自然人的非经营性行为而受到的行政处罚。

自然人无论是从事经营性还是非经营性活动,都有可能因违反行政法律规范的规定而面临行政处罚风险。例如,同属于《治安管理处罚法》项下的处罚种类,既有对自然人侵入他人计算机信息系统的处罚,也有对经营当中制造、买卖、储存、运输、邮寄、携带、使用、提供、处置爆炸性、毒害性、放射性、腐蚀性物质或者传染病病原体等危险物质的治安处罚。此外,对于船舶擅自进入、停靠国家禁止、限制进入的水域或者岛屿的,只是处罚船舶负责人及有关责任人员,情节严重的还可以并罚拘留和罚款,这类法律风险便是由于特定身份下的特定行为而引起的行政处罚。

从整个法律规范体系的角度看,行政处罚与刑事处罚存在一种大致对应的关系。自然人的某些行为,如果其社会危害性不是很大,往往只是面临行政处罚,但如果其情节达到一定程度时则往往要受到刑事处罚。因此,行政处罚与刑事处罚有一定的对应性,其规律有点像中国古代的"出礼入刑"。在自然人所从事的经营行为中,由于自然人所能够从事的经营行为一般都规模较小,范围也会比法人要窄,因而与经营相关的行政处罚种类较少、处罚的严厉程度也较低。

自然人由于从事扰乱公共秩序、侵犯他人人身权利等与经营无关的行为而受到行政处罚的风险,不在狭义的法律风险管理的研究范围之内。而自然人作为法人或其他组织的一员,当其从事某种行为时所面临的法律风险,如果仅仅涉及他个人,也同样不属于法律风险管理的研究范围,但当其行为属于职务行为,影响到企业的切身利益时,则属于狭义的法律风险管理的研究范围。

(四) 自然人特有的权益丧失风险

除上述法律风险之外,自然人同样存在单方权益丧失方面的法律风险。由于自然人在整个社会中相对属于弱者或弱势群体,因此在立法上往往会存在一定的保护,这在消费者权益保护法、诉讼法等方面均有所体现。某些立法还特别保护一定的人群,如妇女、儿童、老年人等。即使是自然人从事经营活动,在工商、税务等行政法律法规方面也往往对其提供一定的扶持政策。因而在立法层面上,只要不涉及基本的经济、社会秩序和人身财产安全,立法上对自然人从事经营活动的要求一般都要低于对法人的要求。

自然人由于知识面、接触面、活动能力的限制,难以对自身权益有比较全面的了解,因而比较容易由于单方的原因丧失其合法权益。但同时,由于自然人所能从事的经营行为的范围和经济总量比较小,因而其面临的法律风险的幅度一般比较小,复杂程度也比较低。

四、其他组织法律风险主体

前面已经讨论过,自然人与法人并未包括所有的民事主体,"其他组织"便是一种介于自然人与法人之间的法律主体。按照最高人民法院在1992年关于《民事诉讼法》的司法解释,《民事诉讼法》第49条规定的其他组织,"是指合法成立、有一定的组织机构和财产,但又不具备法人资格的组织"。这类主体的共同特点是不具备法人资格,包括法人的分支机构或组成部分,也包括法定的不具备法人资格的组织。

(一)其他组织的法律地位

在《民法通则》及其司法解释的层面,并未出现"其他组织"一词,但在其后出现的法律中则大量出现了这一措词。因此,我国现行法律规范体系实际上承认这种第三类民事主体的存在。例如,《合同法》第2条第1款即规定,"本法所称合同是平等主体的自然人、法人、其他组织之间设立、变更、终止民事权利义务关系的协议",实际上已经将其他组织列为第三种民事主体。

除《合同法》以外,《民事诉讼法》第3条规定,"人民法院受理公民之间、法人之间、其他组织之间以及他们相互之间因财产关系和人身关系提起的民事诉讼,适用本法的规定",可见也是将其他组织当成了一种诉讼主体。而《著作权法》第2条也规定,"中国公民、法人或者其他组织的作品,不论是否发表,依照本法享有著作权",可见也确认其他组织属于标准的著作权主体。除此之外,还有《行政处罚法》等大量法律规范中也多次提及其他组织这一主体。因此,其他组织已经成为与自然人、法人并列的法律主体。

根据《民事诉讼法》中对于其他组织的定义,再根据最高人民法院关于适用《民事诉讼法》若干问题的意见第49条的规定,"法人或者其他组织应登记而未登记即以法人或者其他组织名义进行民事活动",则"以直接责任人为当事人",可见在诉讼法层面的其他组织都是依法登记成立的正式组织。

《民法通则》第37条规定了法人所应具备的条件,即:
① 依法成立;② 有必要的财产或者经费;③ 有自己的名称、组织机构和场所;

④ 能够独立承担民事责任。

与之相比较就可以看出,法人是一种"组织",其他组织也是一种"组织",两者之间最大的不同就是法人具有独立的享有民事权利、独立承担民事义务的权利能力和行为能力。而且,这些定义虽然只是出现在《民法通则》、《民事诉讼法》以及相关司法解释中,但并非只有民事行为或民事诉讼法中才适用,在其他法律体系中也可以适用。

(二) 其他组织的种类与性质

其他组织可以按照不同的方法进行分类。如果按照创设动机进行分类,可以分为营利性其他组织与非营利性其他组织。① 前者主要有:个人独资企业、个人合伙、合伙型联营、个体工商户、农村承包经营户、非法人乡镇村办企业、非法人外商投资企业、企业法人的分支机构等;后者包括学生团体、同乡会、校友会、清算组织、债权人会议、不具有法人资格的社会团体等。除此之外,还有一些其他组织可以无需登记而活动,当然也不具备法人资格。例如,依据《社会团体登记管理条例》的规定,"机关、团体、企业事业单位内部经本单位批准成立、在本单位内部活动的团体"无需按这一《条例》的规定进行登记,也就意味着当然是一种不具备法人资格的合法其他组织。

除上述常规性的情况外,一种被称为"民办非企业单位"的组织在目前的法律体系中也是一种其他组织。根据《民办非企业单位登记管理暂行条例》的规定,民办非企业单位,"是指企业事业单位、社会团体和其他社会力量以及公民个人利用非国有资产举办的,从事非营利性社会服务活动的社会组织"。除了具备条件按法人进行登记者外,登记民办非企业单位时,个人出资且担任民办非企业单位负责人的,可申请办理民办非企业单位(个体)登记;两人或两人以上合伙举办的,可申请办理民办非企业单位(合伙)登记。这两种登记的结果,都是成为合法的、不具备法人资格的"其他组织",单位的财产由开办的个人或合伙所有,开办的个人或合伙须对民办非企业单位的债务承担无限责任。

从总体情况来看,我国对于其他组织的法律规范体系较为单薄,因而在与这些其他组织打交道的过程中会有一定的不便甚至是法律风险,只有通过立法才能进一步解决相关问题。但总的来说,其他组织从事的普通民事行为与其他主体所应承担的民事责任完全一致,但这些组织所特有的一些法律风险则来自设定、管理这些其他组织的相关法律,具有其特殊性。

---

① 参见陈荣文:《论"其他组织"在我国民事主体体系中的地位》,载北大法律网·法学在线,http://article.chinalawinfo.cor/Article-Petail.asp? AticleIP = 21834。

第三节 法律风险环境

　　法律风险环境是法律风险的第二个要素,前一节所探讨过的法律风险主体只要在特定法律风险环境中活动就会产生法律风险。因此,必须对法律风险环境这一要素加以探讨,以便于识别不同法律风险环境的特征,从而便于识别法律风险。

　　法律风险环境既与法律规范体系有关,也与司法理念、执法环境、交易习惯等有关。因此,对于法律风险环境的评价需要综合多种因素加以考量。越是在法治观念强、严格依法办事的环境中,法律风险越容易判断。如果在立法的体系、层级、内容上存在混乱状态,或者在执法不严、有法不依的法律风险环境里,法律风险会否产生不利后果、不利的程度如何都会存在极大的不确定性,法律风险也就无法准确判断。

　　由此可见,投资行为不仅要考虑经营成本,还要充分考虑法律环境成本。在法律风险难以确定的环境里,企业权益也同样难以确定,极有可能面临重大损失。

一、法律风险环境的要素

　　所谓的法律风险环境,是指法律风险主体所处的足以影响法律风险后果的各类处境和状况。构成法律风险环境的因素比较多,但主要的、起决定作用的基本上包括法律规范体系、法律执行情况、社会法制观念三类。或者说,某一具体行为所面临的法律风险,是在特定社会法制观念下由特定的法律执行机构选用特定的法律规范体系而产生的。了解了这些因素,就可以得出一个地区基本法律风险环境状况的结论,以便于掌握调控手段。

(一)法律规范体系

　　我国的法律规范体系既包括全国性的国家法律、国务院行政法规、国务院各部门的行政规章,同时也包括了地方性法规、单行条例、自治条例以及地方政府规章。也就是说,一个特定区域内的法律规范体系,既包括了全国通用的法律规范,也包括只有当地才有效的法律规范,二者相结合,才能判定这个区域在法律规范体系方面所存在的法律风险。虽然存在着共同的上位法,但这并不排斥许多地区存在着比较独特的地方性法规及政府规章。理论上,除个别前沿性的立法外,各种不同层级的地方性的法律规范都处于同一上位法的范畴之内,但这些地方性的法律规范极有可能造成不同地区间的较大差异。虽然《立法法》规定了不得在上位法的基础上增加行政许可的条件,但在实际操作中,许多地区的审批制度事实上更为复杂一些。其实这也并不奇怪，因为实际操作层面所要考虑的问题，要比笼统地立法所要考虑的问题复杂得多，也就当然会根据自己所在行政区域的实际情况细化对法律体系的执行。

从法律规范体系的职能上看，法律规范在确定经济行为基本秩序的同时，还在很大程度上影响着经济的发展。理想的法律规范体系，是不仅能够建立一种顺应时代和经济发展的秩序，还要对经济的发展和社会公正的实现、资源的充分利用起到促进作用。总的来说，任何经济事务中长期存在的问题，都源于法律规范体系上的缺陷，特别是源于法定的违法成本或违约成本过低。只要法律规范体系没有变化，这类问题就会继续存在。在商业领域，不能指望行为主体通过自身的道德修养去实现社会的公平和诚信，而是要靠法律去加以强制并令违法者付出更为高昂的代价。

与法律环境有关的法律规范体系，包括了一个法律事务所要涉及的所有法律规范。例如，一个企业如果准备在境外投资，他所要考虑的法律环境就要既包括国内法，又包括目标国的法律规范体系，如果两国间签订有国际条约，则还有可能会涉及相关国际条约的具体规定。要全面了解这些法律规范，没有别的方法可以投机取巧，只能通过对整个法律规范体系进行认真的查询、分析才能得出结论。

法律规范虽然数量繁多、层级和分类复杂，但总的来说可以从其层级和调整范围进行分析，从而找出其体系结构，并为更加有效地分析和利用法律环境打下基础。如果从层级的角度为法律规范分类，按照我国《立法法》展示的层面，从上到下可以分为国家法律、国务院行政法规、地方性法规、部门规章、地方政府规章几个层面。以这种方式对法律规范加以分析，有助于理解中国的整体法律规范体系、明确工作方向，同时也有助于在具体的法律风险管理工作中，确定工作目标和工作范围。

但这种纵向的层级分类对于理解具体行业的法律风险帮助不大，因为无法借此明确工作的范围和细节。除了这种分类方式外，还有一种结合企业及经营行为的规律，按行业及行为对相关法律规范进行分类的方式。也就是以相关行业企业的成立、经营为主线，结合与该行业相关的国家法律、行政法规以及部门规章，了解相关行业法律风险的基本情况，并通过了解地方性法规、地方政府规章的方式作为补充，从而全面了解相关行业在法律规范方面的法律风险。

例如，企业从成立到消亡，必然经历设立、经营、终止等过程。而法律风险管理所研究的内容中，最为广泛的是其经营阶段的法律风险，因此可以将这一阶段的风险细分为共同风险、行业风险、特有风险等，从而看清法律规范风险的全貌。

（二）法律执行情况

法律规范体系只是一种静态的、基本的影响法律风险环境的内容。要想全面了解某一地区从事商业行为的真正法律风险,还要了解其动态的法律执行情况,也就是司法机关、政府行政部门对于法律的理解和执行方面的情况。

即使是法律规范体系并无地方特色,或地方特色并不足以影响当地法律执行情况的全局,由于对法律规范体系的理解不同,无论是司法机关还是行政管理机构对于法律、规范的执行还是会存在一定的不同。这种不同有可能完全是出于某种理解上的不同,也有可能出于某种原因而采取了与通常理解有所不同的理解方式,从而影响到法律规范的执行程序和执行后果。由于法律规范的规定和司法解释不可能事无巨细地进行详细规定,因此对于同一法律事务存在不同的理解实际上也无可厚非,而且无论是在司法方面还是在行政执法方面都是如此。

但对于法律风险主体而言,各不同地区的"个性化"执法只要并不违反基本的上位法的规定,对其影响并不严重。但如果法律环境中存在不确定因素,如其法律规范模棱两可、执法态度模棱两可等,都会使其法律风险处于不确定状态,既影响到决策也影响到法律风险控制成本。

(三) 社会法制观念

在法律风险环境要素中,法律规范体系涉及国家立法、法律执行情况,涉及司法部门或政府行政部门对于法律的具体执行情况,而社会法制观念则一般只包括某一特定地区人们对于法律规范及承诺的尊重及遵守的情况,尤其是与法律风险主体存在交易或利益相关性的相对方。因为这些相对方是否遵守法律、是否遵守承诺,对于交易的安全性和结果的可预见性有着重大的影响。

社会法制观念与某一地区的社会文明程度有关。社会法制观念普遍较强的地区往往都是诚信度较高的地区,那些法制观念薄弱、诚信度低的地区势必会在发展过程中被投资者们所鄙弃,这是自然淘汰的结果。但往往是在经济相对发达的地区或是已经具有一定经济基础的地区,人们才会更加注重遵守法律及承诺,否则其前期的努力有可能会前功尽弃。因此,社会法制观念状况是一个地区社会发达程度的标杆。在法制观念越强的地区,从事民事活动过程中所可能遇到的违约、侵权等可能性越小,受到法律充分保护的机会就越多,因而无论是投资还是交易都会比较安全。同时,在那些法制观念较强的社会,往往也是法律执法情况较好的环境,交易结果或法律风险后果的可预见性比较强,也更便于决策。

法制观念也会存在个体方面的差距,而且这种差距往往难以通过简单的方法进行透彻的了解。而在交易中的相对方是否信守承诺、是否具有履行的能力、是否存在不良记录等,更是衡量法律风险环境的非常重要的因素。虽然相对方只是小部分,但基本上也属于一个地区社会基本法制观念的一种表现。

通过以上讨论可以发现,法律风险环境是影响法律风险后果的诸多因素相互作用后的综合反映。即使是在总体上一致的法律规范体系之下,由于各地区经济发达程度的不同、政府工作态度的不同、社会文明程度的不同等原因,即使同一法律风险也可能存在不同的后果。这里面既有立法严谨程度的原因、法律执行水平及程度的原因,也有民风等原因。如果可能,应选择相对有利的法律风险环境去从事重大经济活动,以回避不必要的法律风险。

二、我国的法律体系

企业想要充分利用法律环境,就必须首先充分了解其注册地或经常性活动的地域的法律体系。在前面已经探讨过,虽然在国家法律及国务院行政法规的层面是完全相同的,但由于地方性法规和地方政府规章的存在,不同的地域还是会存在法律体系上的差别。但企业要充分了解这些法律体系并不简单,因为尚未发现哪个企业能够凭借自身的能力完成这项工作。

在企业从事经营,当然需要充分了解我国的法律体系,这是至关重要却又别无选择的选择。在我国的法律体系中,"法律"一词有狭义与广义之分。专业角度里所称的"法律"有时是指一整套的强制性规范体系,而不仅仅是以"法"来命名的强制性规范。有时也仅仅是指全国人民代表大会及其常务委员会所颁布的、以"法"为名的强制性规范。

根据我国《宪法》及《立法法》的规定,广义的"法律"包括有以下几个层面,即:(1)全国人大法律;(2)国务院行政法规;(3)地方性法规、自治条例和单行条例;(4)部门规章与地方政府规章。法律所包括的这些内容还仅仅是根据《立法法》的规定,如果从法律风险的角度观察问题,影响法律风险环境的因素包括但不限于这些规范,一般包括如下内容:

(一)全国人大法律

按照《宪法》及《立法法》的规定,全国人民代表大会及其常务委员会行使国家立法权,因而这一层级的法律规范处于最高层面。全国人民代表大会制定和修改刑事、民事、国家机构的和其他的基本法律,全国人民代表大会常务委员会制定和修改除应由前者制定的法律以外的其他法律,并在前者闭会期间对前者制定的法律进行部分补充和修改。

这一层面的立法主要包括:

(1)涉及国家主权事项;(2)各级人民代表大会、人民政府、人民法院和人民检察院的产生、组织和职权;(3)民族区域自治制度、特别行政区制度、基层群众自治制度;(4)犯罪和刑罚;(5)对公民政治权利的剥夺、限制人身自由的强制措施和处罚;(6)对非国有财产的征收;(7)民事基本制度;(8)基本经济制度以及财政、税收、海关、金融和外贸的基本制度;(9)诉讼和仲裁制度;(10)必须由全国人民代表大会及其常务委员会制定法律的其他事项。

这一层面的法律是狭义上的法律,除《民法通则》等个别情况外,均以"法"来命名,如《合同法》、《公司法》、《商标法》、《反不当竞争法》、《广告法》、《环境保护法》、《物权法》等。这一层面的法律涉及了宪法以及具体的民事、刑事、行政三大领域,涵盖了经济、教育、科学、文化、卫生、城乡建设、财政、民政、司法、行政等各个行业,数量十分庞大。

(二)立法解释、司法解释与判例

从法律规定上看,对于法律的解释权为全国人大常务委员会所独有。但在实践中,最高人民法院对于具体法律规定如何适用而进行的司法解释,对于全社会的各类相关行为都有约束作用。因而,司法解释与立法解释一样,对于法律风险评估过程中的风险判断有着非常重要的意义。

此外,最高人民法院所下发的判例虽然没有必须遵照执行的效力,但往往代表了最高人民法院对于某些法律问题的主流观点,往往会影响地方法院的判决,因此也是判断法律风险所不得不考虑的依据。

(三)国务院行政法规

《立法法》中规定,国务院根据宪法和法律制定的强制性规范被称为行政法规,主要包括为执行法律的规定需要制定行政法规的事项,以及宪法规定的国务院行政管理职权的事项。行政法规多用于国家法律尚未覆盖的领域,或虽有上位法但某些方面未曾涉及的部分。国务院制定的行政法规是狭义上的行政法规,而日常生活中人们常说的行政法规则包括了国务院各部门及地方政府的规章,属于广义的"行政法规"。

根据最高法院的司法解释,合同法实施以后人民法院确认合同无效,是以全国人大及其常委会制定的法律和国务院制定的行政法规为依据,不得以地方性法规、行政规章为依据。因此,在对合同方面的法律风险进行评估时,要特别关注这一界限,以便察觉合同效力上的瑕疵。

(四)地方性法规、自治条例和单行条例

地方性法规、自治条例和单行条例处于同一法律层面,专指省、自治区、直辖市的人民代表大会及其常务委员会在不同宪法、法律、行政法规相抵触的前提下制定的地方性法规。此外,较大的市(省、自治区的人民政府所在地的市,经济特区所在地的市和经国务院批准的较大的市)的人民代表大会及其常务委员会也可以根据本市的具体情况和实际需要,在不同宪法、法律、行政法规和本省、自治区的地方性法规相抵触的前提下,制定本市的地方性法规,并在报省、自治区的人民代表大会常务委员会批准后予以施行。

与国务院行政法规类似，地方性法规主要用于规定上位法在执行中需要根据本行政区域的实际情况作具体规定的事项，以及属于地方性事务需要制定地方性法规的事项。对于尚无上位法的事项，省、自治区、直辖市和较大的市根据本地方的具体情况和实际需要，可以先行制定地方性法规。而且，自治条例和单行条例依法对法律、行政法规、地方性法规作变通规定的，在执行时优先适用。经济特区法规根据授权对法律、行政法规、地方性法规作变通规定的，在本经济特区优先适用。

每一行政区域内都有大量的地方性法规存在，而且地方性法规有时会有更为具体的规定，是在考虑法律责任时非常重要的因素。如果在判定法律风险时遗漏了对这些地方性法规的检索，则往往会造成误判。

（五）部门规章与地方政府规章

部门规章和地方政府规章属于依照《立法法》制定、修改和废止的强制性规范。部门规章由国务院各部、委员会、中国人民银行、审计署和具有行政管理职能的直属机构根据法律和国务院的行政法规、决定、命令在本部门的权限范围内制定，其规定的事项应当属于执行法律或者国务院的行政法规、决定、命令的事项。地方政府规章由省、自治区、直辖市和较大的市的人民政府制定。两种规章主要包括为执行法律、行政法规、地方性法规的规定需要制定规章的事项，以及属于本行政区域的具体行政管理事项。

为了避免地方性法规与部门规章之间对同一事项的规定产生冲突，《立法法》第86条规定："不能确定如何适用时，由国务院提出意见，国务院认为应当适用地方性法规的，应当决定在该地方适用地方性法规的规定；认为应当适用部门规章的，应当提请全国人民代表大会常务委员会裁决。"

这两种规章大量存在并成为确定社会秩序的基本规范，而且对企业行为的影响更为直接。

（六）各类强制性技术标准或规范

为了确保人身财产的安全性，国家制定了大量的强制性技术规范或标准，以规范产品质量或服务质量。这些强制性规范或标准几乎关系到各行各业，并且具有强制施行的效力。虽然并非直接的法律，但它们既是法律问题也是技术问题，在《标准化法》和《产品质量法》等法律中也明确加以规定并具有强制性的执行力，因此仍旧属于分析法律环境时所必须考虑的内容。

（七）其他可能导致法律风险的规范

在前述内容之外，还有许多强制性规范需要面对。例如，无立法权的地方政府或政府部门就本地区的具体管理事务而制定的管理规定，以及上级公司用于管理下级公司的各项管理制度。这两类内容不是有效的法律规范，但却是具有一定强制性的规范性文件。而中央政府与外国或国际组织签订并优先适用的国际条约等,同样具有法律上的约束力,是我国法律体系的组成部分。

另外,合法有效的合同条款也是企业产生法律风险的一个来源。合法的合同约定同样产生受法律保护的权利义务关系,违反这类权利义务的约定同样会带来法律风险,也应视为一种特殊的法律风险环境因素。

三、具体主体的法律规范环境

根据前面所讨论过的内容,一个具体的法律风险主体,比如说企业,从其成立到终止,可以分为设立、经营、终止三个阶段,而在这三个阶段中,同时存在着所有企业都会面临的基本风险、企业所属行业特有的行业风险、企业自身原因所带有的特有风险三类。清楚了这一点,就能够理清分析企业法律风险的大致思路,也为识别企业的法律风险提供了操作方法。

(一) 设立、终止涉及的法律规范

在法律风险研究领域,基本针对的是具有法人资格的企业,这类主体是在法律风险领域风险种类最多、风险后果影响最大的主体。其他主体虽然也同样面临着各类法律风险,但其对法律风险管理的迫切需要程度、存在法律风险的范围都远远不及这类主体。

企业法人是经营性的法人,其成立、活动、终止受到国家法律约束,并具体由工商管理部门依据工商行政法规负责其经营资格上的管理。企业法人的法人资格目前有两种取得方式,一种是依据《公司法》及《公司登记管理条例》,另一种则是依据《企业法人登记管理条例》。目前,由于新办企业多选择以公司作为标准的企业形式,因而在许多人心目中企业即公司,非公司的企业法人已经逐渐淡出人们的视线。而《企业法人登记管理条例》虽然颁布于1988年,但至今仍旧有效。相应的,《企业法人登记管理条例施行细则》也于1988年颁布实施,但最近的一次修订在2000年,至今也同样有效。而且,按照相关规定,具备法人条件的企业只要是登记为公司的,一律按照《公司法》及《公司登记管理条例》处理,否则按照《企业法人登记管理条例》及其实施细则处理。

无论按哪种形式登记,登记都不仅仅是注册登记。公司的登记分为设立登记、变更登记、注销登记、分公司登记,其他企业法人分为开业登记、变更登记、注销登记、事业单位或科技性社会团体从事经营活动的登记。此外,公司、非公司企业法人都存在年检制度。这些制度是一个企业法人取得合法存续资格的根本保障,如果不具备这一基础,企业的存在就缺乏合法性。

除了涉及由工商部门负责的基本营业资格,也就是营业执照的管理外,某些行

业还必须持有行业主管部门颁发的许可证方能合法经营。而即使在企业的终止阶段,由于法律规范体系有许多明确的规定,企业也必须遵守。在这些阶段,既有基本经营资格的法律规范也有行业管理方面的法律规范。此外,企业还必须充分利用法律规范的规定去实现自身设立、变更、终止企业时的各类设想。

(二) 企业运营涉及的法律规范

相对于企业设立、变更、终止所涉及的法律规范,企业在运营中所涉及的法律规范体系要复杂得多,涉及的内容也种类繁多,出现法律风险的概率也要大得多。虽然行业不同,但企业在经营中所涉及的法律规范体系类型却是基本相同的,大致可以分为基本型的法律规范体系、行业特有的法律规范体系,以及企业具体情况决定所涉及的法律规范体系。

基本型的法律规范体系,主要由调整企业从事经营所必须实施的基本行为的法律规范共同组成,主要包括取得经营场所、设立治理结构、取得和使用资金、聘用企业员工等,这些活动是企业经营活动的基础,但并不直接为企业创造价值,也并非直接的产品生产或服务提供活动。这类活动所涉及的法律法规十分广泛、庞杂,但这类法律规范同样会引起法律风险。

行业型的法律规范体系,主要由调整企业所在行业的经营活动的法律规范所共同组成。这些法律规范形成或基本形成一个体系,以规范某一具体行业的各类经营行为。如,房地产行业的一系列法律规范不仅调整其产品的质量,还调整其开发建设过程中的一系列行为,是其在该行业从事经营活动所必须遵守的行为规范。

自有型的法律规范体系,是在前述两种类型的法律规范体系之外,某些法律风险主体由于自身的某些特殊性而受特定的法律规范调整。这些调整并非针对所有的法律风险主体,而只是针对具有某种特定情况的主体。如,国有独资公司虽然也受公司法的调整,但也受有关国有资产管理的法律规范体系的调整,甚至在刑法中也列有针对国有资产犯罪方面的条款。这些自有型的法律规范体系,也是在管理法律风险过程中所不可忽视的。

上述分类只是为了理解法律风险环境而进行的初步分析,具体将在后续章节中展开。

四、对于法律风险环境的选择

法律风险环境是一个综合体,一旦身处其中便必须受其影响。但人们可以通过选择法律环境的方式来控制法律环境的影响,这就涉及法律管辖问题。管辖大致可以分为属地、属人两种,对外与国家的主权有关,在国家内部则与不同权利主体的权利冲突有关。

属地管辖是根据行为发生地、机构所在地、后果所在地等划分管辖的,无论是刑事还是民事均有此类规定;属人管辖则只是根据注册地、国籍等来确定管辖,大多国家都会强调只要是在其土内注册的企业或属于其国籍的公民,即使在国外发生某些行为也要属于其管辖。最常见的司法管辖问题是诉讼管辖地之争,这几乎是所有诉讼中都需要考虑的问题。在美国等国家甚至不同的州会有不同的法律,即使是律师资格也并不通用,因此往往在诉讼中首先要考虑管辖权问题,因为这涉及法律适用和诉讼后果。当然,管辖权与法律适用密不可分,选择管辖地有时就是在选择不同的法律适用。

由于属地管辖与属人管辖的同时存在,有时这两种管辖会产生冲突。当属地与属人两种管辖权分别属于两个主权国家时,就需要通过国际私法的相关原则来解决管辖权方面的冲突。而除了这些冲突之外,当企业在注册国以外展开投资活动或产生涉外交易时,也会产生适用外国法律的情况。例如,选择在美国上市的公司,无论其母公司身处何地,也无论其出资人是否美国公民,都要受到其《萨班斯法案》《反海外腐败法》的管辖。也就是说,即使是在世界排名中名列前茅的中国公司选择在美国上市,美国法律也可以追诉至中国其公司的某些行为。这在多起涉及商业贿赂的案件中已经得到印证。

即使不在国外上市,如果在国外存在兼并、收购、开设企业等行为,当地的法律也当然具有属地管辖权,如果不了解这些属地管辖法律的具体规定就进行投资等行为,其实是如同"盲人骑瞎马,夜半临深池"般的可怕。如果不全面了解所涉及的国外的法律环境,就很有可能在收购国外企业或进行境外投资时,由于对法律环境不了解而付出昂贵的代价,甚至血本无归。某些企业在对外投资时,就是在并不了解当地法律环境的情况下盲目投资,考虑了经济因素而没有考虑法律环境因素,在接手后由于昂贵的人力资源成本无法承受,从而导致重大经济损失。

在美国,司法界存在一种"长臂管辖权"理论,其目的是扩大美国法院的管辖权。在这种理论支配下,许多美国法院直接插手涉及国外的法律诉讼。"长臂管辖权"(Long Arm Jurisdiction)是在美国开展民事诉讼中一个非常重要的基本概念。即使被告的住所不在法院所在地的州,只要与该州有某种最低的联系(Minimum Contacts),而且原告所提出的权利要求与这种"最低联系"有关时,则该州法院对被告即具有属人管辖权。届时,虽然被告的住所不在该州所在的法院,但该州法院仍旧可以向州外的被告发出传票。在此之前,法院对被告是否具有管辖权的主要依据,是被告是否在法院所在地"实际出现(Physical Presence)",如被告在法院所在地有居所或住所、被告在法院所在地出现等,均可被视为确定管辖权的联结因素和基本依据。但在第二次世界大战以后,美国开始逐渐成为世界头号经济强国。美国的司法界也在伴随着其经济的扩张而逐渐为司法管辖权提供新的理论,并由联邦最高法院在1945年通过案例加以确立。

不仅仅是诉讼与管辖有关,行政处罚、优惠政策等都存在地区性的差距,也都同管辖有关。由于地区经济发展的不平衡,不同地区往往存在一定的税收等方面的优惠政策,选择不同的注册地就等于选择了不同的经营成本,也就会产生不同的利益分配后果。除了税收政策外,在其他行政法律规范方面也会存在同样的情况。一方面,某些地区会有地方性法规和地方政府规章的出现,这些地方性法规和地方政府规章足以影响法律风险的后果;另一方面,不同地区对于法律的理解和执行的具体情况也会有所不同,因而法律风险的后果也会有所不同。即使在国家法律、国务院行政法规层面,基本法律体系是同一的,但在各个不同的行政区域内往往还会存在大量的不同。

管辖权问题的实质,是在权衡了法律风险环境的不同之后,充分利用法律所赋予的权利,根据自己的目标,通过签署法律文件或实施某种行为而使自己处于相对有利的法律风险环境之下,从而降低法律风险的一种选择。而对于法律风险环境的权衡,则包括了对法律规范体系、法律执行情况、社会法制观念等问题的综合研究,因为其中任何一个因素都足以导致法律后果的不同。在进行注册地以外的投资或经营活动涉及注册地以外的法律因素时,必须认真地理解相关的法律因素,并据此对可能的法律风险后果进行充分的预测,否则将无法充分回避法律风险或充分利用法律环境。

第四节　法律风险行为

法律风险的产生有主体、环境、行为三个要素,也就是说,只有法律风险主体在特定的法律风险环境下从事某些特定的行为,才会产生法律风险。这里所说的法律风险行为不是法律风险主体的所有行为,而是会产生法律风险后果的行为,也就是可能会导致法律风险主体受到刑事处罚、行政处罚、承担民事责任、单方权益丧失后果的行为。

既然法律风险行为是足以产生法律风险后果的行为,那么就必须从法律规范的角度去衡量企业的行为,或者从企业的活动规律中去比对法律的相关规定,从而得出哪些是法律风险行为的结论。在前面的章节中,我们已经对企业经营所可能涉及的法律规范体系进行了大致的归类,这一归类方式与企业经营的行为规律不谋而合,因此这里也沿用企业从成立到终止的过程,大致描述企业的法律风险行为,以及相关的法律规定,从另外一个侧面了解法律风险行为的概况。

由于法律风险主体中最为常见的是企业法人,因此以后的叙述将以企业法人为主,其他主体不再一一展开。

一、法律风险主体的设立行为

目前,法律风险主体的设立行为,主要分为法人的设立和其他组织的设立。其中,法人的设立又分为企业法人、机关法人、事业单位法人、社会团体法人,以及比较特殊的民办非企业单位法人、基金会的设立。除此之外,其他组织也有不同的设立方式,但在此主要探讨企业法人的设立。

企业的设立行为在法律上具有重大意义,一是依照工商管理法律规范解决法律上的人格问题,二是要根据行业管理法律规范解决经营资格问题。某些企业经登记即可营业,如一般的贸易企业等。有的企业则需要依据相应的行业管理法律规范取得经济资格后方可申领营业执照,如金融企业必须依据《中资商业银行行政许可事项实施办法》取得金融许可证后方可申领营业执照,并在取得营业执照后方可经营。

不同行业企业的设立行为由不同的法律规范规定,这些都是进行法律风险分析时所必须加以核对的情况。除此之外,某些企业的设立行为还要具备更多的许可、资质等条件,否则仍旧不能合法经营。为加深理解,以下只是简单提及部分主体设立的规定。

(一)企业法人的设立

按照工商行政管理部门目前的分类方式,企业法人分为三类:

(1)内资企业,包括国有企业、集体企业、股份合作企业、联营企业、有限责任公司、股份有限公司、私营企业、其他企业。

(2)港、澳、台商投资企业,包括合资经营企业(港或澳、台资);合作经营企业(港或澳、台资);港、澳、台商独资经营企业;港、澳、台商投资股份有限公司。

(3)外商投资企业,包括中外合资经营企业、中外合作经营企业、外资企业、外商投资股份有限公司。

按照《企业法人登记管理条例实施细则》第2条的规定,具备企业法人条件的全民所有制企业、集体所有制企业、私营企业、联营企业、在中国境内设立的外商投资企业(包括中外合资经营企业、中外合作经营企业、外资企业)和其他企业,应当根据国家有关规定,按照下列所属行业申请企业法人登记:

(1)农、林、牧、渔、水利业及其服务业;

(2)工业;

(3)地质普查和勘探业;

(4)建筑业;

(5)交通运输业;

（6）邮电通讯业；

（7）商业；

（8）公共饮食业；

（9）物资供销业；

（10）仓储业；

（11）房地产经营业；

（12）居民服务业；

（13）咨询服务业；

（14）金融、保险业；

（15）其他行业。

在企业法人登记的过程中，企业法人的经营范围、经营方式等均受到法律规范的严格约束。而且，经营范围分为许可经营项目和一般经营项目两类。一般经营项目是指不需批准，企业可以自主申请的项目；许可经营项目是指企业在申请登记前依据法律、行政法规、国务院决定应当报经有关部门批准的项目。此外，某些行业的企业法人还有资质方面的约束，只要这些项目中某个项目不具备，往往就会导致主体资格上的瑕疵，甚至引发合同无效或受到行政处罚的后果。

另外，根据该《企业法人登记管理条例实施细则》第3条的规定，实行企业化经营、国家不再核拨经费的事业单位和从事经营活动的科技性社会团体，具备企业法人条件的，按照前面所列的行业或者下列所属行业申请企业法人登记：

（1）公用事业；

（2）卫生事业；

（3）体育事业；

（4）社会福利事业；

（5）教育事业；

（6）文化艺术事业；

（7）广播电视事业；

（8）科学研究事业；

（9）技术服务事业。

（二）其他法人的设立

按现行法律体系，机关法人的成立依据是各类组织法，有独立经费的机关自其成立之日起便具有法人资格，无需通过登记取得。事业单位法人的成立依据为《事业单位登记管理暂行条例》，社会团体法人的成立依据为《社会团体登记管理条例》，两个条例都明确规定事业单位及社会团体都应当具备法人资格，而其分支则当然没有法人资格。

按照《事业单位登记管理暂行条例》的规定,事业单位是指"国家为了社会公益目的,由国家机关举办或者其他组织利用国有资产举办的,从事教育、科技、文化、卫生等活动的社会服务组织"。因此,从理论上讲,事业单位不是直接以营利为目的的民事主体,只能通过依法举办的营利性经营组织从事营利活动。但随着事业单位的不断改革,其中的某些界限已经并不十分清晰。事业单位目前未见法定的分类方式,但基本上可以分为教育、科研、文化、新闻出版、广播影视、卫生、体育、社会福利、农牧渔林业、水利水文、气象、海洋、防震、环境保护、信息咨询统计、知识产权、交通、勘查设计、勘探、质量技术监督、城市公用事业、房地产等行业事业单位及其他事业单位。

而根据《社会团体登记管理条例》的规定,社会团体是指"中国公民自愿组成,为实现会员共同意愿,按照其章程开展活动的非营利性社会组织"。国家机关以外的组织可以作为单位会员加入社会团体,但有三种社会团体不属于该《条例》规定登记的范围:参加中国人民政治协商会议的人民团体;由国务院机构编制管理机关核定并经国务院批准免于登记的团体;机关、团体、企业事业单位内部经本单位批准成立、在本单位内部活动的团体。

(三) 非法人其他组织的设立

除了前述法人的设立外,根据《企业法人登记管理条例实施细则》第4条的规定,不具备企业法人条件的下列企业和经营单位,应按第2条或者第3条所列的行业申请营业登记:

(1) 联营企业;
(2) 企业法人所属的分支机构;
(3) 从事经营活动的事业单位和科技性社会团体;
(4) 事业单位和科技性社会团体设立的经营单位;
(5) 外商投资企业设立的从事经营活动的分支机构;
(6) 其他从事经营活动的单位。

对于"其他组织",最高人民法院在《关于适用〈中华人民共和国民事诉讼法〉若干问题的意见》第40条中进行了简单的列举。这一列举对于识别"其他组织"非常有帮助。该条司法解释中所列举的"其他组织"主要包括:

(1) 依法登记领取营业执照的私营独资企业、合伙组织;
(2) 依法登记领取营业执照的合伙型联营企业;
(3) 依法登记领取我国营业执照的中外合作经营企业、外资企业;
(4) 经民政部门核准登记领取社会团体登记证的社会团体;
(5) 法人依法设立并领取营业执照的分支机构;
(6) 中国人民银行、各专业银行设在各地的分支机构;

(7) 中国人民保险公司设在各地的分支机构；
(8) 经核准登记领取营业执照的乡镇、街道、村办企业；
(9) 符合本条规定条件的其他组织。

当然，除了法人、自然人、其他组织外是否还有其他的法律风险主体，我们这里不再讨论。但理论界早已在探讨包括"其他组织"在内的第三种民事主体在法律体系中的地位问题，这种"其他组织"在法律中的地位也有望通过法律体系的进一步完善而被明确下来。

总的来说，除了企业法人名正言顺可以从事经营外，机关、事业单位、社会团体这三类法人，在法理上都是非营利性的法人，而后两者如果从事经营活动则必须依法设立相关的营利性企业。其中的例外是实行企业化经营且国家不再核拨经费的事业单位以及从事经营活动的科技性社会团体，这两类主体如果具备了企业法人条件，就可以直接设立成企业法人。而其他组织也可以区分出经营型的还是非营利性的，后者没有取得合法资格就不得从事经营活动。

由于行业上存在较大差异，因此不同的行业在合法运营资格上有不同的要求，并非取得了主体资格就能从事合法的运营。例如，娱乐场所对于场地有特别要求，储存民用爆炸物品也必须符合一定的条件，等等。这些都是企业设立所涉及的合法性问题，也是产生法律风险的一种根源。

二、法律风险主体经营中的行为

企业设立过程其实还只是开业登记的过程，企业在完成登记、从事经营行为时，不仅要受工商行政管理法规的约束，还要受所在行业的行政法律规范的约束，以及经营活动作为民事行为而必须遵守的其他法律规范的约束。在企业完成登记、进入运营状态时，许多法律便开始对其产生约束力，同时某些特定企业也具备了享受优惠政策的资格。例如，《中小企业促进法》便是对中小企业的发展颇有影响的法律，中小企业完全可以充分利用这类政策促进自己的发展。

除了这类全局性的法律规范外，为了便于理解企业的经营行为，我们将企业的经营行为大致分成基础行为、行业行为、自有行为三类，与之相对应的，就是前面所讨论过的基本型的法律规范体系、行业型法律规范体系、自有型的法律规范体系。由于企业经营中会涉及多方面的法律规范约束、面临多方面的法律风险，为节省篇幅这里不再展开。

（一）企业经营中的基础行为

这里所说的法律风险主体的基础行为，主要指企业从事经营活动所必需的、基础性的，但又并不直接参与经营的行为。这类行为主要包括取得经营场所使用权、设立治理结构、取得和使用资金、聘用企业员工、签订基本的合同等。由于都是些经营所需的基础性活动,所以无论企业是生产型的还是贸易型的、服务型的,都要涉及这些内容。这类活动的内容较杂、涉及面广,但涉及的往往都只是"通用"型的法律规范,没有某一行业的专业性的内容。例如,法人应当具备的依法成立、有必要的财产或者经费、有自己的名称及组织机构和场所这些条件,均为设立法人的必备条件,也是企业经营必不可少的基本条件。这类活动主要涉及公司法、劳动法,以及与经营场地等有关的法律规范,也包括合同法等普遍适用的法律规范,内容较为庞杂。

取得经营场所可以是租赁也可以是购买、建造,租赁只涉及房屋的使用权,购买则涉及相关的权证,而自行建造则涉及土地使用权和建设工程审批的一系列程序和法律规范。因此,取得经营场所使用权的方式不同,所面临的法律风险会有较大的不同。

至于《民法通则》意义上的组织机构,在法律意义上体现为治理结构。前者只是用来衡量一个组织是否法人,而治理结构则有许多实际意义,用于确保股东利益、实现公司内部权利平衡等。治理结构并非为了符合法律需要或为了登记需要而必须具备的一种形式,而是对公司的发展有着非常重大的意义的。由于公司的实际情况各有不同而法律又不可能面面俱到,特别是许多权利属于投资人的私权,因而现行的《公司法》只是对治理结构作了些基本性的规定,许多具体内容需要结合公司投资人的实际情况加以认真地设计,才能扬长避短、发挥出巨大的效益。治理结构的复杂程度取决于企业的设立形式。一般来说,非公司企业的组织结构随意性强些,而公司的组织结构要求则相对严格,其中国有独资公司和上市公司则要求更为严格一些。

除了经营场所、组织机构等问题外,企业经营所必不可少的资金、员工也是企业经营的基础性行为。注册资本的投入及后续资本、流动资金的投入涉及企业经营的成本以及股东间的权利分配、税收等问题,企业与员工之间的劳动合同又存在资源和利益如何分配、企业与员工的利益如何平衡等相关法律问题,这些都与企业经营中的基础性行为有关。

企业经营中的基础行为还不止这几类,还会涉及其他类的经营行为。但无论企业如何经营,只要处于活动状态就必须从事一定的民事活动,例如租用或购买、建造办公用房、采购办公用品、支付通信及电力费用等。只要企业存在这些基础性活动,就不可避免地存在相应的各类法律风险。

(二)企业经营中的行业行为

法律风险主体的行业行为,主要是与直接生产经营有关的原材料采购、产品生产或服务提供、销售及售后服务、广告宣传、技术开发、财务安排等行为,这类行为是围绕企业的主营业务开展的,是企业"销售"其产品或服务的直接必备过程。而且,这一过程也是处处涉及各类法律规范体系、处处涉及合同的过程。例如,批发业的采购、运输、仓储、销售过程,都要通过合同设定权利义务。同时,这一过程中还要涉及国家标准化法律规范、产品质量法律规范对于产品质量、产品质量等方面的强制规定,某些产品还涉及消费者权益保护、后续服务等方面的规定。

特别是在涉及人身安全、健康方面的行业,如医疗行业,法律规范针对从业人员、从业机构、医疗器械及药品、医疗过程等方面均有明确的规定,以确保人身安全及患者权益。另外,法律规范对某些特定产品的生产、经营进行严格的限制,并强行不断提高质量标准,淘汰那些相对落后的产品。企业的行业行为主要通过相关行业主管部门的部门规章加以规范,有时也通过国务院行政法规、地方法规、地方政府规章等加以规范,其内容比较繁杂。例如,关于某些产品的售后三包问题,在部门规章、地方性法规等方面均有一定的体现。

如果进一步细分,行业行为可以再分为辅助行为和主要行为。其中,广告宣传、技术开发、知识产权保护、税费缴纳等均为辅助行为,这些行为与行业行为有关,但并不直接产生经营效益。而主体行为则是直接进行经营范围内的产品或服务的提供,因而直接产生价值或增值的过程。而辅助行为中,广告宣传、知识产权保护方面均有专门的法律规范加以调整,甚至技术开发中也会存在许多知识产权法律规范方面的约束,同时,国家还有许多关于科技进步的法律规范。如果对这些法律法规不能充分了解,便有可能造成不必要的损失或造成单方权益丧失。

由以上的简要分析可以得知,法律规范对企业具体经营的内容以及经营中必须遵守的规范等往往都有着具体的强制性规定,企业的行业行为中既受各类行政主管部门的行政管理,而在具体的经营过程中又必须依照基本的《民法通则》及《合同法》与其他主体打交道,因而同时面临着的最主要法律风险是民事责任与行政处罚方面的法律风险。而如果对各类法律规范掌握不透,由于所涉及的法律规范的复杂性,则又非常容易导致单方权益的丧失。至于企业的刑事处罚风险,则只有当企业从事某种极端行为或严重违反了法律规范的强制性规定时才会出现,如恶性的偷税漏税行为、走私行为、某些行业的重大责任事故等。

如果超出企业法人的范围,机关、事业单位、社会团体三类法人的行业行为同样也会涉及不同的法律风险。其中,这些法人的成立及活动的本身是否符合法律规定属于产生法律风险的重要来源。例如,对于机关而言必须考虑其审批的依据和程序是否合法、其处罚的依据及程序是否合法,否则存在行政诉讼或国家赔偿的风险;对于事业单位,则要考虑其成立的程序及开展活动的内容、方式是否合法,否则可能面临行政处罚或民事责任;对于社会团体,其活动的内容及方式是否符合法律及章程的规定、是否在以自己的名义从事经营性活动等,这些都是法律风险问题。

在某些特定情况下,事业单位或社会团体有可能会被行政部门依法授权行使一定的社会管理职能。一旦出现这种授权行为,则事业单位或社会团体便有了一定的行政公权力。但同时,是否得到合法授权、应当依法行使何等职能、行使职能的程序如何等,均隐含着法律风险。

(三) 企业经营中的自有行为

企业在经营中的自有行为,是指通常的基础行为、行业行为之外,由于企业自身的特殊情况而导致的不具备行业代表性的行为。这是企业所独有的"个性化"的行为,因此不具有普遍的代表性,只是某个企业所特有的情况。几乎每个企业都有其特有的情况,企业文化上存在的差异就导致了每个企业在其自己的权力范围内各行其是,这也是企业经营自主权的一部分。但企业的自有行为中,一部分行为与企业的法律风险管理没有关系,例如企业在用人方面的偏好、在产品线方面的计划等,但另一部分则与法律风险管理有关,如企业是否遵纪守法、是否重视法律风险管理等。

企业的自有行为在许多方面都会有所体现,例如,在设立公司时很有可能投资比例与决策权比例不一致、公司除了登记的股东外还有实际控制人;在合同方面偏重长期合同还是短期合同、喜欢简单粗犷的合同还是详细精确的合同等。这些自有行为中既有长期的、战略方面的自有行为也有短期的、战术方面的自有行为。在企业合同风险管理工作中,最为强调的正是合同要与企业的自有行为完全合拍,让合同全面服务于企业,使合同不仅要为某项具体的交易服务,还要为企业的整体利益最大化服务。

如果仅从发生的概率和所涉及的法律规范的数量来看,某些企业是非常"个性化"的,无论是其经营方式还是其发展思路均与众不同,而另外一些企业则又很有可能毫无"特色"。但无论这类自有行为所涉及的法律规范到底是"喧宾夺主"还是可以忽略不计,从法律风险管理角度来看,企业的自有行为是在法律风险识别中需要特别加以注意的内容,也是在制定法律风险管理措施时必须专门加以考虑的问题。

三、法律风险主体的非常态行为

对于绝大多数企业来说,通过设立公司以及投资后,以提供产品或服务来营利是一种常态。但随着企业生产规模的不断扩大,以及企业发展模式的不断发展,除了这种传统的发展模式外,许多企业在成长过程中不断通过联合、兼并、收购其他公司而壮大自己,甚至已经成为一种非常简捷的营利模式。采取这类方式的优点,是既可以消灭一个潜在对手又可以快速地增强自己的实力,便于同其他对手展开竞争。那些国际上知名的大型跨国公司大多都有这样的历史,甚至某些著名的银行、风险投资机构专门以此作为其营利模式而且非常成功。但总体上,这类行为相对于传统的企业经营属于一种"非常态"的经营行为。除了这类联合、兼并、收购等模式外,包装上市、改制等也是一种"非常态"的企业行为。这种行为往往会伴随着兼并、收购而产生,即使没有兼并、收购行为,由于它不亚于脱胎换骨的过程,也同样会对企业的未来产生非常深远的影响。

由于这些"非常态"的经营发展模式与传统的模式不同,其涉及的法律风险也与通常的生产经营不同,应当单独作为一种企业经营形态加以研究。随着许多国外成熟经营发展模式的引入,国内企业的非常态的经营手段和发展模式越来越丰富多彩,但对其法律风险进行分析的基本原理是相同的,即根据其行为、法律环境加以分析。尤其是当这类手段已经越来越常见时,就更应该掌握其法律风险的分析方法以及操作原理。

企业的并购行为最主要是从经济角度考虑。收购一方的目的有时是为了更加充分地利用目标企业的产能、销售或服务渠道以增强自己的实力,有时也纯粹是为了取得那些价值被低估的企业并在包装重整后再行出售。前者的目的是为了同其他的竞争者竞争或提高自己的效率及实力,后者则多是为了直接从中营利。并购的过程中往往都会存在资产及员工的取舍问题,因而在并购完成后往往会有更高的效率、更少的包袱,使资源能够得到更加充分的利用。在资本流动性强的优势被发挥得淋漓尽致的今天,也有许多投资机构专门以收购某些企业股权的方式来营利,因为资本流动的优势使得他们不必自己去经营某个具体的企业,只要充分利用资本的流动性就能获得丰厚的回报。

各类并购行为其实都是法律行为,都存在法律风险。并购行为会涉及《公司法》、《合同法》等相关法律规定,如果是上市公司还要涉及《证券法》、《上市公司收购管理办法》等法律规范约束。同时,如何通过缜密的尽职调查获取真实、完整、全面的实际情况资料,也是一个必须特别关注的问题。即使仅仅是并购合同,为了充分实现并购的目的或为了实现其中某一方的目标,就必须将合同的内容及履行程序规定得极为严谨和细致,其中的资产、产权、员工、债务等已经是基本的内容,这些都是对整体操作能力的严峻考验。除此之外,在并购过程中,还必须考虑到资金成本、收购后的其他成本等因素,不仅是确保交易的安全,也要确保交易后经济目标的实现。

企业上市行为同样涉及诸多不同门类的法律规范,除了必不可少的由证监会出台的法律规范外,往往还会涉及财政部、税务总局、商务部、国资委等的具体规定,如果是海外上市的公司,还会涉及国家外汇局等部门对于外汇等方面的有关规定。如果是在海外直接投资或并购海外企业，则企业所面临的法律问题就会更为突出。此时需要考虑的不仅仅是如何完成投资或收购，还要考虑上市地的法律规范规定以及如何遵守上市相关法律规范要求，并以此保证自己的合法权益的问题。

目前，由私募风险投资参与的并购及首次发行上市的情况也比较多，甚至越来越成为热点。这类并购或包装上市非常强调操作技巧，往往是通过一定的标准在选定了投资目标后，通过对目标公司的一系列包装、资本运作等手段使之达到一定的标准并在特定的证交所上市。在企业借助风险投资成功起飞后，如果运作成功，则风险投资者可以将其所持有的原始股待股票升值后通过套现的方法取得丰厚的回报。这类投资中，投资者往往会同所投资企业的管理层签订对赌条款，也就是与管理层设定"估值调整机制"（Valuation Adjustment Mechanism），针对双方合作后管理层对约定的经营指标的完成情况调整投资方与被投资企业管理层之间的股权关系。

对赌往往在投资方与被投资方管理层均为股东的前提下展开，投资方一般只是投资，无力或无心参与经营管理。其具体的做法，是双方先约定一个优惠的股权转让价格，当企业达到双方约定的经营指标时，投资方将一部分股权按约定的优惠价格转让给管理层；当企业没有达到经营指标时，管理层则将一部分股权按约定的优惠价格转让给投资方。如果预期目标达到，市值增加给对赌双方带来的回报十分丰厚，甚至可以达到数倍，双方分配的财富来自股市里的套现，自然是个双赢的结局。例如，在与蒙牛十分成功的合作中，摩根士丹利等国际投资机构通过三次套现取得的回报，其投入产出比近550%。

四、法律风险主体的变更与终止行为

在法律风险主体依法成立并登记后，一成不变的情况并不多，大多企业都会在开业登记以后的经营过程中发生某种变更。主体发生变更时，一般都要以通过相关主管部门进行登记为标志，否则对外不发生法律效力。因此，几乎企业所有已经登记或备案、许可的事项一经发生变更都要再次登记。是否合法完成这一程序，是衡量变更是否依法成立的基础。

变更行为大致分为三类，一类是公司法意义上的变更，如股东、出资额、出资比例、治理结构等方面；另一类则是工商行政管理法规方面的需要，如经营范围、经营地点、企业名称变更等；第三类往往是涉及行业主管部门的变更，如资质等级的变更、经营许可的变更等。这三类变更适用不同的法律规范，在法律风险方面也有着不同的意义。

公司法意义上的变更，除非是发生了合并或分立，往往只是变更了公司的投资者、股权结构、治理结构，从法律上看公司仍旧是原来的公司，其对外的权利义务关系维持不变。正因如此,在法律风险方面,它存在两个不同方面应该考虑的问题。一方面,某些合同的履行与某些股东有着密不可分的关系,虽然公司并未发生变更,但股东的变更有可能会影响到合同的履行。另一方面,由于法律主体并未发生变更,因此可以通过收购某一特定目标公司的股权的方式取得控制权,从而控制一个公司的资源或其业务资质,并借此获得土地、房产、知识产权、设备等资产,或取得合法经营某项业务的资格。

如果公司发生了分立或合并的情况,则会对其相对方的债权债务的实际履行产生一定的影响,但按照《民法通则》第44条第2款的规定,"企业法人分立、合并,它的权利和义务由变更后的法人享有和承担。"虽然对于某些特定的分立或合并,可能会存在专门的法律规范规定或司法解释,但总体上仍旧遵循了这一基本原则。

公司法意义上的变更也会涉及工商登记事项的变更,大部分的公司法意义上的变更都规定要在工商登记上有所反映,以起到一种程序性的公示作用,并不影响到企业权利义务的延续,其中的股权等变更即使未在工商部门登记一般也对各方同样有效。而另外一些变更,如因经营方向调整或因受到行政处罚而发生的经营范围变更、经营资质变更,前者影响到公司经营的商品范围或服务范围,后者则影响到承接业务的范围,低等级的资质将使企业无法承接需要更高资质的业务,从而直接影响到企业的经营活动并使企业面临新的法律风险。

企业的终止是引起企业为法律所确认的主体资格的消失。企业法人可以由于依法被撤销、解散、依法宣告破产等原因而终止。按照《民法通则》第46条的规定,"企业法人终止,应当向登记机关办理注销登记并公告"。这就意味着终止是有程序规定的,否则企业的终止极有可能不被法律所承认。

关于企业终止的规定中,最为突出的法律便是《企业破产法》。除了该部法律外,《公司法》《民事诉讼法》等法律也对破产的程序等做了规定。应该说,《企业破产法》较之前的试行版本在立法技术上、内容上都有很大的提高,同时也对企业如何进入破产程序、如何防范相应风险提出了新的要求。

第五节 法律风险的不利后果

将法律风险分为刑事责任、民事责任、行政处罚、单方权益丧失四类,是从法律责任后果角度进行的分析。这四类法律风险都可以借助于法律风险的主体、环境、行为三个要素得出准确的结论,而且这三要素对分析任何类型的法律风险普遍适用。即使是从不同角度分析法律风险,也同样需要从三个要素角度加以锁定。

对于法律风险如何划分存在着不同的观点,但只要是按照某一观点着手分类后存在着不同类型法律风险外延重叠的现象,就说明这一分类方式尚不够周延。虽然对提供法律风险管理相关服务的过程有所帮助,但由于并未归结到法律风险的终极元素,因此并不利于深入的研究及后续的深入服务。

当一个企业存在法律风险时,法律风险有可能在未来转换为现实的法律后果,也有可能一直成为风险的"携带者"但却安然无恙。安然无恙自不必说,因为它最主要是出于运气,没有代表意义,因而研究法律风险所带来的不利后果,必须首先考虑其不利后果的种类及程度,然后再考虑具体的法律风险发生的概率等问题。

从总的发生频度来看,行政法方面的法律风险是企业接触最多的,其次为民事法律方面、单方权益丧失风险,最后才是刑法方面。但如果按照风险后果的严重程度来分,则大致是按刑事、行政、民事的顺序排列,而单方权益丧失风险则由于幅度太宽而无法评估。在不同的视角下,不同类型的法律风险会有不同的划分方式。为表述方便,在此仍旧延用前面讨论的顺序,进一步研究不同类型法律风险的后果。

一、刑事处分法律风险后果

从几大风险的角度看,人们最不愿意承受的法律风险是刑事方面的法律风险。这不仅仅是由于刑事法律方面的惩罚是最为严厉的,存在被剥夺人身自由甚至生命的刑事责任的可能性,还由于这种惩罚对于当事人是最为直接而且必须由违法者自己亲自承受的。而刑事法律的设立目的,本身也是通过严厉的惩罚来威慑社会成员,使之放弃违法的企图,从而达到维护社会秩序的目的。

在刑事法律规范体系中,并无企业犯罪一说,与之相对应的是单位犯罪。但单位犯罪其实也并非法学界的通用术语,在刑法领域的公认术语是法人犯罪。但从刑法的调整范围和立法动机上看,用"单位犯罪"这一术语似乎更为适合,因为法律风险的主体与民事主体异曲同工,除了企业法人、机关法人、事业单位法人、社会团体法人外,还有一部分虽然也是合法成立却并不具备法人资格的其他组织。在主体如此复杂的情况下,只有使用"单位"一词才更为合适。因为只要是个组织就可以称其为"单位",这个"单位"可以具备法人资格也可以不具备法人资格。

(一) 对单位犯罪的辨析

虽然在刑法上已经规定了多种单位犯罪行为及其处罚,但刑法以及其他的刑事法律规范中却从未对单位犯罪这一概念作过解释。而且,在实际工作中往往存在将单位犯罪与法定代表人犯罪混为一谈或将利用单位从事的犯罪与单位犯罪混为一谈的情况。

《刑法》第30条规定,"公司、企业、事业单位、机关、团体实施的危害社会的行为,法律规定为单位犯罪的,应当负刑事责任。"根据这一规定的内涵,是否构成单位犯罪必须以法律有明文规定为前提,而且必须是"公司、企业、事业单位、机关、团体实施的危害社会的行为"。虽然这里所规定的"危害社会的行为"外延比较大,但结合刑法中涉及单位犯罪的具体条款可以明确,单位犯罪的行为是体现单位意志且与经营活动有关的单位行为,而不是其中个别人的私下行为。

为了进一步明确刑法中"单位"及"单位犯罪"的概念,最高人民法院在《关于审理单位犯罪案件具体应用法律有关问题的解释》中对两者做了进一步的解释。该解释中申明,"刑法第三十条规定的'公司、企业、事业单位',既包括国有、集体所有的公司、企业、事业单位,也包括依法设立的合资经营、合作经营企业和具有法人资格的独资、私营等公司、企业、事业单位。"根据这一解释,各类企业反而只是"单位"外延的一部分,单位包括了更多的各类组织。

在该解释的另外一个条款中,最高人民法院还对单位犯罪的界限作了进一步的明确,"个人为进行违法犯罪活动而设立的公司、企业、事业单位实施犯罪的,或者公司、企业、事业单位设立后,以实施犯罪为主要活动的,不以单位犯罪论处"。"盗用单位名义实施犯罪,违法所得由实施犯罪的个人私分的,依照刑法有关自然人犯罪的规定定罪处罚"。由此可见,单位犯罪并非是为了从事犯罪活动而设立的公司,也非盗用单位的名义实施犯罪并由个人私分违法所得的行为。这一解释进一步明确了单位犯罪的内涵和外延,强调了单位犯罪是指为了谋取非法利益而实施的一种单位行为,而且基本是与单位的经营活动有关。否则,即使法定代表人的个人行为,也并不属于单位犯罪。

(二) 企业涉嫌单位犯罪的可能种类

从1979年7月《中华人民共和国刑法》颁布到1997年3月大规模修订后的重新颁布,《刑法》在体例和立法技术上有了巨大的变化。但为了适应社会、经济形势的飞速发展,自1999年12月起至今,又相继颁布了六个修正案。这六个修正案与全国人民代表大会常务委员会的各个立法解释,以及最高人民法院、最高人民检察院等司法机构的司法解释,一道构成了我国的刑事法律体系,而且这一体系也在不断的进一步发展和完善之中。

从刑事法律规范的内容来看,单位犯罪的基本规定仍旧在《中华人民共和国刑法》之中,其中明确列有企业涉嫌单位犯罪的《刑法》条款主要有以下几类:

(1) 危害公共安全罪

这类单位犯罪主要是与枪支有关,如:① 非法制造、买卖、运输、邮寄、储存枪支、弹药、爆炸物;② 非法买卖、运输核材料;③ 依法被指定、确定的枪支制造企业、销售企业违反枪支管理规定的某些行为;④ 依法配备公务用枪的人员非法出租、出借枪支,以及依法配置枪支的人员非法出租、出借枪支造成严重后果的行为等。

（2）破坏社会主义市场经济秩序罪

这类单位犯罪的种类比较多，发生的可能性也比较大，主要包括：① 生产、销售伪劣商品罪；② 走私罪；③ 妨害对公司、企业的管理秩序罪；④ 破坏金融管理秩序罪；⑤ 金融诈骗罪；⑥ 危害税收征管罪；⑦ 侵犯知识产权罪；⑧ 扰乱市场秩序罪。

（3）妨害社会管理秩序罪

这类犯罪一般为情节严重的妨害社会管理秩序的行为，主要有：① 扰乱公共秩序罪；② 妨害国（边）境管理罪；③ 妨害文物管理罪；④ 危害公共卫生罪；⑤ 破坏环境资源保护罪；⑥ 走私、贩卖、运输、制造毒品罪；⑦ 制作、贩卖、传播淫秽物品罪。

（4）侵犯公民人身权利罪

这类犯罪是一种特例，但这类情况在某些地区的个别企业中确有实际存在。该类犯罪只有一个法条，即《刑法》第244条规定的"用人单位违反劳动管理法规，以限制人身自由方法强迫职工劳动，情节严重的，对直接责任人员，处三年以下有期徒刑或者拘役，并处或者单处罚金。"

（5）危害国防利益罪

此类犯罪的罪名种类并不多，多为一些具体行为，包括：① 明知是不合格的武器装备、军事设施而提供给武装部队；② 非法生产、买卖武装部队制式服装、车辆号牌等专用标志，且情节严重；③ 战时拒绝或者故意延误军事订货，情节严重。

（6）贪污贿赂罪

这类犯罪包括行贿和受贿两类，均以情节严重为构成要件，包括：① 国家机关、国有公司、企业、事业单位、人民团体，索取、非法收受他人财物，为他人谋取利益，情节严重的，以及在经济往来中，在账外暗中收受各种名义的回扣、手续费的；② 为谋取不正当利益，给予国家机关、国有公司、企业、事业单位、人民团体以财物的，或者在经济往来中，违反国家规定，给予各种名义的回扣、手续费的；③ 单位为谋取不正当利益而行贿，或者违反国家规定，给予国家工作人员以回扣、手续费，情节严重的。

以上只是按照大类进行的归纳，每类单位犯罪中还可细分为不同的具体罪名。除此之外，如果刑法以外的其他法律中规定了某一行为系犯罪行为，也同样属于刑事责任法律风险的范畴。

（三）单位犯罪的刑事责任及处罚

按照《刑法》第31条的规定，"单位犯罪的，对单位判处罚金，并对其直接负责的主管人员和其他直接责任人员判处刑罚。本法分则和其他法律另有规定的，依照规定。"在实际操作中，对于单位犯罪的刑事处罚一般为罚金，但一般同时对主管人员和直接责任人处以人身刑。在特定的罪名中,如与建设工程事故有关的罪名等,刑法往往只处罚相关主管人员和直接责任人,而对单位则不予处罚。

例如,《刑法》第281条规定:"非法生产、买卖人民警察制式服装、车辆号牌等专用标志、警械,情节严重的,处三年以下有期徒刑、拘役或者管制,并处或者单处罚金。单位犯前款罪的,对单位判处罚金,并对其直接负责的主管人员和其他直接责任人员,依照前款的规定处罚。"这就是典型的双罚制。

在实践中,许多关于企业刑事法律风险的讨论事实上已经将对于单位犯罪的讨论与单位中的个人犯罪的讨论放在一起。其实,企业中个别主管人员、直接责任人甚至法定代表人的犯罪许多是与企业行为无关的行为,例如员工的盗窃、贪污、商业受贿等,这些犯罪行为不是直接的企业法律风险,而是单位个别人员实施的影响企业利益的犯罪,不属同一范畴。确实,许多单位主管人员、员工、法定代表人的犯罪行为会对企业的发展和运营产生非常严重的影响,但这些犯罪毕竟属于个人犯罪,虽然可以一并讨论但最好区分成不同的范畴,否则不利于法律风险管理措施的制定。此外,单位犯罪的范畴大于企业涉及的单位犯罪,这里讨论的只是企业涉及的单位犯罪,其他单位犯罪不再展开。

二、行政处罚法律风险后果

行政处罚法律风险的后果,主要指行政管理部门依照法律规定,对违反行政法律规范的行为进行处罚的可能性,而不包括其间接给企业带来的不利影响。其中既包括对于企业的处罚,也包括对于具体的个人的处罚。行政处罚按《行政处罚法》的规定,分为七类,即:① 警告;② 罚款;③ 没收违法所得、没收非法财物;④ 责令停产停业;⑤ 暂扣或者吊销许可证、暂扣或者吊销执照;⑥ 行政拘留;⑦ 法律、行政法规规定的其他行政处罚。

但这一法律所规定的仅为一般意义上的行政处罚原则及程序,具体的行政处罚并非依据这一法律设定,而是由其他的法律、法规或者规章规定,没有法定依据或者不遵守法定程序的,行政处罚无效。例如,海关方面的行政处罚主要由《海关法》和配套的《海关行政处罚实施条例》设定。根据2004年由国务院颁布并于同年开始实施的《海关行政处罚实施条例》第20条的规定,"运输、携带、邮寄国家禁止进出境的物品进出境,未向海关申报但没有以藏匿、伪装等方式逃避海关监管的,予以没收,或者责令退回,或者在海关监管下予以销毁或者进行技术处理。"从这一规定看,海关方面的行政处罚还包括了《行政处罚法》以外的"责令退回"、"销毁或者进行技术处理",事实上也是一种处罚。

行政处罚的行为、种类、幅度必须按照《行政处罚法的规定》制定,除了依据该法所作的规定外,其他规范性文件不得设定行政处罚。该法对于设定行政处罚的规定如下：

(1) 法律可以设定各种行政处罚,限制人身自由的行政处罚只能由法律设定。

(2) 行政法规可以设定除限制人身自由以外的行政处罚,对上位法规定的行政处罚作出具体规定时必须在上位法规定的行为、种类和幅度范围之内。

(3) 地方性法规可以设定除限制人身自由、吊销企业营业执照以外的行政处罚,对上位法规定的行政处罚需要作出具体规定时必须在上位法规定的行为、种类和幅度的范围之内。

(4) 国务院部、委员会制定的规章可以在上位法规定的给予行政处罚的行为、种类和幅度的范围内作出具体规定,当尚无上位法时可以制定规章对违反行政管理秩序的行为设定警告,或者根据国务院的规定设置一定数量的罚款。有行政处罚权的国务院直属机构,也可以根据国务院的授权按前述原则规定行政处罚。

(5) 省、自治区、直辖市人民政府和省、自治区人民政府所在地的市人民政府以及经国务院批准的较大的市人民政府制定的规章,可以在法律、法规规定的给予行政处罚的行为、种类和幅度的范围内作出具体规定,并在尚未制定法律、法规时,可以通过制定规章对违反行政管理秩序的行为设定警告,或者在省、自治区、直辖市人民代表大会常务委员会规定的范围之内设定一定数量的罚款。

除了这些行政处罚以外,在各类诉讼过程中,人民法院在审理案件期间,有权对妨害诉讼等行为直接进行罚款、拘留等处分。这类处罚并非一般意义上的行政处罚,一般认为是由诉讼法所直接规定的其他行政处罚,属于行政处罚风险的一个特殊组成部分。

从职责划分的角度来看,对于一个具体的企业而言,各行政主管部门的职权处于一种纵横交错的状态。既有横向的以行业为主线的行政主管职责划分,也有纵向的涉及企业各个不同阶段的行政执法职责划分,两种行政执法权相互交错并贯彻始终。虽然行政部门可能会不断发生变更,但这些行政管理职权往往都有其他新的部门继承,因而企业必须在这类风险方面投入足够的精力加以研究。

三、民事责任法律风险后果

由于民事主体最常进行的行为是民事行为,因而民事责任风险对于企业属于最为经常性的法律风险,其产生的概率要远远大于刑事处罚、行政处罚两种风险。从民事责任的种类来看,按照《民法通则》的体例,民事责任最主要的可以分为违约责任、侵权责任、其他责任三种。

民事责任法律风险后果中,最为常见的是违约责任和侵权责任,而存在于这两者之外、既非违约也非侵权的某些行为,只能归入其他民事责任的范畴。这类情况发生得相对较少,如无因管理等民事责任。这类特殊情况的发生概率很低,因此本书中不予展开讨论。而且,随着法律的进一步明确或合同的进一步明确,某些界限不明的民事责任有可能会向违约责任或侵权责任靠拢。

(1) 违约责任风险

民事行为中的合同,无论是否属于合同法项下的合同,也无论是否以营利为目的,双方的意思表示一致是合同成立的标志。而合同一经成立,只要是符合法律的规定便受法律保护,违反这些约定便有可能承担违约责任。这种体现为强制力的保护是基于法律对于整个社会经济秩序的考虑,没有稳定的交易秩序,则交易的诚实信用就难以保证,也就影响着经济秩序和经济的健康发展。正因如此,违约行为带来的民事责任风险便成为法律风险范畴之中非常重要的组成部分。

而且,这种民事责任有其特殊性。其特殊性在于,是否违约、是否追究、如何承担责任往往取决于双方当事人的具体约定,没有法律的明确规定又无合同的明确约定,则不存在违约的依据,一般也就不存在违约责任。因此,违约责任方面的法律风险控制是当事人可以有所作为的领域。在交易过程中,合同双方的风险及责任范围并不相同,因而违约的方式、违约的后果等也均有不同。要想系统、细致地控制违约方面的法律风险,必须从不同的角度分析合同的各个阶段,从而对违约的方式、后果等进行合理而又能被双方接受的安排。

(2) 侵权责任风险

侵权行为其实也可归为违反强制性法律规定的一种,只不过违反刑事法、行政法的后果是公权力机关进行惩罚,而侵权行为则需要承担民事责任。但承担民事责任与承担刑事责任、接受行政处罚是并行不悖的,一个民事主体有可能同时承担来自刑事、行政、民事三个法律体系的处罚或责任。例如,严重的交通肇事行为,可能同时承担刑事责任、受到行政处罚,并要赔偿损失。

民事主体只要是未能履行法律所规定的民事义务,并因此而侵害了他人的合法权益,无论其主观动机如何,只要是法律规定了该种行为必须承担民事责任,则其侵权责任就难以避免。侵权行为与违约行为同为民事责任的主要类型,但侵权行为违反的是法定义务,而违约行为则是违反约定义务。此外,侵权行为所侵犯的是其他主体的绝对权,违约行为所侵犯的则只是相对权,而且侵权行为的法律责任中既有财产责任又有非财产责任,违约责任则仅限于财产责任。这就是二者之间的区别。

在《民法通则》中,规定了承担民事责任的方式主要有10种,即:① 停止侵害;② 排除妨碍;③ 消除危险;④ 返还财产;⑤ 恢复原状;⑥ 修理、重作、更换;⑦ 赔偿损失;⑧ 支付违约金;⑨ 消除影响、恢复名誉;⑩ 赔礼道歉。

而在《合同法》中,违约的责任则规定为:① 继续履行;② 采取补救措施;③ 适用定金、违约金的约定;④ 赔偿损失(包括可得利益损失);⑤ 承担对方防止损失扩大而支出的合理费用;⑥承担其他违约责任。

这些承担民事责任的方式,大多既可以单独适用也可以合并适用,而且也构成了《合同法》等其他民事法律规范体系的基础。除这些民事责任承担方式外,人民法院审理民事案件过程中,还有权对某些行为人予以训诫、责令具结悔过、收缴进行非法活动的财物和非法所得等,但这已经不再属于民事责任的范畴。

四、单方权益丧失法律风险后果

严格地说,单方权益丧失所造成的支出增加或利益减少与刑事处分、行政处罚、民事责任三类法律风险存在一定的差异,但从法律风险整体的角度来考虑问题时,这类情况却又必须加以考虑,属于必须单独列出的一类法律风险。任何法律风险带来的都是权益方面的不利后果,而任何不当的作为或不作为无论是出于故意还是过失,也都有可能面临刑事、行政、民事方面的法律风险,因此单方权益丧失的风险专指既不会受到公权力处罚也不会对其他方承担民事责任的权益丧失风险。

这种单方权益丧失的主观原因一般并不重要,除了在刑事处罚方面相对注重主观动机外,其他方面的主观原因一般不会影响到行政处罚或民事责任的后果。但某些客观原因造成的无法行使权益,则往往由法律规定可以通过某种方式加以补救。但在法律风险不利后果已经显现的处理过程中,尤其在抑制或降低不利后果的过程中,主观动机往往对处理结果的影响比较大,如何对外表述自己一方的主观原因是法律风险管理中非常重要的一个环节,但那将是法律风险管理中的另外一个主题。

对于这种既不损害他方的利益,也不会招致公权力的处罚,但会造成企业丧失某些权益的情况其实很有研究的必要,因为这类情形在企业里时有发生。按照大致的类型,单方权益丧失的法律风险有以下几类:

(1) 丧失优惠利益

由于国民经济发展阶段的特点及目标不同,有时中央政府会通过税收、政策性贷款等优惠的方式,在相当长的一段时期或在特定阶段对某些行业予以扶持。如以前三资企业的两免三减半等优惠政策等,目的就是为了吸引外资以带动国内企业的发展。而国家对于某些科技项目的资金扶持,其目的也是为了从整体上提高国内的科技水平。除此之外,由于地区经济发展的不平衡,中央政府或地方政府往往会在特定地域内对特定行业在一定时期内向企业提供一些税收、基础设施价格等方面的政策性优惠,以鼓励社会资金注入这些地域或行业。

如果企业不了解相关的优惠政策,或缺少相应的条件,都难以通过这些优惠政策减轻自身资金及效率方面的压力、获取更多的资源。如何了解这类政策、如何利用这些政策,也都是法律风险管理的重要内容。

（2）丧失既有权益

任何法律风险的不利后果都有可能通过诉讼来最终确定，因为司法是一切问题的最终解决手段。而在诉讼中有实体权利及程序权利之分，如果不注意法律的具体规定，就非常容易导致程序及实体方面的既有权利的丧失。例如，在诉讼中存在诉讼时效问题、上诉时效问题、申请执行时效问题等，错过了相应的期限往往就会导致相应的程序权益无法实现，并因此影响既有实体权益的实现。

不仅仅是诉讼程序方面设有权益方面的规定，其他法律规范中往往也有权益方面的规定，甚至当事人也可以通过合同自己设定权利。例如，《合同法》中规定了行使撤销权的期限，同时也规定了许多权益可以由当事人自己设定。此外，行政法律体系中也存在大量的关于办理各类手续或许可的期限、条件、程序方面的具体规定，如果未能充分了解这些规定，就有可能导致法律所赋予的权利无法行使。

（3）丧失商业机会

在现代社会，商业机会对于企业至关重要。在特定情况下，丧失商业机会甚至可以直接等同于损失商业利益。这类风险同时也是经营方面的风险，只是由于这些风险与法律规范方面的关系非常密切，因而同样需要作为单方权益丧失的一种情况来加以研究。这类情况在招投标过程中时有发生，某些企业由于投标的文本、程序不合招标要求而被作为废标处理等，便属于这类情况。

又如，某企业通过长期努力使得外商同意为其更换存在缺陷的设备，外商的答复中规定了中方必须在某个具体日期之前安排具体的接收期限及方式。但由于翻译的失误，中文理解为等待外商确定时间，以至于最后期限超过后外方撤回了这一附有前提条件的承诺。

总的来说，法律风险如果控制不当，就有可能承担基于法律规定的不利结果。由于法律风险的产生是基于法律的明文规定，因此法律风险后果具有一定的可预见性，至少可以预见到违反相关法规便有可能承担相关法律责任，并大致可以形成一个初步的损害范围的判断。当然，如何准确判断可能的后果和严格控制可能的不利趋势，则并非三言两语可以讨论清楚的。

五、法律风险的间接不利后果

前面四类法律风险不利后果都是直接产生的法律后果，是公权力机构对法律风险主体的直接处罚，或其他民事主体对法律风险主体直接追究民事责任，或者由于法律风险主体作为或不作为而造成了单方的权益丧失。但除了这些直接的法律风险后果之外，法律风险主体还会受到这些直接后果的影响而不得不承受其他方面延伸出来的不利后果。

(1) 增加的支出

任何法律风险事件出现后,企业处理这类非直接经营性的事务其实都会造成额外支出。某些法律风险事件的处理有时还会涉及高额的诉讼费用、律师代理费用、差旅费用、在媒体上挽回损失的费用等一系列的费用。如果是由于受到行政处罚或刑事处罚,罚款、罚金都是需要企业增加的支出,在某些情况下的违法所得还要面临数倍的罚款处罚。除此之外,如果企业对于行业扶持政策缺乏了解,没有充分享受相关的优惠政策或扶持政策,也是一种支出的增加。即使没有额外地支付费用,由于占用了企业人员用于正常工作的时间,事实上也是增加了企业的费用支出。

如果从成本上考虑,某些法律风险,特别是那些经常性发生的、可以预见并可以采取适当措施加以避免的法律风险,采取措施防范甚至杜绝这类风险发生而支出的成本,例如通过完善标准合同文本而预防法律风险,其成本往往会远远低于在风险事件爆发后的处理成本。这也是法律风险管理的优势所在。

(2) 减少的收益

企业增加支出的同时也是收益的减少,但某些法律风险事件则直接导致收益的减少。例如,被限令停业整顿的企业在停业期间无法通过正常经营行为取得利润,被降低资质的企业将无法享有原有资质下的收费标准等,由于合同履行不合格而被扣减报酬等。

同样是在处理民事法律风险过程中,如果防范措施不当,因对方侵权或违约而受到的损失往往无法得到充分的补偿。在现行的民事法律环境下,如果只是民事责任方面的法律风险,基于"填平主义"的民事责任处理原则,民事责任的承担一般只是达到弥补损失的层面,并非惩罚性的民事责任。因此,在许多民事法律风险事件中,受到损害的一方事实上必然是经济利益减少的一方。

(3) 其他无形损失

除了以上可以直接用金额来衡量的损失外,还有其他方面的难以用金额来估算的无形损失。例如,由于受到处罚而丧失某种市场准入资格是非常严重的一种法律风险后果,而由于丧失商业信誉而造成合作商不愿与之发生经济往来也是企业非常致命的硬伤。

任何一个企业所面临的法律风险后果都有可能是无法承受的,甚至决定着企业的生死存亡。这些无形损失在特定的背景下,有时会比那些可以通过金额衡量的损失更为重大。但由于许多这类损失具有一定的隐蔽性,或者其发生的概率并不高,因此常被企业所忽视,从而为企业的发展埋下致命的缺陷。

第六节　法律风险的其他属性

法律风险本身具有多重属性,从不同的视角去分析,也会看到不同的内容、得出不同的结论。而通过多角度的观察、分析,可以掌握更多的内在规律,发现更多的解决之道,知其然且知其所以然,更好地应对法律风险。

一、法律风险与其他风险的关系

在金融行业陆续颁布了一些与风险管理相关的行政规章等文件之后,国务院国有资产监督管理委员会于2006年6月颁布了面向各中央企业的《中央企业全面风险管理指引》,并在该《指引》中将企业风险分为战略风险、财务风险、市场风险、运营风险、法律风险五个大类。该《指引》非常具有参考价值和指导意义,为了保持提法的一贯性,在此借用其相关内容及体例作为分析的依据,以便于理清法律风险与其他风险之间的关系。

按照《指引》的分类方式,法律风险只是企业各类风险中的一类,而且事实上也是如此。但《指引》中的分类方式并非严格、精确的分类,只是根据各种风险的侧重面确定了大致的名称,实际上各类风险相互之间均存在某种程度的交叉。法律风险与其他风险之间,尽管同样存在着千丝万缕的联系,但也同时存在着较大的不同,必须单独加以研究才能发现其中的内在规律。

(一)法律风险贯穿于其他风险的始终

虽然从宏观的角度看,法律风险与其他四种风险同属风险,但法律风险贯穿于其他四种风险之间,成为其他任何一种风险的重要组成部分。例如,战略风险中的一个重要内容便是企业发展战略是否存在市场准入法律障碍的问题;财务风险往往直接涉及合同款项支付能力、是否存在违约风险的问题;市场风险的存在迫使企业在签订合同前就必须考虑一系列合同的履行、变更、解除等问题,以及反不正当竞争等问题;运营风险中必须考虑新产品的知识产权问题、市场开发中的一系列营销渠道合同问题等。因此,很少有哪一种风险是孤立存在的,任何一种风险大多是与其他风险交织在一起共同出现的,而法律风险更是如此。

(二)法律风险是其他风险的表现形式

任何一种风险控制不当,都很有可能由于其涉及的行为的合法性问题,以及是否构成违约或侵权等问题,从而导致受到行政处罚或民事责任、单方权益丧失。例如,战略风险中的并购成功与否的风险,财务风险中存在税务风险;市场风险可能会体现为与合作商的合同关系违约法律风险;经营风险有时体现为产品是否符合标准以及是否违反了行业管理相应具体规定的法律风险。所体现的也同样是法律风险。因此,无论是战略风险还是财务风险、市场风险、运营风险,从另一个角度去看也同时属于法律风险。例如,战略风险有时会体现为发展战略与市场准入法律规范之间的矛盾,财务风险有时涉及逾期付款的违约问题,市场风险涉及合同继续履行还是变更、解除并追究违约责任问题,运营风险涉及是否侵权等,往往各类风险的延伸便是法律风险。

(三)法律风险是其他风险的最终解决途径

司法解决是所有争议解决的最终渠道,也是任何一种风险事件自行解决的依据。任何一种风险所带来的不利后果,只要是涉及其他当事人,均需从事实和法律的角度考虑解决方案。即使是不经过诉讼而直接以双方协商的形式加以解决,也同样以与解决法律风险同样的方式在处理其他各类风险的后续事宜。如,经营的合法性问题、企业的治理结构问题、劳动管理问题、规章制度管理等问题,这些内容涉及面相当广泛,《公司法》《劳动法》等相关规定只是其中很小的组成部分,没有法律作为基本的尺度,其他风险的管理只能是盲人摸象,本身就存在着巨大的风险。

除此之外,法律风险管理与其他风险管理之间的关系也大致如此。根据《指引》第6条关于内部控制系统的解释,内部控制系统涉及针对企业战略、规划、产品研发、投融资、市场运营、财务、内部审计、法律事务、人力资源、采购、加工制造、销售、物流、质量、安全生产、环境保护等各项业务管理及其重要业务流程。在管理过程中,必须通过执行风险管理基本流程,制定并执行相应的规章制度、程序和措施。这些需要制定并执行的规章制度等本身就必须在法律规定的范围内进行,因而这些风险管理同时也是法律风险的管理。

正因为法律风险与其他风险如此的不同,在整个风险管理中法律风险管理占有举足轻重的地位。虽然某些咨询公司一再声称法律风险在风险管理中不是问题,但只要简单分析就能发现这种观点根本经不起推敲。法律风险管理可以不去深究其他风险管理中的技术性问题,但至少必须关注其实施方案问题。甚至可以说,好的管理制度或经营举措,也必须是经过法律风险管理后才实施的。如果法律风险的管理只占风险管理的一小部分,则说明法律风险的重要性还未能得到充分的认识。

二、法律风险的各类关系方

当一个企业存在法律风险且在这种风险仍旧处于持续甚至发展的阶段时,与该法律风险相关的各类关系方决定着法律风险是否会为企业带来实际的损失。这些关系方及其与法律风险主体的关系中,最为简单的是民事争议中的另一方当事人,较为复杂的则有另一方当事人、政府部门、审判机构、新闻媒体、其他利益相关方,不同的关系方对于法律风险的发展方向有着不同的影响。

(一)直接利益相关方

直接利益相关方是由于法律风险主体的行为直接影响其既得利益或可得利益的一方,一般为合同的另一方当事人或侵权行为的被侵权人,双方属于平等主体。在某些特定情况下,当法律风险主体的行为影响了员工的利益或其他非经营相关方的利益,这些个人或单位也会成为直接利益相关方。

当法律风险主体直接损害了这些相关方的利益,他们便有可能通过谈判、投诉、提起诉讼、申请仲裁等方式,援引双方间的合同或援引民事侵权方面的有关规定而要求承担民事责任或主张民事权利。至于最终是否会将法律风险爆发为实实在在的诉讼,取决于主体的危机处理能力及技巧,同时也取决于这些直接利益相关方维护其权益的意志是否坚定,以及双方间是否有其他利益相互绑定而达成谅解或足以令直接利益相关方感到投鼠忌器。

在通常情况下,这类关系人的处理结果与双方的心态及努力程度有关。一定程度的赔偿损失或以其他利益作为补偿,甚至只是为了保持和睦关系而达成谅解,或为了长远合作而抓大放小,都有可能使法律风险得以消除而且未必付出高昂的代价。

从另外一个角度看,合同法律风险管理是法律风险管理中非常重要的工作,只要在合同行为中采取了一定的法律风险应对措施,就有可能加重对方的义务或增加自己的权利,从而在利益分配上影响到合同对方的利益,因而如何维系双方的权利义务平衡非常重要。在许多情况下,对合同法律风险进行管理的程度并不取决于通过合同文本保护自己一方的能力,而是取决于双方在交易当中所处的地位,这种地位的不同决定了能够接受的条件的不同,是种因"势"而定的平衡,达不成平衡就达不成交易。

(二)政府主管部门

政府主管部门是法律风险主体经营所面对的各类法律规范的执法者,也是法律风险主体行为的监管者、各类行政审批的许可者,与法律风险主体之间是不平等主体的关系。从理论上讲,他们有权在法律规定的范围内要求法律风险主体依照法律的规定作为或不作为,也有义务对符合条件的申请予以许可。但有时某些个别的政府部门也会超出其权利范围实施一些行政行为,或者由于法律规范过于粗疏而怠于许可某些行为。此外,虽然拥有一定的处罚权,但政府部门还不是真正意义的裁判者,因为他们的某些行为本身也可以构成行政诉讼从而使自己成为某一行政诉讼的参与者。

在法律风险主体与政府主管部门之间的关系上,存在两种平衡方式:一种是双方均严格依法办事,政府依法许可并依法监管,从而在稳定而又合法的秩序下各行其是;另一种则是双方互有一定的违法行为,但保持一种大体利益上的平衡,使双方之间存在关系上的平衡。在立法内容非常明确、社会监督力量较强、人口素质相对较高的地区,往往采取第一种方式平衡,而在相反的情况下则往往是采取第二种平衡方式。两种平衡方式的不同决定了不同地区的法律风险环境的不同,也决定了对策上的差异。

由于法律规范对于行政处罚的设置大多具有一定范围,因此在政府部门实施行政许可或行政处罚时,往往宽严幅度较大,这也是法律风险后果有时无法精确把握的原因,也是许多法律风险主体对于行政法律规范的执行存有侥幸心理的原因。

(三) 各类媒体

法律风险主体的法律风险一般与媒体没有直接利害关系,事件本身如果从法律角度看也未必属于情节严重或影响重大,但一旦媒体介入,其影响力足以放大或压缩法律风险主体法律风险事件的影响力,从而使法律风险主体对于法律风险失去控制并因此而蒙受远远超过正常法律途径所可能带来的不利影响。

只要法律风险主体从事经营活动就毫无疑问地存在法律风险,而且正常的法律风险主体都具备一定程度上承受法律风险损失的能力。但任何一个法律风险主体都不可能具备同时承受大范围不利后果的能力,尤其是风险事件同时影响到其产业链上、下游的正常活动时,任何法律风险主体都无法承受这一致命的打击。正如银行的准备金制度,虽然足以保证一般情况下的存取需要,但却无法承受所有储户的同时取现。

媒体对于法律风险主体法律风险产生重大影响的情况一般都同时具备两个条件:一是相关媒体在短时间内大范围传播了对法律风险主体不利的信息;二是利益相关方为数量众多的个人或小型企业。当两个条件同时具备时,数量众多的利益相关方往往失去控制而同时采取直接的、未必理性的手段去避免自己的损失,从而在短时间内给出现法律风险事件的企业以超出其承受能力的沉重打击。在这类打击下,企业不仅现金流中断而且还要同时承担大量对外给付的义务,最终难以维系。

了解了媒体在法律风险事件中的作用机理,如何采取应对措施也就十分了然,那就是如何通过合法手段建立风险应对机制,避免两种条件的重叠、降低其影响面和影响力。

(四）审判或仲裁部门

法律风险的最后解决途径是诉讼或仲裁,至少在法律意义上这两家才是处在中立地位的裁判者,而且是最终决定法律风险影响结果和程度的机构。其中,民事类的法律风险结果可以通过诉讼或仲裁最终确定,而行政处罚、刑事处分类的法律风险只有通过诉讼才能最终确定。因而,在应对法律风险的许多措施中,衡量某一措施是否有效的标准就是如果发生诉讼能否通过努力充分实现自己的预期,即能够胜诉或能够使败诉损失控制在自己能够承受的范围之内。

与这两种相关方打交道,最为重要的是提供对自己一方有利的证据和法律依据,并在现有证据和法律依据中选择最为合适的运用方案。企业在诉讼或仲裁中的表现只是法律风险管理的冰山一角,对于法律风险管理工作中真正起到决定性作用的内容都包含在日常的经营管理中,诉讼或仲裁只不过是对这些法律风险管理工作成果的一种检验。许多平时看起来并无意义的额外工作,恰恰是保证通过诉讼或仲裁解决法律风险事件时最为有力的保障。

（五）其他利益相关方

间接利益相关方并非因风险主体某一行为而受到直接不利影响的一方,他们与风险主体并无直接关系,所受的影响是间接的利益受损,或者促使他们必须去履行一定的职责。前者包括存在同业竞争关系的同行或替代行业的竞争者等相关方,后者包括行业协会、消费者权益保护组织等。除此之外还有许多的利益相关方,但其关系更为疏远,其影响力有限且难以深入研究。例如,当采购量减少时,其供应商的供应商可能受到损失,当产品出现消费者受到产品责任侵害时,可能会使分销商与企业共同承担连带的产品责任。因此,其他利益相关方包括了受到风险主体行为影响的各类其他方,是个复杂的集合体。

在正常情况下,这些利益相关方很难对法律风险主体的行为造成足够的影响,毕竟他们既非可以直接诉诸法律的当事人,也不是直接有权进行行政处罚的机构。但这些利益相关方,尤其是行业协会或消费者协会等,是一种客观存在而且具有一定影响力的利益相关方,往往在一定程度上能够影响法律风险的发展趋势,甚至可以通过支持诉讼等方式参与到法律风险事件的处理之中并直接影响事件处理的结果。因此,对于此类关系虽然一般情况下未必需要考虑其利益影响程度,但必须有一定的应对措施以防止不利影响的产生和扩大。

三、法律风险的阶段性

在其他部分已经讨论过,法律风险有可能仅仅是一种客观存在的产生不利后果的可能性,也可能由于某些事件的触发而形成法律风险的不利后果。从最基本的法律风险因素到法律风险后果之间存在着一个渐进的过渡过程,了解这一过程对于法律风险的防范会有很大的帮助。

总体而言,这一过程包括了法律风险因素、法律风险、法律风险事件和法律风险后果四个环节,它们之间存在着前后的顺序关系,没有前面的"因"就没有后面的"果",四者之间的关系如下:

图1-1 法律风险阶段示意图

从这一示意图中可以看出,法律风险从因素发展到损失存在不同的中间阶段,而在每个中间阶段只要阻止其条件的成就,就可以避免其进入下一阶段或至少推迟、缓解最终损失的影响程度。因此极有必要讨论一下不同阶段的内涵。

(一) 法律风险因素

法律风险因素,是指法律风险主体在实施具体的行为前,围绕法律风险所包括的主体、环境、行为三大要素,决定着法律风险主体哪些行为可能引起哪些法律风险的成因和必然结果。任何的法律风险因素均包括在法律风险的主体、环境、行为三大要素之中,简言之,不同的主体、不同的法律环境、不同的行为都会对应不同的法律风险。在具体的行为没有实施之前,从法律风险管理的角度需要做的工作,就是分析行为与法律规定、合同约定等方面处于何种关系,是否存在违法以及违约或单方权益丧失的风险,也就是对法律风险的因素进行分析。这些因素、条件只要尚未交织在一起,就还没有构成法律风险,因而只是形成法律风险的因素。如果这些法律风险因素达到了一定的事实上的因果关系程度,各方面的条件成就,便会形成法律风险。

例如,只要合同尚未生效,《合同法》及合同稿中对于违约责任的各类规定就只是实际履行中的法律风险因素,尚未形成真正的法律风险,但只要合同生效这一重要因素加入,这些因素就会共同构成合同履行中的法律风险。从这一点也可以看出,控制法律风险的最佳时机是在作为或不作为发生之前,离开了事前控制法律风险管理的效果就会大打折扣。

(二) 法律风险产生

法律风险是指基于法律规定或合同约定,当事人因其作为或不作为而需要承担不利后果的可能性。如果当事人的作为或不作为尚在计划之中,则没有法律风险而言。而通过具体的作为或不作为,几种产生法律风险的要素聚合在一起,法律风险便正式产生。

正如前面所举的例子,在合同未生效前,所有的因素仍旧是静态的,并未共同形成法律风险,有了当事人的具体行为的"配合",法律风险才真正成为一种客观存在。在企业经营中也是一样,行政法规的禁止性规定还只是法律风险因素,但真正从事了相关的活动,才存在着因故意或过失而被追究的法律风险。

(三) 法律风险事件

法律风险事件,是指由于不可控制或未能控制的原因所导致的,作为或不作为的行为可以直接被追究责任的事件。风险事件是形成风险后果的重要阶段,风险后果在这一阶段已经可以感知,只是由于还有通过努力消除或缓解后果影响程度的机会,因而处理结果尚不可知。

例如,企业由于故意或失误造成的违法行为已经被立案调查、合同对方当事人已经向企业提出赔偿违约损失的要求等,都是由于不可控制或不能完全控制的原因而形成。没有这些具体的触发行为,法律风险还仍旧只是风险,而一旦被触发就成为风险事件。

在风险已经形成事件的阶段,如果有较好的预案或采取有效的补救措施,往往还可以将风险后果的严重性加以缓解或降低。正因如此,许多公司都设有突发事件的紧急预案,或者设有危机公关的职能部门,在法律风险事件形成后及时采取措施,以防止风险后果的扩大。

(四) 法律风险后果

法律风险后果,是指由于法律风险事件而引起的,由于公权力部门追究或其他方当事人追究而引起的,对当事人不利、当事人并不希望发生的代价增加或收益减少等最终结果。这种后果,既可能是经济损失也可能是刑事责任或行政处罚,还可能是商誉等无形资产的损失、单方的权益丧失,也包括因此而增加的机会成本等间接损失。

相对于"结果","后果"一词存在主观上并不希望其发生或其出现对某一方不利的含义。而"结果"则只是一种没有主观好恶的客观存在。对于法律风险后果,在构成风险事件与风险后果形成以前,往往可以通过一定的努力降低后果的严重性或采取某些补救措施排斥风险后果的发生,如从法律或证据方面据理力争等。但从法律风险的影响来看,除非那些根本无法预见、无法控制的风险转化成为风险事件,否则一旦进入风险事件阶段,处理风险事件、和解、诉讼等均要付出经济或精力方面的成本,因而在法律风险管理活动中,应当尽最大可能杜绝风险事件的出现。

四、不同视角下的法律风险

法律风险是由各种不确定因素交织在一起而形成的综合体,因而从不同的视角观察法律风险,就会发现它所存在的不同属性,而法律风险本身也恰恰是同时具备着多种不同的属性。对于这些不同属性的研究,不仅是理解法律风险及其原理的需要,更是有的放矢采取应对措施的需要。

(一)法律风险的可预见程度

哪些法律风险属于应该预见到的,以及应该预见到何种程度,关系到法律风险应对措施的全面性和系统性。对于这个问题,除非采用严谨的逻辑推理的工作方法,否则通过列举的方式所得出的结论,完全取决于预见者的工作经验和敬业态度。进行法律风险预见的基础,是对于主体、行为的法律本质的充分认识,以及对于法律规范体系的充分认识和理解,此外还要充分考虑实施某一具体行为过程中,各类内在、外在因素的变化所引起的行为性质、应对措施、行为结果的变化,因为这些变化极有可能使行为偏离既定的目标,甚至不仅达不到所希望的目标,反而还增加了额外的不利后果。

但如果对任何行为的法律风险都根据逻辑推理等方法进行系统性的预见也会出现问题,因为预见的目的是为了采取应对措施,而应对措施只能针对那些已经存在但尚未出现不利后果的法律风险,或发生概率较大且一旦发生会产生严重后果的法律风险,因而在进行了全面的预见后还要进行筛选,以剔除那些不太可能发生的情形,以及那些即使发生不利后果也在承受范围之内的情形,对法律风险进行重点防范。由此可见,如果不是出于系统工程的需要,企业的某些行为并不需要进行严谨的系统化预见,如果进行系统化的预见就要考虑法律风险所发生的概率。

引起法律后果的因素中,既有本方、对方的因素,也有不可抗力、第三方原因等意外事件因素,因而可预见的程度各有不同。三种因素中,本方的基本上都是可以预见的,甚至对方的行为也基本上是可以预见的,但意外因素则难以预见或者即使预见也束手无策。

例如,在产品买卖合同履行中,对于买方而言其主要的履行义务是付款,本方能否及时、足额付款是容易预见的,而对方在按合同约定交货方面可能出现的问题也基本是可以预见的,但对方在合同履行过程中是否会由于其他因素而影响到对合同的全面履行则无法预见的。又如,某房地产公司在出售商品房时,由于商品房的平面图与实际不符导致客户索赔。究其原因,竟然是电脑软件版本上存在问题,打印机未能如实将电子文档图中的实线打印出来。

（二）法律风险的确定性程度

法律风险的确定程度，其实就是具体的法律风险到底能否确定、能够确定到何种程度。或者说，这一视角是在探讨法律风险的可确定性与不可确定性，并针对具体的需要分析出某一行为所面临的法律风险的种类、后果、幅度等情况，从而为决策提供依据。

在实际经营活动中，对于那些经常性的企业活动项目，如原料采购、产品销售等活动，其法律风险由于企业的长期耳濡目染而相对公开而且相对比较容易预见。但对于一个相对生疏的业务领域，或者一个非常规的领域，其法律风险却是企业并不熟悉甚至是一无所知的。而且，需要研究某一举措将会面临何种法律风险的时候，往往都是企业需要对某一项目或具体行为进行决策的时候，法律风险的确定程度直接影响着决策的结果。但由于具体问题的不同，某一行为的法律风险可能是非常确定的，也可能是根本无法确定的，但大多介于二者之间。

在法律风险三要素中，主体、行为两个方面无论是在事前还是在事后，往往都是可以确定的，最难以确定的是法律风险的环境因素，特别是其中法律规范体系、法律执行情况两个方面。

从历史的角度看，我国的法制建设由于发展时间并不长，历史积累相对较少，而且不仅要立法还要普及法律观念、着手司法改革，因而在立法、执法领域许多历史问题没有得到妥善解决，而立法方面不仅本身存在滞后性的问题，而且还存在技术方法等方面问题。因而目前的法律规范体系中，结构框架、各法律规范之间的协调、具体法律规范的技术水平等方面，均存在一定的缺陷或不足。这种缺陷或不足，往往体现在不同法律规范之间的冲突、同一法律规范中不同规定之间的冲突，以及具体的适用范围不明、基本概念不明等方面。这些缺陷往往会导致对法律风险的分析无所适从，给法律风险的判断带来了许多不确定因素。例如，即使是在《合同法》这类广泛适用的基础性法律层面，也存在着买卖合同与承揽合同之间、承揽合同与建设合同之间界限模糊等问题，并导致法律风险分析的结果出现多种不同类型的可能。如果一个企业的具体行为跨越了多个部门的法律规范体系，则分析就会更为复杂。

在法律执行方面也受到同样问题的影响。某些行政执法活动由于法律规范含义的不确定性，造成了是否执法、如何执法、如何定性上的随意性，从而令企业很难判定某一行为是否具有法律风险，以及具有何种风险、风险后果如何。即使是在审判机关也存在同样的问题。由于目前既不实行案例法又无法及时通过司法解释弥补立法上的缺陷，以至于对同样的或同类情节的案件会有不同的理解、不同的处理结果，更是增加了判断确切法律风险的难度。所有这些都造成了法律风险判断上的不确定性，因而往往只能判断出法律风险的大致类型和大致的影响幅度，难以完全精确地判断法律风险的种类、幅度、后果等情况，甚至造成对于法律风险进行判断得出的结论本身也存在一定的风险。

（三）法律风险的机会与收益

在整个与投资有关的行业，似乎都知道风险与收益成正比的理论，也就是说越是没有风险的投资其收益越低，越是风险大的投资回报也越高。这种说法即使在投资领域也并非定律，而在法律风险方面，风险与收益则更是没有什么必然的正比关系。因为风险投资具有投机性质，但其行为属于完全合法行为或绝大部分成分是合法行为，因此如果失败则无处转嫁损失，如果成功则其所得为合法所得，除非其行为涉及与其他方的约定，否则他人无权要求分配其所得。

但从法律风险的本质来看，违法、违约、侵权而导致的刑事处罚、行政处罚、民事责任法律风险都是可追溯责任的风险，即使因此类行为取得了一定的收益，但这类收益都可能由于刑事处罚、行政处罚和民事责任而受到追究。一旦此类追究发生，则这类由于承受法律风险而取得的收益就会大打折扣，甚至很有可能依法化为乌有。而单方权益丧失的风险，有的会存在补救的机会，而有的则是不可逆的、一旦丧失便再无恢复的可能。

对于法律风险的研究，在于掌握如何预见、识别法律风险，并结合企业的实际情况以性价比最高的方式采取应对措施，从而实现法律风险最小化并借此达到企业利益的最大化。而那种以非法经营或违法行为的方式牟取不正当利益的经营方法，与其说是冒险还不如说是铤而走险，这并不是真正意义的法律风险应对措施，因为这些行为属于纯粹的违法行为，并非法律风险研究的方向。

从大致情况来看，除非体现在具体的项目前，否则纳入日常经营管理活动中的法律风险应对措施往往缺乏成果方面直接的"可视性"，容易被人们忽略它的存在，这种通过"润物细无声"的方式对企业施加的影响，往往会节省大量的由于诉讼、索赔等受到的经济损失及处理这些争议的人力浪费，是企业管理水平和资产安全方面的最大收获。纵观企业的众多败诉案例，其实许多案件的败因并不复杂，往往只不过是合同上的几行字甚至是几个字，或者是在事件处理过程中的某个微不足道的行为。而能够通过对文本、流程、过程的管理减少法律风险，其费效比无疑是最大的。

以上的收获还仅仅是在"守成"方面。如果在企业重大的收购等活动中主动分析和应对法律风险，还有可能充分利用一切资源，以合法的形式回避法律风险、减少企业的费用支出，不仅实现法律风险的最小化，还能为企业节省大量的开支、提高安全系数，从而实现利益的更大化。

第二章　法律风险管理基础理论

本章提示

在前一章中,我们将法律风险分解为主体、环境、行为三个基本要素,并将不利后果分为刑事处罚、行政处罚、民事责任和单方权益丧失四类。通过这样的分解,某些问题已经可以迎刃而解。但法律风险管理的目标并非解除若干法律风险的威胁,而在于如何面对所有的风险分清轻重缓急加以应对,并通过综合手段实现法律风险的最小化和企业利益的最大化。

法律风险管理是应对法律风险的方法及过程的总称。如同对待法律风险一样,透彻地理解法律风险管理才可以在知其然且知其所以然的基础之上,结合现有资源和实际情况,熟练地综合运用各种已经通过实践检验的理论方法,抑制法律风险不利后果的产生,或将其控制在可以承受的范围之内。但本章侧重于宏观的法律风险管理,具体的各种应对措施将在本书第五章中加以探讨。

传统意义上的法律事务处理也可列为广义的法律风险管理,但真正的法律风险管理建立在良好的信息沟通以及严谨的工作方法之上。其中最主要的区别,是强调事前管理和法律事务管理与企业管理的有机结合,以恰到好处的方法和成本防患于未然,这就会涉及企业内部的诸多利益关系。

从发展趋势来看,法律风险管理必将在大中型企业中替代传统的法律顾问服务,成为企业未来法律事务处理的主要方式,并将法律事务管理与企业常规管理融为一体。

完美的防范可能是不存在的,但又是必须追求的。只有通过这种不懈的追求,才能使企业的法律风险管理产生质的飞跃。

第一节　法律风险管理的概念与发展

通过对法律风险的多角度透视,法律风险已经不再是个飘忽不定、难以琢磨的怪物。而对于身处法律风险中的各类主体而言,这还仅仅是第一步,人们更需要理解如何通过不同程度的干预手段,将法律风险的危害降到最低点,从而实现利益的最大化。

一、法律风险管理的由来及归纳

目前,法律风险一词的出现频率远远高于历史上的任何一个时期。一方面是由于这一词汇的产生较晚,以至于绝大部分词典中并无这一词条,因而只是最近才开始"流行"。而另一方面,由于其内涵、外延尚未形成标准概念,媒体宣传或商业化包装便大量使用这一概念以吸引注意力,因而法律风险及法律风险管理的概念在被随意化、"多样化"的大量使用中开始流行。

(一)法律风险管理一词的由来

如果说法律风险管理一词相对比较陌生和令人不得其解的话,"法律风险控制"、"法律风险防范"应该并不陌生,相对而言这些提法更加通俗易懂。但从国外对相关概念的标准称谓来看,出现频率最多的用法是 legal risk management,也就是法律风险管理。虽然 management 也同时具有控制的含义,但将其译为"管理"似乎更为贴切。

风险管理其实早已有之,只不过系统性的风险管理及专门的风险管理理论出现得比较晚。伴随着工业革命的进程,更高的效率和更高的风险需要更精细的理论指导工业时代的生产经营,部分管理专家的专著中开始出现风险管理的提法和基本理念。自20世纪50年代起,风险管理越来越受到发达国家的重视,并逐渐形成了一个独立的学科。目前,风险管理已经成为一个成熟的学科,而且已经深入到企业管理领域之中,甚至成为高端企业管理中不可或缺的内容。

即使是从字面上理解,"法律风险控制"一词的内涵并不深,可以理解为一种对于可能发生的法律风险不利后果的应对行为,强调的是一种应对法律风险的方法论,并不深究产生法律风险的根源。而"法律风险防范"则完全侧重于事先的为避免不利后果的出现而采用的措施,至少从字面上排除了事中防范和事后防范,其内涵虽然是一种事先干预但强调的只是干预。因此,只有"法律风险管理"更为贴切而且范围也广,这一表述不仅已经将法律风险视为一种常态,也将应对法律风险作为一种经常性事务贯穿于法律风险的全过程,并着重从管理层面入手,从而在更高层面上、更深的程度上主动避免不利后果。

由于研究手段的局限性,对于 legal risk management 风险何时、何地在西方的法律规范中出现目前还无法考证,但可以肯定的是这一专用词出现的时间并不长,大致应该在 20 世纪末。而在我国的法律规范体系中,最早出现"法律风险防范"的规章是国务院国有资产监督管理委员会于 2004 年 5 月 11 日颁布并于 2004 年 6 月 1 日生效的《国有企业法律顾问管理办法》,其次是由国务院国有资产监督管理委员会于 2004 年 5 月 14 日颁布并于当日实施的《关于在国有重点企业加快推进企业总法律顾问制度建设的通知》。但在《办法》及《通知》中,以及其后出现"法律风险防范"一词的法律规范中,都只是在某些具体条款中提及这一措词,并未进行深入解释,因此仍旧属于一种常规意义上的使用。

直接整体使用"法律风险管理"一词的国内法律规范尚未发现,但从国务院国资委所下发的《中央企业全面风险管理指引》来看,该《指引》将法律风险列为全面风险之一,并将法律风险纳入了管理对象之列。因此,可以认为该《指引》中的提法便是"法律风险管理"。这也是我们认为"法律风险管理"这一提法相对更为标准和贴切的原因之一。

风险管理对于整个经济、社会的积极作用是毋庸置疑的。风险管理的理念有助于人们在经济活动中通过主动的预防,回避各种不确定因素所带来的各种损失或不利后果,并避免风险后果所带来的震荡,维持经济与社会秩序的稳定。从这个意义上说,风险管理有利于企业及社会经济的稳步发展、有利于社会资源利用效能的最大化,也有利于维护社会生活的稳定。而对于具体的企业,风险管理可以使得企业最大限度地降低风险损失、最大限度地实现企业利益,从而实现企业的利益最大化。

(二)法律风险管理的特征

对于法律风险管理的理解虽然中外学者众说纷纭,但归纳起来有广义与狭义两类。广义的法律风险管理,其实就是我们传统法律事务处理的"现代化"表述,甚至某些"法律风险管理"或"法律风险防范"、"法律风险控制",其实只不过是对于传统法律事务的重新包装,因为除了诉讼事务外的其他非诉讼法律事务也都强调对于法律风险的回避或控制。

而狭义的法律风险管理则截然不同。由于它最初来源于金融业的风险管理,因而它非常强调理论性和系统性、强调对各类法律风险的管理,也更为侧重于从各种技术层面对此类风险进行管理。毕竟,离开了企业的经营管理,一切的法律风险管理都只能是空谈。

而本书所讨论的法律风险管理,都是指狭义上的法律风险管理。在西方发达国家,法律界对于法律风险的研究比较早,但以部门法层面的法律风险管理研究居多,尤其是集中在银行、保险等金融行业。在这一点上国内、国外基本没有区别,国内研究也多是针对部门法层面的法律风险。从目前关于法律风险管理的论述中,可以概括出以下特征:

(1) 强调事先加以防范

法律风险管理与以往的法律事务处理虽然在工作内容上存在较大差距,但最大的差距在于工作理念上的截然不同。以往的法律事务处理主要是法律风险的事中控制或事后控制,因此多是"消防员"角色。而法律风险管理则强调事先预见法律风险并事先采取应对措施,也就是在实施前的计划阶段就必须考虑好实施中可能出现的问题以及最为合适的应对方法,以实现法律风险的最小化和企业利益的最大化。

因此,同是一名法律专业人士,如果是从事法律风险管理工作,其工作的角色就是企业的高级参谋和军师;如果只是从事法律事务处理,则其角色只不过是个有专业知识和专业技能的"救火队员"。在传统的律师业务中,法律顾问虽然也是一种事前防范的法律服务方式,但其工作深度、宽度还无法达到法律风险管理的层面,只是比较靠前而已。

(2) 强调围绕企业目标

前瞻性地预见法律风险并设计出多种应对方案过程中,必须首先考虑从哪一个角度去识别法律风险,以及从哪一个角度去对各类方案加以取舍。而考虑这个问题的出发点,必然是以企业的战略目标及战术目标,以及企业的现状和利益为基本方向和工作目标。在对具体经营行为进行法律风险管理的过程中,对于法律知识及应用技能的要求较高,而且必须充分结合企业发展目标和具体经营目标,否则将难以充分预见,也就难以恰如其分地主动采取最佳措施。

实施法律风险管理的目标,毫无疑问是通过法律风险的最小化去实现企业利益的最大化。法律风险管理需要以一种前瞻性的眼光去分析未来可能发生的问题,从而摒弃那种仅仅根据既往的经验对于已经出现的问题或可能出现的问题"头痛医头、脚痛医脚"的工作方法。因此,法律风险管理需要更加深入地了解企业的现状及企业的发展目标、具体经营行为所要达到的目的,并以此为依据寻求最为合适的解决方案,实现风险利益与风险收益的平衡。当然,某些企业的具体经营行为所要达到的目标是清晰的,但企业的战略目标却未必清晰,因而有时需要识别这类目标才有可能与企业的需求合拍。

(3) 强调采用综合方法

法律风险管理脱胎于风险管理,并在不断发展和完善中由于存在自身的规律和特征而逐渐成为一门单独的学科。正是由于存在这一特殊的过程,因而在风险管理中的一些管理方法和理念也被带入法律风险管理之中,从而使法律风险管理成为一种立足于法律范畴但又并不单纯地属于法律范畴的学科。可以说,它是一种跻身于应用法学与管理学之间的一个交叉学科,有其特有的工作方法。

例如,在风险管理中综合了大量的运筹学、管理学、统计学、会计学等学科的工作方法,强调通过数理分析得出相应的结论,强调形成标准的规范。而在法律风险管理中,虽然许多问题无法通过定量分析得出真正令人信服的结论,但其运筹学、管理学、逻辑学等方面的知识却得到大量的运用。这些学科知识的运用,必须借助一定的科学的工作方法,才能在预见法律风险时能够系统地识别并得出全面的结论,并采取企业能够实现的方式去具体操作。

(4) 强调融入企业管理

从前面章节的分析可知,法律风险方面存在主体、环境、行为三大要素,这三大要素决定了具体的主体在特定的环境下的具体行为,究竟会存在哪些法律风险。但这还只是总体上的,每个具体的企业会由于其个性化的特殊情况而同时存在着不同的法律风险,或是某些法律风险对他们来说并不十分重要或并不十分严重,这都是随企业的状况不同而各不相同的情况。

基于目前的主流观点,都是强调针对企业的实际情况将具体事务中的法律风险进行专门管理,并与企业管理有机结合。处理法律风险的方式虽然会有不同的方法,但如果企业采取的方法并不适合具体的情况,很有可能会丧失其利益并付出更大的代价。而企业管理中的"执行力"等问题对于法律风险管理而言同样存在,如何将法律风险管理贯彻始终,必须从管理学角度而不是从应用法学角度去寻求答案。而事实情况也充分证明,只有将法律风险管理与企业管理有机结合,才能给企业的法律风险管理带来根本性的变化。

二、法律风险管理的概念与原则

目前,我国法律规范中尚无法律风险管理方面的权威定义,只是在《中央企业全面风险管理指引》中出现过全面风险管理的定义。而该《指引》本身就是企业管理的指引,而非法律风险管理指引。因此,法律风险的概念需要自己归纳解决。

(一) 法律风险管理的概念

在《中央企业全面风险管理指引》第 4 条中,将"全面风险管理"解释为:"本指引所称全面风险管理,指企业围绕总体经营目标,通过在企业管理的各个环节和经营过程中执行风险管理的基本流程,培育良好的风险管理文化,建立健全全面风险管理体系,包括风险管理策略、风险理财措施、风险管理的组织职能体系、风险管理信息系统和内部控制系统,从而为实现风险管理的总体目标提供合理保证的过程和方法。"

从这一解释可以看出,全面风险管理围绕经营目标、执行管理流程、培养风险管理文化、建立风险管理体系几项内容,与前面归纳的强调事先加以防范、强调围绕企业目标、强调采用综合方法、强调融入企业管理四个特征在整体上不仅没有矛盾而且相互重叠,说明法律风险管理与全面风险管理存在共同之处。

因此,我们可以这样理解法律风险管理的概念,即:法律风险管理,是在对法律风险主体的自身目标、状况及其所处环境进行充分了解的基础之上,围绕企业的总目标、结合企业及所处行业的特点、企业外部因素等,采取综合、系统的手段充分利用法律所赋予的权利,以事前控制为主避免或降低企业法律风险不利后果的法律事务处理全过程。

这种意义上的法律风险管理,是将法律事务管理融入企业日常经营管理,根据实际情况采取最为适当的方式,以实现企业利益的最大化和法律风险的最小化。其努力的方向,是通过全方位的信息收集、分析、决策而事先预防法律风险,或将法律风险不利后果控制在可以承受的范围之内。而这些法律风险的类型不仅仅是违法、违约、侵权,还包括单方的权益丧失。

究其本质,法律风险管理是将法律风险作为企业的主要风险控制目标之一,也将法律风险控制作为企业日常管理的工作内容之一,并以法律风险的思维模式和操作模式,依据现代管理的手段,主动地事先发现法律风险并实施主动干预以防止产生不利后果。并借助这一智力劳动,以事先和事中控制的方式实现企业利益的最大化、风险的最小化。

(二)法律风险管理的原则

基于以上理念,法律风险管理与传统的法律事务处理在出发点上有着很大的不同。进一步加以概括,法律风险管理的主要原则有:

(1)谨慎原则

所谓的谨慎原则,是尽可能对法律风险进行全面、细致的预见,并在设计应对手段时考虑各种可能性,尽最大可能避免由于未能预见而遭受的不利后果。之所以提出这一原则,是因为法律风险主体的具体行为、法律环境中都存在着许多不确定性,而这些不确定性都会对企业所要实现的目标产生干扰,甚至阻碍企业目标的实现。而正是由于存在多种综合的不确定性,因此只能以谨慎的态度面对各种产生不利后果的可能性,尽可能加以防范或控制。

例如,当对一种行为的法律后果究竟如何存在不同的意见时,谨慎原则需要考虑到每种不利后果的可能性并加以防范。除非另外一种是根本不可能的,否则就同样是需要防范的。毕竟,法律风险管理的任务不是去争论对于法律的理解与适用问题,而是要避免法律风险的不利后果。

（2）主动原则

所谓的主动原则,是指对于企业的各类行为,应当积极、主动地从法律风险角度去收集信息、考虑问题、选择应对方案,而不是仅仅为了完成一项工作而采取简单的方法加以处理、法律风险等问题出现再应对。不同的环境、不同的行为会有不同的法律风险,即使是同一交易伙伴间的交易,由于环境的变化也会出现不同的法律风险。在常规的法律事务管理中,对于法律风险的预见只是一种附带的工作,而在法律风险管理中,对于法律风险的预见则是一种常态的、目的性明确的法律事务主要工作。

主动原则所要面对的最为主要的工作,就是那些极有可能造成损失的法律风险。以合同为例,常规的合同审查活动中,主要考虑合同的明确性和较为粗放的违约等不利后果。如果合同正常地按约顺利履行则没有问题,出了问题能够协商简单地加以解决也没有问题。但如果在数量、质量、交货期等某一方面出现问题将会产生何种不利后果,以及这类后果该如何处理,这才是法律风险管理要考虑的问题。越是重大的行为,越是要充分考虑这类问题。

（3）前置原则

所谓的前置原则,就是将防范或控制法律风险不利后果的过程前置,从传统的事前一般性控制甚至不控制转变为以预先控制为主,即在行为开始前已经预见各种可能的法律风险后果,并在实施方案中预埋防范或控制的手段。也就是说,法律风险管理所强调的,是企业管理中经常提到的事前控制。这一点同"零缺陷"的工作理念是完全一致的,它强调在行为发生前尽可能"滴水不漏"地一次性将事情做好、做得正确,而不是寄希望于事后补救。即使是已经发生了法律风险事件,也积极争取在下一阶段的不利情况出现前加以干预,以期降低出现更为严重后果的可能性或降低其不利后果的程度。

以某一电信服务产品营销活动为例,常规的法律事务处理对此几乎是"摸着石头过河",也就是走到哪一步算哪一步,等出了问题再做处理。而妥善的法律风险管理,则在服务产品推出前进行法律风险论证,并通过运营模式、服务表单、投诉解答方案等一系列手段,事先将法律风险规避掉或限定在可以承受的范围内,在业务推出前已经完成了法律风险控制手段的"预埋",从而可以方寸不乱地应对可能出现的法律风险事件。

（4）择优原则

当法律风险被识别出来以后,是否采取措施、如何采取措施有时并不是个可以简单回答的问题,因为任何决策都要受到信息量、客观环境等因素的制约,人们只能在风险与收益、理想与现实之间进行抉择。企业的大部分行为都与营利有关,一般只有存在获利的可能时才会去考虑风险,没有收益而只有法律风险的行为在正常情况下不会有企业愿意尝试。而且风险与营利有时会存在某种正比关系，也就是虽然有较大的风险，但一旦冒险成功则会获得较大的收益。许多企业的成功史上，往往都有着铤而走险的经营举措，而冒险的成功也使他们取得了超常的发展。

同一个法律风险的应对方式往往有多种，具体采用哪一种需要根据企业的目标、条件的限制、成本、效率等多方因素加以综合考虑，而且某些法律风险本身也需要同时采用多种手段去加以应对，既有时间上的安排也有空间上的安排，既有法律方面的安排也有非法律方面的安排。总而言之是一种充分利用现有资源去应对法律风险的过程，不同的法律风险采取不同的应对方式。

三、法律风险管理的立足点

提到法律风险管理，许多人会不假思索地询问到底如何操作，即使是对法律风险管理的基本理论已经全部吃透的人士也是如此。如果直接进行具体细节的描述，可能会令人只见树木、不见森林，因而还是需要对某些总体性的问题进行一定程度的讨论。

一个有争议的问题是，某些执业律师会认为法律风险管理与常规的法律顾问服务并无不同，因为许多法律风险管理中的工作与他们在日常法律顾问服务中的工作基本相同，事实上也确实如此。法律风险管理与常规的法律顾问服务虽然在工作内容上有着相同的部分，但两者在出发点、过程、最终目标上还是有着很大的差异，了解了这些差异就掌握了法律风险管理操作的立足点、确定了基本的工作方向和操作模式。相比之下，法律风险管理的理念、立足点有显著的特点。

（一）主动收集信息

常规法律顾问在为企业提供法律服务时，其信息来源完全信赖于企业的提供，除具体法律事务需要外，一般并不主动索取相关的信息。而法律风险管理则建立在大量的信息收集、信息分析基础之上，因此，要有目的地得到自己需要的信息，只能通过主动的收集以及企业对于自身信息的"敞开供应"。

虽然某些同企业合作比较紧密的律师有时也会跨过界限主动向企业索取，或经过允许后主动收集相关信息，但这对于企业法律顾问工作而言并非一种常态行为，只是个案。但对于法律风险管理而言，这一过程则是必需的过程，因而主动、系统、全面地收集企业相关信息对于法律风险管理反而是一种常态行为。

从内容上看，常规法律顾问服务所收集的信息，一般只是法律相关的信息，以及企业的主观愿望，一般只是就事论事，并不涉及更多的内容。而法律风险管理则以大量的信息作为依托，不仅要收集各类企业行为所可能涉及的法律环境方面的信息，还要收集企业更为深入的发展战略、管理能力、工作目标、市场环境、竞争对手情况等方面的信息,并在此基础之上为企业量身定做具体的解决方案。因此,法律风险管理需要主动收集大量信息,甚至包括非法律方面的信息,才能满足需求。

(二) 站在企业视角

传统的法律顾问服务,其出发点和视角都是来自于法律。因为法律服务所提供的价值来源于法律知识和相关的法律事务处理经验,或者说律师行业的生存之道是来自法律信息方面的优势,更根本的是在于法律相关信息对于委托人、对于律师的不对称性。

但企业的各类行为中,有法律方面的行为也有经济方面的行为。法律在整个企业经营中极少直接产生价值,在大多数情况下只是处于企业经济行为的一种辅助性的从属地位。或许极个别的企业会以法律事务作为最主要的营利模式,但一般来说法律事务管理都是围绕如何实现经济目标而展开,在企业内部的"通用语言"是企业管理而非法律事务管理。而且,实践经验也表明法律事务管理只有在与企业管理有机结合的情况下,才能实现企业的根本性转变,法律事务管理也才会拥有更为广阔的空间。

正因如此,法律风险管理的视角是从经济的角度观察企业,关注企业在实施其经济行为过程中,通过在哪些方面和阶段将法律风险应对措施注入经济行为之中,从而在实现企业经济目标的同时,充分利用法律规范体系环境,实现法律风险的最小化、企业经济利益的最大化。

(三) 系统解决问题

要想了解传统的法律顾问服务能够给企业提供何种帮助,仅仅从常用的法律顾问合同中即可了解其中的大概。因为几乎所有的项目都是被动加入的,基本没有主动实施、要求当事人配合的项目,同时所提供的服务也并未涉及企业经营所涉及的所有领域。这既是特定历史条件下的理念使然,同时也是传统意义的法律服务模式的局限性之所在。

这种情况的出现,还是与传统的介入模式有关。因为常规的法律顾问既不可能深入了解企业的各类情况,也不会从企业经济行为的角度去考虑应该如何设计法律风险应对措施。甚至某些法律服务由于观念的原因,是从法律视角去考虑问题,而不是从经济角度考虑问题。因而设计出的某些应对措施显得生硬、不切实际,与企业的实际需求存在一定的脱节。

而法律风险管理则不同,它将企业看成一个系统,同时将企业所面临的法律风险也作为一个完整的、涉及多个部门、需要采取综合手段加以应对的系统,因而更有利于问题的根本解决以及企业管理水平的提升。

(四)应对措施前置

常规的法律顾问服务过程中,法律服务既有事后介入也有事前介入,但即使是事前介入,其介入的深度与广度往往仍旧停留在局外的、法律的视角,很少从企业角度设身处地加以考虑。在传统的法律服务中,对于某些边缘性问题,从法律角度得出的结论往往是不得越雷池半步,而企业则往往倾向于通过打"擦边球"的方式既抓住了机遇又回避了风险,从而造成法律服务在某些领域与企业的需求相互分离,两者的结合度无法达到理想的境界。

在这一方面,法律风险管理的不同,是在于强调依据科学方法的事先详细论证,并在决策中包含了对于某一企业行为可能触及的法律风险的预见,而且在具体的实施过程中分别以合同条款预埋、流程控制等方式,事先准备好相关的应对措施,以便将风险控制在可以承受的范围之内。其突出的特点是"未雨绸缪",也就是在行为开始实施以前,已经经过法律风险方面的论证,同时根据现有的条件设计,选择最为合适的应对措施,并在行为开始实施之前其应对措施就已经分别到位。

在其他章节中已经分析过,事前采取控制措施,其自由度是最大的,而有效性也是最大的,同时也是成本相对确定和低廉的。但事前管理需要有较高的预见能力和决策能力,需要法律事务管理与企业管理的有机结合。

总而言之,法律风险管理和传统的法律顾问服务虽然在工作内容上有重叠之处,但两者事实上存在巨大的差异。甚至可以将传统的法律顾问服务理解为法律风险管理的初级阶段或雏形,而法律风险管理则是传统法律顾问服务的升级换代产品,二者有着质的区别。

四、法律风险管理与其他风险管理的区别

目前,大部分对于风险管理方面的著述都是围绕着金融保险行业的财务控制,而对于法律风险管理方面则未见其基础性的理论。《中央企业全面风险管理指引》中虽然也将法律风险管理纳入其中,但不仅法律风险与其他风险有着显著的不同,法律风险管理也与其他管理有着显著的不同。

(一)关注法定不利后果

与企业管理不同,经营行为关注交易能否实现交易目的、成本与营利是否平衡、合同履行的代价与经济责任等,而法律风险管理则要考虑企业的各个方面在法律上是否安全、如果出现问题法定的不利后果如何。可见,在企业的一系列行为中,企业经营的成本与收益不是法律风险管理的目标,它所关注的只是各种行为的法定后果,以及构成这些法定后果的法律关系及原因、应对措施等事项。或者说,法律风险管理所关注的不是营利,而是减少法律风险带来的损失。

从企业的具体作为与不作为的法律后果角度考虑问题,可以充分发现企业作为与不作为而可能引起的违法或违约、未充分行使权利等情况下导致的利益损失。虽然法定的不利后果与实际处理后的不利后果有时并不相同,但从法定后果角度考虑问题是解决问题最为基本的尺度。针对具体法律风险点并结合个案事件进行法定后果分析,才可以从源头上找出造成法律风险损失的关键性因素,在下一步的工作中就可以通过进一步的要素重组而避免同一风险的重复出现。

(二)依法设计解决方案

与其他应对风险解决方案的设计不同,法律风险应对方案的设计大多缺乏自由度。由于任何应对方案都是在一定程度上以新的法律风险替代旧的法律风险,法律风险应对方案同样需要进行法律风险识别。即使是在没有法律规范的领域内,也要考虑不能违反现行的法律规范规定,尽可能避免涉入灰色地带。受制于法律规范体系,围绕法律风险的任何方案都必须从法律角度考虑问题,以更低的风险替代更高的风险,而不是简单地以新的风险替代旧的风险。

从这个角度来说,法律风险管理是将法律规范视为一种具有巨大价值的资源,法律风险主体要想顺利发展就必需充分运用这种资源。而传统的法律事务处理,则仅仅是将法律当成一种规则,并试图依据这些规则趋利避害。对待法律规范的两种不同态度,以及运用法律规范的积极主动程度决定了两种处理法律事务模式间的根本区别。

在许多大型跨国企业中,合规化管理与法律风险管理内容存在着重叠,但并不等同。因为"规"的产生有的是出于法律规范,有的则是出于公司的内部管理规定,而法律风险管理的深度也往往会超出合规化管理的要求,因此二者之间属于交叉关系。毕竟,法律风险管理的目的是实现企业利益最大化,并不是简单地依法行事。

第二节 企业管理与法律风险管理

法律与企业的管理制度在目标与运行模式方面有着许多的共同之处。法律本身就是规则,其目的是建立整个社会的秩序,而企业管理也要依赖于各种规则,其目的是建立一个企业内部的秩序。而法律风险管理则可以理解成一个交叉的学科,是企业管理与法律事务管理的重叠之处。它既可以理解为从企业管理的角度处理法律问题,也可以理解为从法律角度去实施企业管理。

事实上,企业管理中的许多事务本身就既可以理解为法律事务也可以理解为企业经营事务。例如,即使是纯粹的技术规范也往往要涉及是否符合强制性的技术标准问题,纯粹的业务规范也存在是否符合法律对于公平竞争等方面规定的问题,而企业中的考核指标等问题有时也会涉及《劳动法》的问题,等等。在企业管理与法律风险管理的对视中,更容易理解二者之间的关系,也更加容易理解如何实施有效的法律风险管理。

一、企业管理视角下的法律风险管理

从企业管理的视角去看法律风险管理,专业性是其一大特色,因为法律风险管理中任何活动的基本尺度都是依据法律规范。但通常企业管理所无法做到的,是法律风险管理会从法律角度对企业问题进行尝试的分析,并在综合考虑后提出解决之道。因此,虽然大的方向足以确定在法律范畴,但具体的操作则由于过强的专业性而使专业以外的人士难以逾越。

总的来说,企业管理视角下的法律风险管理,有如下的特色:

(一)风险范围的有限性

顾名思义,法律风险的起因均与法律规范的具体规定有关,因而由于法律风险所带来的不利后果或损失,均必须是以法律为依据,至少是有法律依据。这种法律依据有的是直接的法律规范中的具体规定,也可以是法律明确已经授权当事人自行约定的内容。因而,从表面上看,法律风险的大致范围就此可以确定下来,法律风险管理也可以围绕这一目标范围进行。

但在实际操作中,对于法律风险范围的识别也带有一定的主观性,并不是理论上那样轻而易举。由于法律规范体系本身就分为不同的层级,而且目前的许多部门立法都在试图扩大自己一方的权利,因而造成某些法律规定之间存在冲突,令企业在判断法律风险时无所适从。

(二)工作内容的波动性

由于我国的法律体系在不断完善的过程中,而且总体的执法特点是不同时期会有不同的宽严幅度和执法重点,因而企业所面临的法律风险工作内容总是处于波动状态。既有风险重点的波动,也有宽严程度上的波动。而且,这一状况在相当长的一段时期内会继续存在,甚至成为法律风险管理的一种特色。

最为明显的是无论是新法律规范的出台或者是某一法律规定的修订,往往都会给企业原有的经营行为带来一定的冲击,要缓解或避免这类冲击,就必须在其生效前加以全面的理解和消化,以预防的方式避免法律环境变化所带来的冲击。某些情况下,突发的个别事件有时也会造成行政部门阶段性地从事某些方面的执法,这类执法往往也会给法律环境带来一定的不稳定性,造成法律风险工作重点的波动。

（三）不利后果的不确定性

法律风险管理往往需要依据法律确定法律风险的后果，以便实施管理行为。但在通常情况下，要精确地确定法律风险的后果是不可能的。为了执行上的方便，法律不可能精确到对每一件具体的法律事物有个量化的结果，这便使得法律风险后果具有一定的不确定性。

无论是刑事法律规范还是行政法律规范，都对刑事处罚或行政处罚规定了一定的幅度，由于这些幅度的存在，往往只能确定法律风险后果的幅度范围，而无法确定精确的法律风险后果。而在民事方面也是一样，无论是违约还是侵权，法律往往只有原则性的、至多是某些项目上的相对具体的规定，许多问题的结果仍旧取决于审判机关的自由裁量权。

此外，由于目前的体制中并不承认判例法，加上有时个别的司法机关会有明显的有法不依的情形，因而在许多场合下难以仅依据法律规定进行精确的判断，只能确定大致的幅度，因此法律风险后果具有一定的不确定性。

（四）管理质量的人为性

法律风险管理既属于法律的范畴，也属于管理的范畴，由于管理人员思路和眼界的不同，法律风险管理的风格与质量会有极大的差异，这也就是法律风险管理在质量上的人为性。

从事法律风险管理的不一定是法律专业的人员，而法律风险管理的质量也并不仅仅是单一的法律专业水平或者是管理的专业水平，而是二者的结合。在某些场合里，法律上的需要与经营上的需要是相互排斥的，而法律风险管理的核心就是如何保证二者间的平衡。要做好这一点的前提，一是要准确地识别出法律风险及其危害性，二是要根据企业的实际目标找出最为合适的解决方法。因而在法律风险管理方面，无论是因噎废食还是削足适履都是不足取的，而如何在具体的操作中把握好尺度，并非一朝一夕就能掌握。

（五）解决之道的系统性

虽然企业所面临的风险可以分为市场风险、财务风险、决策风险等类型，但这些风险许多都与法律风险紧密相关，或者最终以法律风险的形式体现出来。

企业是个运营和管理的系统，法律体系也是一个规范企业行为的系统，在两种系统体系的交织下，法律风险也同样具有系统性。如果无法从系统的角度去理解企业、充分了解企业，则对于企业法律风险的发现与防控就不可能完善。无论是从企业经营的角度看法律规范体系，还是从法律规范体系的角度看企业，企业的法律风险也都存在系统性，需要通过举一反三的方式加以识别和防范。

例如，交付延迟只是违约行为中的一项，如果不从系统性的角度去观察问题，就会遗漏其他种类的违约风险。而在管理法律风险时,交付的延迟往往涉及生产经营的各个环节,往往需要跨层级、跨部门采取系统的解决方案,否则就无法从根本上解决问题。

对于法律风险进行控制的工作目标,是通过对于法律风险的控制,减少出现法律方面不利后果的可能性,并借此避免法律风险事件出现而对企业利益及正常秩序的不利影响。但在实际工作中,必须认清法律风险管理的复杂性和专业性,根据法律风险管理的特点去考虑问题、制定解决方案。

二、法律风险管理视角下的企业管理

理论上,法律风险的存在会对企业的发展带来诸多的不确定性,并影响着企业的正常生产经营,因而企业似乎有足够的动力去主动了解法律风险并采取防范措施。而且,如果从理性角度出发,似乎人们应当采取充分的手段加以防范。但许多企业直到法律风险后果出现后才体会到问题的严重性,但一切为时已晚。而另外一些企业长期以来一直在防范风险方面持续投入,但长期以来的"风平浪静"却令他们怀疑自己的投入是否具有实际意义。

企业是否知悉了所面临的法律风险,以及在知悉后是否采取了足够的措施加以防范,都会影响法律风险的后果。由于种种原因的存在,企业既难以知悉或全面知悉所面临的法律风险,又往往难以在知悉了法律风险后采取足够的措施加以防范,何况某些法律风险根本无法规避。对于已经浮出水面的法律风险,由于多种因素的制约,有的企业视而不见、无动于衷,有的企业则有心无力或力不从心,从而造成了听任法律风险长期存在的状况。

如果从实际发生不利法律后果的案例中去观察和分析,法律风险转化为不利后果的情况大致分为以下几类:

(1) 由于法律知识缺失而面临不利后果

对于一个遵纪守法的自然人而言,如果他存在法律风险,那么法律风险的来源基本是由于对于相关法律的陌生。而企业是一种组织,其结构及运行的复杂程度远非自然人可比。加之其经营行为更加要涉及大量的法律法规,因而企业根本没有可能去全面知悉相关的法律法规。可以肯定地说,目前在国内尚未发现哪个企业熟悉所面临的所有法律风险,也就更谈不上哪家企业对所有的法律风险都有了足够的防范措施。因此,所有企业对于自己所面临的全部法律风险,都处于不清楚或是不完全清楚的状态,甚至对于关系到企业生死存亡的法律风险竟然浑然不觉。

出现这种情况的原因很多。一方面,对于中小型企业来说,要下决心支付相对较高的服务费用来请人系统清查自己企业的法律风险并不容易;另一方面,某些法律服务机构或中介机构的工作方式的系统性也并不强,得出的结论的系统性、分析过程的周延性、解决方案的实用性也存在问题,难以满足这类需求。

而从法律体系本身来说,由于法律体系的复杂性,以及新设、更新十分频繁,即使是专门从事法律服务的律师也需要通过专业分工才能一一化解,对于企业要从事这项工作则更是没有可能。正因如此,如果哪一天发现企业人员其实并不熟悉自己所处行业的行政法规体系,这种情况根本不足为奇,甚至可以说是普遍现象。其实这也非常容易理解,因为这些人员所关心的是如何经营和提供产品或服务,而所处行业的法律问题则只有专业的法律人员才能研究清楚。

但即使是专业的法律人员,是否有机会或动力去研究清楚某一行业的整体法律体系情况,也存在着诸多的不确定因素。

第一,基础性的法律教育并未有涉及某一具体的法律条款,更不会涉及各类具体的行政法规,法律从业人员并不当然知悉各个行业的具体相关法律规定,必须在从业后通过工作中接触到相关法律规范并潜心加以研究方能成为相关领域的法律专家。

第二,任何一个行业的法律法规体系均应进行透彻的研究,但律师提供的法律服务属于经营性质,是否对某一行业的法律规范体系进行细致研究往往取决于这类研究成果的市场前景。因而,某些提供法律服务的经济价值比较低的行业,其法律规范研究乏人问津,而那些金融、证券、房地产等营利前景较大的行业,则集中了大量的法律从事人员竞争相关业务。

第三,传统的法律顾问服务形式,是企业在发现问题时才找律师提供解决之道,甚至签订法律顾问合同的目的只是垄断将来顾问单位可能发生的诉讼案件。在这种模式下,即使律师是某一领域内的法律专家,也未必有机会全面了解相关的法律风险,也更加难以分析及提供全面的风险管理方案。

(2)由于侥幸心理而遭遇风险

无可否认的是,由于长期以来法律体系建设过程中存在着技术方法落后、主观随意性强等现象,从而造成法律规范整体上存在着规范内容比较粗放、系统配合性差、表述不够严谨等现象,甚至某些法律条款中存在着语法问题、概念不清问题。某些立法过程中,参与立法的人员长期从事理论研究的多、长期从事基层执法实践的少,从而导致法律规范与我国国情及实际情况的对接存在问题。某些法律规范在颁布后的操作性差,起不到规范相关领域秩序的作用。而某些法律在立法阶段已经在依赖后续的实施细则或司法解释来解决实际问题,其立法的质量及实用性可想而知。

由于立法中存在漏洞或缺陷,同时由于法律规范内部的相互协调有时会存在问题,加之企业经营过程中最需要经常面对的行政执法的执法力度存在一定问题,因而无法可依、有法不依、违法不究的情况在某些领域比较普遍,甚至已经成为存续多年的公开的秘密。在这样的法律环境下,企业的某些违规或违法行为并未得到应有的处罚,这进一步助长了某些企业的侥幸心理,使企业视法律规范具体规定为摆设。也正由于法律规范的具体规定在贯彻执行上存在不尽如人意的地方,因而许多企业即使明知法律规范有相关的强制性规定,也根本没有采取措施加以回避或补救,甚至根本不愿在法律风险防范方面进行任何的投入。

但法律风险毕竟存在不可控制性,因而许多包括曾经盛极一时的知名企业在内的大型企业,由于新闻媒体的曝光、上级行政执法部门的督办等原因成为公众的焦点,并在公共舆论及司法部门的严格执法下,付出了最为昂贵的法律风险代价。

而且,随着执法监督力度的加强、管理上的完善,地方性执法部门的执法行为已经越来越规范,这种知法违法的行为将会随着执法环境的改善而付出越来越沉重的代价。

(3) 由于管理不当而遭遇风险

对于大部分企业,随着其经营期限的增长,通过不断的学习、交流以及积累经验教训,对于所处行业的法律规范体系均有一定的了解。但由于专业面的限制,他们不可能成为相关法律规范方面的专家。因此,即使他们已经具备了相应的法律风险防范方面的意识,也根本不可能完全通过其自身的努力完成全面的法律风险管理。

就一般的企业法律管理事务人员而言,他们往往只是企业一个部门的人员,不仅仅要完成法律方面事务的处理,还要完成大量与法律无关的其他事务。加上这类人员根本不可能像专业的法律服务机构一样接触到大量的法律事务实践,因此他们在判断力、理解力和视野上根本不可能赶上专业律师的水平,至少不可能像专业律师那样知识面均衡。

除了专业面方面的原因,企业的管理机制也制约着法律风险管理的有效性。一个常见的情况是,企业设立了专门的法律事务管理机构,但企业所面临的诉讼、争议等事务并不见得减少。这里既有法律事务管理职能上的问题,也有法律事务管理的权限、水平问题。出现这类法律风险的企业,问题根源往往不在于法律事务管理机构,而是出在整个企业的法律事务管理的机制和机构设置等综合性问题,以至于企业的法律风险管理部门有的根本不想管,有的则是即使想管也无法管好。

另一方面,目前的企业管理水平虽然与若干年前相比有了质的飞跃,但其管理水平、劳动者素质与发达国家相比仍旧存在较大的差距,企业对于制度的执行力普遍不强。而一旦对于管理制度执行力存在问题,再好的管理制度或管理流程也无法避免法律风险后果的产生。甚至某些企业设立法律事务管理部门的初衷就是处理纠纷,而不是从源头上去控制法律风险、避免纠纷出现,因而其法律风险管理的有效性极低。

(4) 由于成本原因而遭遇风险

除了处于浑然不知状态的法律风险外,还有一些法律风险企业可谓心知肚明,但企业却出于成本的考虑而未就此采取防范措施,至少是在观望。这种消极处理既有风险成本的考虑,也有主动权的考虑。而主动权也可以理解为另外一种成本,当主动处理的成本较高时,还不如消极处理。

法律风险成本是企业为了预防法律风险后果的出现而进行的投入,包括通过投入的方式消除某一方面的法律风险,或通过投入而合理、合法地规避法律风险。法律风险成本具有两面性。一方面,预防法律风险必须在经济上有所投入,这种投入与收益的比较情况如何是企业所必然考虑的问题;另一方面,由于立法及执法上存在并不理想的情况,违法的成本可能远远低于为回避法律风险而进行的投入,这也导致了许多企业宁可承担违法成本而并不愿意承担守法成本。这也是企业所面临的是否守法、如何守法的问题。

在充分竞争的行业,由于企业间的技术水平、经营手段方面的差别不大,因而也有着相差不大的经营成本以及同样的利润率,各企业在竞争中彼此处于一种相对平衡的状态。如果某一方面加大非生产性的投入或提高某一方面的成本,则必然造成其某些经营优势的丧失。例如,环境污染和劳动用工是许多民营企业中存在的共性问题。但即使是某些非常具有实力的大型企业,也并未投入资金解决这些问题。究其原因,这一系列的举措无疑会增加其生产成本,如果所有同行业的企业都必须采取措施,则成本同时上升,竞争格局仍旧处于平衡状态。而如果只有部分企业采取措施解决污染及员工待遇问题,其增加的成本可能会令其在成本竞争中处于劣势,而这才是企业不愿轻易提高投入的真正原因。

除此以外,由于法律规范体系上存在的问题或行政执法方面存在的问题,造成许多企业的某些行政违法行为未能受到有效的处罚,或其处罚的力度非常有限,如果增加成本去回避风险则其投入远远大于违法成本,因而某些企业宁可一直处于违法及受罚的状态而不愿意守法。虽然立法水平在不断提高,执法环境也在不断改善,但这种情况确实是一种客观的存在。

由于上述几种制约因素的大量存在,企业的法律风险管理根本达不到应有的高度和深度,只能停留在相对粗浅的层面。因此,目前极少有企业敢于声称自己进行了全面的法律风险管理。

三、合规管理与法律风险管理

目前,在中国的上市企业中无论是内资还是外资,只要是在美国上市的企业,往往都会提及内控及合规性管理的问题,许多企业还专门设立了独立于法律事务部之外的合规部。但在管理方面出现这些变化的时间都并不长,而且目前基本上仅限于在美国上市的企业,因为它们受到相关美国法律的管辖。

在安然等公司的欺诈事件发生后,为了保护投资者的利益,美国颁布了由美国参议院银行委员会主席萨班斯和众议院金融服务委员会主席奥克斯利联合提出的《2002年公众公司会计改革和投资者保护法案》,即《2002年萨班斯—奥克斯利法案》(Sarbanes-Oxley Act,通常简称为SOX法案)。该法案要求企业完善其内部控制并加强向公众披露信息时的质量和透明度,同时还对公司管理层的责任提出了明确的要求。所有在美国上市的公司,无论是在美国注册并上市的公司还是在美国以外注册而在美国上市的公司,均需遵守该法案的规定,保证其内部控制系统的有效性并对其有效性提供报告以供监督。

由于SOX法案对在美国上市的公司的管理层提出了内控方面的强制性关注要求,在改善了这些公司投资者的投资环境的同时,也促使这些公司的管理和内部控制发生了质的变化,甚至改变了这些公司的商业习惯。但同时,也加大了这些公司管理层在内控系统方面的工作量,增加了管理的难度。

在所有的行业中,金融行业对于风险管理最为关注。国内金融业也在美国建立合规管理制度后不久,开始建立自己的合规管理制度,其中最具代表性的规章是银监会颁布的《商业银行合规风险管理指引》、保监会制定的《保险公司合规管理指引》等,但在我国尚无任何一部法律在合规性管理方面达到SOX法案那样的强制企业必须达到的层面。而且,中外在合规性管理的内涵及外延方面也不尽一致。

国外企业的内控合规性管理,目前已经上升到了如COSO《企业风险管理——整体框架》那样的层面。而我国的合规管理,目前还停留在不同的部门各自为战的层面。按目前的通常概念,合规管理的"规"既有法律规范也有行业自律性规范,还有企业内部的规章制度等内容。因此,目前的合规管理与法律风险管理之间既有共同之处也有很大的不同点。

(一) 管理目标基本相同

合规管理与法律风险管理的目的基本相同,都是为了通过加强管理行为,来防范可能产生的各类法律风险、减少不必要的各类风险损失。但二者之间的工作重心却略有不同,合规管理侧重于对内部事务的管理,防止因内部的不合规行为给企业带来风险,而法律风险管理则侧重于对外关系的管理,防止对外经济交往中的各种行为所造成的法律风险。

美国企业将合规管理的重心放在内控上是十分容易理解的,因为他们的对外法律事务管理方面本身已经处于实力雄厚的状态,一般只需加强内控即可。而国内企业的对外法律事务管理目前远未达到尽善尽美的地步,如果同样将重心放在内控方面,难免出现对外事务管理方面的资源分配不均。

（二）适用规则略有不同

对于法律风险管理而言，它所要考虑的主要内容是各个不同层级的法律规范规定，而企业所属行业自律性组织的规则、公司内部的规定等由于缺乏法律效力，一般不在其考虑适用的范围之内，至多是附带需要考虑的范围。而合规管理则涉及大量的非法律规范类的准则、行为规范、公司内部规定等需要遵守。这类非法律规范类的内容，对外会由于它既非法定义务也非约定义务而毫无约束力。自律性的规定虽可树立良好企业形象，但有时也有可能因此而失去法律所赋予的个别权利。

而且，由于合规中的许多"规"是由企业人为产生的，这些"规"本身是否合法有时也会存在问题，而法律风险管理一般只会涉及法律的冲突而很少会存在法律是否合法的问题。

（三）实际操作重心不同

合规管理与法律风险管理之间，前者主要是解决员工行为与相关"规"的符合性问题，既包括对内行为也包括对外行为。而法律风险管理主要解决如何对外实现法律范畴内的利益最大化、风险最小化问题。当这里的"外"是指委托人以外或企业以外，即使在劳动合同关系中，相对于企业，员工也属于"外"。因此，两者在制度建设方面是相同的。

合规管理与法律风险管理在操作内容上则有着较大的差异。合规管理更倾向于先制定一个基本的规则，然后认真遵守和执行这规则，因而在制度化完成后的合规管理基本上是程序化的按规则操作的管理。而法律风险管理则既有与此相同的部分，也有与此不同的部分。相同之处是也要制定规则、执行规则，不同之处是其设计上要考虑到各种平衡问题，而不仅仅是建立符合规范的合规制度问题。

（四）实施方式侧重不同

对于合规管理而言，从其出发点就可以看出，更加侧重于通过合规管理去保护投资人的权益，形成稳定、安全的投资环境，所担心的主要是违规造成的非直接经济利益损失。而法律风险管理则主要是考虑企业对外由于法律风险管理失当而导致的所有损失，既包括了行政机关的处罚、刑事责任，也包括了经济损失、形象损失等各类损失，同时还包括了由于未能充分行使权利而受到的单方权益丧失等损失。

除此之外，合规管理似乎并未强调"合规化"的重要性。而法律风险管理则存在当法律存在冲突，或法律规范存在不确定性时，如何通过"合法化"的方式主动设计方案规避法律风险的问题。

总之，合规管理与法律风险管理存在着很大的相同之处，也由于侧重不同存在着较大差异，只有二者相互结合才能相得益彰。

四、企业法律顾问与法律风险管理

企业法律顾问是我国法律从业人员中的一个特殊行业。虽然在传统的律师业务中有一项业务被称为常年法律顾问,但与企业法律顾问却有着巨大的差异。可以说,二者之间在产生与存在方面完全是出自两个不同的体系。

我国在20世纪80年代便开始有了规定本系统内企业法律顾问工作的部门规章,因而该制度产生于恢复律师制度后不久。按照这类规定,在当时的全民所有制企业,也就是现在所说的国有企业中,企业法律顾问是由企业设置,由法定代表人直接领导的职能管理机构。甚至明确规定企业法律顾问是企业厂长(经理)的法律参谋和助手,对企业的生产经营管理提供法律依据,维护企业的合法权益。由于设立企业法律顾问是那些大中型国有企业的义务,而且企业法律顾问本身也是这些国有企业的员工,因此在部门规章中还对他们的职权、资格、职称、机构设置等进行了规定。

进入20世纪90年代,人事部、司法部等共同对企业法律顾问的资格考试等问题作了规定。从此,企业法律顾问资格与律师资格成为并行的两个系列的专业资格。而当企业法律顾问工作由国家体改委移交到国家经济贸易委员会后,在该委员会的大力推动下,企业法律顾问体系进一步得到扩大和正规化。其中,1997年颁布的《企业法律顾问管理办法》是建立这一体系的权威之作。之后,该委员会颁布的《企业法律顾问注册管理办法》更是将企业法律顾问确定为一个独立的职业。

进入21世纪后,律师业突飞猛进的发展和服务分工专业化,使得企业法律顾问在法律事务处理能力方面的差距越来越明显,但企业法律顾问的体系和地位却仍旧处于上升阶段。不仅通过多个部门联合发文的形式确定了国家重点企业设立企业总法律顾问的制度,而且随着国务院国有资产监督管理委员会于2004年颁布的《国有企业法律顾问管理办法》,企业法律顾问在国有企业中的地位得到了前所未有的提高。该《办法》的颁布是为了确保《企业国有资产监督管理暂行条例》的执行,因而明确规定了企业法律顾问、企业总法律顾问的职责,以及机构设置等内容。其后,随着对国有企业监管的加强,企业法律顾问的作用也不断被强化。

从适用范围来看,企业法律顾问制度仅是针对国有企业,其动机是通过强化企业法律顾问工作而提高国有资产的安全性。而对于大量涌现并快速成长的民营企业来说,并无设立企业法律顾问的硬性义务,他们设置企业法律顾问或法务人员,纯粹是出于对自身法律风险防范的需要。

如果在企业法律顾问与律师之间进行比较,就会发现双方各有所长。律师的优势在于其专业化,不仅律师本身就是一个非常专业化的职业,而且律师队伍内部还在不断地细分成不同的专业。这种专业化的结果,不仅使一般的企业法律顾问无法与专业化的律师相匹敌,就连其他专业的律师或没有特别专业的律师也无法在专业领域与之匹敌,因而在法律知识及技能方面律师在整体上更为专业。

而企业法律顾问的优势则在于更加熟悉企业。大多数律师的视角仅仅是法律,而不太顾及企业生存及发展的需求。而企业法律顾问往往能够更深地感受到企业为了生存和发展,有时只能选择承担一定的法律风险,因而解决问题的视角往往是以满足企业的需求为主,法律只是一个满足需求的同时尽可能降低法律风险的手段。但由于企业法律顾问本身也是企业员工,因而他们既面临着法律工作服务于企业经营的压力,同时也由于专业身份上的影响而使得他们面临在企业中的薪酬、升迁等方面的局限性。加之除了法律事务外还必须兼管其他事务,因而他们的专业能力提高方面没有律师行业那样便利,也影响了从业的积极性。

总的来说,在企业法律风险管理方面,律师的优势是专业化,劣势是对企业的了解程度一般不够;而企业法律顾问则相反,他们虽然了解企业但专业方面一般要弱于律师。因此,除非某一方身兼两种优势,否则一般需要两者有机结合才能使企业的法律风险管理达到应有的水准。

第三节 法律风险管理的总体性问题

法律风险管理如何操作?在诸多的建立在部门法基础之上的著述中已经给出了不少的答案。这些答案虽然有效但大多是个案,而且许多方案只是建立在从法律角度考虑的理想状态下,对企业的实际处境考虑不足。那么法律风险管理是否还存在更高的、普遍适用的基本原理?不能上升到这一层面,法律风险管理领域的研究不能算是完成,因为尚未揭示其内在规律。在这一节中,我们将探讨的正是这一问题,以便为所有的法律风险管理实践指引方向。

一、法律风险管理的基本要素

所谓的要素,其实就是构成事物的必要因素。在这一点上,法律风险管理的要素其实就是对法律风险的识别、评估,以及对法律风险解决方案的设计、执行、改进。这五个要素是实施法律风险管理的五个必备环节,而且是个循环往复的过程,同时它也是实施法律风险管理时循序渐进的五项主要工作。

法律风险的识别、评估以及解决方案的设计、执行等在后续四章中将有专门的讨论,这里仅进行理解性的介绍。

(一) 法律风险识别

法律风险的识别根据对象的不同其方式、方法也不相同。对于简单的法律风险问题,例如某些合同商务条款中的履行地问题,这些问题并不涉及复杂的法律责任只是涉及万一发生诉讼时的管辖法院,由于只涉及常见的法律规范因此可以轻易地加以识别。即使是合同中故意没有约定管辖法院,只要审查合同的交付地点及方式并结合《民事诉讼法》、《合同法》以及相关司法解释,争议的管辖法院就会浮出水面。

又如,对于产品说明方面的法律风险律师一般很少涉及,需要经过一定的查询才能识别。此类法律风险涉及《产品质量法》、《消费者权益保护法》,以及标准化法和某些国家标准,因而需要针对具体产品类别去仔细研究相关的规定,才能确保产品说明方面能够既符合法律规定又能充分回避不必要的产品责任。

总的来说,对于法律风险的识别贵在调研,也就是针对涉及的法律问题进行全方位的检索和调研,以发现现行法律环境下的所有法律风险。任何人的精力和阅历都是有限的,不可能对所有领域的法律风险了如指掌,必须通过全面的法律调研才能全面发现根据经验和判断已知和未知的法律风险。即使是对某一领域非常擅长的律师,也仍有许多具体规定从未接触,至少没有哪位律师会无缘无故制作面面俱到的某一领域的法律风险清单。

在对企业进行全面法律风险识别时更是如此,如果不通过调研,没有任何人能够知道企业所潜在的所有法律风险。而且,这些调研的前置程序是详细、深入的尽职调查,有了这些基础性的资料还要有科学的工作计划才能使法律风险识别得以顺利进行。

(二) 法律风险评估

之所以需要对识别出来的法律风险进行评估,其实是因为企业不是万能的、企业手中的资源是有限的,不可能对所有的法律风险都照单全收加以应对,那样做既不经济也无必要。某些法律风险看似致命,但其发生的概率也几乎为零;而另外一些法律风险虽然频繁发生,但只是触及企业利益的皮毛而不会造成重大影响。甚至某些法律风险虽然企业早已认识,但由于法律环境、社会环境、文化环境等原因而不可避免、只能承受。

正因如此,在完成法律风险的识别以后,特别是针对企业进行全方位的法律风险识别以后,必须针对法律风险点设定不同的维度并赋值,再通过权重的设置及计算使对企业威胁较大的法律风险点显现出来,以便于分门别类地处理。

当然,某些法律风险点一经识别就可以直接采取措施而无需评估。这些法律风险点大多问题简单而且与其他法律风险无牵连,且可以由当事人单方完成,而且应对此类法律风险不需要增加企业成本。

(三) 解决方案设计

法律风险管理中的解决方案设计,其实就是根据法律风险评估的结果,在满足或平衡各种客观限制条件的基础上,设计全新的企业管理制度、流程、文本或对原有的制度、流程、文本进行变更,以便在兼顾企业的运营效率和法律安全的前提下克服法律风险的不利影响,充分利用企业资源和法律赋予的权利去实现企业利益的最大化。

解决方案的设计需要考虑企业的实际情况、企业所处的客观环境,以及解决方案的可操作性、对于效率及成本的影响等,属于一种根据企业情况量身定做的过程。如果是不切实际地将解决方案塞给企业,往往会由于方案缺少可行性而影响到执行的效果。在方案设计中,还要特别强调如何将法律风险管理措施融入企业的日常管理之中,从而使企业管理与法律风险管理都能发挥出最大的功效。

(四) 解决方案实施

在通常情况下,法律风险解决方案并不需要律师亲自出马实施,因为方案的设计、执行、监管在管理上分属不同的层面和职位,而且法律风险管理的参与人各有各的本职工作,任何的越俎代庖都有可能造成管理秩序的混乱。因此对于解决方案的执行,律师最主要的工作是宣贯、培训,也就是将解决方案是什么、解决方案如何操作等告诉企业并让企业明确其体系、主导思想以及操作模式,使企业能够理解、掌握和自行操作。

在这一阶段,某些解决方案中的小缺陷可能会浮现出来。例如在试运行时发现了更好的方案,某些管理内容在制度或流程、文本的配合上有所欠缺等。对这些内容的补正也都是方案实施阶段所要完成的工作。另外,还有一些企业可能需要律师提供一定的辅助期,以便于解决方案的顺利贯彻执行。

事实证明,这一阶段的律师工作极有必要,没有对解决方案的宣贯和执行阶段的辅佐,许多方案都会因无法执行、无人执行而成为一纸空文。

(五) 解决方案改进

在执行一段时间后对法律风险解决方案进行改进,其实是适应企业的内部环境和外部环境的变化,同时也是为了以循环改进的方法找到更好的解决方案,属于企业管理的需要。

随着时间的推移,企业自身的人员、理念、运作模式等都会不断发生变化,而企业所处的法律环境等外部环境也在不断的变化之中,为了适者生存,必须根据企业内部、外部环境的变化调整解决方案。而从管理学的角度来说,循环改进也是不断完善、提高管理水平的必由之路。

如同利用商业机会、企业优势等资源需要一定的能力一样,对于法律资源的利用方式多种多样,利用的程度和带来的收益取决于对这种资源的认识程度和把握程度,只有不断地循环改进才能最大化地利用法律资源。

二、从法律风险中发现管理策略

前面所讨论的法律风险,是从法律风险后果的角度加以分类,目的是使人们对于法律风险有比较直观的印象。而在法律风险管理活动中,则要从更多角度观察、分析法律风险,从不同的特质中找出问题的关键及解决方案。不同的法律风险具有不同的性质,因此法律风险管理的方式也不是唯一的,而从不同角度分析法律风险,就会找到不同的解决方法。

(一) 从可预见性角度分析

在科学技术日益发达、信息问题呈几何级增长的时代,人们的认知范围已经达到了前所未有的程度。在这样的背景之下,如果单纯从个人经验角度去判断某一风险的可预见性,已经不是什么困难的问题,甚至只是个检索途径的问题。在这样的条件下,何为可预见、何为不可预见的界限已经变得模糊。例如,许多人都知道大洋深处铺有连接亚洲与美洲的越洋通信光缆,人们也知道一旦这些光缆受到意外人为损害就会影响通信,但却无法预见这种非常罕见的事件是否会在合同履行期间发生,并由于通信中断而直接影响到合同履行期间的通知义务。因此,不可抗力要件中的"不可预见",往往只能理解为无法预见其是否发生,至于是否应该预见到某一事物的出现,则完全属于主观标准是否合理的问题。

从法律风险预见的角度来说,需要预见的主要有两大类:一是对后果有决定影响的法律风险事件是否出现;二是法律风险后果究竟如何。对于事件是否出现的预见并非法律专业所长,甚至也没有什么科学的方法提高预见的准确性。但定性分析及法律后果分析则是法律专业人员的特长,法律专业人员所要解决的也主要是不同事件出现后的法律后果,而非预见某一事件是否会发生。如同律师需要预见违约的法律后果,但一般并不需要去预见对方是否会违约。

对于各类法律风险后果的预见与工作经验的关系极大,有些法律风险后果仅仅通过对法律条文的推敲即可预见,如责任不明造成的难以追究违约责任等问题;有的则需要根据一定的研究并结合工作经验,如那些法律关系复杂的案件可能会由于诉讼角度分析不足而引发法律风险不利后果。许多法律风险事实上难以准确地预见其不利后果,特别是当某一法律风险交织了多种法律关系时,预见其具体后果殊为不易,甚至只有通过反复诉讼才能得出确切的结论。但诉讼解决并非法律风险管理的理想后果,因此要在法律风险管理中强调谨慎原则,尽可能避开诸多的不确定性。

(二) 从处理方式角度分析

从法律风险的处理方式看,法律风险可以分为常规法律风险、非常规法律风险两个大类,而对法律风险的应对措施也可以分为常规处理与非常规处理两个大类。两种不同维度划分出的法律风险通过排列组合,就形成了如下所示的矩阵。划分是否常规法律风险、是否需要常规处理,与企业的主营业务、管理能力有关,没有完全相同的划分标准。从这个角度观察法律风险,其目的是在制定法律风险管理措施时,将不同类型的法律风险分给不同职位的人员去管理,从而既提高管理的质量又提高管理的效率。

表 2-1 法律风险分类及处理方式表

常规风险、常规处理	常规风险、非常规处理
非常规风险、常规处理	非常规风险、非常规处理

对于一个具体的企业来说,其常规法律风险是指经常发生的、不利后果确定的法律风险,多存在于企业经常性的原料采购、产品销售等主要经营活动中。而非常规的法律风险则是那些非经常性发生的、难以确定其不利后果的法律风险,多发生在企业没有应对经验、非主要经营活动中。例如,对于一个生产型企业来说,其产品质量、交货期等发生纠纷是一种非常平常、不可避免的法律事务,因而属于常规法律风险;而其由于广告语侵权等则是非经常性发生的情况,因而属于非常规的法律风险。

对于某一法律风险是否采用常规方式加以处理,主要取决于企业管理能力、管理职能划分,因而也无法形成统一标准。所谓常规处理,主要是指仍旧按通常的处理方式加以处理,通过正常的流程、由规定的人员去处理;而非常规处理,则是指通过非正常的程序或由相关部门的负责人亲自出面处理,或是由更多的其他职位的人共同进行处理。

以上维度下的法律风险及法律风险管理理念对于大中型企业尤其重要。由于企业规模扩大以后会大大增加企业管理的难度,就不得不将某些事务加以集中控制,而这种控制既要考虑企业安全又要考虑办事效率。而通过这种方式划分企业的法律风险及处理方式,可以基本实现企业在安全与效率之间的平衡。当然,如何划分常规与非常规的法律风险、如何确定常规与非常规处理,还需要根据企业的情况和法律事务管理人员的情况来确定。

(三) 从成本核算角度分析

法律风险的可控程度与是否主动干预法律风险有着直接的关系。从企业角度来看,要预防或控制法律风险就要付出成本,这种成本有可能是直接的资本投入,也有可能是各种复杂的人际关系等社会资源。由于企业经营行为的目的是营利，因而有时必须要衡量法律风险的不利后果与应对措施之间的成本关系。如果一项法律风险管理措施可以做到万无一失，但却无法为企业创造价值，任何一个企业都不会对此产生兴趣。而同样是为了营利，即使某些行为具有一定的法律风险企业也会冒险进行选择，就是因为风险背后还潜藏着某种企业所需要的利益。

无论是事前、事中、事后处理法律风险事务都需要考虑成本与收益的平衡。正常情况下，事前应对的成本要低于其他方式。在某项经营行为发生前，通过认真的筹划可以在某种程度上实现合理避税，这里所要支出的成本只是设计合理避税方案的费用。而一旦涉税方案付诸实施，从性质上说已经很难再采取更优的避税措施，为此而多支出的税负将会远远高于设计避税方案的费用。如果由于纳税方面存在的问题已经形成法律风险事件，则此时所要承担的成本，不仅要包括应纳的税务而且还要包括税务部门的处罚，以及处理法律风险事件的费用。

采取应对措施的成本情况决定了某些应对措施能否得以及时采用。某些成本低、效果明显的法律风险应对措施总是能够得到及时的采纳和实施，而另外一些成本高、费效比低的措施则迟迟不被采用。甚至于某些应对法律风险的措施，已经不是为了针对未来的法律风险，而是需要花更大的成本去补救以往未采取措施而遗留下来的隐患。

（四）从发生概率角度分析

通过概率来分析问题似乎是较为"科学"的工作方法，但这一工作方法需要大量的统计数据作为基础。如果没有大量的、根植于国内的统计数据作为基础，所谓概率分析也就无从谈起，甚至许多计算公式都会由于没有确切的通过统计得出的具体系数而无法采用。以此类系数或概率分析来指导实践，其现象分析与结论之间、手段与结果之间都没有太大的必然联系，其后果简直难以想象。

由于大多数的企业对于工作记录并不重视，即使有所记录也会由于内容所涉及的项目不够详尽而丧失进行统计分析的价值，所以要得到真实的第一手统计数据并不容易。所以在法律风险管理中，有时需要对数据进行甄别，防止被那些统计方法不科学的数据所蒙蔽。

而以数据统计的方式为法律风险排序的作法，在某些情况下也需要谨慎对待，因为里面涉及诸多的问题。法律风险排序只要是涉及统计，就必然与发生的概率有关，或与经过客观统计的发生频率有关。而事实上法律风险许多是定性问题而非定量问题，并不适合全面以数字化的方式加以表示。而法律风险管理的许多措施，也是综合企业本身及其法律环境等多种因素，并非简单的几项内容就可以涵盖。尤其是以数学统计的方式所得出的结论，在工作过程中有时会对形成的数据进行合理化的调整或优化，这一过程又是偏离原统计结果的行为。因此，以这类统计的方式所得出的结论是否科学、真实都值得怀疑,只能供做工作中的参考,不能作为依据使用。

但以数学的方式进行排序也并非不可能,其中运用运筹学方面的知识,由客户通过自己的判断去识别具体的法律风险的性质并通过打分的方式得出的结论更为符合实际,也更能帮助企业确定法律风险的具体内容及解决战略。但这一排序方式往往只是在单一标准下的简单排列,并非一种万能的管理工具。对于法律风险管理来说,甚至概率也并非决定性的,即使统计方式非常科学,最终结论也只能用于参考,因为具体实施会有更多的因素需要考虑。

(五) 从可控程度角度分析

预见与控制是法律风险管理中的永恒主题,前面已经讨论过法律风险预见在法律风险管理中的基础性作用,而即使有所预见也会由于成本因素的制约而未必会采取充分有效的措施。而从另外一个方面,即使法律风险主体没有成本方面的考虑,也会由于许多资源是法律风险主体所无法掌握的、超越了其控制范围的,也同样无法主动扭转不利局势,只能等待问题出现后才实施事中控制。

如果将法律风险事件按可预见程度与主动控制程度两个角度进行分析,可以得出如下的矩阵。从这一矩阵分析可知,在既可以预见又对法律风险控制有主动权的情况下,企业可以充分运用自己的资源和能力,去控制法律风险不利后果的程度和发展趋势,以取得对自己最为有利的或损害最小的结果。无论如何,只要法律风险主体对于法律风险事件的处理拥有主动权,就有可能通过自己的资源或努力去降低不利影响,属于积极的事中控制。如果对于发生的事件没有资源或能力去控制局势的发展,则在整个法律风险事件处理中处于被动的局面,基本上是受制于人,属于消极的事中控制。从理论上说,积极的事中控制多存在于民事关系中,而消极的事中控制则在面对公权力机关的处罚时比较多。

表 2-2 法律风险预见性及可控程度表

可以预见、有主动权	可以预见、无主动权
无法预见、有主动权	无法预见、无主动权

事实上,在许多场合下可否预见对于企业并没有实际意义。即使在现代科学技术空前发达的今天,人们也无法准确预报是否下雨,更何况充斥着诸多不确定性、往往取决于主观因素的法律风险。因此,在许多场合下与其预见不如预防,也就是针对可能发生的不利情况准备好行动的预案,完成物质等资源方面的准备,一旦有法律风险事件出现,就能及时采取措施控制情势的发展方向,降低可能带来的不利影响后果,或将不利后果控制在可以承受的范围之内。

三、法律风险管理的工作内容

对于法律风险管理的工作内容,大量的著作都是从部门法的角度加以讨论。由于其过于行业化,反而令人感到无所适从。事实上,法律风险管理应该有普遍适用的、共性化的工作内容,尽管其具体的工作内容可能有所不同,但其工作的性质应该是相同的或近似的。

在法律风险管理的通用内容方面,COSO 的《企业风险管理——整体框架》以及《中央企业全面风险管理指引》中,均提到了风险管理基本流程中的主要工作。在 COSO 的《框架》中,全面风险管理的主要工作为八项,分别为:

① 内外环境;② 目标设定;③ 事项识别;④ 风险评估;⑤ 风险应对;⑥ 控制活动;⑦ 信息与沟通;⑧ 监控。

而根据《指引》,全面风险管理工作主要包括以下方面:

① 收集风险管理初始信息;② 进行风险评估;③ 制定风险管理策略;④ 提出和实施风险管理解决方案;⑤ 解决方案的宣贯与辅导;⑥ 风险管理的监督与改进。

值得注意的是,这是一个针对"全面风险"的基本流程,而不是法律风险管理的基本流程,但其中有些内容还是对法律风险管理的流程有一定的指导意义。根据法律风险管理的实践以及法律风险管理的特殊性,我们认为法律风险管理的基本工作内容及其流程应当包括以下几个方面:

(1) 收集法律风险信息

法律风险方面的信息主要存在于法律环境、主体性质、具体行为三个方面。其中,法律环境方面包括法律环境变化的情况、未知领域的法律风险环境,具体行为方面则是企业的各类行为方面的信息,而前两种信息又都必须结合企业的主体身份去分析、选择,这样就能得出具有实际意义的法律风险信息。

(2) 法律风险识别

对于某些法律风险,只要收集到相关信息就能够判断其法律风险。但对于另外一些法律风险则必须通过认真地分析、识别,才能确定所涉及的法律风险到底是什么,这一过程也就是法律风险识别的过程。许多法律事务都有其外表和内核,如果仅仅根据其外表现象去采取措施,往往只能是隔靴搔痒,并不解决根本上的实质问题,甚至还会产生新的法律风险。

(3) 法律风险评估

在法律风险已经被充分识别出来以后,下一步的工作是评估法律风险的发生频率、最为严重的不利后果、应对该法律风险所需要投入的成本、采取应对措施的时机等。通过这一阶段的分析,基本上可以确定哪些风险必须采取措施加以应对、哪些风险需要投入较高成本才可以应对等,为下一步工作确定具体目标及解决顺序。

（4）确定法律风险管理目标

企业目标既有战略层面也有战术层面，这是根据具体的行为而设计法律风险管理基本方向和工作目标的基准，而且即使有着固定的方向和目标，在对具体行为所采取的措施中也会存在不同的法律风险应对方法。确定目标是理清思路、确定方向的步骤，在交易层面的行为只要注意根据企业的能力、需求来实现利益最大化即可，而在战略层面的行为则需要考虑更多的问题。

（5）制定应对方案

法律风险管理目标确定以后，只是确定了大致的工作方向，这些大致的工作方向要通过一系列的具体手段才能实现法律风险管理。具体的应对措施随法律风险层面的不同而不尽相同，有的可以通过精心设计而规避某类法律风险，有的则只能选择将法律风险控制在可承受的范围之内，无法根除。而在大多数情况下，应对措施不是单项的而是多种方式的组合，甚至跨出法律范畴，采用多种手段防范或控制法律风险。

（6）实施法律风险管理措施

实施法律风险管理方案的方式也会因具体行为、企业管理能力的不同而有所不同。对于管理能力强的企业，某些法律风险管理措施只要体现在合同条款上即可，其他部门会认真加以配合并妥善地加以实施。但对于某些法律风险则需要从事法务工作的人员从头到尾地自行实施，并根据实施的情况及反馈及时地调整法律风险管理方案，以实现利益最大化。

（7）循环改进管理措施

由于法律环境永远处于不断的变化之中、企业也永远处于不断的变化之中，因而法律风险管理除了其基本原则之外，具体的措施及措施的实施方式都会随着时间的推移而加以改进、调整。而这些改进、调整的依据就是各类环境发生的变化，以及具体法律风险管理措施的实施情况。作为一项管理方式，法律风险管理将会成为企业管理中的一个常规内容，因而也需要采用循环改进的方式，不断地提高管理的质量和效率，这一点与纯粹的企业管理是完全相通的。

四、法律风险管理与法律风险管理项目

法律风险管理是针对企业所面临的各类法律风险，以全方位的手段实施应对措施的管理活动。它可以理解为管理学的一个分支，也可以理解为应用法学的一个分支，因为它横跨管理和法律两个专业并在两个专业之外形成了自有的理论体系，因此它必将成为一个单独的交叉学科。它以法律手段解决某些管理难题，并通过管理手段实现法律风险的控制。因此，法律风险管理中原始资料的收集、法律风险的识别、法律风险评估、解决方案的设计等都是从法律视角去完成，而最终的解

决方案则是以管理制度、管理流程、标准文本等方式体现,却又完全属于管理学的范畴。

在大多数情况下,法律风险管理是针对企业所存在的全方位法律风险而展开的,不仅涉及大量的不同门类的法律风险需要识别并找出对策,而且还涉及应对措施与企业的管理制度体系的有机结合,因而是个综合性、长期性的系统工程。法律风险的主体、环境、行为三个要素处于不断的演变之中,而法律风险管理体系也必须随之不断演变,因而法律风险管理已经成为一个无休无止的循环改进过程,只要企业存在它就持续存在。

许多企业的法律风险管理只限于具体的单项法律事务,例如合同管理、劳动合同管理等具体单项法律服务。这种管理模式与前者的区别只不过是工作成果涉及的范围较窄、只处理单项具体领域内的法律风险,其他并无本质区别。目前,企业的法律事务管理在许多内容上与法律风险管理相互重叠,但绝大部分企业的法律事务管理无法等同于法律风险管理,因为其工作的理念、广度及深度还远远达不到应有的水平,只是传统管理模式的延伸或简单放大,因而不属于狭义的法律风险管理,也无法实现全面的法律风险管理。

如果将法律风险管理视为更高层面上的对于法律事务的常规化管理,而法律风险管理项目则完全是为了推动法律风险管理的全面实施而开展的一系列阶段性的活动。在这种活动中,法律风险管理借助于企业外部的智力资源,将所需要的法律风险识别、评估、应对方案设计等一系列活动在一段时间内集中展开,并在全面完成相应工作后将完整的工作成果移交给企业相关部门执行。这种项目工作也可以仅针对具体的领域,如前面所提及的合同管理或劳动合同管理等,其工作模式也是在完成特定工作领域内的法律风险识别、评估、应对方案设计后,将最终工作成果移交给企业,由企业完成后续的法律风险管理工作。但这种不针对全面问题开展的法律风险管理活动,其工作难度和工作量都相对较小。

由此可以看出,法律风险管理源于企业法律事务管理但又远远高于企业一般法律事务管理,属于企业在上升到一定阶段后必不可少的长期工作。而法律风险管理项目则是为了推动企业法律风险管理水平的迅速提升而集中精力实施的阶段性工作。

由企业自行实施的长期化的法律风险管理,可以通过"润物细无声"的方式在潜移默化中改变企业的法律风险管理水平。但由于企业视野的局限性,往往无法将管理水平提高到较高的层面。同时,由于是以内部力量推动管理模式的变革,因而其推动的阻力比较大、权威性不足。法律风险管理项目则不同,由于借助于外部的智力力量,其专业水准和权威性都毋庸置疑,可以在最短的时间内拿出企业所需要的全方位的法律风险评估结果和解决方案,而且完全不会存在企业内部人员对某种法律风险熟视无睹的弊端。但以法律风险管理项目的方式提交的法律风险解决方案,往往会对企业的现行体制产生一定的冲击。

从总的情况来看,法律风险管理作为一种新生事物,在目前的情况下仅凭企业自身的力量还不足以高质量地完成,往往只能通过法律风险管理项目的方式加以推动和完成。虽然这会使企业产生更多的支出,但法律风险管理项目所带来的安全性收益将远远大于项目管理的支出。只不过在某些企业中,法律风险管理所减少的损失或得到的收益,不如采购或销售活动甚至诉讼活动中的成绩那样具有"可视性",以至于许多企业由于无法直观地看到其优势而对其视而不见。

第四节 法律风险管理的操作性问题

法律风险管理应该如何具体操作,在动手之前必须明确这种新的理念之下应该干些什么以及简单地知道应该怎么干。同时,还要知道工作的范围和主要的法律风险应对措施。由于法律风险可以理解为全面风险的一部分,而且在其他领域也有较大发展,因此许多方面可以借鉴相关的理论,并结合实践形成法律风险管理的基本操作理念。

一、全面风险管理的维度

提起法律风险管理要素,就不得不提一下COSO的《企业风险管理——整体框架》,以及国务院国资委的《中央企业全面风险管理指引》。这两个文件所讲的都是企业全面风险管理的内容,但同法律风险管理距离相对较近、思路相通。因此有必要加以介绍,而且也可以将其设定到单纯的法律风险管理的后续跟进目标中。

(一)《企业风险管理——整体框架》中的风险管理维度

COSO是美国反欺诈财务报告全国委员会(The Committee of Sponsoring Organization of the Tread-way Commission)倡议及赞助下所建立的一个专门研究内部控制问题的委员会,具有私人性质。Tread-way委员会旨在研究舞弊性财务报告产生的原因及其相关领域,涉及内部控制不健全的问题。因此,由美国会计师学会、内部审计师协会、金融管理学会等专业团体成员组合而成的COSO,便顺理成章地发挥了这一方面的职能。COSO于1992年提出了《内部控制整体框架》报告,并在1994年进行了增补。这一报告标志着内部控制理论与实践都进入了更富操作性的实用阶段,并被广泛采用。而伴随着COSO于2004年9月所提出的《企业风险管理——整体框架》，无论是在内涵界定、目标体系还是在构成要素等方面，新的框架都超越了原有的框架，使得内部控制更加迈进了一步。

根据《企业风险管理——整体框架》的相关内容，全面风险管理主要包括相互关联、相互作用的三个维度的内容，可谓是种"立体"的风险管理理念。该《框架》所提供的实施全面风险管理的三个维度，分别为企业目标、风险管理要素、企业管理层级，各维度的细节关系如下：

- 企业目标——① 战略目标；② 经营目标；③ 报告目标；④ 合规目标。
- 风险管理要素——① 内部环境；② 目标设定；③ 事项识别；④ 风险评估；⑤ 风险应对；⑥ 控制活动；⑦ 信息与沟通；⑧ 监控。
- 企业管理层级——① 管理决策层；② 职能部门；③ 业务单位；④ 分支机构。

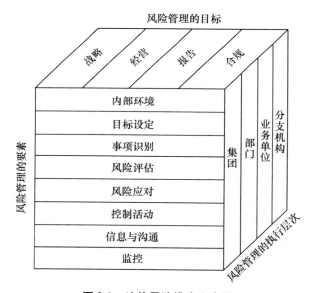

图 2-1　法律风险维度立方图

当将三个维度通过图 2-1（摘自中央财经大学美国萨班斯法案内控体系高级研修班资料）加以展示后，三个维度之间的关系非常直观，也非常便于理解。总的来说，全面风险管理包括了从企业战略到各项操作的合规、从决策部门到分支机构、从内部环境管理到监控管理的多种控制风险维度的组合。或者说，它包括了从制定目标到实现目标的各个管理环节。特别需要强调的是，COSO 的八个要素在企业的四个不同层面为企业实现四个目标服务，而每个层面又都必须作为风险管理的主体，从八个要素角度着手进行风险管理，以实现四个风险管理方面的目标。

其中,虽然行业特点各不相同,但仍基本上具备企业风险管理的八个要素。而且,这八个要素对于掌握所有风险管理的要点极有帮助。

(1) 内部环境

企业的内部环境可以理解为企业人员对于风险管理的总体价值观念,这些价值观念作为一个企业实施风险管理的基本实际情况,决定了其他风险管理措施的设计及实施方式。在某些情况下,企业必须首先完成相应内部环境的营造,才有可能成功地实行风险管理。

(2) 目标设定

所有的风险管理都是为了实现一定的目标,通过目标设定和工作内容的层层分解及落实,便可以在落实和执行时发现这些妨碍目标实现的风险,并根据实现目标的需要而加以解决。当然,制定目标应当具有相对科学的程序,确保所设定的目标能够通过发挥自己的优势而获得,并且有能力承受相对应的风险。

(3) 事项识别

由于风险是一种产生不利后果的可能性,其是否发生并不确定。因此,为了实现企业目标,必须在实施各个经营举措时,充分地识别影响目标实现的内部及外部因素,充分地把握机会并尽可能地控制风险可能带来的负面效应。

(4) 风险评估

风险评估是在识别出了相应风险以后,根据其发生的概率、可能的损失程度、应对的成本等对风险进行评估,以便确定是否采取及如何采取应对措施。

(5) 风险应对

风险应对是指针对风险采取的规避、承受以及降低风险程度、分担风险等措施。其目的是将风险控制在可以承受的范围之内。

(6) 控制活动

控制活动可以理解为应对方案的具体实施,既包括了具体的应对行为也包括了应对的程序。对于某些风险,控制活动会同时在企业的不同层级、不同部门间展开。

(7) 信息与沟通

为了确保风险管理目标的实现和企业内部不同岗位顺利履行职责,必须对来源于企业内部和外部的相关信息及时、有效地加以识别、取得和传递,包括相关信息的上下沟通和平行沟通。

(8) 监控

监控是确保风险管理的有效实施而对具体举措及实施程序的执行情况的监督和控制,其目的是为了根据执行情况而及时修正具体举措和实施程序,以便实现总体目标。

总的来说，COSO 所建立的这一理论体系几乎无懈可击，即使是从逻辑分析的角度来说也是如此。但这一体系对于执行者的管理人员素质的要求较高，大多数企业既难以理解，也难以实施。

（二）《中央企业全面风险管理指引》中的风险管理维度

国务院国有资产监督管理委员会于 2006 年 6 月 6 日所发布的《中央企业全面风险管理指引》，无论从其内容上还是形式上看，均为一种指导性而非强制执行的文件。在其第 1 条中，也明确了颁布这一《指引》的目的是"指导"，而在其发文的通知中，也说明是为了"指导企业开展全面风险管理工作"，并"请结合本企业实际执行"。在该指引项下的全面风险管理，是指"企业围绕总体经营目标，通过在企业管理的各个环节和经营过程中执行风险管理的基本流程，培育良好的风险管理文化，建立健全全面风险管理体系，包括风险管理策略、风险理财措施、风险管理的组织职能体系、风险管理信息系统和内部控制系统，从而为实现风险管理的总体目标提供合理保证的过程和方法。"

虽然这一《指引》的适用对象是以国务院国有资产监督管理委员会履行出资人职责的企业，但由于其内容上具有一定的通用性，因此可以将其视为所有企业从事风险管理工作时的参考。而且，该《指引》中虽然没有单独列出风险管理的要素，但《指引》中所规定的风险管理基本流程、总体目标、三条防线等内容与 COSO 所确定的三个维度的内容非常相似，甚至存在某种基本对应的关系，实际上也可将其视为风险管理的要素。

1. 全面风险管理的基本流程

该《指引》将风险管理的主要工作列入了风险管理基本流程，内容主要包括五点。这五点其实就是该指引项下的风险管理主要工作内容，与《框架》中的要素基本对应，而且第二章至第六章就是在分述这五个基本方面。该五点分别为：

（1）收集风险管理初始信息；
（2）进行风险评估；
（3）制定风险管理策略；
（4）提出和实施风险管理解决方案；
（5）风险管理的监督与改进。

2. 全面风险管理的总体目标

该《指引》还列出了企业开展全面风险管理所要实现的总体目标，这些目标与《框架》中的企业目标非常相似，只不过由于中央企业承载着更多的使命，因而其风险管理目标更为复杂。该总体目标也同样列为五项：

（1）确保将风险控制在与总体目标相适应并可承受的范围内；
（2）确保内外部，尤其是企业与股东之间实现真实、可靠的信息沟通，包括编

制和提供真实、可靠的财务报告;

（3）确保遵守有关法律法规;

（4）确保企业有关规章制度和为实现经营目标而采取重大措施的贯彻执行,保障经营管理的有效性,提高经营活动的效率,降低实现经营目标的不确定性;

（5）确保企业建立针对各项重大风险发生后的危机处理计划,保护企业不因灾害性风险或人为失误而遭受重大损失。

3. 全面风险管理的三道防线

除了上述两个方面与《框架》相似之外,《指引》第 10 条规定:"企业开展全面风险管理工作应与其他管理工作紧密结合,把风险管理的各项要求融入企业管理和业务流程中。具备条件的企业可建立风险管理三道防线,即各有关职能部门和业务单位为第一道防线;风险管理职能部门和董事会下设的风险管理委员会为第二道防线;内部审计部门和董事会下设的审计委员会为第三道防线。"由此可见,可以将《指引》中的风险管理职责分为三个方面,即:

（1）内部审计部门和董事会下设的审计委员会;

（2）风险管理职能部门和董事会下设的风险管理委员会;

（3）有关职能部门和业务单位。

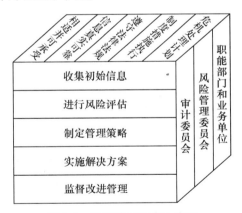

图 2-2 风险管理职责立方图

根据以上理解并参照 COSO 的立方图进行描绘,得到如上的立方图。其中,顶部所对应的五条方格,分别是《指引》中描述的五个总体目标,而右侧三个竖的方格则分别为《指引》中所描述的三道防线。以这种方式观察或理解,就会发现《指引》与《框架》之间存在许多相似之处。

而根据《指引》与《框架》的对比,以及两个立方图的对比,可以看出由于侧重面有所不同,《框架》相对而言更为严谨,而《指引》则更侧重于简捷地抓住重点。

两者之间的主要部分,如针对内部环境以及风险的识别、评估、应对等,虽然表述不同但在实际功能上却是异曲同工。

二、法律风险管理的维度

虽然两个立方图非常相似,但前面所介绍的其实都是全面风险的管理要素而非法律风险管理的要素。在法律风险与全面风险之间,并非只有范围上的差距。由于法律风险只是全面风险的一部分,有着共同的属性和特定的适用范围,因此其主题更为集中,法律风险管理的所有活动只要围绕法律风险及法律风险管理的属性展开即可。而通过其他章节中对于法律风险管理的研究,已经完全能够归纳出法律风险管理的三个维度,特别是法律风险管理的要素,并可以同样用立方图的方式表述其中的关系。

1. 法律风险管理目标

实施法律风险管理行为,是为了促进企业目标的实现,以及在实现过程中的合法权益的最大化、风险损失的最小化,同时建立起稳定的法律事务管理秩序。概括起来,法律风险管理的目标就是:

① 促进企业目标实现;② 合法权益最大化;③ 法律风险损失最小化;④ 建立法律事务管理秩序。

2. 法律风险管理要素

法律风险管理要素与全面风险管理要素有所不同,由于衡量是否存在法律风险的依据是法律规范体系,因此企业的内外环境等只是在考虑法律风险应对措施时才有意义。因此,对于法律风险管理而言,其要素比全面风险管理要少。而且,对于法律风险的应对大多并非一蹴而就,而是必须持续关注并根据情况变化及时调整应对方案或应对行为的过程。此外,由于法律风险环境一直处于不断的变化之中,必须及时通过信息收集、信息反馈的结果而及时调整。因此,法律风险管理的要素为:

① 法律风险识别;② 法律风险评价;③ 法律风险应对;④ 随时循环改进。

3. 法律风险管理层级

与其他风险管理有所不同,法律风险管理往往仅仅依靠企业自身的能力无法胜任,即使是本身设有法务部门甚至本身拥有公司律师的企业也做不到这一点。因而,在法律风险管理过程中,外部律师几乎是无法缺席的一个重要力量。但外部律师并不当然享有法律事务管理活动中的最终决策权,其职责往往是只能进行法律风险分析并提供建议,最后还是需要由企业的决策层根据企业的目标和需要而决定采取何种措施,因而决策层和律师都是必不可少的。

但仅有这两层还远远不够。与其他风险管理相同的是,如果企业人员没有参加到法律风险管理中,则法律风险管理将是个不可能完成的任务,而如果没有企业自身法务的参与,仅仅依靠外部律师也根本无法满足企业的需求。因此,法律风险管理的层级应当分为如下四级:

① 管理决策层;② 外部律师;③ 法务部门;④ 企业部门。

通过从以上三个维度进行分析,法律风险管理的立方图如下:

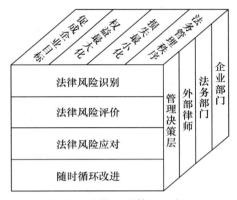

图 2-3　法律风险管理立方图

在图 2-3 中,顶部所对应的四条方格,分别是前面所归纳的法律风险管理的四个目标。而右侧四个竖的方格,则分别为前面所归纳的法律风险管理的四个层级。这个立方体经过从三个维度、每个维度四个方面的"分割",可以视为不同问题相互交错而形成的 4×4×4 = 64 个立方体,或者说可以简单地理解为各维度不同问题所形成的一个个"立方体",其实也就是需要考虑的各个问题。

三、实施法律风险管理的边界

法律风险主体既有可能由于违法或违约行为而损害其他方的合法权益,也有可能由于其他方的违法、违约行为而受到损害。因此,法律风险既可能是出于自己的作为或不作为,也可能是出于其他方的作为或不作为。只要这种作为或不作为的后果干扰了法律风险主体去实现自己的既定目标,无论是否带来不利后果,都是法律风险管理的研究范围。

但法律风险主体大多只能把握自己的作为或不作为,行为相对方的作为或不作为不仅无法确切把握,甚至是无法预测。因此,在具体操作中对于自己一方的作为或不作为控制到何种地步、对相对方作为或不作为的不利影响控制到何种地步,便成为法律风险管理控制范围研究的基准点。

（一）自身原因造成的法律风险

从直接结果上看,法律风险分为刑事处罚风险、民事责任风险、行政处罚风险、单方权益丧失风险四种。如果从具体的作为或不作为的角度进行归纳,这些风险可以分为两个大类:一类是自己一方的原因直接造成的;另一类则是由于违法、违约、侵权等而被追究。

由于自身的作为或不作为的原因,法律风险主体可能面临违法(含违反刑事法律规范、民事法律规范、行政法律规范三类)、违约、侵权、单方权益丧失四类法律风险。而由于其他方原因而导致自己一方受到损害的起因,则只有上述四类中的三类,即违法、违约、侵权三类,虽然这三类行为足以给相对方带去任何一种法律风险。无论是对内还是对外造成不利后果,自身行为引起的法律风险在理论上可以通过自己的努力而避免其发生或控制其不利后果的程度,因为自己一方拥有作为或不作为的主动权。

例如,当一个企业明知所生产的商品不合格却仍旧时,其行为可以同时带来不同类型的法律风险。首先,在行政法律规范方面,这一行为违反了与产品质量相关的行政法规的规定,行政部门一经发现即可对其进行行政处罚。其次,在刑事法律规范方面,如果其生产、销售行为符合刑法中所规定的"在产品中掺杂、掺假,以假充真,以次充好或者以不合格产品冒充合格产品",而且其销售金额达到一定限度,则企业将面临刑事处罚的法律风险。再次,如果这些产品只是销售给批发商,则这一企业存在被经销商追究产品质量违约责任的法律风险。最后,如果该产品通过批发、零售环节在最终用户使用时造成消费者人身伤害,则还面临侵权的法律风险。

事实上,在这一案例中,不仅生产企业面临着四种类型的法律风险,甚至销售企业也会同样面临这四类法律风险。因为在产品质量责任的法律规范方面,生产者与销售者的责任基本相同,只不过销售者在某些民事责任方面可以在向下家赔偿后,向生产者追偿并将损失转嫁给生产者。

（二）他方原因造成的法律风险

除了自身原因造成的法律风险,某些法律风险是其他法律风险主体强加的。即使某一主体完全没有过错,其他主体的违约或侵权仍旧可以使这一没有过错的主体面临不利后果。虽然自己一方无法决定这类法律风险是否发生,但如果听之任之也同样会使自己一方受到更大的损失。因此,这类来自其他方因作为或不作为而违法、违约或侵权而造成的法律风险,也同样是法律风险管理所必须包括的内容。

这类由其他方带来的法律风险,最集中的表现形式是相对方的违约与侵权行为,而且这类法律风险不依风险主体主观意志而改变,因而既无法预见也无法避免,是否出现这类风险只能取决于相对方。当然,人们在合同方面虽然无法限制对方使其不违约,但可以通过限制性条款或惩罚性条款的方式,使相对方的违约成本大大高于履约成本,从而使对方全面履行合同。如果对方还是执意违约,则可以通过合同约定的违约责任条款向违约方转嫁损失甚至向违约方主张可得利益损失。这种法律风险防范是一种被动的防范,但也是不得不进行的防范。这类防范的根本点在于合同条款的设计上,其根本目的,一是以严厉的违约责任威慑对方,令其在经济利益、违约责任的双重压力下选择依约履行、放弃违约的念头;二是通过合同条款的设置,一旦对方出现违约情况,则可以将可得利益等方面可能受到的损失由对方承担,从而保证自己一方的经济利益不受损害。

不过能否达到这一目的仍受诸多因素的制约,如果一方在交易中本身就处于比较弱势的地位,则这两个目的很有可能根本无法达到或者只能部分达到,最后只能通过司法救济去维护自身的权益。只有在交易中处于完全的强势地位,才能在合同条款中充分实现对法律风险的全面控制。

而在受到侵权方面,由于哪一方可能侵权、是否侵权、如何侵权等往往都不是可以事先预见的内容,受到侵权的一方几乎没有机会去防范。对于这类情况,由于无法通过行使法律授予的约定权来解决问题,只能通过补强自身的法定权以及事中控制的努力来尽可能避免损失的扩大。

无论法律风险来自其他方的违约还是侵权,虽然无法通过主观意愿加以回避,但可以采用一些其他综合方法来控制可能发生的不利后果。例如,商业秘密是否会泄露、是否会有其他方通过不正当竞争手段得到自己企业的商业秘密、是否会有其他方在这一领域侵权,这些都是无法预见的,也无从与侵权方约定侵权责任范围。但拥有商业秘密的企业,可以通过制定企业内部的保密措施等方式,使自己的商业秘密成为《反不正当竞争法》意义上的商业秘密,因为没有采取保密措施的商业秘密并非该法意义上的商业秘密,不能依据该法主张保护。除此之外如果再辅以各类保存证据的措施,使得自己的企业一方在遭遇到其他方的侵权时,不仅有法律上的依据,还有事实上的证据,可以在最大的限度内保护自己在商业秘密方面的合法权益。简言之,就是不能给其他方既能侵权又能逃避责任的任何机会,否则自己的合法权益更加难以保障。

在某些特定情况下,公权力机构对于相对方实施的刑事或行政处罚有时也会给法律风险主体带来不利后果。既可能导致相对方无法全面履行合同,也有可能由于某些事务的牵连而造成法律风险主体由此而受到处罚。例如,某些企业由于在发票、执照管理等方面存在不规范的行为,当其业务伙伴企业由于相关问题被查处时,有可能受到牵连而也被查处;某些企业由于经销的产品涉及知识产权问题,如果供应方提供的是侵权产品,经销方很有可能同样构成侵权。这些情况虽然比较特殊,但仍然属于其他方原因造成的法律风险,也同样是法律风险管理中需要考虑的问题。法律风险管理在许多场合下必须避免直线的思维方式,才能提高工作质量。

四、应对法律风险的基本方法

法律风险形成损害的概率和程度各不相同,企业的承受能力和控制能力也各不相同,但应对法律风险的基本方法却万变不离其宗地只有几种。在法律风险的识别阶段只需要发现法律风险的存在,评估阶段也只需要评估法律风险对于企业的影响程度。但在解决方案的设计阶段,则要考虑以何种应对方法降低法律风险不利后果的出现概率甚至杜绝某些法律风险出现的机会,或者当法律风险无可避免时该如何抑制法律风险不利后果的损害程度,并尽可能将其控制在可以承受或可以控制的范围之内。

总的来说,应对法律风险的要旨,是对构成法律风险的因素进行分解,通过在法律层面上的时间和空间的安排,使之无法构成某种法律风险或无法构成某种重大的法律风险,以及通过某种方式将法律风险不利后果转移出去,从而达到不承担、少承担法律风险不利后果的目的。

因本书第五章将对应对方法展开更多讨论,这里仅提供理解性的介绍。

(一) 法律风险的事前控制

在事前控制法律风险是尽可能在行为之前作出决策或采取措施,以避免法律风险的形成或避免成为法律风险的承担者。根据第一章所讨论的法律风险阶段性特征,在风险行为实施之前只是存在法律风险要素但法律风险尚未形成。这时可以分析构成法律风险的要素,并避免某些要素成就或阻止某些要素与其他要素共同组合成为法律风险。通过事前控制来应对法律风险主要有以下几种方式:

1. 以承受主体不变的方式

以主体不变的方式事前控制法律风险,是利用事前控制的优势,以退避、回避、替代、合法化等方式应对法律风险。

法律风险的退避,是指积极或消极地放弃某种带有法律风险的机会,以避免遭受法律风险的不利后果。采用这种方法的原因可以是法治观念较强,也可以是无法控制事态,这不失为一种明智的方法,只是同时也会令企业丧失某种商业机会。

法律风险的回避,是指通过对法律风险构成要素的分析,以阻止法律风险构成要素全部成就的方式,使企业不仅抓住机会而且避开法律风险。这种方式较为积极,但也有铤而走险的意味,把握得好则可以既抓住机会又避开法律风险。

而合法化则是另外一种回避法律风险的有效方式。这种方式是分析行为合法化所必须具备的要件,并以取得相应的合法资格、完全遵守相关规范等方式,实现行为的完全合法。这是一种最为稳妥的方式,但往往要看相应的商业机会是否值得付出相应的合法化成本。

2. 以承受主体变更的方式

通过法律风险不利后果承受主体的变更也同样可以控制法律风险,只是这种方式受到的客观条件制约更多,主要有直接转嫁和间接转嫁等方式。

法律风险的转嫁往往是通过单个合同或一系列合同的约定,将某份合同履行中可能出现的法律风险不利后果传递给其他方最终承担,从而使主体本身避开法律风险不利后果的影响。

其中,直接通过合同的约定将交易中可能出现的法律风险不利后果或某种法律责任转嫁给交易的相对方属于一种直接转嫁,而通过合同由某方提供担保则是一种间接转嫁。所有转嫁的共同点,是对尚未发生而又可能发生的不利后果,通过合同约定由其他方最终承担,即使自己一方依法必须承担也将有权追偿。

3. 两者均可采用的方式

还有一些法律风险的事前控制方法无论承担主体是否变更均可采用,其原理是通过对法律风险形成范围或形成时间上的控制,达到应对法律风险的效果。这类方式主要有分散、转换等,在事前控制中可以发挥极大的作用。

法律风险的分散,是指通过增加风险承担主体或将总风险分割到不同阶段、不同限度的方法,将所要承担的总法律风险分散给其他的主体或加以分散,从而在法律风险不利后果出现时,只承担其中的一部分法律风险。

法律风险的转换,则是指以另外一种相对风险更小或更容易承受的法律风险替代某种法律风险,从而达到削弱法律风险影响的目的。这是一种标准的"两害相权取其轻"的操作方法,适合那些通过简单判断就能衡量不同法律风险的威胁程度,并且可以简单转换的交易。

(二) 法律风险的事中控制

法律风险的事中控制,是指当法律风险已经形成之后,包括已经爆发为法律风险事件之后,各种应对法律风险、减少不利后果影响的手段。在这一阶段,企业已经失去了单方控制法律风险发展趋势的可能性,只能通过与相关方的互动来削弱法律风险的不利影响。这类应对手段主要有以下几种:

1. 预防事件出现

在大多数情况下,法律风险事件是否出现、法律风险是否带来不利后果均非企业能够掌控,但企业一般能够预见是否存在相应法律风险、相应法律风险在何种状况下可能会爆发为法律风险事件,以及事件的大致不利后果。

因此，预防法律风险事件出现也就是在法律风险确定后、事件出现前，通过控制法律风险爆发为风险事件的要素，以尽可能避免风险事件爆发的方式，达到降低法律风险的目的。预防通常是操作层面应对法律风险措施中成本最低的方法，其成效与具体操作人员的预见能力、控制能力有关。

2．抑制事件后果

在法律风险事件出现后，所需要抑制的已不再是法律风险，而是法律风险不利后果的幅度及范围，以实现不利后果的最小化。这类事中应对措施虽然形形色色，但归根结底不外是从证据依据和法律依据两个方面，为自己寻找不应承担后果或应当少承担后果的理由。

这种法律风险管理手段不算先进，已经接近于"头痛医头、脚痛医脚"的方法，不仅属于被动防御而且工作效果也不确定。由于大多数企业缺乏法律风险管理中的证据管理意识，而且许多工作缺乏细致的安排，其事中控制一般比较艰难。

（三）法律风险的事后控制

法律风险的事后控制听起来有些滑稽，但在管理学上关于事后控制的说法却完全可以成立。事后控制是在法律风险后果已经确定后所要完成的工作，其主要工作内容是对整个法律风险不利后果的形成及处理过程进行分析总结，并通过惩处责任人、完善管理制度及管理流程、加强培训等方式，避免相关或类似法律风险的重复出现。

事后控制是榨取法律风险不利后果"剩余价值"的工作模式，可以为更长远的经营活动提供基础。而企业管理原则中所提倡的循环改进，其实也包括了管理行为中的事后控制。

总的来说，由于法律风险的性质及严重程度不同，有些法律风险只用单一的方式已经足够应对，而更多的法律风险则需要使用各种综合措施加以应对。甚至企业所面对的诸多法律风险中，有些风险必须采用非法律的手段或者辅以非法律的手段才能彻底解决。因此，法律风险管理不是仅凭法律手段就能解决所有问题，更不是仅凭几个条文就能解决问题，必须与企业的发展目标、企业文化等诸多客观因素相结合，通过全面整合企业资源才能实现。

第五节　法律风险管理涉及的内部关系

着手实施法律风险管理需要同整个企业打交道，而企业往往并不是看上去那样铁板一块，而是存在着多种多样的复杂关系。这些关系的相互作用，往往会对企业的发展方向产生重大影响。虽然并非法律风险管理的工作目标,但了解这些关系的存在会在法律风险管理项目的实施中,以及管理活动中,减少不必要的阻力并提高工作效率。

一、法律风险管理的参与各方

企业实施法律风险管理时,其最为基本的参与方是决策层、外部律师、企业法务和除法务以外的企业人员。这种配置既是工作的需要,也是满足法律风险管理职能的需要。在工作中缺少了哪一方的配合,都会影响到实施的效果或效率,并最终影响到法律风险的控制能力和应用水平。

(一)企业决策层

企业的决策层分为不同层面,其中最高的层面当属股东会或股东大会,但这类决策层一般不会直接左右法律风险管理活动。中间层面是董事会,负责执行股东会或股东大会的决策,并对某些经营事项等依据法律及章程规定进行决策。较低层面则是总经理一级,负责对董事会决议的具体执行。但法律风险管理活动中的决策层有时仅指对法律风险管理活动中所涉及的方案、事项有权决策的企业代表人,包括法定代表人或高管、授权负责人,甚至包括实际控制人。法定代表人可以按照企业章程或营业执照确认,而某些实际控制人在企业中却没有任何职务,给对决策层的认知以及决策的执行带来不便。

一般来说,企业实施法律风险管理是决策层统一意见后的结果。或者说法定代表人与总经理在具体工作中,一般不会发生意见相左的情况。但在某些个别的情况下,公司的决策层可能会存在意见上的分歧甚至对立。在此情况下,如果从法律角度来看,能够代表企业行使职权的是其法定代表人,决策层意见不统一时应以法定代表人的意见为准。

如果在实施法律风险管理项目中,公司的实际控制人与公司的法定代表人意见不统一,则会使法律风险管理的参与人员陷入两难的境地。如果实际控制人与决策层的意见无法统一,在法律上仍旧只能以法定代表人的意见为准,但很少会出现如此严重的情况。

公司决策层在法律风险管理中的职责是,确定工作方向及重点、确认评价结论,以及在可供选择的实施方案中进行决策、带头遵守相应的管理制度或流程,并不参与具体的实施工作。

(二)外部律师

之所以称为外部律师,是因为按照目前的律师法律体系,某些企业具备一定条件后可以建立自己的公司律师队伍。这些公司内部的律师属于公司人员,按照目前的律师体系,被称为公司律师或内部律师。而通常的律师则并不隶属于任何一家企业,而是就职于律师事务所,相对于公职律师和公司律师而被称为社会律师,也就是俗称的外部律师。

外部律师的长处,是由于其专业从事法律事务的处理,因而有更多的工作经验,也对法律有着更为深入的理解和融会贯通。即使仅仅查询相关法律规范、分析相应的法律关系,律师也会比企业法律事务管理人员有着更为便利的渠道。但并非所有的律师都适合从事企业法律风险管理,因为在专业化趋势越来越明显的前提下,只有非诉讼律师更容易胜任相应工作。而那些诉讼律师则由于大多对企业和管理缺乏理解,在从事法律风险管理服务时会明显地缺乏优势。例如,某些擅长刑事辩护业务的律师,如果要从事法律风险管理业务,他们最为擅长的当然是应对企业及企业人员的刑事犯罪风险,而对更为大量的行政法律关系和经济法律关系并不擅长,难免会导致法律风险管理的重心发生偏移,除非这些律师与其他非诉讼律师组成专业完整的团队。

综合来看,如果希望法律风险管理工作具有足够的深度和实际效果,外部律师必须具备广泛的民事、行政法律知识和工作经验,因为这项工作是法律知识和法律工作经验密集型的工作,而对刑事法律知识和工作经验的需求量并不多。除这些专业知识方面外,还需要具有以下的基础条件:

1. **企业管理知识**

法律风险管理是介于企业管理与法律事务管理之间的一种管理行为,必须拥有一定的企业管理知识才能胜任相应工作。即使是从事非诉讼业务的专业律师,如果没有企业管理方面的专业知识或工作经验,由于管理与法律毕竟是两个不同的专业,在从事法律风险管理业务时也会出现对于企业及企业管理缺乏理解的情况,甚至其解决方案不切实际,不是量身定做而是让企业削足适履。这种生搬硬套式的法律风险管理,无法达到利益最大化、风险最小化的境地。

而且,熟悉企业管理更有利于与企业管理层进行沟通,因为相对来说企业更为熟悉的是管理语言,而不是法律语言。

2. **企业行业知识**

行业知识也是外部律师在参与企业法律管理中经常要接触到的内容,如果根本不了解企业所属行业的情况,就无从了解该行业的交易习惯、经营环节及交易特点,以及该行业的常见法律问题,不仅在调查时有可能不着边际,在设计解决方案时也会缺乏可行性。

这一问题与前一问题有几分相似。如果具备了企业管理方面的知识和工作经验,就会很快地了解一个新的行业,掌握其特点并顺利地开展工作。因为行业虽然千差万别,但其基本规律却是一样的,在掌握了企业的共性之后,只需了解其个性就会很快地熟悉一个新的行业。

3. 语言沟通能力

除前述知识和经验外,从事相应业务的律师还应当具备一定的同企业人员打交道的能力。因为企业的许多情况仅凭资料或问卷调查是根本无法得到的,必须深入了解才可能得到。而不善于同企业人员打交道,就难以得到第一手资料,在制定解决方案时也难以得到企业人员的配合。

在这一方面,如果律师具有一定的社会阅历则会对工作有很大的帮助,因为这种阅历本身就会令人产生信任感。如果再能辅以一定的语言技巧,就会提高沟通的效率,更多地得到有用的信息。

4. 专业合作团队

企业的法律风险涉及方方面面,任何一个律师都不可能是所有方面法律事务的专家。如果存在这样的专家,也必然是只熟悉单纯的法律知识而没有具体工作经验的专家,从每个人有限的工作时间和具体的工作时间分配方面,也足以决定任何人不可能成为这类专家,甚至倾其毕生的精力也毫无可能。

因此,必须拥有一支由不同法律领域的专家共同组成的专业团队,才能胜任一个企业方方面面法律风险的识别、评价、应对工作。否则,即使提供了全面的解决方案,该方案也可能是该法律领域中最为平常、通用的解决方案,而非对于该企业最佳的解决方案。

(三) 法务人员

这里所说的企业法务人员是个泛指,只要是在企业从事法律事务处理工作即被视为公司法务,而不论其专业资格。除了某些国有企业按照法律顾问制度设立的法务机构或人员外,许多企业聘请了具有一定法律专业知识的人员担任公司法务的工作,这就是平时常说的公司法务。因此,在企业从事法律事务处理的人员分为公司律师、具有企业法律顾问资格的法律顾问、不具备前述两种资格的法务人员三种。虽然资格考试更为严格,公司律师的法律专业功底更为扎实,但他们在整个企业法律风险管理过程中仍旧替代不了外部律师。

无论是这里所说的哪一种法务,由于本身属于公司的员工,因此他们除了法律事务处理工作外还要身兼许多其他的企业管理事务。虽然他们因此而更为熟悉企业管理和企业意图,但也导致他们在法律专业知识的深度和广度方面的欠缺,而仅仅是时间分配方面存在的问题,也决定了他们在整体专业知识方面极难达到外部律师的专业水平。此外,法务人员由于缺乏专业的查询手段,并缺乏广泛进行法律从业经验交流的机会,因此专业水准的提升受到了限制。

因此,企业法务在法律风险管理中的职能,是提供企业中与法律风险管理相关的情况、弥补外部律师对于企业及企业管理方面知识的不足。同时,他们也是法律风险管理方案质量的判断者和未来的执行者,缺乏他们的广泛参与将无法提高法律风险管理工作的质量。

(四) 企业人员

除了法务以外的其他企业人员是法律风险管理中最为基础的参与者,一般都是企业中负有一定职责的基层、中层管理人员,或者关键岗位的业务人员。

企业人员一般只负责外围的、辅助性的工作,但他们所提供的信息的质量决定了法律风险管理工作的质量。没有他们的积极参与,前期的调查将难以得到有效的信息,而得出的结论也会无的放矢,而解决方案更会失之毫厘而谬以千里。总的来说,他们在法律风险管理活动中的参与主要有三个职能:

1. 安排、联络工作

法律风险管理项目是企业与外部律师之间的互动,有时甚至还会有企业咨询行业的外部人员参与其中,因此如何安排日程、沟通信息显得非常重要。一般来说,企业必须指定专门的、具有一定的层级的管理人员负责具体的日程安排、住处沟通和联络等事务,包括与访谈对象确定具体的访谈时间、按何种进度进行现场调研、由某一具体部门按时提供相应信息等,否则工作效率难以保障。

2. 提供基础信息

在尽职调查阶段,企业需要向律师提供足够的信息,才能使律师有机会充分了解企业的实际情况和需求,并据此设定解决方案。如果没有这一过程,而是直接向企业提供某种解决方案,其针对性和实用性将难以保证。

企业信息的提供大致包括企业档案中所能反映出的历史资料以及实际操作中存在的文本、流程等,除了这些静态的书面资料,还有大量的情况要通过对数据和材料的分析才能得出,甚至某些实际信息只有通过面对面的访谈才能得到。

3. 确认结论或方案

通过调查而得出的结论,特别是通过面对面访谈而得出的结论,一般而言比较接近于企业的实际情况。但即便如此,所得出的结论仍旧可能与实际情况存在偏差,因此在结论做出前最好的方法是经过企业人员的确认。法律风险解决方案也是如此,因为在未来首先执行这些方案的便是企业人员,必须通过他们来确认这些方案是否能够解决实际问题、是否便于操作。

因此,在方案设计阶段应当有更多的企业相关人员参与其中,否则闭门造车所形成的方案很有可能不切实际,甚至根本无法操作。

二、企业内部利益关系与法律风险管理

当人们亲身接触某个企业,特别是某个知名企业时,许多人会有一个想当然的观念,认为企业的各级员工当然会上下一心,而企业员工也会当然地用心维护企

的利益。其实,这种想法可能只适用于理想中的企业,在现实中,即使是在各方面都非常优秀的企业,内在的情况也未必如此。相对于整个社会,企业是个有自己利益的利益体,而从利益关系的其他角度深入透视一个企业,就会发现企业本身也是个利益关系的结合体。在这个结合体中,存在着交织在一起的各种利益关系。而且,秩序良好、人员稳定的企业只不过是各种利益关系相对平衡的企业,并不是没有利益冲突的企业。

即使从最为基本的管理理论出发,企业对外存在着与社会、政府、供应商、客户之间的利益关系,对内则存在着拥有者、管理者、员工三种主体,而每种主体都有着自己的利益,因而企业内部也交织着这三种主体之间的利益关系。由于不同利益关系的存在,各种利益关系相互作用的结果,使得企业内的人员事实上难以成为铁板一块。

利益相关者的概念于1963年由斯坦福大学首次提出,此后经不同的学者不断加以论证和解释,其内涵外延已经有些莫衷一是。但总的来说,其中最为宽泛也最能令人接受的定义,是将利益相关者定义为凡是能够影响企业活动或被企业活动所影响的人或组织,在企业与外界之间通常包括市场、政府、顾客、债权人、供应者、竞争者、公众等,对内则主要包括拥有者、管理者、员工等。由于存在利害关系,企业的前景无时无刻不受利益相关者的影响。

建立利益相关者理论的本意,是强调以利益相关者为中心而不是像以往那样强调以股东为中心。但我们并不在此讨论企业使命问题,而是揭示利益相关者之间的利益平衡与冲突,以便更深入地理解企业、理解企业中的人,从而在尽可能达成各方关系平衡的情况下,促进法律风险管理的实施。

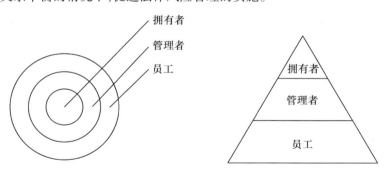

图 2-4　企业内部利益关系图

(一) 企业拥有者

企业拥有者既包括了企业的显名股东也包括了隐名股东,或者说,企业拥有者既包括了股东也包括了实际控制人,两种表述的含义相同。由于在法律层面只承认登记过的股东,因此登记过的股东才是法律意义上的拥有者。法律风险管理的任务,是降低企业的法律风险,促进企业拥有者利益的实现。

从法律角度理解,企业拥有者是企业的投资者,他们承担了投资的风险,并因此而享有投资的收益。在公司法的范畴里,通过治理结构的设定来维护股东权益,同时还授予了股东极大的自主决定权。但如果以股东利益为中心,公司治理的主要目标,是在充分授权管理者实施企业经营管理行为、获取盈利的同时,监督和制衡管理者的职权以防止其损害股东利益。无论是授权还是制约,都是从开源和节流两个方面实现股东利益的最大化。

由于个人素质参差不齐,社会上存在着某些企业拥有者在公司运营过程中,对外滥用有限责任制度、虚假出资、欺诈等行为。即使在对内方面,也存在着股东侵犯员工利益甚至管理者利益的行为,甚至某些企业拥有者视员工工资和资金、福利等为"支出",竭力进行"压缩",造成管理者和员工的利益冲突。而且,企业拥有者都是企业制度的制定者,从这个角度看,企业拥有者与其他方很有可能存在利益冲突。而如果企业员工不能同企业拥有者同心同德,说明这个企业的人力资源管理政策上存在着问题甚至是危机。当然,其责任在于企业拥有者或者企业管理者。

(二)企业管理者

从权力阶梯来看,企业管理者是企业中承上启下的重要角色。对于企业拥有者,除了那些既是企业拥有者又是企业管理者的情况外,企业管理者属于雇佣人员。而对于下属员工,这些管理者又代表着企业拥有者的意志。同时,由于职务要求的不同,他们一般被要求成企业拥有者的管理能力的延伸,承担着比企业拥有者更多的具体管理责任。在这一层面,法律风险管理措施必须提高他们的效率和法律方面的安全性。

对于这一层面的管理者,他们所面临的工作内容是企业拥有者的要求和愿望,如何通过他们对于包括员工在内的企业资源的调配去实现。因而他们必须比企业拥有者面临和解决更多的矛盾,以实现企业的营利目标。但由于他们并非企业的拥有者,因此企业营利与他们之间的关系成为一个非常重要的问题,而这也是企业拥有者必须考虑的如何激励企业管理者的问题。

国有企业的难题,其实主要就是企业拥有者与企业管理者在利益分配方面如何定位的问题。总的来说,企业的营利与企业管理者的关系越是密切,企业管理者与企业拥有者的利益共同点就越多,企业也就越容易因拥有者与管理者在利益上的一致而得到更大的发展空间。但这种利益的调配并非易事,因为不同的企业、不同的管理者、不同的激励手段就会产生不同的结果,并无一定之规。而且,企业管理者也同样需要与企业员工达成利益的平衡,否则仍旧难以实现企业目标。

(三) 企业员工

企业员工可以理解为除企业拥有者及高级管理人员以外的所有企业人员。除极为个别者外，他们所面临的问题既有如何更多地获取劳动报酬从而更好地生存，又有如何得到升迁和发展的机会从而改善境遇。

由于他们与企业拥有者的利益更为间接，如何调整利益关系，使他们的利益与企业拥有者的利益、企业管理者的利益达成一致或平衡是个非常重要的问题。而且，法律风险管理措施的具体执行者最主要是集中在这一层面，如果法律风险管理措施只是一味地增加他们的劳动强度，则受到抵触的机会就会大大增加。即使是就业压力足以使他们中的大部分稳定地留在企业，但这并不等于他们能够最大限度地发挥作用。

三、企业中的正式组织与非正式组织

按照正式组织与非正式组织的角度去观察企业，同样会让我们看清企业所存在的各类相互作用的关系。关于什么是组织，不同的学者有着不同的定义，但人们仍旧会从自己的判断中得出组织的应有概念。按一般的理解，组织是指人们基于某种共同愿望而相互协调各自行为所结合而成的群体。因此，某一组织内的人们一般会有共同的特点或共同的目标，或是利益关系上的平衡。从这一定义来看，组织的数量及类型可谓多如牛毛。

正式组织是根据一定的目标或宗旨而设立的、有意识地协调人们的活动与力量以达成某种目的的群体。因此，正式组织是由管理者通过正式的筹划而设定的，具有正式的组织结构，一般同时具有成立组织的目的性、机构及成员设置的正规性、长期存在的稳定性三个基本特征。形成正式组织的目的，是为了提高某一方面的效率以及形成合力去实现某类目标，企事业单位、机关等都是正式组织，有明确的目标、机构，并具有一定的稳定性。

但无论是在哪一个正式组织中，都会存在非正式组织。这些非正式组织，是人们出于价值观念上的共同点或利益关系，未经正式筹划和设立而在人们的交往中自发形成的群体。在这些非正式组织中，成员之间的关系并非出于正式组织的安排，而是由于爱好、情感、观念、情趣等相同或相近而自然产生，无论是形成还是散去都非常容易。因此，非正式组织具有自发性、内聚性和不稳定性。

将正式组织与非正式组织相比较，可以发现非正式组织更侧重于人际关系，而正式组织则更侧重于权威安排。而且，正式组织的结构、层级和职责范围等比较清晰，而非正式组织的这些方面则并不清晰。非正式组织与正式组织之间虽然名称相对，但在现实中并非处于完全的排斥关系。在某些情况下，正式组织无法实现的目标通过非正式组织却可以轻易实现,而某些正式组织的管理规定却也会由于非正式组织的存在而难以执行。因此,现代管理学也越来越重视非正式组织在正式组织中的积极作用,甚至有意通过一定的人为干预而充分利用非正式组织的有利方面去实现某种企业目标。

由此可见,非正式组织作为一种客观存在,具有两面性。一方面,它比正式组织更能让成员间形成特殊而又稳定、融洽的人际关系,更能满足人们情感上的需要、促进正式组织的稳定,甚至可以用作改善正式组织信息沟通状况的手段。另一方面,非正式组织也有可能最终导致正式组织内部产生各非正式组织之间的冲突,不仅影响组织成员间的团结和协作,也会最终影响组织目标的实现。因此,正式组织的管理者应充分认识到非正式组织的存在和作用,通过有效的引导,充分发挥非正式组织的积极作用、克服其消极作用,以促进企业目标的实现。

在法律风险管理活动中,有时需要认真识别非正式组织与法律风险之间的关系,防止因非正式组织的存在而妨碍法律风险管理的实施。而且,在某些企业中,即使是正式组织中的分支机构,如部门、下属企业等,也会由于利益等方面的原因,对于法律风险管理存在一定的抵触现象。一旦出现这些现象,就需要认真考虑究竟是法律风险管理措施存在问题还是非正式组织的消极影响在起作用。从而及时克服决非正式组织的消极影响,实现法律风险管理目标。

四、企业价值链所涉及的内部关系

价值链理论与法律风险管理并无直接关系,但该理论揭示了企业内部的各种关系,而这种关系的提示有利于理解企业,并有利于分析企业内部的法律风险,同时也便于在设计法律风险解决方案时考虑其可执行性。因此,价值链理论是从事法律管理活动所必须掌握的理论。当然,我们只是借用这一理论从而为法律风险管理活动提供有效的工作方法,并非深入研究该理论解决战略问题。

提出价值链理论的是美国哈佛商学院著名战略管理学家波特。根据该理论,企业每项生产经营活动都是其创造价值的经济活动的一部分,所有互不相同但又相互联系的生产经营活动共同构成了创造价值的一个动态过程,这一过程就是价值链。价值链反映了生产经营活动的特点、重点等重要信息,当企业价值链所创造的价值超过成本,则企业处于盈利状态;如果盈利水平超过竞争对手,则企业就会由于拥有更多竞争优势而处于领先地位。

价值链理论将生产经营活动分成基本活动和辅助活动两大类。其中,基本活动是指直接从事商品实体加工的生产经营活动,一般可以分为内部后勤、生产加工、外部后勤、市场营销和售后服务五种,是企业的基本增值活动。而辅助活动则是指为基本活动提供辅助且各活动之间相互辅助的活动,一般包括企业的采购管理、技术开发、人力资源管理和财务管理四个内容。

从价值链理论所包涵的内容来看,它更像是物流管理的理论,因为它所反映的是增值环节中的资源流动关系。但也正因如此,这一理论对于理解企业的基本活动规律有很高的价值。虽然企业所处的行业、经营方式千差万别,但其价值链却是基本相同的,只不过各有侧重或省略了某些过程。而一旦理解了一个企业的价值链,企业功能的划分、法律风险环节的确定以及法律风险管理的设置等问题就会迎刃而解。

(一) 基本活动

基本活动的五项内容其实是一般生产型企业物流的基本特征,反映了生产活动中从原料到产品、到售后的过程。这五项内容并非一成不变,由于企业所处的行业或企业营利模式不同,价值链中的每一种活动又可细分出更多的具体活动。

1. 内部后勤:主要指与产品相关的投入品的接收、仓储和分配有关的活动,如原材料的卸货、入库、盘存、分配以及退货等。

2. 生产加工:主要指将各种投入品转化为最终产品的各种关联活动,包括将投入品转换成最终产品的加工、装配、检测、包装,以及设备维修等。

3. 外部后勤:主要指将成品集中、仓储、分送至买方的相关活动,如最终产品的入库、接受订单、送货等。

4. 市场营销:主要指提供可供购买的方式并引导客户购买产品的各类关联活动,如广告宣传、定价策划、销售渠道建设等。

5. 服务:主要指向购买产品的客户所提供的,能够使产品保持或提高价值的各种有关活动,如培训、安装、调试、维修、零部件供应等。

以上五个内容中,每个内容以前一个内容为出发点,存在一定的时间顺序关系。这也是生产型企业的基本价值活动过程,具有普遍的规律性。不同行业的价值链虽然侧重面会有所不同,如商业企业可能会侧重于内外部后勤及市场营销,而设备生产企业则必须重视售后服务等,但这些活动仍旧符合价值链的基本规律。

(二) 辅助活动

价值链中的辅助活动,顾名思义是那些在传统意义上并不直接产生价值,但为产生价值服务的一系列活动。但无论是在哪个行业,只要不是个人独自完成所有工作,则任何经营活动中都会或多或少地存在辅助活动。甚至在一些全新的产业模式中,某些企业以研发为代表的辅助活动不但直接产生价值,而且成为企业最主要的盈利手段,而生产加工活动甚至完全被取消。

1. 采购管理:主要指企业购买生产经营所需投入品的活动,但并不包括被采购的投入品本身。采购活动的范围很广,只要是通过支付款项而获得产品或服务的行为均为采购,包括原材料、辅料、广告策划、办公设备、各类咨询等。

2. 技术开发:主要指企业为了改善产品和工艺而在技术方面进行的各种努力,包括生产性或非生产性技术,以及各类技术诀窍、程序等。技术在企业中无处不在,开发及应用的程度也各不相同,但技术无论如何都是企业实力的体现。

3. 人力资源管理:主要指将员工作为资源而进行的一系列的招聘、培训、考核,以及相关的提供工资、福利待遇的各种活动。这类活动贯穿着企业的每项活动,支撑着整个价值链。而且,其中的激励功能对企业竞争力水平至关重要。

4. 基础结构:主要指企业的组织结构、管理体制以及企业文化等大量基础性活动。包括计划、管理、财务、法律、质量等管理行为,一般是对整个价值链起辅助作用。

(三) 价值活动的类型

前述的基础活动和辅助活动,如果从其特点来分,又可以划分为直接活动、间接活动、质量保证活动三类。这三类活动有着各自不同的使命。

1. 直接活动:专指直接创造价值或提升价值的活动,如加工原料、设计产品、发布广告、装配成品等活动。

2. 间接活动:是指对直接活动产生影响的外围活动,如生产运作管理、销售管理、研究开发管理等活动。

3. 质量保证活动:是指确保其他活动达到预期质量的活动,如监督、指导、测试、检验、考核、调试等活动。

这三类活动在企业内部同时存在,直至影响着其他活动的成本或效能,只是不同的企业各有不同的侧重面。结合这三类活动以及前面已经讨论过的基本活动与辅助活动理论,如果以立方图表示,价值链在三个方面的逻辑关系如图2-5:

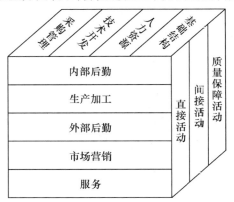

图2-5 企业价值链所涉内部关系立方图

通过以这样一个立方体的方式加以描述,价值链的基本活动、辅助活动及活动类型三者之间的交错关系被直观地体现出来。其中顶部的四个方面,分别为采购管理、技术开发、人力资源管理、基础结构。而立方体侧面的三个方面,分别是直接活动、间接活动、质量保障活动。

虽然价值链本身并非法律风险管理的研究对象,但它揭示了企业运营的内在规律和内部关系,有利于"看透"企业并为法律风险的识别、评价、设计应对方案、找出解决之道。而最终得出的立方图,则非常直观地显示了基本活动、辅助活动、活动类型三个维度下的价值链各要素之间的关系。

第六节 我国的法律风险管理实践

虽然我国的经济、法律发达程度与发达国家存在较大的差距,而且发达国家的法律风险管理早已起步,但我国的企业界并不缺乏高屋建瓴之人。随着我国经济的不断发展和人们认识水平的不断提高,在工作重心转移到发展经济方面的二十年后,许多企业认识到了常规法律顾问服务的不足,以及服务方式与企业需求之间的脱轨,开始寻求企业法律风险的全面解决之道。而这些探索便是在法律风险管理方面的具体实践,虽然收获不同但毕竟是各有所得。

一、我国法律风险管理的发展

虽然国外提出风险管理的概念大致是在20世纪中叶,但国外提出法律风险的概念并没有比国内早出多少时间。虽然国内外何时出现法律风险的概念无从考证,但从各图书馆以及立法中出现"legal risk"或"法律风险"的情况来看,我国在法律规范中首次出现"法律风险"一词是在20世纪90年代初,而且似乎是在无意中提到。而法律规范中大规模出现"法律风险"一词则是在20世纪90年代末,在工具书中出现这一词条则大多是在21世纪初。国外的情况也与此差不多,根据对国外图书网站及图书馆的检索结果来看,国外出现这一措词也只是略早一些而已。

在20世纪80年代初,党和政府既将工作重心转移到了发展经济方面,又适时地恢复了政法院校和律师制度,这两个举措都对"法律风险"一词的形成和现在的法律风险管理理念的形成有着重大的意义。在随后的岁月中,我国的律师业与企业界同步发展,并随着眼界的开阔和认识水平的提高而具备了长远的眼光。两者共同想到了如何以某种法律服务产品弥补传统法律服务模式的不足、如何将律师担当的法律顾问从"事后诸葛亮"转化为运筹帷幄的高参。而当人们的视线从法律纠纷发生后的诉讼处理转移到如何去避免这类纠纷的出现,以及如何在经营过程中通过事先设计去防范可能发生的不利法律后果时,法律风险一词也就应运而生了。

同国外的情况比较类似,金融行业永远是对风险敏感的行业,甚至其中的保险业本身的交易内容就是风险。因此,法律风险一词首先集中出现在金融、证券、保险类法律规范之中。随着21世纪对金融风险防范意识的加强,以及国有企业法律顾问制度的加强,"法律风险"一词在法律规范中日益普及。但并无法律风险管理一词,而是采用"法律风险控制"、"法律风险防范"等措词,从其措词上也可以看出这一新生事物尚处萌芽阶段。

早期法律风险管理实践是由企业与律师共同完成的。这一方面的设想其实在20世纪末90年代即已经开始,不过当时还只是零星的尝试,并未上升到足够的理论高度,工作的系统性和深度也不强。进入21世纪初,对于法律风险防范的尝试开始进入应用阶段。由于信息统计资料不详,当时究竟哪些企业从事过相关的尝试已经无法考证。浙江省某通信企业于2002年开展了企业法律风险评估的管理创新活动,从而引起整个中国移动集团的重视,并在其后引起了中央各大型国企的重视。从技术层面来说,该公司的尝试只是开启了一个时代的大门,总工作量并不大,但为后续实践的系统化、深入化提供了思路。

与此同时,在浙江经济中最为活跃的上市公司、民营企业跨进了这一领域。出于提高管理水平、提高工作效率的需要,部分企业分别完成了对管理制度体系的整合、对企业常用标准合同文本体系的整合,这些尝试最终都成为法律风险管理项目的工作成果组成部分。2003年,某化纤行业的巨型集团企业开展了法律风险评估工作,成为最早开展法律风险评估的大型民营企业。对于该集团的法律风险评估前后持续了半年之久,平均以每周两人两天的工作频率进行尽职调查,最后形成的调查报告长达数万字,成为当时之最。

其后,浙江某大型珠宝企业也于2005年开展了对于自身法律风险的全面评估并根据评估结果进行了整改,同时,还在反复调研的基础上建立了适合自己实际情况的合同标准文本体系。通过这些实践,法律风险管理从最初简单地对企业进行全面"体检",到最后基本形成了有理论基础、有工作原则的独立活动。由于未能发现其他企业在这一方面的实践情况,这些活动极有可能就是内地企业最早的法律风险管理实践。此后,许多律师加入到这一业务领域,为中小企业提供法律风险评估服务,但工作量与深度、角度均与前述项目不同。

在内地企业开始法律风险防范实践的同时,某外国律师事务所也在我国开展了一系列的培训及宣传活动,大力推动法律风险理念的普及,并结合国外企业的实践经验,将法律风险防范的理念引入我国。该所的强项是可以立足于遍布全球的分支机构,以国际化的视角观察问题、分析问题,并提供国际上常见的解决方案。在整个法律风险领域的发展过程中,该所的推动作用功不可没。正是他们的推动,才使法律风险这一概念广为流传。但由于文化传统和法律体系方面存在一定差异,往往国外的法律风险管理理念及习惯做法,必须经过本土化后才能更好地发挥作用。

近年来,由于国务院国资委一再强调中央企业的法律风险管理、强调国有企业防范法律风险,因此部分国有企业纷纷开展了法律风险管理的实践。除了律师参与外,某些咨询公司也涉身其中。但总的来说,咨询公司的优势在于战略、财务、市场、运营风险的分析,而对于法律风险的识别与应对则仍以律师的工作质量为更高,因为法律方面毕竟需要专业知识和实践经验。

总的来说,所有在法律风险管理方面的实践对于法律风险防范理念的推动、管理模式的创新起到了举足轻重的作用,都在尝试化被动的法律顾问服务为主动的服务,并通过事前控制的方式系统地发现问题、解决问题。通过这种努力,必将使我国企业的法律风险管理达到世界领先的地位。但总的来说,这块业务还处于不断的探索阶段,不仅工作质量参差不齐,还在某种程度上存在鱼目混珠的情况,有待于通过摸索形成基本一致的工作原则和规范。

二、企业尝试法律风险管理的动机

法律风险管理可以分为两种类型:一种是日常的法律风险的事务性管理;另一种是经过系统化的法律风险评估后进行的系统化的管理。两者的区别在于系统性和管理的深度,以及对于企业的深远影响。前一种形式的法律风险管理,是广义的,企业早已实施,但较为初级、粗放。这种方法只是无意中实施了部分法律风险管理措施,并非真正意义上的有意识的法律风险管理,但即使这一点还有大量企业没有实现。而后一种形式的法律风险管理,是建立在系统的识别、评估基础之上,在有明确的目标及可行的方案以后,系统地对企业的法律风险加以控制、对可以利用的资源加以有效利用,从而实现企业利益最大化和风险的最小化。相比之下,后一种法律风险管理才能给企业带来实质性的变化,才能使企业的法律风险管理能力得到质的提升。

从目前的法律风险管理实践情况来看,主动实施这类管理的往往都是大型企业,而中小型企业则只是对其中的部分项目感兴趣。大型企业之所以对法律风险管理非常重视,主要出于以下几个方面考虑:

(一)为了实现主动的自我完善

当一个企业位于行业内的行业领袖地位,或处于"第一梯队"地位时,其额外的利益是显而易见的,因为这意味着企业可以有更多的发言权、更多的主动权,甚至可以为行业制定标准、可以引导产品的发展方向,而各类合作商也愿意长期为之提供价格更为优惠的产品或服务,这也在无形中造就了这些行业领袖企业或第一梯队企业的成本优势、商誉优势。为了继续拥有这类优势、继续与其他企业保持距离,这些企业往往希望通过管理方面的提升及创新来增强自己的实力,并借此继续维持其优势地位。

之所以选择在管理上进行创新,一方面是由于这类创新的投入较少,比增加固定资产投资的投入要少得多;另一方面,管理制度及执行力问题与企业生产的产品或提供的服务不同,由于企业间的文化差异较大,因而管理制度有其不可模仿性,即使强行模仿也会由于企业文化的不同而达不到应有的效果;此外,在同一行业质量平均化、产品同质化倾向越来越严重的情况下,唯有管理方面的创新才能使企业占据更为主动的地位。

(二)为了解决长期以来的困扰

企业所面临的法律风险是企业的多年之痒,绝大多数企业根本没有能力自行从根本上解决这一方面的问题,因而企业的法律风险管理都是事后管理,新的问题层出不穷,既劳民伤财又无从解决。由于没有系统、全面地进行法律风险评估,企业只能疲于应付已经发生的法律问题,头痛医头、脚痛医脚,而对于企业面临的法律风险状况并无整体意识和系统观念,完全处于被动的局面。

不断出现的诉讼会给企业增加诸多的诉讼费、代理费、差旅费等成本,而且这些成本的累积开支大多远远大于法律风险控制的成本,并对企业的正常经营活动造成干扰。这类企业大多是法律风险控制方面的投入不足,或是法律风险控制的机制不合理,从而导致了法律风险事件的不断出现。因此,某些企业痛定思痛,下定决心对企业的法律风险状况进行一次"普查",为系统性地解决问题提供依据。

需要强调的是,法律风险评估不是法律意见书的汇编,因而汇总在一起的法律意见书并不等于法律风险评估报告。如果仅仅从已经发生的案件的角度,或仅仅是从法律意见的角度去为企业提供法律风险管理方向,无疑会将企业的法律风险管理引入歧途。

(三)为了避免遭受潜在的重大损失

许多企业在发展的特定时期内存在一定的合规性问题,甚至某些行为可以定性为严重违反行政法规。企业一直处于持续发展的过程中,这些问题由于种种原因一直未能彻底解决,从而一直留有隐患。随着企业总资产的不断增加、企业的负债率或负债总额的不断上升,一旦出现严重的法律风险事件,事件所引起的连锁反应有时足可以令整个企业前功尽弃。为了避免这种后果的出现,许多企业往往向律师敞开资料,寻求解决方案,杜绝重大隐患。特别是对于那些不断扩张的企业,他们的经营规模不断在扩大,企业的负债率也在不断地攀升,他们必须集中所有的宝贵资源用于保障企业的正常经营,同时也要尽一切可能避免风险损失的不利影响。因此,这些企业迫切需要彻底了解自己的家底,以便切合实际找出解决之道,通过法律风险管理来实现他们为企业制定的战略目标。

(四)为了推动管理机制的重大变革

任何一个企业,无论是属于国有企业还是民营企业,甚至是外资企业也不例外,只要经营期限较长而且较为稳定,便会形成一种安于现状的企业文化。其基本特征是效率降低、人浮于事,高管的"忠诚度"有余而企业的活力不足,而信息的通畅性、整体的协调性越来越差。这种情况也被称为"大企业病",究其实质,是为满足功能而设置的管理机构逐步有其名而无其实,机构虽然仍旧存在但却偏离了设置目的,机构越来越接近于为了本身的存在而存在。

在这类企业中,仍然有许多人会有非常清醒的认识,包括最高层以及中层。但对于长期以来形成的体制如果进行过于剧烈的变革,巨大的震荡有可能会伤及企业的根本。因此,某些企业采取比较温和的方式,通过中介机构进行全面的评估,并由企业根据评估的结论进行针对性的变革。某些企业通过这种方式,既避免了管理层的剧烈震荡,又顺利实现了变更的目标。

总的来说,无论企业所从属的行业,也无论其企业性质,如果从价值链分析的角度入手,就会发现企业有共同的规律,这就为对不同行业提供法律风险控制服务打下了良好的基础。从目前一些企业对于法律规则的实际运用能力及水平来看,这一领域存在着极大的发展空间,甚至一些外资企业也同样如此。

三、法律风险管理带给企业的变化

毋庸讳言的是,我国企业的法律风险管理水平普遍偏低,以至于在律师行业已经习以为常的应对法律风险的简单做法,大部分企业在防范法律风险时也未采用。这一方面是由于专业知识及工作经验的原因,另一方面也是传统的思维方式在影响着企业决策者的思路。即使在律师大量走入非诉讼领域的今天,仍旧有许多人认为没有发生诉讼就没有必要找律师。因而在其经营活动中,只注意到了经营层面的问题,而忽视了法律层面的问题。

其实,如果仔细回顾一下企业所经历的一起起诉讼,除了那些权利义务明确的情况者外,许多决定企业胜负的关键点,往往不过几行字甚至是几个字。如果企业败诉的危机与其他危机相叠加,其后果将十分不利。因此,合同中"无足轻重"的几个字甚至决定着企业的生死存亡,而合同法律风险仅是企业法律风险的一部分。

由于服务机制上存在的问题,常规的律师法律顾问服务难以从根本上给企业带来实质性的变化,因为此类法律服务与企业的紧密程度存在问题。而法律风险管理由于是根据企业的需求提供零距离的调查及方案设计,虽然参与此类实践的企业可能分属不同的行业,但经过系统的法律风险评估,以及贯彻执行为企业量身定做的应对方案,对于企业的积极作用都会十分明显。

(一)认清了自身的法律风险状况

由于对企业的经营模式等状况早已司空见惯,再加上法律知识方面的欠缺,企业往往难以通过自查发现足够多的法律风险。而法律风险管理项目中的法律风险评估则是以一个第三方独立视角,从法律风险角度观察一个企业方方面面的问题,因而更容易发现和报告企业所面临的法律风险。

通过将企业分成若干个子系统并对具体的子系统进行深入的尽职调查,律师可以发现企业中存在的大量的法律风险。而且由于没有利害冲突,许多调查结果可以直接向企业最高决策者或股东进行汇报,使他们得以了解企业的真实状况、全面了解法律风险的全貌。实践表明,大部分企业均能通过调查报告发现许多从未意识到的风险以及从未加以运用的资源。

例如,某企业经过全面评估后,才发现以前的财务处理方式、出资方式、治理结构均存在重大问题,而这些问题已经存在了近十年。也有的企业通过调查发现业务流程、合同文本等方面存在不少低级错误。

(二)降低了法律风险的影响程度

法律风险既然是风险,就存在产生不利后果以及永远风平浪静两种可能。但问题是,如果某个法律风险由于事件的触发而形成不利后果,这种后果会带来多少损失,或者为了排除损失需要投入多少精力甚至财力。如果从这一角度考虑,当采取措施加以回避的成本远低于风险损失成本时,就应该采取相应措施加以避免。

律师根据企业情况提供的建议,有的涉及成本,有的不涉及成本。特别是对于那些防范成本极低的法律风险,例如合同文本中的某些条款,企业往往仅通过条款的完善就能充分避免某些漏洞,以降低甚至排除法律风险的不利后果。而对于一时无法解决的法律风险,在许多情况下企业也可以采取一定的控制措施,以便将其不利后果控制在可以承受的范围之内。这些措施都会大大降低法律风险的不利影响程度,为企业提供安全保障。个别企业甚至在非常短的时间内,连续完成了对投资结构、法理结构的大幅度调整。

(三)提升了风险的整体管理水平

从实践中得出的经验是,即使每年反复就法律风险对企业进行培训,也无法指望企业人员在经过培训后成为法律风险防范的专家。这些对于专业人员非常简单的法律问题,对于非专业人员而言只能掌握其中的一些简单操作,而且大多是知其然而不知其所以然。因此,通过对于企业现行制度、流程、合同文本等方面的梳理,形成固定的模式和相对固定的文本后,可以将律师在法律风险管理方面的经验转换成标准的工作模式,并通过这些标准化的工作及标准化的文本抵御法律风险,从而达到提升法律风险防范能力的目的。

专业律师为企业整理制度、流程、文本的过程,是建立在法律风险识别以及结合企业情况基础上进行方案设计的过程,既需要熟悉法律又需要熟悉企业,否则难以提供切实可行的解决方案。只有经过这样的"标准化"转换,企业在管理制度、管理流程、法律文书方面才会出现质的飞跃。虽然某些制度、流程、文本中也包括了大量的法律风险应对方案,但由于大多属于标准化操作,通过简单的培训和标准化后企业已经能够熟练掌握,从而大大提高企业的法律风险防范能力。

(四)得到附加效应的回报

实施法律风险管理项目无疑需要资金投入,但这些投入的回报除了前述方面外,有时还会取得其他方面的回报甚至所获颇丰。例如,某些企业通过项目的实施,发现了多个可以享受政策扶持或优惠之处,通过申报得到了相关的扶持资金或优惠,无形中减少了支出或增加了收益。

除此之外,许多实施法律风险管理项目的企业充分利用项目实现更多的目标,从而通过项目的附加效应得到最大化的回报。例如,某些准备通过 ISO 认证体系的企业,通过将法律风险管理项目形成的文件转换为 ISO 第三层文件的方式,既提高了法律风险管理能力又使这些管理文件与 ISO 质量管理体系平稳接轨。而另外一些企业则借助法律风险管理项目展开对外宣传,在社会上树立了注重管理并注重社会责任等良好企业形象。不仅在行业中保持领先地位,甚至通过创新而推动了整个集团法律风险管理水平的提高。

四、法律风险管理意识

法律风险管理理念在我国形成较晚,虽然已经开始日益深入人心,但仍旧处于发展阶段,它的发展、成熟将会受到法律环境及社会各界对这一新生事物的认识的影响。

由于我国的法律规范体系在不断地变化、完善之中,立法体制、执法体制本身也都需要完善。例如,立法的机制是先观察、再立法,而且在立法后有时还要由相关部门制定实施细则或司法解释,因而在这一缓慢的过程中,法律规范体系的明确性、稳定性方面存在一定的问题。法律风险的不确定性影响了法律风险管理结果的可预见性,增加了法律风险管理的难度。即使立法方面没有问题,执法体制及社会法治观念方面所长期存在的问题也导致了法律风险后果的不确定性。

在实施法律风险管理的整个过程中,虽然只是局部问题,但法律规范体系在稳定性、明确性方面存在的问题有时又会在某些具体场合产生消极影响,加剧法律后果的不确定性、影响人们的法律风险管理意识,同时也在局部问题上影响了法律风险管理的效用。当然,这些立法或执法上存在的问题无法动摇法律风险管理在总体上的作用,因为它有着更多的内涵。

(一)企业界的法律风险管理意识

对于企业来说,由于经济实力和发展阶段的不同,不同的企业之间对于法律风险管理的需求程度和承受能力有着巨大的差距。法律风险管理需要有高素质的管理人员,同时需要企业拥有一定的管理基础。但只有当企业的规模和实力发展到一定程度,企业的风险随交易金额、企业规模而不断扩大时,企业对法律风险管理的需求才会更为强烈,同时也会有实力在法律风险管理人才、法律风险管理的软硬件设施方面有所投入。因此,能够具备足够的条件、具有强烈的法律风险管理需求的企业,一般是中型以上的企业。而那些小型企业无论是从风险的破坏程度还是企业的经济及管理承受能力方面,对于法律风险管理的需求并不强烈,除非只是实施其中的某些项目。

即使是那些完全具备了实施法律风险管理条件的企业,对法律风险管理的认知程度还存在不少问题。一方面,法律风险管理需要在法律事务领域和企业管理领域均有一定工作经验和知识面的人士才能实施,而企业的法务部门一般不可能具备这类人员,因而企业看不出法律风险管理可能给企业带来的全新面貌。另一方面,由于法律风险管理这一新生事物一经萌芽就被某些机构或个人作为开拓业务的万金油概念进行炒作,损害了法律风险管理给人们的印象,也妨碍了这一行业的健康发展。

而事实上,随着企业规模和社会经济的发展,企业所面临的法律风险和风险损失已经达到了前所未有的程度,而许多企业却由于并未意识到或虽然已有认识却无能力实施法律风险管理,或者对法律风险存在侥幸心理,因而往往只能坐等法律风险事件的出现而无法主动事先采取措施。因此,绝大多数企业的法律风险管理或是处于空白状态,或是处于萌芽状态。正是由于企业界的法律风险管理处于非常初级的阶段,而且由于缺乏系统地发现和应对法律风险的能力,许多极为简单的法律风险管理措施在某些企业也属空白,一旦法律风险事件爆发往往就意味着巨大的损失。

(二)政府部门的法律风险管理意识

在我国,政府部门其实是企业法律风险管理的最大推动者。企业法律顾问制度的推行本身,就是为了在大中型国有企业中推广法律风险防范措施。虽然各级政府及其部门所关注的重点是国有资产和国有企业的法律风险,但各级政府部门在法律风险管理方面的推动作用远远大于民营企业及一般的上市公司。虽然民营企业与上市公司对于法律风险更有切肤之痛,但他们缺乏这种行政推动力。从这一点来看,这些大型国有企业的主管部门有着很强的法律风险管理意识,并在试图让国有企业去理解与执行。

由于高层的政府部门拥有制定行政法规、部门规章、地方政府规章等立法法层面的权力,因此大多数的与法律风险管理有关的立法多出自这些不同层级的政府部门之手。但此类立法存在着部门立法间的冲突、新旧立法的冲突以及不同法律规范间的冲突。在庞杂的行政法规、规章库中,许多立法的水平参差不齐,系统性和整体性差,在规范了某些行为的同时,也产生了新的法律风险的不确定性。而立法的质量决定了法律风险识别及应对措施的质量,由于立法观念和技术上的局限性,任何立法中往往都会或多或少地存在一定的问题。

同时,政府部门既是法律风险管理的倡导者,也是法律风险管理的实践者,有时也会面临特定的法律风险。例如对于某些媒体关注问题的解答以及某些行政行为,会在某种程度上出现缺乏法律意识、超越职责范围等情况,因而会给自己带来法律风险。在另一方面,从总体上说,政府部门无论是在立法还是执法中的法律风险意识均要强于一般企业,但往往更侧重于强调国有企业必须加强法律风险管理工作,而一旦各级政府部门出现执法的随意性,则会给企业带来新的法律风险,增加了企业法律风险管理的难度。

(三) 法律行业与法律风险管理意识

律师行业是法律风险管理的实践者,在推动这一全新的尝试的同时,律师行业自身在这一领域也在不断进步,因为这项工作需要掌握比以前单纯的法律领域多得多的内容。目前,法律风险理念已经越来越引起人们的广泛关注,并有大量的相关著作面市。

但从总体上看,对于法律风险的研究基本上处于部门法的层面,因而许多研究缺乏体系性和理论性,只是基于部门法项下的禁止性而展开。当然,国内外的相关著作对于法律风险管理基础理论的研究也大多为一带而过,因而出现了有法律风险及法律风险管理的名词,却无法律风险及法律风险管理基础理论的非正常状况。更为不妥的是,某些机构将不同主题的法律培训内容堆在一起后冠以法律风险之名,而具体内容中却根本没有任何法律风险及法律风险管理理念,完全是对传统业务的一种新的包装。

即使是在提供法律风险管理的服务项目中,也存在着以某种通用的内容套用于不同企业的情况,其工作方式仍旧是未将法律事务管理与企业管理有效融合,对于企业难以起到根本性的作用。因为每个企业的情况都是不同的,必须通过大量、系统的尽职调查之后才能提供具有针对性和可操作性的解决方案。让企业去适用某种通用文本而不是为企业量身定做文本,属于现代版的削足适履。

此外,法律界所面临的另外一个困惑是,法律风险管理究竟属于管理咨询还是法律服务,甚至有些律师认为这类项目中许多工作并非律师本职。其实如果从企业的角度考虑,这个问题根本不是问题。因为有效的法律风险管理必须与企业管理有机结合,这是企业的需求,也是法律界解决实际问题的发展方向。

(四) 社会整体的法律风险管理意识

随着政府部门大力提倡加强法律风险管理、提高法律风险意识,法律风险的概念及理念已经逐步开始从国有企业渗入到其他企业。从另外一个方面,由于法律风险的概念被越来越多的媒体提及,这一概念已经被广泛传播并日益成为人们耳熟能详的流行语。而且其使用范围也远远超过了企业层面,渗透到了法律的各个层面和领域。

由于基础理论的缺乏,法律风险一词的确切内涵、外延并不明确,经常出现法律风险与法律风险后果两个概念之间的混用。而法律风险管理一词也远没有法律风险预防、法律风险防范两种表述方式来得通俗易懂。这类的理解方式固然并不全面,但毕竟也已经接触到了部分关键问题。虽然法律风险主题在当前往往被视为对传统业务的换位思考,只是将已经发生过的教训用于事前预防,理解上略有偏差,但人们已经广泛接受了法律风险管理属于事前管理的理念。

总而言之,通过多方多年的努力,法律风险及法律风险管理理念的传播已经对整个社会产生影响,随着相关理论研究的深入展开、实践经验的不断丰富,法律风险管理将形成一个健康有序发展的领域并形成相应的产业。

第三章 法律风险的调查与识别

本章提示

法律风险识别是法律风险管理活动的基本要素之一,也是实施法律风险管理项目的第一阶段。在这一阶段,必须通过精心策划的尽职调查活动全面了解企业与法律风险有关的资料,并根据主体、环境、行为三个基本要素去分析所收集到的第一手材料,从中确定企业的法律风险之所在,包括刑事处罚、行政处罚、民事责任和单方权益丧失四类法律风险。

识别法律风险与在雷区里探雷非常相似。任何未被识别的法律风险都有可能造成企业的重大损失,而没有一定的科学方法则又无法系统、全面地识别企业面临的法律风险。对于这类工作,仅凭律师的业务经验已经无法胜任,必须掌握一定的方式和方法并通过一定的工作程序去完成,才能保证工作成果的科学性和全面性。

随着经济的发展和对外经济交往的增加,企业的经营行为、经营方式已经越来越多样化、复杂化,增加了法律风险行为的种类和复杂程度。立法活动的频繁和大量法律规范的修订,增加了对法律环境进行识别时的难度和复杂程度,甚至某些企业法领域的法律规范变更又直接引起法律风险主体的变化。所有这些,都为准确、全面地识别法律风险带来了新的难度。而要解决这些问题,只能依靠不断地学习、再学习。特别是当某个具体问题涉及的法律规范相互冲突时,无论是法律环境还是法律风险识别都存在着极大的不确定性,直接影响到法律风险识别的准确性。

总的来说,详细的尽职调查清单是保障调查质量的基础。有时为了得到详细的尽职调查清单,甚至不得不首先对尽职调查清单进行调研。当通过这些收集到的原始资料比对企业行为与法律规定、合同约定的符合性时,法律风险管理便真正进入了法律风险识别阶段。不同的角度和方法有助于识别不同的法律风险,而要全面识别法律风险,则必须综合使用各种方法。

第一节　企业法律风险的识别角度

企业的法律风险到底有多少种？至少在目前及将来很长的一段时间内,这将是个莫衷一是甚至根本无解的问题。在目前的分类方式中,尚未发现哪种分类能够严谨地覆盖所有的法律风险,几乎每种分类方式都或多或少地存在子项的重叠或缺失。有鉴于此,我们将在此探讨法律风险的不同归类方式,至于哪种方式更为科学,可以由时间和后来的研究者们加以解决。

企业之间由于所属行业、主营业务、组织形态、发展阶段、管理水平、人员素质等差异的存在,各个企业所要面临的法律风险是不同的。而要列明覆盖所有企业的法律风险,至少在现阶段是根本无法完成的任务。但即便如此,根据企业发展的规律性、企业活动的规律性,以及法律规范的体系及执法情况,我们还是可以分辨出企业共性化的法律风险范围,以及企业由于行业及自身原因而导致的个性化的法律风险,以加深人们对于企业法律风险的感性认识,并通过理性思考找出解决之道。

一、根据常规经验识别法律风险

常规的法律服务并非真正意义的法律风险管理,但其工作内容是法律风险管理活动的一部分。就目前的情况而言,由不同律师事务所提供的法律服务,其总的工作内容涵盖面已经逐渐接近法律风险管理的工作内容。但就个案而言,常规的法律服务与法律风险管理的要求还是相去甚远,因为常规的法律风险即使深度能够达到法律风险管理的要求,其内容也是零散的、不够系统的,而且两者的角度及工作目标也有所不同。

法律风险管理的思想起源于日常的法律事务处理,立足于法律事务处理的成功经验的总结。以往的法律事务处理总是在事发之后,因而律师所要面对的大多只是争议,而且许多都是木已成舟,正如普通医生所要面对的总是病人。而法律风险管理的思路,则相当于将普通医生积累起来的成功经验用于事先的关注与预防,避免病情的发生或恶化。使医生从通常的头痛医头、脚痛医脚转变为预先防范疾病的发生,或事先控制病情的恶化。这样做虽然也要花费时间与成本,但相对于疾病爆发后的救治,其时间与成本无疑要低廉得多。

(一) 依据经验识别法律风险的优势

随着经济的发展以及法治的发展,法律专业越来越走向专业化,即便是同一专业也会由于实践经验的多寡而体现出工作能力等方面的差异。即便是以法律服务为专业内容的专职律师,在整个行业的水平越来越专业的同时,律师群体内部也开始分化出更多的专业。即便是针对同一法律事务,不仅有专攻的律师会比没有专攻的律师在熟练程度、工作深度、处理水平上存在巨大差异,甚至在存在层级关系的律师团队中,不同层面的律师也只能知道该层面的法律事务。更有甚者,不仅是助理无法知道主办律师的某些分析方法、处理原则,甚至主办律师也并不知道助理在处理某些法律事务时的细节。因此,在专业化趋势的推动下,律师的专业化在横向与纵向上都在产生专业能力上的差距,仅凭个别律师的工作经验,已经无法胜任对企业的全面法律风险识别。

但依常规经验总结而识别法律风险也并非一无是处,因为根据工作经验而识别出的法律风险,往往是企业最为常见也最为直接的法律风险,因此其工作成果比较容易为企业所认可并能够满足最为基本的法律风险管理需要,而识别工作的效率也高得多。

例如,在合同法律风险管理方面,许多比较初级的法律风险管理项目所识别及应对的法律风险,其实只是对合同争议处理工作经验总结后的反向运用。因而在合同内容的表述方式、合同争议管辖权的约定,以及对于印章管理、归档管理、业务员职责管理等方面比较实用,切合大部分管理比较粗放的中小企业的实际需要,有利于以简便的方式提升中小企业的合同法律风险管理水平。

(二) 依据经验识别法律风险的缺陷

但在优势明显的同时,以经验识别法律风险的缺陷也同样明显。这种工作方式过于依据工作经验,由于受制于工作经验和接触面,这种工作模式只能为企业提示合同法律风险管理中的某些侧面和风险点,离全面的合同法律风险识别尚存在一定的差距。因而只能适应最为基本的中小企业的需要,无法满足具备了足够的管理水平、业务涉及内容复杂、法律风险类型广泛的大中型企业对于全面法律风险管理方面的需要。

目前的许多法律风险管理项目,是建立在同样性质的法律工作经验的积累之上,因而律师的接触面和知识面决定了其法律风险管理服务的广度、深度,以及与企业管理的结合程度,这种工作方式也决定了其识别只能是点式的列举而无法成为完整的系统。正因如此,许多法律风险管理服务只能涉及有限的几个固定范围,而且往往只能提供若干个固定的法律风险点的相关管理服务,这是因为其法律知识面的局限性和解决方案的局限性决定了其只能提供这几个点上的服务。而周密、严谨、浑然一体的法律风险管理服务,包括其中的法律风险识别过程,只有大规模、老中青相结合的服务团队合作才能共同完成,工作经验不足或没有专家团队都无法胜任相关的工作。

例如,在全面合同法律风险管理方面,合同法律风险识别需要从合同文本本身及合同管理两个方面入手,而合同管理也并非只是合同审批、盖章、归档的管理,而是从谈判开始到合同履行完毕或争议处理终结后的全程法律风险应对。由于《合同法》本身的博大精深,许多内容并非只接触合同争议处理就能理解,通过总结诉讼经验并反向运用于法律风险识别的工作方式,只能满足较为初级的法律风险管理需求。但并非所有的企业都需要对合同法律风险进行全面的识别和管理,特别是某些行业里业务单一的中小企业,由于交易模式和交易性质的原因,他们只需要简单的提升而非全面的管理。

二、根据组织结构识别法律风险

根据企业组织结构识别法律风险,其实就是按企业的机构设置将企业的法律风险分为几块,按照不同机构的功能、职责、行为去识别其法律风险。这种识别方式比前一种方式有了很大的进步,因为这是从系统的角度去看企业,容易划分不同的法律风险类别,避免采用前一方法识别企业法律风险时所形成的眉毛胡子一把抓的混乱结果。

出于管理方面的需要,企业会不自觉地将企业的各种工作职能划分成若干个组成部分,并由具体的部门或具体的职位去完成这些工作。这些用以完成特定工作职能的部门,有的是直接完成经营中的工作,如采购、生产或服务、营销等部门,也有的只是辅助性的工作,如企业内部的人力资源管理、行政事务管理等。依据这些部门或职位的设置分析企业的法律风险,通过企业所设机构的种类和层级,更容易看透法律风险的全貌。在根据企业的机构设置大致划定了法律风险范围以后,对每个组成部分进行精耕细作已经变得相对容易,对企业法律风险的识别也会变得更为深入、全面。特别是以这种方式识别出的法律风险,在制订工作计划和实施风险识别,以及设计管理措施时容易落实职责,便于执行。

图 3-1 即为一个生产型企业的组织结构图。从这个企业的组织结构图着手进行法律风险识别,可以大致将企业的法律风险归纳为采购、销售、基建、生产、储运、知识产权、劳动管理、财务管理等几类,具体分类可根据其各部门的职责分工进行。其中的综合办公室包括了安全保卫、车辆调度、小额办公设备及服务采购等综合职能,因而可以根据具体工作内容进行法律风险识别。对其他部门的法律风险识别也是如此,每个部门都会包括下属的不同科室,分工负责不同范围内的工作,分工越是具体其法律风险范畴越容易确定、法律风险也越是容易识别,工作质量也越容易把握。

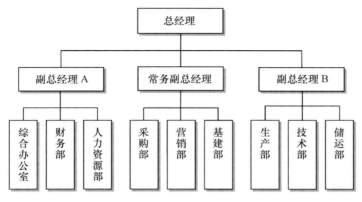

图 3-1　生产型企业组织结构图

但这一组织结构图其实只是从总经理开始到各个主要部门为止的局部组织结构。如果是完整的组织结构图,其向上部分可以到达股东会,向下部分可以到达更为详细的下属分工部门,因而它只是整个组织结构图的一部分。不过在现实的企业中,没有组织结构图或组织结构图不知所云并不是个别现象,因为这些企业的管理者对于自己的企业状况已经熟视无睹,所以有时会根本没有组织结构图或者组织结构图与实际情况不符。而组织结构图可以清晰、直观地反映企业的管理层级和职能分工,如果无法画出组织结构图,往往意味着企业的机构设置存在着层级上或职能分工方面的不合理。如果是小企业存在这种不合理影响尚不严重,但大中型企业如果组织结构不清晰,则会严重影响到工作效率和管理质量,导致企业的管理秩序混乱。

无论是否依照企业的组织结构去识别企业的法律风险,企业的组织结构图都是首先需要订正的内容。没有一个准确的组织结构,往往会误导整个法律风险管理项目的实施,并导致法律风险管理措施在落实上的不便。尤其是在制订工作计划或实施识别工作时,必须将企业的组织结构图订正并延伸到最为细微的部门,从而为工作计划的安排及法律风险识别工作打下基础。

除了企业的原因没有精确的组织结构图外,有时企业的组织结构虽然精确但未必合理。主要是某些企业应有职能会由于认知能力方面的原因,或企业发展程度、管理人才等方面的原因,而导致其功能并不完整或并无具体部门去行使应有的企业管理职能。或者说,这是一种企业管理职能方面的缺失或有名无实。

企业任何应有管理职能的缺失都有可能造成企业合法权益的单方丧失,或者由于企业管理职能不全而直接导致法律风险。因而对于企业管理职能上的缺位也要作为一种法律风险进行识别,并在分析出漏洞所在之后告知企业。对于那些未经仔细推敲而随意设置的企业机构设置,有时通过合理化的职能调整就能够大幅度地提高其法律风险控制能力,这也是在本书后续的法律风险管理措施中需要讨论的重要内容。

三、根据价值链识别企业法律风险

对于企业法律风险的识别,也可以依据企业价值链理论,通过对企业的价值链进行分析而识别其法律风险。这种理论的形成并不是为了对企业进行法律风险识别,但在法律风险管理过程中却要经常借助这一理论去理解企业的运营环节,并从中发现企业并未直接显现的有用信息。

(一)价值链分析与法律风险识别

虽然价值链理论所研究的是抽象的企业,特别是生产型企业,但对于各种企业进行价值链分析都会适合,只不过由于企业所处行业的不同,某些企业并不完全存在价值链理论所提及的每个活动,而有些行业的企业会以类似的活动替代生产型企业的某些活动。

正如前一章所提及的内容,价值链理论将企业每项生产经营活动都当成是创造价值的整体经济活动的一部分,所有互不相同但又相互联系的生产经营活动共同构成了创造价值的一个动态过程。这一理论将生产经营活动分成基本活动和辅助活动两大类。其中,基本活动是指直接从事商品实体加工的生产经营活动,一般可以分为内部后勤(与产品生产相关的投入品接收、仓储和分配等有关的活动,如原材料的卸货、入库、盘存、分配、退货等)、生产加工、外部后勤(主要指将成品集中、仓储、分送至买方的相关活动,如最终产品的入库、接受订单、送货等)、市场营销和售后服务五种,是企业的基本增殖活动。而辅助活动则是指为基本活动提供辅助且各活动之间相互辅助的活动,一般包括企业的采购管理、技术开发、人力资源管理和财务管理四个内容。而这些基础活动和辅助活动,如果从其特点来分,又可以划分为直接活动、间接活动、质量保证活动三类。如果将三类关系交织在一起,就会形成一个如图 3-2 所示的立方图:

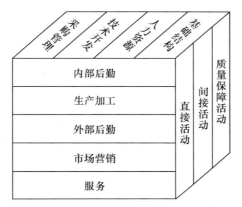

图 3-2 企业价值链所涉内部关系立方图

(二) 价值链各环节的法律风险意义

相对于前面所介绍的两种识别法律风险的方法,这一方法更能从企业运营的本质去分析企业的法律风险,而且通过这种方式的分析,更容易透过表面现象发现那些隐含的问题,并进而发现隐含的法律风险。而从法律风险的角度来看,各种活动的法律风险分别如下:

1. 基本活动的法律风险

在企业的基本活动中,只有部分活动存在直接的对外交往,但即使是仅仅存在于企业内部的各类活动也仍旧与法律风险有关,因为企业的许多活动受法律规范的制约。

(1) 内部后勤

企业的内部后勤活动中既有对外发生生产投入品的交接活动,也存在着企业内部的投入品流转活动。在对外发生的采购品接收、检验、退货等活动中,往往与供应方存在直接的关系,而且是采购合同中的重要组成部分,其法律风险可以视为合同法律风险的一部分。而其内部流转的过程虽然已经不是对外合同的一部分,但往往与生产安全有关,并与整个企业的法律风险控制有关,是企业法律风险管理过程中必须涉及的内容。

(2) 生产加工

生产过程是将投入品转化为最终产品的过程,由于行业的不同这一过程的复杂程度也会存在很大的不同。这一阶段同样涉及许多法律规范的制约,如生产加工过程中的环境保护问题、劳动保护问题、生产安全责任问题等。同时,生产过程中还有可能涉及生产过程中的生产技术、生产工艺的知识产权等法律风险,在质量控制过程中还涉及产品质量标准、产品质量责任等法律风险。因此,虽然这是一个封闭在企业内部的问题,但同样涉及复杂性法律环境,有着不可忽视的法律风险。

(3) 外部后勤

这一过程主要是将产成品通过仓储、配送等活动送到买家手中的过程,涉及产品交付而引起的灭失、毁损等风险的转移,以及货权与货权凭证的转移等方面的法律风险。同时,它还涉及如何通过适当的告知、合适的产品说明等划清产品责任界限的问题。而运输、仓储成本及风险的控制也涉及法律风险管理的成本问题。

(4) 市场营销

市场营销是个综合概念,如果从管理学的角度去解释,其涉及的范围要比具体的广告、谈判、签约广泛得多。在这一阶段中,主要的活动有广告宣传、交易谈判、销售渠道建设等各类关联活动。从法律风险管理者的视角审视这一活动,在广告宣传方面无疑会涉及广告宣传方面的法律规范及反不正当竞争方面的法律规范,在销售渠道建设方面存在一种联营合同及反垄断等方面的法律规范,在产品包装等方面可能会涉及商标或专利等知识产权方面的法律规范,在交易谈判及签约活动中则存在着如何控制合同法律风险的问题。

(5) 服务

售后服务是影响销售业绩的重要因素之一,尤其是生产资料的销售,卖方的售后服务情况是买方采购前所必须考虑的因素之一。以设备采购为例,其中的安装、调试、技术培训是买方实现交易目的所必备的过程,而售后的维修、零部件供应等活动也是正常使用采购品以实现利润的重要保障。这部分内容大部分属于合同法律风险控制的范围,需要通过合同内容进行操作。

2. 辅助活动的法律风险

辅助活动对于增殖过程的影响并不直接,但它是一系列增殖过程的基本保障,而且许多活动直接与外界有关并与法律规定有着密切的关系。相对于基本活动,辅助活动所涉及的法律规范更为广泛,也更为复杂。

(1) 采购管理

采购本身是一种通过支付款项以获得产品、财产或服务的活动,毫无疑问是一种企业与其他方之间的合同法律关系。在大的"采购"概念中,企业所有通过支付款项而取得对价的活动都是采购。但并非所有的"采购"都是买卖合同,例如厂房建设有可能是建筑承包合同、咨询活动可能是技术合同或服务合同,甚至会有委托合同、承揽合同等一切《合同法》分则中列明的其他类合同,只有原辅材料、机械设备等才是买卖合同。

如果采购是通过招投标进行,还会涉及招投标方面的法律风险。

(2) 技术开发

技术开发中最有可能接触到的法律风险在专利、商业秘密等知识产权方面。

在这一问题上,既要识别企业的技术开发行为是否涉嫌侵犯他人的知识产权,又要通过对企业的管理模式进行梳理,防止由于管理不善而被其他企业侵犯知识产权或商业秘密。

此外,某些特定的技术开发可能会享受到国家政策的扶持,应当审查是否存在这种优惠政策,以避免单方权益丧失的法律风险。

（3）人力资源管理

人力资源管理方面的法律风险来源于《劳动法》、《劳动合同法》及相关法律法规中的强制性规定。从最终解决争议的途径去考虑,企业在实施人力资源管理过程中的各类管理制度必须合法化、工资及福利待遇合法化、与劳动者之间的文本必须合法化,同时还要有足够的流程管理为每一阶段的合法行为留下足够的证据。事实上,与劳动相关的法律风险是所有企业共同存在的法律风险。

（4）基础结构

企业的基础结构是企业管理的一部分,虽然只对整个价值链起辅助作用,但都直接或间接与法律风险相关。其中的财务管理、资产管理、法律事务管理自不必说,即使其中的投资计划、市场开拓计划也与法律风险有着很大关系,许多计划正是由于没有考虑到法律环境问题而导致投资失败,甚至受到额外的处罚。

四、根据企业生命周期识别法律风险

目前,对于企业法律风险的研究大多采用按照行业进行分类的方式,而且大多只是对企业正常经营状态下的法律风险进行研究。其分类方式和取材范围只适合具体的范围和对象,因而适合在特定的领域对特定的内容进行目标相对集中的研究。以这类方式研究企业法律风险所得出的结论,由于研究方式不同,其成果的系统性和深入性等方面也各不相同。有些研究能够细致地研究法律环境及企业的可能行为,从而得出具体领域系统的法律风险类型。而还有一些研究,只是列举了某一行业的几个案例,却也冠以全面法律风险之名,实在过于名不符实。

总的来看,这类研究方式往往只适合针对那些生产经营复杂程度低的行业及内部分工简单的企业,因而仍是局部性的研究方法。根据国家统计局的行业分类标准并结合围绕该标准而进行的统计,在2006年时我国的行业即已经可以分为24个行业、36个细分行业。但这并不等于在中国只有36个行业,因为即使是细分行业中,也有许多更小的行业是完全不同的,必须进行更为细致的细分。如果将细分行业划分为更小的行业,细分后的行业数量将会呈几何级增长。如果都以这种方式对法律风险进行分类,不仅行业法律风险类型多如牛毛,而且会发现不同行业的法律风险其实有许多共同性,因而在某些内容方面是相互重复的,没有揭示出其内存的普遍规律。因此,要想透彻地理解企业法律风险的全貌,必须另辟思路从其他角度揭示法律风险的本质性规律,透过形形色色的表现看透企业法律风险的本质性规律,并找出更为符合企业共性的分类方式。

如果从系统化的角度考虑法律风险的研究方法,从行业分类角度进行分析可以视为一种针对不同行业法律风险的横向研究,按企业从产生到终结的过程来研究则是一种纵向的研究。所谓的横向分类其实也就是常见的按不同行业的方式进行分类,而人们所不常用的则是纵向分类,即按照企业从产生到发展的阶段性进行分类。如果以时间为主轴将企业划分成不同的阶段,再结合每一阶段的横向分类的特征,就会形成法律风险的整体轮廓,揭示法律风险对于企业的普遍规律。将企业法律风险的研究从横向发展到纵向,从理论研究层面拓展了研究的视野,从而能够更为深入和透彻地理解法律风险,尤其是更能发现其规律性的内容。这两种研究方法中的任何一种,都已经比经验性的列举有了工作方法上的进步。而且,这种分类方式的适用面会更广,也可以包罗更多的内容,而行业特点所决定的法律风险,则成为整个法律风险体系的一部分。

除了对于法律风险的横向研究与纵向研究之外,还有企业法律风险的共性化研究和个性化研究两类内容。横向研究与纵向研究的交叉点,则不仅兼顾了企业的行业属性,还兼顾了企业的普遍发展规律,从而能够更为系统地对企业法律风险进行研究。如果将这种研究落实到一个具体的企业,则企业法律风险既包括了共性化的内容也包括了个性化的内容。例如,企业的采购活动与销售活动均存在着共性化的法律风险,而某些企业通过与各地企业合办销售机构的方式销售,则是一种个性化的行为,存在着个性化的法律风险。如果将对企业的研究向深度方面发展,从宏观的企业战略层面研究到微观的企业操作层面,充分发掘出企业包括个性化内容在内的所有法律风险,并通过周密的工作设计出解决方案,则这种研究已是一种"立体"的法律风险研究,对于企业也最具价值。

根据企业从产生到终结的生命周期,在前面的其他章节中已经总结过,企业法律风险按照企业的发展阶段可以大致分为设立行为、经营行为、发展行为、变更及终止行为四种,分别对应企业从产生到消亡的抽象过程。对于这一抽象过程的研究,首先需要明确设立企业是一种经济行为,企业设立后的一系列行为仍旧是经济行为,因此许多问题需要从商业角度去理解和思考,而同时又要从法律的角度去考虑这些问题的法律风险控制。

企业法律风险中的共性化风险,或者所谓的系统性法律风险,往往与整个国民经济形势及政策导向、法律背景有关,为各行业企业所共有甚至为一个行业所共有。另一部分则是某个具体企业所特有的,往往与该企业自身的历史延革、企业的整体管理能力、企业家的风险偏好有关。法律风险是企业面临的各类风险中的一种,既有与其他风险一致的共同特点,也有法律风险方面才有的独有特点。因而法律风险管理既有与其他风险管理相通之处,也有其固有的特征。

由于法律风险主体中最为常见的是企业法人,其他主体不再一一展开。而且,为了系统地讨论企业法律风险,后续内容将依照企业的发展过程予以展开。但本节内容只对总体问题及部分内容进行概括描述,大部分详细内容将在后续章节中展开。

五、依据法律风险类型识别法律风险

依据法律风险的四大基本类型去识别法律风险,也就是依据民事法律风险、刑事处罚法律风险、行政处罚法律风险以及单方权益丧失法律风险这四个类型分类去识别,是分析具体法律风险的基本方法。这种方法虽然比较宏观,但更能理解某个主体的具体行为的法律风险的全貌、更便于系统化地进行分析。

具有法人资格的企业是经济活动中最为普遍的经营主体。法人、自然人之外的其他组织,由于他们在主体资格方面存在欠缺,其行为的法律后果存在着更多的不确定性。而在法律风险识别方面,不仅要识别这些主体的资格、合法性等问题,而且要识别各种行为的法律定位。

当其他组织从事法律规定范围内的活动时,不具备法人资格这一缺陷往往对其并无太大影响。但在需要承担民事责任时,尤其是当仅凭其自有财产已经无法承担其应该承担的民事责任时,由于不具有法人资格而且不具有以自己的财产独立承担责任的条件,其他组织承担民事责任并不以其拥有的财产为限,还要由对其负责的公民或法人来承担相应的民事责任。从这一点来看,其他组织的某些民事责任类的法律风险与其说是其他组织的法律风险,还不如说是设立其他组织的自然人或法人的法律风险。

对于法人民事主体来说,与不具备法人资格的其他组织产生权利义务关系也同样会带来许多不便,并直接影响交易目的的实现和交易安全。以法人的分支机构为例,当分支机构无足够能力承担民事责任时,必须由其具有法人资格的上级组织代为承担。而分支机构的某些民事行为,又必须经过其具有法人资格的上级组织授权后方能行使,否则其参与的民事行为就会存在法律上的瑕疵。分支机构的职务行为很有可能超越了其代理的权限,这种越权代理如果得不到其所属法人组织的追认则会造成民事行为无效,相对方可以按照《合同法》的规定催告分支机构的上级法人组织予以追认,也可以在其上级法人组织追认前行使撤销权。而这种额外的催告,也会增加企业的交易成本并导致交易结果的不确定性。

在刑事处罚风险及行政处罚风险方面,其他组织所面临的问题同法人所面临的法律风险基本相同。这些处罚可以直接针对这些组织,也有可能同时处罚这些组织内的主要责任人。但刑事处罚与民事责任不同,并不完全依据是否具有独立的法人资格来确定是否属于单位犯罪。在行政处罚方面也是如此,公民、法人、其他组织都可以是受处罚的行政相对人,而且不同的国务院所属行政部门往往都会针对《行政处罚法》及本部门的实际,在其主管负责的行政管理领域,制定各自的行政处罚实施办法。因此在行政相对人主体资格方面,不同行政法律规范体系下的行政处罚对于相对人资格的认定方式也有所不同。

因此,在针对刑事处罚法律风险及行政处罚法律风险的识别方面,对于其他组织除了需要考虑其行为是否合法,还要根据法律规定审查相关法律对于犯罪主体及行政处罚相对人资格的规定识别其法律风险。而且,由于政府对于某些行业或某些行为会有阶段性的扶持政策,也需要通过对企业行为的审查进行识别。

第二节 企业阶段性法律风险概要

从企业的生命周期去看待企业所面临的法律风险,优势在于可将企业的法律风险做更为细致的归类以便于看清企业法律风险的全貌。企业在生命周期的不同阶段,有着需要解决的主要问题,也面临着某种主要的法律风险,将企业在各个不同阶段所面临的所有法律风险综合在一起,就是企业在整个生命周期中可能遭遇的所有法律风险。虽然这样所得出的结论仍旧是普遍意义上的,但只要沿着主体、环境、行为三个要素去进一步分析企业,就可以发现其潜在的个性化的法律风险,并为有效的法律风险管理提供依据。

从主体、环境、行为三个要素入手去分析企业的法律风险,适用于企业生命周期中的任何阶段。虽然企业面临的法律风险在不同阶段具有不同的特殊性,但即便有不同的考虑角度,仍旧属于这三个方面的不同结合。

一、企业设立阶段的法律风险

设立是企业合法经营的第一步,是合法从事一切经营活动的起点,同时也是企业投资者与法律风险的第一次遭遇,是进行法律风险管理的起点。虽然现在设立企业的过程越来越简单、手续越来越简便,似乎只要在空白表格上填空即可完成,但这是没有从法律风险管理角度考虑问题的做法。许多企业之所以在后续经营中遇到麻烦,就是因为在设立过程中对于自己的需求和可能产生的法律风险没有认真考虑,从而影响了企业的正常发展,甚至最后导致企业前功尽弃。

投资行为中的法律风险需要从两个不同的角度进行分析:从投资者的角度来看,需要考虑投资主体、法律环境、投资行为三个法律风险要素,而从企业设立的角度考虑,则需要考虑企业的设立形态、治理结构等问题,因为这一阶段是企业最为基础的阶段,如果存在隐患将影响企业的未来甚至贻害无穷。

为了避免体例上的重复,这里仅讨论企业的设立形态问题及法理结构问题,其他内容及更多细节在下一章中展开。

(一)不同企业形态的不同法律风险

不同的企业形态适用不同的法律规范,行政性的法律规范只是对不同形态企业的出资方式、承担民事责任方式、登记要件及程序等进行统一规定,与此同时,这些不同形态的企业一旦开始从事活动或与外界发生经济往来,又会面临各类民事法律规范、行政法律规范甚至刑事法律规范的调整。因此,不同形态的企业既受共性的法律规范调整又受特有的法律规范的调整,其责任界限基本是以企业是否依法成立进行划分。

在企业依法成立之前的责任,如筹备阶段由投资人实施的租赁办公场地、采购办公物品、获取投资咨询服务等,其法律责任均由投资人承担,即便是企业尚未完成所有合法登记手续而投资人已经以新设企业的名义进行活动时也是如此,这一点在《民法通则》及其司法解释中有着明确的法律依据。而在企业依法成立后,企业对外所发生的行为则由企业承担责任。但企业的依法成立并不意味着投资人义务的截止,如果投资人存在出资不到位或滥用公司人格等情况,最后仍旧有可能由投资人自行承担责任。

在企业正式取得合法注册手续而依法成立之前,主要受到规范该类企业设立行为的法律规范调整,包括设立相关企业的必备条件以及设立程序等。前者如《公司法》、《合伙企业法》等规定公司形态的法律,后者如《公司登记管理条例》、《合伙企业登记管理办法》、《企业法人登记管理条例实施》等行政法规及部门规章。

但企业设立后在今后经济活动中的主体地位、承担责任方式等变化,则仍旧需要在设立企业时予以通盘考虑。这些需要通盘考虑的问题有的是直接缘于法律规定而对企业权利义务方面的影响,有的则是出于实际经营活动中的便利,主要分为以下几个方面:

1. 税负方面的考虑

从直接的法律规定来看,不同形态的企业之间会存在一定的税负方面的差异,虽然税收制度在不断的改革完善之中,但不同形态企业之间在税负方面仍旧存在着差异。尤其对于刚刚起步而且缺乏经验的投资者,这种税负方面的差异是非常值得考虑的内容。但企业的税负水平并非选择企业形态的唯一标准,还需结合所面对的市场等因素进行考虑。

2. 控制程度的考虑

除了各类单方投资的企业外,《公司法》项下的企业在投资时会涉及出资比例、决策权比例、分红权比例问题,其中的决策权是关键中的关键。由于需要共同决策,一些联营企业、合伙企业及有限公司由于决策上意见相左而又无法达成一致,最终使得企业只能以解散、分立等方式终结。

需要注意的是,在《公司法》项下的分红权、决策权可以与出资比例不一致,只要能够得到其他股东的认可,较小的出资比例仍旧可以获得更多的决策权及分红权。

3. 经营内容的考虑

设立企业并不等于只是申领营业执照,有时还要通过一系列的各类外围审批手续并取得不同的行政许可方可合法经营。不同的许可所涉及的要求各不相同,许可获得通过的难度也各不相同,通过许可后可以经营的范围也各不相同。除了从经营内容考虑企业形态及规模、资质外,还要考虑在未来的商业机会中,何种企业形态易于在各类招标活动中取得投标资格,何种形态易于吸引其上游的供应商、下游的分销商与之合作。

4. 注册资本的考虑

企业的注册资本是企业的"本钱",也是投资人对企业承担责任的底线,不仅一旦认缴就必须缴付,而且必须出资依法不得撤回。如果所投资的企业是有限责任公司,而且投资人已经向公司认缴了出资额度并承诺了出资期限,但到期后却未能按章程中所认缴的金额实际缴纳出资,则投资人就构成了股东对公司的债务,依法可由公司出面追回。

(二)企业章程与法律风险

公司章程相当于投资人之间为设立公司并规范公司的经营行为、规范对公司的管理而共同拟定的"宪法",其效力不仅及于投资人,还同时及于公司及公司的董事会、监事会、经理、财务总监等人,并对新加入的投资人有约束力。某些企业在设立时,投资人之间还会签订投资协议,但除了《公司法》第80条规定"股份有限公司发起人承担公司筹办事务。发起人应当签订发起人协议,明确各自在公司设立过程中的权利和义务",以及中外合资企业仍旧需要将合营合同作为与章程一道进行审批的文件之一外,《公司法》并未规定设立有限责任公司时必须提交投资协议,因而它不是设立有限责任公司的法定必备文件。但章程之外存在的投资协议,也是解决投资人之间争议的依据。

公司章程与投资协议在生效时间、有效期间、适用范围上存在很大不同,常规的投资协议生效于章程之前,仅适用于投资人之间且在投资行为完成时效力终止,而公司章程往往签订在后且必须是在公司成立时才能生效。所以当二者之间存在冲突时,无论是公司与外界之间还是投资人之间,其法律后果一般均以公司章程为准。但投资协议在章程内容之外的约定,则对投资人仍有约束力。

除非企业的投资主体是单一主体,否则公司章程是平衡投资人之间利益的关键性文件,无论是治理结构的设置还是出资人之间出资比例、表决权比例、分红比例的设置,都关系到公司设立后投资人的利益如何保护、投资人的权利如何行使等一系列问题。那种以填空方式完成的公司章程,往往只能应对那些"普及型"的设立公司的需求,但无法通过章程的制订体现出投资人的个性化现实需求,无法实现投资人之间权利义务的平衡,也难以保障争议的顺利解决。

二、企业经营中的基本法律风险

企业设立以后的经营活动中,由于企业活动的类型较多、涉及面广,因而所面临的法律风险最为"丰富多彩"。目前的企业法律风险研究,基本上也集中于企业的这一生命周期之中。在正常经营活动中,所涉及的主要法律风险有人力资源管理、合同及合同管理、产品责任、知识产权、资产及税务管理、生产过程管理、融资担保、反不正当竞争及反垄断等,其中最为常见的是人力资源管理和合同管理等所有企业都会面临的基本法律风险。

(一)人力资源管理法律风险

所谓的人力资源管理不属于法律范畴而属于企业管理范围。它所强调的,是将人作为一种资源进行开发、利用并充分发挥其潜力,而不是像某些企业那样单纯地将员工工资当成一种成本,尽最大努力去压缩、克扣。在法律方面,人力资源管理所涉及的是劳动法律风险问题,主要有《劳动法》、《劳动合同法》及相关各层级的法律规范。

从《劳动法》及《劳动合同法》的本意来看,是为了在劳动者和用人单位之间建立起一种权利义务的平衡,使企业能够拥有稳定的、具备熟练劳动技能和遵守劳动纪律的员工,同时也使员工的收入、福利等权益有所保障。如果能够实现这一点,无疑对于劳动者和用人单位都是有利的。但由于我国企业的管理水平总体上处于比较粗放的状态,无论是在企业管理制度的合法化、科学化、体系化方面,还是招聘、薪酬、培训、激励的流程管理中的各类合同方面,都与法律体系的要求和人力资源管理的目标具有一定的差距,需要由法律界人士与人力资源管理方面的人士一道提升其人力资源管理的合法化水平,降低这一方面的法律风险。

(二)合同及合同管理法律风险

合同法律风险分为两个方面,一方面是合同本身的质量是否足以控制交易当中的法律风险,另一方面是合同以外的谈判、签约、履行等行为是否足以回避法律风险。而在这两个方面,大部分企业的法律风险控制仍旧比较粗放,尤其是法律风险管理与企业管理之间相互脱节的情况比较严重。

在合同内容方面,大多数企业并没有针对自己的实际情况和交易需求制订出合适的企业专用合同文本体系,即使在一单一签的合同中,许多合同未能充分运用法律所赋予的权利对权利义务进行充分的约定。因而,就合同本身的法律风险而言,主要是合同质量以及交易习惯方面所引起的合同内容粗略、表述不够精确等内容。这些缺陷在合同得以正常履行时不会存在重大问题,但在交易双方发生争议时往往会对权利义务的解释及争议处理带来麻烦甚至导致败诉。

在合同管理方面,虽然许多企业已经建立了合同的审批管理、印章管理、档案管理制度,但这仅仅是合同管理工作的一部分。合同管理还应针对合同履行过程中所出现的问题,充分利用法律所赋予的权利采取相应的对策,以实现交易利益及争议处理时的利益最大化。而在合同管理方面,大多数企业往往只是设立了法律事务管理部门,而对相应的流程、应对方案等并未进行深入的研究。

(三) 履行瑕疵的法律风险

无论是提供产品还是提供服务,或是转移财产、完成工作,都存在着因履行瑕疵而承担民事责任甚至行政处罚、刑事处罚的法律风险。而在这些不同性质的交易所引起的供方责任中,产品责任最具有代表性。

作为一种特殊的侵权责任,产品责任的举证责任存在着倒置,即由生产者举证。最高人民法院也在其关于诉讼证据的相关规定中明确,"因缺陷产品致人损害的侵权诉讼,由产品的生产者就法律规定的免责事由承担举证责任"。而正是由于这一特殊性的存在,使得产品的生产者面临着更多、更大的法律风险。

尤其是在产品质量及产品标识方面的法律规定上,存在着诸多的主观标准,容易导致生产者承担意想不到的产品责任。例如,在产品质量方面,《产品质量法》规定"不存在危及人身、财产安全的不合理的危险",并"具备产品应当具备的使用性能"等。同时,在产品标识部分还规定了"使用不当,容易造成产品本身损坏或者可能危及人身、财产安全的产品,应当有警示标志或者中文警示说明"等内容。

从这些规定来看,要想控制产品责任法律风险,必须从产品质量标准、产品标识及说明、原材料采购、产品销售甚至产品开发设计等多个方面着手,而本身已经是个复杂的系统工程。此外,即便不是制造型企业,如建筑企业、服务业等,其实也同样存在着交付标的方面的法律风险。

(四) 资产及税务管理法律风险

这里所说的资产管理与税务管理,是指按照法律规定的要求和企业利益管理自己的资产和税务,在保证自己的合法权益的同时,实现利益的最大化。

在资产管理方面,特别是对于那些以登记为准的资产,应该做到所有权明确、各类手续齐全、相关资料完整。也就是说,对于按照法律规定需要登记才能明确其所有权的资产,应当及时完成登记或及时完成过户等手续,并妥善保管自己的相关登记资料。而对于那些无法通过登记去明确所有权的资产,必须有完整的货权凭证或买卖凭证,同时还必须有明确的企业资产登记记录,以确保能够随时证明其所有权。而对于那些经常处于流动状态的资金等,也必须在流动过程中有凭有据,保留下来的原始资料或凭证必须能够毋庸置疑地证明资金的流向及接收方,防止因无法证明资金的流向或接收人、用途而造成权利损失。

税收与企业的经营收益及股东分红的关系极为直接和密切,也是企业经营管理所必不可少的内容。许多经营管理比较好的企业,在投资决策阶段所要考虑的重要内容就是税务安排。依法纳税是企业和公民的应尽义务,而在法律规定的范围内合理安排税务承担的方式,则既属合理又属合法,也体现了企业管理的水平。但在税收管理方面,往往存在许多可能受到税务部门处罚的法律风险,甚至某些行为可能导致刑事处罚。如何在合法的规范内合理避税,便是企业法律风险管理在这一领域的工作重心。

目前,税收杠杆已经越来越成为各级政府调节经济发展方向和产业发展方向的重要工具。当需要社会资本向某一领域倾斜时,或需要限制某一领域内的投资时,往往会通过税收等综合方法减少或扩大某一领域投资的成本,通过这种宏观调整手段去平衡社会资源。因而,企业无论是投资还是经营,都需要注意税收方面的政策变化,在充分熟悉税收政策变化的同时,充分利用法律上的相关规定,既积极响应政府的号召又能合理地避税。

(五) 市场竞争法律风险

市场竞争中的法律风险主要包括因违反《反不正当竞争法》及《反垄断法》而导致的法律风险。这两部法律互为补充,前者规范了大部分的不正当竞争行为,而后者则规定了前者所并未包括的垄断行为,共同为企业竞争行为制定了基本的行为规范。

不正当竞争是损害其他经营者的合法权益、扰乱社会经济秩序的行为。许多企业在其发展的初级阶段都有这种行为发生,其中使用与知名商品特有的名称、包装、装潢或与之近似的"傍名牌"行为最为普遍。而商业贿赂、虚假宣传、侵犯商业秘密、以排挤对手为目的的倾销、诋毁竞争对手或其商品声誉、串通投标等行为,也在社会上屡见不鲜。无论是由于涉嫌侵犯商业秘密而被行政主管部门处罚还是被竞争对手、消费者提起民事诉讼,大都会使企业处于进退两难的境地并丧失自己的客户。

三、企业经营中的专有法律风险

除前述那些企业共同存在的法律风险外,还有一些在经营行为中由于企业的特定行业或特定行为而面临的法律风险。这类法律风险并非所有企业都会遇到，但也是企业经营中经常会遇到的法律风险。

（一）知识产权法律风险

知识产权法律风险已经随着我国加入世界贸易组织以及国内加强知识产权法律保护力度，越来越成为一种常见的法律风险。同时，经过多年的发展，知识产权本身也已经由被动地保护智力成果创造者的权益，演变为企业之间进行竞争的有效手段。因此，对于知识产权法律风险的管理既存在对于知识产权的再认识，也存在着对知识产权问题处理的再认识。

企业活动中所涉及的知识产权主要有商标权、专利权、著作权、商业秘密几类，制造型企业生产经营的各个阶段都有可能涉及他人的知识产权。通过利用他人的知识产权固然能够使企业在技术等方面的能力得到快速提高，但使用不当则会因侵犯他人的知识产权而承担责任。例如，企业的知名商标和实用新型专利是最容易受到同类企业的侵权的。这类侵权主要分为两类，一类是直接侵犯商标权和专利权，另一类则是违反《反不正当竞争法》而实施的不正当竞争行为。

由于自身开发力量薄弱，加之对于法律规定及法律后果的认识不足，同时也由于对知识产权的认识不足，许多企业既未刻意树立自己的商标，也未对自己的开发成果申请专利。这样做的缺陷是，许多企业由于没有知识产权保护而被仿冒标识或产品，严重影响了其经济收益。更有甚者，其产品的设计或标识也有可能因其怠于知识产权管理，而被他人抢先申请专利或注册商标，并因落入其他企业的知识产权保护范围，而从开发者变成侵权者。

（二）生产过程中的法律风险

在生产过程中，同时会面临两种法律风险，其中一种是包括固体废物及废水、废气、粉尘、噪音等污染引起的环境保护法律风险，还有一种是生产过程中对于有害健康工程的操作员工的劳动保护措施是否到位的法律风险。

环境保护与劳动保护是近年来日益引起关注的问题，相关法律规范的要求也在近几年来越来越明确、越来越严格。前者由于影响到整个社会的利益，既涉及整个国家的可持续发展问题，同时也是企业应尽的社会责任。而对于后者来说，对员工实施充分的劳动保护，既是生产安全的法律规范及强制标准的要求，也是企业应尽的人道主义义务。

还有一些工作本身就是特种作业，对于作业人员的技术资格要求以及操作程序要求极高，而一旦随意操作则极有可能造成重大事故，对于企业中可能存在的这类工作，必须从人员资格及管理方面去验证其合法性。

企业生产过程中的法律风险，还体现在生产过程中对于包括消防在内的各类生产安全法律规范的遵守方面。这类生产安全法律规范在许多行业均有涉及,对于生产企业来说,违反这类法律规范一旦产生重大事故,则相关的负责人极有可能会被追究刑事责任,而企业也将受到行政处罚。这类生产安全方面的法律规范涉及多个方面,例如消防安全方面的法律规范在厂房设计、车间布置、安全培训、器材配备、物资堆放等方面均有涉及。

(三) 融资、担保法律风险

在企业的经营及发展过程中,往往会需要大量的资金以维持正常经营或充分利用市场机遇。在改革开放以前,企业融资往往只有银行贷款一种方式,改革开放后增加了一定的社会集资和民间借贷。而在如今的形式下,企业得到银行贷款并不容易,但社会上却增加了更多的融资方式。如股权融资、引进风险投资、上市融资、债券融资等,在某些具体项目上还有可能以特许经营权、国际财团、出口信贷、政府资金资助、外国政府贷款等方式。

对于企业而言,虽然"落袋为安"的资金本身不会对他们造成损害,但越是特殊形式的融资往往越是讲究"游戏规则",必须充分了解"游戏规则"中关于融资的前提条件、资金的使用规则和违约后果并充分考虑自己的全面履行能力,否则很有可能导致索赔或将多年打拼出的企业拱手送人。而对于某些国内集资行为也必须认真核对法律规范的相关规定,避免因集资行为违法而造成损失或转变为非法集资而受到行政或刑事处罚。

与融资行为相对应,担保也是企业必须认真对待的问题。根据《担保法》的相关规定,担保有保证、抵押、质押、留置、定金几种方式,而这些担保方式的设置,都是为了保证债权人的利益不受损害以促使更多的资金注入经济活动之中,以促进整个社会的资本融通和资源流通。因此在担保活动中,如果企业是债权人,则应考虑如何约定合同条款才能使自己不受损失或足以转嫁损失,如果是担保人,则需要考虑债务人的实际履行能力及一旦债务人违约而对自己企业的不利影响,以保证自己量力而行。如果处于债务人地位,则需要考虑使用贷款的交易目标能否实现、交易的安全程度,避免因违约而导致的严重后果。当债务人的资金链处于断裂或即将断裂的状态时,任何债权人的催讨行为都有可能产生剧烈的连锁反应。由于负债经营是企业经营中的普遍情况,一旦发生查封、哄抢等行为,其他债权人往往也会闻风而动,而这种连锁反应足以摧毁任何企业。

(四) 企业经营中的其他法律风险

前面对于企业正常经营中的法律风险的概括性介绍,只是列举了部分法律风险,在实际经营中还会存在大量的其他法律风险,如广告宣传、运输、企业技术开发、零部件或服务外包等,甚至企业单务行为中的捐赠行为也会存在法律风险,这些法律风险既存在于合同中也存在于相关行业法律背景环境中。由于这类内容在上一节中已经进行了介绍,这里不再重复。

还有一些企业经营中的法律风险相对于一般的企业更为少见,例如随着《反垄断法》的颁布,企业的法律风险管理增加了反垄断的主题。就我国经济的整体发展层面而言,垄断行为似乎与通常的经济生活距离较远,但在各个细分市场内,通过垄断协议、滥用市场支配地位、经营者集中进行市场垄断行为在经济生活中早已出现。如何控制这一方面的法律风险,或充分运用法律的相关规定维护自己的合法权益,对于企业界和法律界都是一个崭新的课题。

总的来说,对于企业法律风险的识别,无论是针对哪类法律风险,其基本方法都是从主体、环境、行为三个要素着手,从而识别出具体的法律风险所在。

四、企业非常态下的法律风险

所谓非常态的法律风险,并非所有企业都会面临的,而且不属于正常经营行为的活动时所要面临的法律风险。这些法律风险主要集中在企业扩张行为,以及非正常的诉讼等行为之中。

(一)企业上市法律风险

经过前几年的持续发展,上市融资已经成为企业快速发展的重要途径,甚至成为企业发展水平的标志。而伴随着全球经济一体化的发展,国内企业在国外上市也已经十分寻常。但只要有利就必然有弊,企业上市并非企业发展的唯一选择,而且它也无法解决企业的所有问题。

由于企业上市后必须接受严格的监管、必须遵循严格的信息披露等制度,在获得大量发展资金的同时,企业的经营活动受到许多限制,而且企业情况对外透明,增加了因操作不规范而被处罚的可能性以及因情况透明而成为其他企业兼并收购目标的可能性。企业在上市过程中,原企业与上市企业之间的资产关系处理、组织机构调整、公司连续性要求等,都会对企业的经营活动有所约束。而在企业上市后,股东大会的影响力也远远大于公司的股东会,为企业的经营、投资等活动带来了诸多的不便。

而选择在海外上市虽然会给今后的发展带来更为广阔的空间,但也会面临更高的上市成本和更多的法律约束。尤其是在美国,按照美国法律,所有在美国上市的企业均视为美国公司,因而必须接受美国法律的管辖。而美国针对上市公司的一系列法律规范比欧洲国家严格得多。例如,美国的《萨班斯法案》使得美国的上市公司增加了许多的管理成本,以至于某些企业在上市后不得不以退市而告终。

(二）企业并购重组法律风险

并购与重组其实包含了不同的含义,前者包括了兼并和收购;而后者则主要是指通过对一个或多个企业的资产、资本结构进行拆分、置换、出售、合并等调整,优化产业结构、提高资源运用效率的经济行为。可以分为资产重组、债务重组、股权重组等。

相对于重新设立企业并采购设备、招募人员组织生产,并购、重组可以在较短的时间内完成经营调整,从而在把握市场机遇和提高效率方面占有极大的优势,因而已经成为企业发展或扩张的一种非常重要的现代经营手段。目前,并购与重组的目的已经不是原来的扩大再生产,而是向获得土地使用权、获得营销渠道、获取知识产权等方面多元化发展。

在并购及重组之前的尽职调查是预防法律风险的重要手段,必须通过尽可能详尽的尽职调查理清目标公司的资产与负债等与工作目标及所付对价有关的所有信息,为实现交易目的并回避法律风险提供依据。同时,需要依据交易目的去设计交易方式,并从财务安排、税务安排等角度合理安排交易模式以降低交易成本并控制法律风险。必要时,交易还需要分成不同的阶段,以步步为营的方式分散控制不同的法律风险,避免偏离交易目的或在交易中受到损失。

在重组过程中,尤其要注意重组后的债务承担问题,因为依据《公司法》第177条的规定,"公司分立前的债务由分立后的公司承担连带责任。但是,公司在分立前与债权人就债务清偿达成的书面协议另有约定的除外"。

(三）企业国际化法律风险

企业国际化包括了产品或服务的出口以及对外投资。而所有这些行为中最为重要的一点,是对输入国法律环境的了解以及与合作商之间的合同约定。

对于产品直接在国外市场销售来说,产品输入国对于产品质量的强制性标准要求、输入国法律对于产品责任的规定及相关的案例都是法律风险控制活动中必不可少的工作内容。如果只是将产品卖给采购商并由采购商在目标市场销售,则与采购商之间的合同极为重要,无论是在产品责任方面还是在结汇方面,必须分清责任、明确义务,避免受到无谓的损失。

至于在海外进行投资或兼并收购,则更应当考察当地的企业注册及运营管理法律规范、市场交易法律环境及交易习惯,以及环境保护、劳工法律、知识产权、产品责任等法律环境,从而有效地根据这些方面的成本支出分析合理确定是否投资、如何投资,并确保投资达到预期的目的。

(四）诉讼及争议处理等法律风险

企业争议处理方面的法律风险主要体现在面对行政处罚、刑事处罚及民事争议的处理环节。在面对这些争议或诉讼时,如果对相关的程序法或实体法并不熟悉,或是对相关有利证据的调取和组织使用不当,都有可能在诉讼或争议处理中遭受不利的后果。

在行政诉讼及争议处理方面,随着我国社会的进步,政务公开及依法办事的透明度会越来越高,企业需要充分运用行政许可、行政复议、听证、行政诉讼,以及行政合同、国家赔偿等方面的基本法律规则,在达成经营目的的同时充分享有法律所规定的权利维护自己的权益。而最为重要的是,企业在作为或不作为之前,必须充分树立法律风险意识,通过事先的筹划控制法律风险,而不是等到问题暴露后通过行政诉讼等手段被动地应对。而刑事处罚方面的法律风险与行政处罚方面的法律风险在风险控制方面则极为相似。

对于民事争议处理,决定结果的因素在于法律知识和相关证据。被动地提起或应对诉讼属于法律风险管理最希望回避的情况,而一旦诉讼不可避免,诉讼本身也是法律风险管理的内容。诉讼方向及法律依据的选择、证据的收集和组织、诉讼策略的设计都是控制诉讼法律风险的重要组成部分。尤其是对于民事合同诉讼法律风险来说,从诉讼阶段进行控制已经过于滞后,最为全面的法律风险控制是对合同文本内容的控制及合同谈判、履行过程的控制和证据收集及保留。

因此,管理争议处理及诉讼法律风险的要点并不在于争议处理或诉讼本身,而在于引起争议或诉讼的作为或不作为之前,必须从整体上加以考虑。而对于争议处理或诉讼本身的法律风险,则在于对法律规范的充分了解和运用以及有利证据的收集及组织使用方面。

第三节　对企业法律风险的尽职调查

对于大多数的非诉讼法律事务,尽职调查都是着手工作时的第一步,对于法律风险管理中的法律风险识别也是如此。法律风险的产生有主体、环境、行为三个要素,而通过尽职调查可以锁定这三个要素在目标企业中的现实状况,缩小工作范围、明确工作目标,并使工作结果具有针对性和实用性。

与尽职调查相对应的英文词为"Due Diligence",其原意是"适当的或应有的勤勉",法律术语译为"尽职调查"。从这一术语产生的渊源来看,尽职调查其实就是对相关法律事务具有法律意义的背景资料进行应有的调查,使相关法律事务的处理建立在客观、全面的信息基础之上,以确保相关法律事务的处理能够达到预期的结果,而不因相关信息在真实性、完整性、全面性、合法性等方面的原因影响预期目标的实现。

"尽职调查"一词虽然早在1997年7月就在当时国务院证券委员会所发布的《关于发布〈证券业从业人员资格培训与考试大纲(试行)〉的通知》中出现,但迄今为止在我国的法律规范体系中并无权威的定义。法律风险管理中的尽职调查,主要是受企业主的委托对法律风险管理项目范围内的企业实际情况进行调查,从而为提高控制措施的针对性和实用性提供基础。

一、法律风险管理项目的启动

法律风险管理项目的第一个步骤就是法律风险识别,然后才有法律风险的评估、解决方案设计、管理体系宣贯执行、循环改进几个步骤。而法律风险识别则是以尽职调查开始、以制作法律风险清单为结束。如果不能解决企业及企业人员的顾虑,尽职调查工作往往无法顺利启动。

法律风险管理项目中的尽职调查与其他尽职调查略有不同,这种调查是由企业委托律师针对自己的情况进行调查,因而其商业秘密等情况很有可能在律师面前一览无遗。但为了切实发现问题、事先找到应对方法,企业又必须对律师开放所有的企业信息,才有可能由律师透彻地对企业实施"全面体检"。正是由于涉及企业的诸多商业秘密,而许多处于核心地位的敏感商业秘密一旦泄露则足以对企业造成极为严重的不利影响。因而必须在律师事务所与企业之间设定保密义务,既打消企业在安全方面的顾虑,又能促使项目得以进行。如果必要,可以排除某些方面的法律风险调查,以打消企业的顾虑。或者对于某些敏感资料仅在现场审阅并制作工作笔记但不以任何方法复制,以避免相关资料复制件的遗失或泄露而给企业及律师带来风险。

而在企业中普遍存在的另一个问题,是各个职能部门或各个工作岗位往往并不愿意将自己工作中的所有情况向律师公开,因为他们担心这样会暴露他们在工作中的失误或工作质量缺陷,并因此而受到上层管理部门的批评甚至处罚。即便是对于他们在工作中所发现的其他职位、其他部门的法律风险问题,往往许多人也不愿多谈,以避免引起人际关系冲突。这些担忧完全是合理的,而且足以使得尽职调查无法得到宝贵的第一手资料,从而使整个项目浮在面上而无实用内容。为避免这种情况的发生,必须从企业高层管理者及具体工作方式两个方面着手,打消各个部门的顾虑和具体受访者的顾虑,从中发现最有实际价值的法律风险点,以提高企业实施法律风险管理项目的实用价值。

除以上两个重点问题以外,在通常情况下尽职调查需要持续较长的时间,直到所需资料收齐为止。在某些项目中,由于不断发现新的问题,或有足够的证据表明某些原来的结论可能存在问题,甚至在解决方案设计的阶段仍需对某些问题进行后续的补充调查,因而律师与企业的界面、律师与团队的界面必须清清楚楚。就律师与企业的界面而言,企业必须有明确的联系人、责任部门,而且律师与企业之间必须有明确的资料交接记录,以便于确定哪些文件已经提交、哪些文件经确定并不存在,同时也由企业安排具体的零距离访谈的对象及日程,从而提高工作效率和质量,避免责任互相推诿。而从律师团队的工作界面而言,如何确定具体的工作内容、标准的工作接口,以及如何整理、分析调查取得的资料等也必须十分清楚,否则就会影响工作效率及质量。

二、尽职调查内容范围的确定

在为了实现某种交易而进行的尽职调查中,调查的目的是破除信息的不对称性、确保交易目的的实现以及交易的安全。而在法律风险管理项目中所展开的尽职调查,则是律师受企业主的委托对企业进行"体检",因而律师与企业之间并不存在利益上的对立,调查的范围与深度完全取决于律师与企业所共同确定的项目内容。

法律风险尽职调查的侧重点,是通过系统收集企业各类历史或现实行为的真实情况信息,为从整体上识别企业法律风险提供基础资料,以便于发现企业的管理制度及经营行为中各个具体的作为与不作为所存在的法律风险。进行这类调查的第一步,是设计一份法律风险尽职调查清单。

(一)针对个别项目的尽职调查清单

对于某些专项的法律风险管理服务,由于有着具体的目标与方向,进行尽职调查的工作范围容易锁定。对于这类清单,应当详细地列举所需要的内容,争取一次性解决问题。例如,针对合同法律风险的尽职调查可以分为以下几个方面:

(1)企业的法定代表人及对外签订合同的授权情况;
(2)有权对外签订合同的部门及所签合同类型的清单;
(3)合作商选择标准及决策程序;
(4)合同审查、审批、签订权限、工作标准、程序;
(5)合同及合同履行管理制度;
(6)企业所用合同种类及样本;
(7)企业对外交易所用表单清单及使用中的样本;
(8)合同非正常履行情况汇总及处理情况资料;
(9)非正常债权债务清单及相关资料;
(10)未结合同争议清单及相关资料;
(11)以往诉讼解决争议情况的清单及资料;
(12)使用对方合同时的情况汇总及合同文本;

(13）对外担保情况及担保合同情况汇总及合同；
（14）因合同文本或合同履行而受到行政处罚的相关资料；
（15）企业自订合同文本的背景及沿革；
（16）企业各相关部门对现行合同的意见或建议；
（17）地方法规或地方政府部门对于企业所属行业的特别规定；
（18）地方法规或地方政府部门对于交易合同的规定及示范文本。

对于这些需要进行尽职调查的内容，大多数企业无法全面提供，这是企业整体管理和业务特点所决定的，但多一份资料就增加了一份分析客观情况的依据。而且，这类专项法律风险尽职调查由于内容专一，对于企业信息的依赖度不是很高，比较容易设计。

（二）针对企业整体的尽职调查清单

当法律风险管理项目的尽职调查是针对企业全面展开时，其调查范围是完全"敞开"的。对于这种调查，需要针对企业情况设计整体的调查清单。这种清单应当尽可能全面，涵盖到应当进行调查的所有范围以提高工作效率，但对于某些细节可以在调查过程中进一步补充。既然是就法律风险进行尽职调查，这种调查就必须从企业更为广泛的主体、环境、行为着手，挖掘出更多的法律风险线索，为法律风险的识别提供依据。

同其他风险一样，企业的法律风险中，一部分是所有企业所共有的，另一部分则是某一行业的企业甚至是某个企业所特有的。前者与整个国民经济及政策导向、法律背景有关，而后者往往是与该行业的整体情况、企业自身的历史延革、企业的整体管理能力、企业家的风险偏好有关。法律风险是企业面临的风险中的一种，有着企业所有风险的共同特点，许多控制其他风险方面的工作方法和成功经验也可以借鉴使用。

针对整个企业制定尽职调查清单时，对于企业信息的依赖比较多，必须对企业具有一定的了解才能制定出便于操作的调查清单。特别是针对那些档案管理程度比较低的企业，当通过简单的企业档案查阅无法得到有用的信息时，就必须以其他方式去取得那些分散于各个不同部门的基础性资料。

详尽的法律风险尽职调查需要较多的时间和人力，为提高工作效率并节约人力成本，应当根据企业的工作目标及项目期限等要求确定调查内容清单并在企业确认后开始实施。某些企业可能会因其内部资料过于敏感而不愿提供，也有一些企业的情况律师不便涉及过深以免形成自身的法律风险，对于这类内容可以在确定调查清单时加以排除，但最好申明仅对调查清单范围内的调查结果负责。

由于企业所处的行业不同、调查的重点不同，对于企业法律风险尽职调查的清

单也会各不相同。例如,针对某生产型集团企业进行法律风险尽职调查时,调查清单内容的主要分类及大致内容分别如下:

第一部分 集团公司基本文件
1.1 集团公司及所投资企业的成立文件
1.2 集团公司及所投资企业的组织结构
1.3 集团公司及控股企业的各项规章制度
1.4 集团公司简介及管理层名单

第二部分 集团的资产及财务管理
2.1 集团的股本及到位情况
2.2 集团的分类重大资产情况
2.3 集团的对外投资情况
2.4 集团的税务情况
2.5 集团的对外担保及被担保
2.6 坏账及应转销往来款
2.7 目前主要的债权债务
2.8 其他相关的法律问题

第三部分 集团的采购管理
3.1 采购管理制度及采购合同样本
3.2 建设工程的采购合同
3.3 生产原辅材料的采购管理
3.4 集团的其他采购管理
3.5 以往采购活动档案资料

第四部分 集团的生产管理
4.1 集团的生产安全管理
4.2 集团的环境保护制度及相关资料
4.3 劳动保护管理相关制度
4.4 以往情况档案

第五部分 集团的销售管理
5.1 集团的销售管理制度及流程
5.2 销售合同样本
5.3 交货及运输管理制度及表单
5.4 质量争议处理有关制度
5.5 应收款管理制度
5.6 以往销售活动档案

第六部分 集团的人力资源管理
6.1 集团的人力资源管理基本制度
6.2 各类员工行为规范
6.3 招聘管理及劳动合同
6.4 员工的劳动纪律管理
6.5 员工的薪酬与福利待遇
6.6 员工的离职管理
6.7 以往争议处理档案

第七部分 集团的技术开发管理
7.1 原料及成品质量检验制度
7.2 产品质量管理及研发管理
7.3 生产技术管理及技术改造管理
7.4 企业知识产权管理
7.5 信息安全管理

第八部分 集团的综合行政管理
8.1 战略及投资管理制度
8.2 安全保障及消防管理制度
8.3 企业公共关系事务管理
8.4 集团公司的综合行政管理

第九部分 集团的其他情况
9.1 集团历史沿革中的法律风险
9.2 集团股东持股会的相关资料
9.3 对集团所属企业管理制度及管理流程

由于不同行业、不同企业在不同的法律环境下会面临不同的法律风险,因而结合企业的实际情况及项目要求而制定的调查清单也各不相同。上述清单只是针对某一具体行业中的具体企业,而且是在具体的法律环境下,在某些细节上并不具备普遍意义,因而更多的细节不再展开。而且,在第一轮资料到手后,可以根据判读的结果,提出第二轮的调查资料清单。

三、尽职调查的几种方法

为识别企业法律风险而进行的尽职调查,一是要为识别法律风险以及后续的一系列活动提供依据,因此要全面、客观,二是要在工作的同时既控制企业的法律风险也要控制律师自己的法律风险。如果一个工程浩大、成果颇丰的管理项目刚刚完成,突然冒出一个调查范围或管理方案以外的法律风险事件,无疑是对管理措施的严谨性的绝大讽刺。要想完全杜绝这类情形目前还有一定的难度,但至少应该在较大的法律风险方面没有遗漏。

除了律师自行进行的审阅和判读,在律师与企业的界面上,具体实施尽职调查的工作方法,主要有资料收集、调查问卷、零距离访谈、现场观察四种。如果在尽职调查过程中还有其他资料尚不清楚,可能需要律师主动进行企业内外的调查。每种调查方法都会各有利弊,具体可以根据工作质量及工作效率的考虑综合加以运用,甚至对于重点问题同时采用多种方法以确定具体的法律风险。

(一) 资料收集

对于基础资料的收集,主要是取得企业已经在现实中存在的基础资料,如各类管理制度、合同、表单、记录、档案等。可以用提供资料清单的方式由企业按清单上的内容提供,也可以由律师自行或通过助理按照清单从企业调取。这些清单一般以律师与企业所共同确定的工作内容为基础,通过细化和具体化某些项目而形成全面涵盖调查范围的清单。前述的尽职调查清单大多是收集资料时所用的清单,而在收集资料时,有些内容还是需要进一步地细化、具体化。

在实际工作中,由企业按资料清单提供资料的方式进行调查可以节省律师的工作时间。但如果对应的企业管理人员对清单存在理解上的问题,律师往往很难得到想要的资料,许多情况下还是需要现场调取以便决定资料的取舍并借以发现清单以外的重要资料及具体情况。

由于法律风险管理项目所需要尽职调查的内容与企业管理的内容在某些方面并不一致,而且大多数企业在全面法律风险管理方面还处于空白阶段,因此资料清单上的内容往往企业无法全面提供。另外,就目前的企业管理水平而言,许多企业往往由于相关资料的管理制度并不健全或执行不利,某些资料未能及时归档甚至未能妥善保管的情况也并不罕见,加之某些企业对于清单上的内容根本无法理解,因此这类调查不得不分阶段进行,通过一轮接一轮地提供清单和收取资料,才能逐步描述出企业法律风险的现实状况。

对于进行调查的律师来说,必须不断地确认每次往来清单上的资料是否已经提供,并对资料及时进行判读以确定下一轮的调查清单,同时还需对所取得的资料进行分类管理和目录管理。

(二) 调查问卷

调查问卷的调查方式与资料清单的方式并不冲突,而且使用方法也比较多。一般使用这类方式进行调查主要是用于取得被调查对象的主观印象和感受,从而得到通过前一方法无法取得的基础资料以外的情况。例如,通过资料清单虽然可以得到各种制度的具体内容,但无法知道制度的执行情况和执行者对于制度的主观感受,对于这些存在于某些调查对象主观意识中的内容,一部分可以通过调查问卷的方式取得,还有一部分则必须用访谈的方式才能取得。

对于这类使用方式,其调查问卷的设计在于考虑到各种不同的情况,使人容易理解和能够回答,如果以选项的方式回答问题,而回答问题的选项范围又过于狭窄,往往使得调查对象无法回答,从而得不到真实情况的信息。

此外,对于调查问卷还有其他使用方式,那就是用于概括性的了解,以便在第一轮的调查问卷得到有效反馈后,进一步锁定工作目标,同时也排除某些并不存在的选项。这类调查问卷的设计往往内容全面、涉及面广,而由企业在回答问题时排除那些不存在的选项,确定下一步和调查范围。例如,英国路伟律师事务所对于某企业的问卷调查表的局部内容如下:

> 公司董事会和/或高级管理层已经对公司所有管理人员和员工制定了以下哪些制度和做法:
>
> **(a) 整体监管合规项目**
> 如果有,该制度在贵公司的实际运作中是否得到遵守?
>
> **(b) 内部交易制度**
> 如果有,该制度在贵公司的实际运作中是否得到遵守?
>
> **(c) 公司治理制度**
> 如果有,该制度在贵公司的实际运作中是否得到遵守?
>
> **(d) 交易行为准则/伦理制度**
> 如果有,该制度在贵公司的实际运作中是否得到遵守?
>
> **(e) 媒体危机处理制度**
> 如果有,该制度在贵公司的实际运作中是否得到遵守?
>
> **(f) 相关证券法规要求的披露制度**
> 如果有,该制度在贵公司的实际运作中是否得到遵守?
>
> **(g) 数据保护方面的合规制度**
> 如果有,该制度在贵公司的实际运作中是否得到遵守?
>
> **(h) 健康和安全方面的合规制度**
> 如果有,该制度在贵公司的实际运作中是否得到遵守?
>
> **(i) 环境方面的合规制度**
> 如果有,该制度在贵公司的实际运作中是否得到遵守?
>
> **(j) 反贿赂和腐败方面的合规制度**
> 如果有,该制度在贵公司的实际运作中是否得到遵守?
>
> **(k) 反垄断/竞争法方面的合规制度**
> 如果有,该制度在贵公司的实际运作中是否得到遵守?

(1) 产品安全方面的合规制度

如果有,该制度在贵公司的实际运作中是否得到遵守?

公司是否全面建立了违反相关制度的非公开举报制度?

(三) 零距离访谈

在法律风险管理项目的尽职调查中,面对面"零距离"的访谈往往是必不可少的,这也是其他任何一种方式都无法替代的调查方式。这类方式往往用于内容比较复杂,无法简单地通过资料清单及调查问卷取得的内容,或者是由于内容比较敏感,企业具体工作人员不愿意通过书面方式提供支援的内容。这种形式的调查,对于某些企业人员而言是对他们的尊重。

由于是面对面地进行调查,被访者与律师的沟通比较直接、即时,律师可以通过及时调整方向而取得许多表面上的调查所无法取得的内容。而且,面对面地回答问题远比查找及提供资料、阅读及回答调查问卷来得容易,工作负担轻,因而律师访谈所得到的信息往往更为丰富、生动。特别是能够得到一些问题背景等方面的信息,这些信息如果通过其他调查方式则根本无法取得。

例如,在对某一企业的环境污染进行调查时,通过资料清单所得到的信息非常有限而且根本无法判读资料所描述的状态。在改为访谈后,具体负责环境保护的部门管理人员非常配合,从企业环境污染源及环境保护措施的历史沿革、当前的主要污染源及污染处理情况到当前正在解决和无法解决的污染问题等均做了详细审查解答,并直接派员带领律师察看了现场。

事后得知,该部门由于缺乏整理资料的人手,无法及时提供相应的调查资料,而当面访谈时则可以通过口述将相关内容和盘托出,使调查取得了满意的结果。由于"不打不成交",在双方熟悉以后,后续的资料调取等均变得十分容易,对于某些不明之处也可以简单地通过电话进行沟通。

还有一些内容也只能通过访谈的方式取得,那就是企业员工对于企业潜在法律风险的看法,以及对企业管理制度执行情况的主观看法等。随着目前企业管理人员的文化素质不断提高,其观察问题、思考问题的能力也在不断提高。但由于他们所处的岗位或职务的原因,许多员工都不愿意在公开场合透露他们所看到或听到的问题,以免造成上级或同事之间的矛盾,只有在一对一的访谈时才有可能得到第一手的资料。例如,企业法律风险管理工作的盲区、更为行之有效的工作方案、应当加以利用的资源等。这些信息往往对法律风险的识别及对症下药具有极高的价值,甚至会对律师的尽职调查思路提供极具价值的补充。而这些只能通过零距离的访谈才能得到,这就是以访谈的方式进行尽职调查对于后续工作所带来的好处。

（四）现场观察

对于法律规范具有特别规定的场所,或者可能具有法律风险的工作流程,往往需要通过现场观察才能确切了解其法律风险。前者如服务企业的具体服务环境是否符合法律要求、消防设施等是否到位,后者如经营过程中办理某些手续的对内对外流程等。这类调查无需企业提供资料,只是需要提供相应的场合,然后以律师现场"旁观"的方式获取现实工作中法律风险的第一手资料。通过这种方式所调查出的资料往往令企业耳目一新,因为企业往往根本不会从法律风险的角度去观察问题。

例如,在针对某零售企业营业场所的法律风险管理项目中,通过对其营业场所的现场观察,发现其玻璃柜台存在容易造成伤害的棱角、局部灯饰容易造成顾客烫伤、部分玻璃隔断没有明显标志容易发生误撞、进户电线安装不规范容易造成事故等隐患,为确保营业场所内顾客的消费安全、控制法律风险提供了依据。

又如,某服务企业的营业厅在集中试办某转型业务的过程中,通过现场观察发现,客户在办理业务过程中的流程不通畅、需要往返不同的柜台,客户需要签署的文件过多影响受理速度、营业区域内温度过高且空气质量较差等,所有这些因素都有可能影响工作效率并造成顾客情绪激动。为此,通过连夜调整流程和表单、增加设备,使从次日起无论工作效率还是营业环境舒适度均有质的提高,顺利地完成了相应的转型工作,避免了许多无谓的争议及投诉的发生。

（五）调查核实

调查核实的目的,是为了保证某些基础资料的真实性或完整性,有时是为了取得企业因某种原因无法提供的资料,有时是对所收集到的各类资料的真实性、完整性、有效性等进行核实。某些资料由于企业管理不善很有可能无法提供,或是某些部门心存顾虑刻意不想提供,而另外一些资料虽然已经取得,但其确切情况到底如何需要进一步核实,在这些情况下都需要律师主动调查核实以得出确切的结论,以便准确判断法律风险点。

由于法律风险管理项目均由企业主动开展,因而在尽职调查阶段企业各部门都会尽可能提供详尽的资料。即使偶有资料欠缺,企业也会自行到行政主管部门自行调取后转交给律师,而这些资料企业本身也需要建档保管。因此,在相关项目中,需要律师直接调查核实的内容并不多。

四、尽职调查的工作原则及要求

与其他项目中的情况相似,法律风险管理项目中的尽职调查必须按照一定的原则行事,以确保调查成果的工作质量并避免律师因工作方法等原因而产生执业风险。而且，这些原则不仅适用于法律风险管理的尽职调查阶段，还普遍适用于其后的各类工作中。从这两个角度考虑，项目的尽职调查应当坚守以下原则：

1. 勤勉性原则

这是一个首先需要强调的原则，是指应当贯彻其词源"Due Diligence"的本意，以"应有的勤勉"设定需要调查的事项并实施尽职调查，主观好恶和工作难度高低都不应当成为放弃调查或仅作粗略调查的理由。

调查内容的设定难免会存在一定的主观性，无论是企业还是律师都有可能存在对于某一调查内容的主观判断。这种主观性可以用于提高调查的质量和效率，但不能基于主观判断而缩小尽职调查的范围、减少调查项目。对于着手进行调查的律师来说，他们完全依赖于企业人员对于相关资料的描述，而且也只能依据对方提供的资料等信息进行判断。只要是确属企业人员所提供的信息，而且从常识上判断并无疑点，律师确实可以依此作为后续判断的依据。

但除非企业另有明确的指示，否则企业个别人员的主观意见或律师的经验判断都不应影响调查的范围和深度，或者说调查只能从有而不能从无、只能从深而不能从浅。因为这一阶段所要解决的是某一方面的情况是否存在，以及如果存在是以何种状态存在的问题，调查的过程也是假设与排除的过程。即使经过调查证明某一情况并不存在，这种并不存在的状态也是一种工作成果，不能依据经验判断认为这种情况不可能存在而不进行调查。

2. 全面性原则

在这一方面所要强调的，是尽职调查的范围要广、调查事项之间的各种相互关系需要理清，对于存在多种可能性的问题，应当从不同的角度进行调查以排除其他的可能性，避免在识别法律风险时发生误判。

由于尽职调查是整个法律风险识别的第一步，其调查的深度和广度决定了法律风险识别的深度和广度，必须在设计清单时充分考虑各种不同的可能性，争取全面地了解相应的情况、得出全面的结论。而在尽职调查的实施阶段，也需要根据调查中所发现的新问题及时调整调查内容，以便得到较为全面的企业法律风险情况信息，为制定全面的措施打下基础。

某些法律风险管理项目正是由于前期尽职调查的广度和深度存在不足，因而其识别出的法律风险也存在一定的片面性，未能涵盖企业实际存在的法律风险面，从而使得整个法律风险管理方案建立在蜻蜓点水式的尽职调查基础之上，其识别的结果可想而知。

3. 充分性原则

这一原则是指所调查得到的结果，通过基于客观立场的判断，足以得出具体存在某类法律风险的结论。尽职调查中所得到的基础资料，是支撑整个法律风险识别过程的依据,向企业所提供的法律风险评估报告,正是以这些调查结果作为"证据"才能站稳脚跟。

在尽职调查以及其后的法律风险识别过程中,会面临许多现象的原因与结论之间的关系。其中,要得出准确的法律风险结论,则必须根据通过尽职调查而发现的现象,而要判断出产生客观现象的原因则必须有足够的证据能够排除其他可能性,否则所得出的结论就有可能不够准确甚至是十分荒谬。

例如,在对某企业的销售管理进行尽职调查时,通过调查问卷得知该企业均采用即时结清的现货交易,没有销售合同,基本可以得出该企业无销售合同的结论。但由于该企业的年销售额非常之高,没有销售合同的可能性不大。通过调查核实和现场观察发现,该企业虽然没有正式的销售合同,但在销售过程中仍旧存在表单流通,并最终会有买方持有提货凭据的顾客联。因此,该企业的销售行为仍旧属于存在书面合同,并由于书面合同内容不完善、流程不严谨而存在销售方面的法律风险。

第四节 对企业法律风险的识别过程

法律风险识别,是根据尽职调查所获得的原始资料,通过分析识别出企业的作为与不作为与法律规范或合同规定之间的差距,并结合主体情况及法律环境情况,判定企业所面临的各个法律风险点的过程。

在这一过程中,对于个别法律风险的识别不是问题,律师即便仅凭经验也可以说出大概。但问题是如何系统、周密地识别出企业所面临的法律风险,并对各个法律风险点进行详细的归纳。这一环节存在漏洞,法律风险管理体系就会存在漏洞,法律风险管理的意义就会贬值。

一、对企业原始资料的判读

判读通过尽职调查而取来的资料,是识别法律风险的主要工作方式。而且,企业所提供的书面基本资料越多,这项工作的工作量就越大。其中,针对合同文本识别其中的法律风险对于律师来说尚能进入状态,而对于连篇累牍的制度、流程,如果想从中判断法律风险之所在则对于大多数法律人来说,颇有赶鸭子上架之感,甚至能够明白其中的每一句话但却不解其意,更无从识别法律风险。由于法律风险管理是法律事务管理与经营事务管理的有机结合,无法理解企业的经营管理行为,也就无从实现法律风险管理。

在与诉讼有关的所有案件材料中,有的信息与法律有关、有的与法律无关,与法律有关的信息中有的与诉讼结果有关、有的与诉讼结果无关。但由于法律风险管理项目所要涉及的内容远比诉讼要广泛得多,因而只要是会产生消极或积极的法律后果,就都与法律风险管理有关,而无论该信息是否与法律直接有关。例如,对于法律规范中的强制性规范,任何企业均有依法遵守的义务,违反这类法律就有可能承担某种法律责任。而对于法律规范中的任意性规范,如果不能充分吃透并加以运用,就无法保证法律上的权益最大化甚至造成单方的权益丧失,这些都是法律风险管理中所要避免的后果。

又如,款项支付是再平常不过的经营行为之一,几乎是毫无法律意义。但款项支付过程中,在内控方面是否有着明确的收付依据、在债权债务方面是否有着牢靠的凭据,这些都是法律风险管理所要关注的问题。任何款项支付内容的混淆、支付对象的混淆,或者收付的凭据在法律上的证明力不充分,都有可能给企业带来经济损失。而付款时的多付与少付、迟付与早付,也都存在着是否违约的问题以及是否对某种行为的默认的问题。

在判读基础资料过程中,由律师以开出所需文件清单的方式从企业收集出来的资料由于处于"原始"状态,需要通过通读来从中获取有用信息,因而阅读量大、有用信息的"含量"低。特别是当某些企业没有更为具体的规章制度,而只有ISO质量管理体系文件时,以这类文件的形式所构成的"管理制度"体系,由于其思路不同、用途不同,往往对于制度缺陷的识别并无用处,因为其过于笼统以至于无法看清其全貌。

而以调查问卷所进行的尽职调查,往往是当调查结果统计完毕之时,也是法律风险点大致浮出水面之时。特别是对于零距离访谈、现场观察两种尽职调查方式而言,访谈或观察的过程本身也是一个筛选的过程,现场的工作记录也必然是有详有略,其调查结果往往已经是从法律风险角度考虑问题的结论,通常其实用价值会更高、所揭示的法律风险点也比较"丰富"。即便对于以调查核实的方式所取得的基础资料,由于调查核实大多是直接针对某些具体问题,因而也同样容易通过其工作成果直接识别出法律风险点。

在研读通过尽职调查而取得的基础资料时,必须树立"律师工作底稿"的概念,整个项目过程中所收集到的基础资料、工作内容、工作日程、工作成果等进行有效的记录和管理,才能既保证工作效率又保证工作质量。那些通过尽职调查所获得的各类基础资料,其实是支持律师所得出的法律风险点结论的证据材料,不仅要非常认真地加以保存,还要站在客观的角度上进行判读,以客观地识别是否存在法律风险点以及属于何种法律风险,排除因主观因素而添枝加叶或加以省略的可能性。甚至那些在尽职调查中由企业确认并不存在或无法提供的文件,确认的记录往往也是将某种法律风险排除在识别范围之外的依据。

二、对企业法律风险的基本判断

企业所面临的法律风险总体上可以分为三个大类,一类是所有企业共有的基本法律风险,另一类是特定行业才有的行业法律风险,还有一类是由于企业的特殊行为而产生的特有法律风险。对于行业法律风险的基本判断,是基于法律风险尽职调查的基础资料,对企业的基本法律风险、行业法律风险和特有法律风险进行大致的分类,使得整个工作具备基本的工作方向,同时也便于梳理企业所存在的法律风险的结构,避免因条理不清而引起的混乱。

企业所面临的基本法律风险是所有企业都必须面临的各类法律风险,这类法律风险是由于企业这种社会组织所固有的,如企业的人力资源管理、资产管理、税务管理等无论哪个行业都会涉及,这在前面章节中已经进行过讨论。而特定的法律风险往往与企业的个体行为有关,既非每个企业都要面临的法律风险也不是所有同一行业的企业都会面临的法律风险。例如,某些企业家以父母的名义出资创办企业,会由于出资人均为其父母,而存在父母名下的股权被当成遗产进行分割的法律风险。而那些在执行税务法律规定方面不规范的企业,则存在因违反税务法律规范而被给予行政处罚或刑事处罚的法律风险。

行业法律风险与行业法律环境有关,不同的行业往往在企业开办、经营方面受不同的行政法规调整,这些法律环境方面的差异就造成了企业的特定法律风险,例如建筑业与房地产行业虽有紧密联系,但由于分属不同行业、受不同类型的法律规范调整,因而两类企业之间的法律风险在许多方面大不一样。不过,如果以最具代表性的制造业为标杆,其他行业虽然并不具备制造业那种由生产过程而引起的一系列法律风险,甚至也没有技术开发、外部后勤等经营环节及相应的法律风险,但在经营环节中往往会有其他类似的行为替代,因而即便是不同行业的企业会面临相似或类似的法律风险,或者在同一个大行业背景下的细分行业,有时也会共同具备大的行业背景下的行业风险。尤其是在营销环节,虽然企业用于"出售"的对象可能是产品、财产、服务,但目标都是为了换取货币,因而其面临的法律风险又回归到了最为基本的合同法层面。

对于行业进行分类的方式很多,为了说明问题,我们不妨借用中国证券监督管理委员会于 2001 年 4 月颁布实施的《上市公司行业分类指引》的分类方式。根据该《指引》,上市公司所属行业共分为 13 类。其中,制造业的分类最为复杂,分为 9 个大类、32 个中类、141 个小类,占据了行业分类数量的一半。这也说明制造业门类最多,具体行业之间差异也比较大,在大的制造业法律风险范畴内,各具体行业也会有着不同的个性化的法律风险。这 13 个行业分类分别为:

A. 农、林、牧、渔业
B. 采掘业
C. 制造业
D. 电力、煤气及水的生产和供应业
E. 建筑业
F. 交通运输、仓储业
G. 信息技术业
H. 批发和零售贸易
I. 金融、保险业
J. 房地产业
K. 社会服务业
L. 传播与文化产业
M. 综合类

从以上 13 个行业的分类情况即可看出各行业之间在经营内容、经营方式上的差异，而且许多行业分属不同的政府行政部门主管，其法律环境上的差异不言自明，法律风险方面的差异也显而易见。如果再结合尽职调查中所发现的企业特有法律风险，以及所有企业都会存在的基本法律风险，就可以基本判断出企业的法律风险概况。

三、企业行为与法律规范的比对

对于企业的许多法律风险，其实仅凭工作经验和基本的法律知识就足以完成识别。但没有人会是所有行业行政法律规范方面的专家，甚至即便律师面对的是一个非常熟悉的行业内的企业，一般也没有律师敢于声称是该企业所涉及的所有法律领域方面的专家。因此在识别法律风险的过程中，总是离不开将某些企业行为与相应的法律规范进行比对，从而确切地识别企业各类法律风险点的过程。

对于律师所经常遇到的法律规范，如与民事诉讼有关的法律规范及与之相关的民事法律规范，要识别其法律风险点较为容易，因为这是律师执业的基本功。任何非诉讼业务的工作成果，其衡量的标准都必须是能够经得起诉讼的考验而胜出，否则只能是华而不实的空中楼阁。之所以这样定论，是因为所有的非诉讼法律事务的工作成果都必须同时植入法律风险管理方案，避免因法律方面存在的缺陷而影响解决方案的预期后果，并排除因法律缺陷而导致的不利后果。因此，律师没有必要为自己从事的是"非诉讼业务"而沾沾自喜，因为很有可能非诉讼法律事务的解决方案经不起诉讼律师的轻轻一击。没有任何诉讼方面的基础而单纯从事非诉讼业务,在某些方面可能并不妥当。

在根据尽职调查的结果识别出企业的各类行为之后,大部分非常规行为的法律风险都需要通过法律调研来完成。法律调研所对应的英文为 research,是发达国家律师的一项基础性工作。在一些国际性律师事务所中,年轻律师的工作一般都从法律调研开始。无论是起草合同、法律意见书、诉讼文件或者是提供给当事人的各种诉讼报告,资深律师在遇到一些一时不清楚的法律问题时,一般都会请年轻的律师助理做一个法律调研,写一个调研报告,法律调研可以为律师的工作提供支持。从律师自身能力发展的角度看,进行法律调研是律师的一项基本功,律师只有掌握这个基本功,才有可能做出其他漂亮的法律文书。[①]

法律调研的原理,是对相关的法律关系进行全面的检索,并在剔除无关部分、研读相关部分后再去确定具体的法律意见。由于国内律师执业基本技能方面的系统培训教育于 2007 年才开始启动,许多律师并未掌握这种工作方法。只有一些国外律师事务所和部分国内所通过培训强化了这一基本技能并使之成为律师的基本工作方法。必须强调的是,这是一种严谨的工作方法,如果目前的许多法律事务处理都能以这种工作方法作为必备的过程,法律事务处理中的失误会就少得多,法律服务质量也会有质的飞跃。

通过法律调研所识别出的法律风险,有时会与仅凭主观经验而得出的结论大相径庭,因为其结果可能会复杂得多。例如,大多数人对于广告行为法律规范的印象中只有《广告法》和《广告管理条例》。而在针对以杭州地区企业为对象的医疗广告行为法律风险识别中,经过简单的检索就可以得知,除前述法律及行政法规外,由国务院各机构所颁布的在标题上带有"医疗"关键词的部门规章、通知即有三十多个,浙江省人大分布的地方性法规有《浙江省广告管理条例》、地方政府规章有《杭州市户外广告管理办法》,此外,还有一部地方规范性文件《杭州市虚假广告行为处罚规定》。

不仅如此,某些法律规定不仅体现在专门法里,还体现在其他法里。如《消费者权益保护法》第 2 条即特别规定:"消费者为生活消费需要购买、使用商品或者接受服务,其权益受本法保护;本法未作规定的,受其他有关法律、法规保护。"这就意味着消费者权益保护方面的法律规定不能仅凭《消费者权益保护法》,还要看《产品质量法》等规定。由于这种情况普遍存在,法律风险的识别在检索某些法律规范时会存在很大的难度。

由此可以看出,一个具体法律风险的识别如果要想得出千真万确的结论,必须对相应的法律规范进行全面的检索,并在检索结果的基础上排除与之无关的内容,

---

[①] 参见中华全国律师协会编:《律师执业基本素养(修订版)》,北京大学出版社 2009 年 8 月修订,第 121 页。

然后才能得出确切的结论。尤其是大量地方法规、地方政府规章的存在,甚至地方规范性文件的存在,使得法律风险识别不能仅凭国家法律、行政法规和规章,还要检索和审查这些特定法律环境下的特定行为规范,才能得出确切的结论。特别值得一提的是那些地方政府部门的规范性文件,虽然尚不属于地方政府规章的层面,但却是各行政主管部门执法活动和管理活动的依据,不能因其不属《立法法》中的法律而加以忽视。在某些地区,这些地方行为规范的效力比国家法律、行政法规还要直接。这些规范是否合理或是否合法,并不属于企业法律风险管理所要考虑的内容,在特定的法律环境下有时只能选择遵守而不是挑战。

四、发现没有提及的法律风险

传统意义上的诉讼和部分非诉讼业务,属于管理学角度的事后控制或事中控制。即使是与企业合作紧密的面向高端客户的法律顾问服务,律师的工作仍旧摆脱不了被动、应急的范畴。而在法律风险管理项目中,律师成为整个工作的主导,并通过主动防御的方式事先识别法律风险及主动防范法律风险不利后果的出现,"防线"越是严密,企业面临法律风险不利后果的机会越少、遭受损失的程度就越小,因此识别阶段所完成的法律风险清单是否严谨事关重大。

由于国资委所发布的《指引》中还存在着其他方面的风险,因而大量的咨询机构在涉足风险管理业务的同时,也在跨行业介入到他们并不擅长的法律专业方面的风险管理业务之中,形成了一种喧宾夺主的态势。咨询行业在其营销、包装、流程管理等方面的优势,却欠缺对于法律的理解和解决方案的设计。两个行业所要争夺的制高点,便是如何系统、完整地确定企业的法律风险清单,以及科学有效地确定解决方案。特别是对于那些具备较强管理能力的高端客户,风险清单的质量是基础、解决方案的质量是上层建筑,这两个难题解决之后,企业的问题便可以迎刃而解。

工作方法对于识别法律风险点的工作成果质量有着很大的影响。即使是那些风险种类少、专业性强、对风险比较敏感的行业,如金融业等,其确立法律风险清单的手段,也大多以主观罗列的方式为主。从方法论的角度来看,即使是基于丰富的工作经验,罗列法律风险的方式仍旧属于不完全的推理,存在着系统性和完整性上的缺陷,不可能形成完整、系统的清单。特别是对于风险种类较多、风险点分散的行业,以这种方式识别法律风险更加缺乏系统性和整体性,难免造成防御体系上的漏洞,必须在工作方法上有质的提供才能保证工作质量。

法律风险管理是对传统法律顾问服务从本质上的提升,属于一种知识密集及团队合作型的高端法律服务,根本不是个别律师就可以单打独斗所能完成的,对于工作方法的要求也更高,这也是法律风险管理项目的技术门槛之所在。以前面所提及的法律规范检索为例,其检索的范围正如本书第一章所提及的那样,除需要涉及《立法法》中所规定的国家法律、国务院行政法规、部门规章、地方性法规、地方政府规章外,还要涉及相关的立法解释、司法解释及判例,以及各类强制性技术标准或规范,有时还要涉及各具体行政主管部门在《立法法》范围以外的规范性文件等。

对于法律风险点的全面识别,有时仅仅凭借法律环境调研和基础资料判读仍会存在遗漏。因为这两类信息并不是为了法律风险识别而产生和存在,必须以逻辑等方式去弥补法律规范和基础资料上均未提及的问题,从而判断这些资料之外可能存在的法律风险。例如,针对企业商标的尽职调查一般都会包括其商标权的注册、使用等情况,但却往往容易忽略其商标注册门类与企业发展战略之间的关系。某些企业从其发展的角度考虑问题,在条件允许的情况下将其商标注册范围覆盖了所有的门类,在其未来发展中无论进行哪个行业都可以使用自己已经注册的商标,提供了商标的利用率并充分利用了品牌的号召力,也使其他方的不正当竞争行为或商标抢注行为无机可乘。

以逻辑手段确保法律风险清单的完整性和系统性,往往首先用于解决法律风险大类的划分问题,这关系到法律风险清单的严谨性和系统性,并可借用这些方法判断划分的结果是否科学、准确,以及划分的具体依据是否适当。例如,某咨询机构所提供的法律风险清单,将法律风险点分为违法、违约、失职三类,而失职行为又包括了未充分行使权利、未依法行使权利两种情况。这种划分方式虽然符合人们的思维习惯并确有一定的道理,但从三类风险的本质上加以分析,这三类法律风险在许多风险点上相互重复。尤其是其失职行为本身也有可能产生违法或违约的后果,因而这种分类方式存在一定的缺陷,容易导致体系上的松散和内容上的混乱。

五、利用技术方法提高严谨程度

确定了判断法律风险依据的检索范围,也就确定了法律风险划分过程中每一层面法律风险是否已经穷尽所有可能,以及每种可能性的外延。这时,除了采用逆向思维的方法发现被遗漏的法律风险外,还可以借助逻辑学概念划分方面的理念判断未知的风险,理清清单的结构。

(一)概念的属性与法律风险的划分

逻辑学中最为基础的内容是概念。而概念并非我们所常指的定义,而是一种可以反映事物本质属性及特有属性的一种思维方式。概念虽然也以语词的形式体现,但二者之间有着本质的不同,前者指的是一种思维形式,是对事务的本质属性及专有属性的反映,而后者则仅仅是代表事物的声音或符号。

从逻辑学的角度理解,外延较大的概念被称为属概念,外延较小而且又真包含于属概念的概念则被称为种概念。对于这类种概念完全真包含于属概念的关系，在逻辑上被称为种属关系。无论是存在种属关系中的属概念还是种概念，其属与种的划分都是相对于对方而言的。因为属概念有可能是某一更大概念的种概念，而种概念有时还可以划分出更多的种概念。

例如，"采购法律风险"是属概念、"生产资料采购法律风险"是种概念，因为后者只是前者的一种情况。但"采购法律风险"又仅仅属于企业法律风险的一部分，企业的法律风险还包括销售的法律风险、人力资源管理法律风险等大类，而"生产资料采购"又可以分成对原料的交付、对设备的采购、对元件的采购等情况，因此概念的种属关系是在特定关系下的，是相对的。

这种概念间的属种关系，非常适合用于法律风险分类划分。因为法律风险清单的确立过程正是概念间属种关系变化的过程。逻辑学上的划分，其主要依据是概念的属性而不是通过简单的罗列。事物之所以可以被分类，是因为每个事物与其他事物之间都存在共同点和不同点以及与其他事物之间的关系，这种异同点及关系被称为一个事物的属性。而其中一个事物所特有的、区别于其他事务的属性，又被称为逻辑学上的特有属性。一个属概念之所以可以被划分成若干个种概念，就是因为这些种概念都含有共同的属性。甚至可以说，属概念就是共同具有其属性的种概念的集合体。

例如，对于一个生产型的企业，虽然经常发生的购买行为是购买原材料、辅料、元器件、设备零部件等，但有时也会有购买交通工具、开展基本建设、购买办公用品、委托其他企业提供服务等，尽管支付对价所换取的对象千差万别，但其本质特征却都是以支付货币的方式获得产品或服务、工作成果等所需要的内容，因而全部可以纳入到"采购"这一共同属性之下。而某些企业的内部管理中，也正是以买还是卖的区别来划分工作界面。

（二）法律风险清单中的普遍概念与单独概念

由于概念存在着属性上的不同点或共同点，概念便存在内涵和外延，而根据概念外延的不同，可以将概念分为普遍概念与单独概念。某些概念的外延只有一个特定的事物，如某位特定的人、特定的艺术品原作、特定的地名等，这类概念被称为单独概念。而还有许多概念的外延为一类特定事物，它所反映的事物的具体数量是需要一一列举的，甚至可能是无限、无法列举的。

法律风险清单上的概念绝大多数是普遍概念。由于法律规范虽然庞杂但毕竟是有限的，而法律风险是否存在又必须依据法律规范进行，因此这些概念的外延是有限的，可以判断出种概念的外延是否等于属概念的外延总和，并从中判断出划分是否科学、合理。

以逻辑手段系统性地确定法律风险清单的原理，就是充分利用概念的属性以作为一种提高法律风险清单严谨度的手段。每个普遍概念的外延都包含着若干个种概念,这些种概念既共同拥有某种属于属概念的属性,也有各自的"差异性属性"。识别出这些"差异性属性",就可以将属概念划分成若干个既带有共同的属性,又各自带有差异性属性的种概念,并依此而划分出更为具体的法律风险类型,直至划分到不可再分为止。通过这种方式完成的法律风险清单,其结构为分层的树状结构,每一层的种概念视具体概念外延的差异而决定是否继续向下展开。虽然每层的种概念根据其所属的属概念的不同而分为不同的组,但由于每一组种概念均以上一层的某个具体属概念为依据,并始终依据具体种概念的属性及实际需要决定是否继续划分,因此整个结构有着严格的层次和精确的结构。以此方式所列出的清单,其完整性的系统性将是简单罗列的方式所无可比拟的。

(三)按划分规则确定法律风险清单

利用划分原理分析并最终确定法律风险清单时,可将"法律风险"理解为最大的属概念,并根据具体的企业情况和法律环境情况中的各类属性,划分出第一层级的法律风险种类。也就是将"法律风险"这一属概念分割成若干个外延更小但内涵更多、内容更具体化的若干个种概念。后续的划分也是如此,将上一层的种概念作为下一层的属概念,重复划分直到各个细节部分完成。为了确保每一层级划分的准确,必须确保划分严格遵循概念划分规则,各级种概念的外延之间既不能相互重叠,也不能存在遗漏。在划分的过程中,需要被划分的属概念被称为母项,划分后得到的种概念为子项。而划分所必须遵循的规则有以下几点:

1. 必须按种概念的层级进行划分

由于划分后形成的种概念之间会存在属性上的差异,其中某些种概念可以继续细分成若干更为具体且具有共同属性的下一级种概念,因此划分必须存在明确的层级,以体现属概念被层层划分后产生的层次结构和每层的种概念情况。否则,不同种概念的层级关系被打破后就会造成"越级划分"、"不当并列"的情况,使得子概念的外延之和大于或小于母项的外延之和,使逻辑判断无法继续。

划分概念的过程也是根据各类法律规范对属概念的外延进行分类,以分别增加内涵的方式将属概念的外延划分出来,从而将属概念最终分解成一群种概念。而分层划分的极限,是将所有的普遍概念划分为单独概念。

例如,在侵犯消费者权益法律风险中,因产品造成的损害应归入产品责任部分,与产品合格性、产品说明书、产品保修义务等内容并列。如果在划分时将产品合格性与消费者的知情权、人身财产安全权、人格权并列,就会因层级上的错乱而造成整个逻辑关系的混乱,并因此而无法得出合格的结论。

2. 同层划分必须严格保持同一标准

划分标准一方面取决于工作目标的需要,另一方面取决于属概念的特有属性和本质属性。任何一个属概念，即使是一个单独概念，也必然同时存在多种属性，这些属性之间的差异便是划分的依据。如果划分标准不一致，划分后的种概念在层级上和外延上就会相互重叠，并因没有统一秩序而失去了划分的意义。同样，如果在法律风险清单中对于层级关系不加区分，就会造成种概念与属概念相提并论的局面，影响法律风险的正确评估及解决方案的设计与优先执行。

例如，某公司因管理上的需要，在日常工作中将下属公司的失职行为分为违法违规、违反约定、措施不当、怠于处置四大类，而某咨询公司出具的法律风险清单也借用了这一逻辑，从而造成了内容上的混乱。而且，由于划分标准不统一，"安全生产管理违规风险"层级较高，却仅提及建设工程施工时的安全生产，大量存在的、发生概率比较高的其他安全生产管理内容却被遗漏。

3. 种概念的外延之和应等于属概念的外延

划分后的种概念的外延之和如果大于属概念的外延，说明划分过程中某一种概念的外延被扩大，从而"多出子项"。如果种概念外延之和小于属概念的外延，则说明未能识别出足够多的差异性属性，并因"划分不全"而遗漏内容。

例如，如按划分的方式分析家用电器零售企业的"消费者权益法律风险"，则可将其作为属概念，根据企业产生消费者权益法律责任的各类差异性属性和外延的不同，可将企业与消费者可能产生纠纷的种概念分为广告宣传、告知说明、销售过程、货品及交付、费用结算、售后服务、争议处理等几类，以供进一步划分。其中的"销售过程"又可进一步分为销售场所安全、销售服务合规、销售条件合法等。

4. 种概念的外延之间必须相斥

概念之间存在全异、交叉、属种、同一这四种基本关系，有些基本关系还有更细的变种。在划分法律风险过程中，被划分出的各个种概念之间必须是全异关系，即其外延之间没有任何相容之处，否则得出的结论仍旧不够严谨，属于"子项相容"的错误，也就是划分时误将具有交叉关系或具有属种关系的概念并列使用，从而导致了种概念的外延之间相互重叠。

例如，消费合同同时受《合同法》和《消费者权益保护法》保护，保护范围间存在交叉关系。如果将二者简单地并列在同一属概念下的同一层级，二者的外延必然重叠。又如，消费者权益纠纷绝大多数发生在销售之后，但在销售行为完成前甚至尚未消费时也有可能发生争议，如知情权、人身财产安全权等争议即是如此。因此，这类法律风险不能一概归入售后服务法律风险。

概念划分原理既可用于判断法律风险识别范围是否全面，也可用于优化法律风险清单结构。特别是对于那些经营范围广或行业法律规范复杂的企业，由于法律风险点较多且相互关系错综复杂，必须通过划分设立合理的结构，以便完整、系统地列出法律风险清单。这既是逻辑问题，也是一种工作方法，可以广泛用于分析各类复杂问题,通过分析属概念与种概念之间的差异发现问题的实质或关键点,并最终借此发现解决方案。

第五节　对具体法律风险的识别

法律风险的识别不仅仅是从法律角度考虑法律问题,还要从法律后果角度考虑更多的企业经营管理问题,这就使得许多企业的经营管理行为纳入了法律风险管理者的视野,成为法律风险识别的对象。介入企业管理,这也是法律风险管理与通常意义的法律服务的不同之处。

企业的经营管理行为是经济行为的一部分,即使是企业的合同行为也是如此。但任何经营管理行为都有可能与法律的规定及合同的约定存在偏差,这种偏差的后果同样是法律风险,因而也同样是法律风险识别的工作内容。由于相关法律风险种类繁多,本节只做简单列举。

一、对外合同中的法律风险

从发生概率来说,因合同而引起的法律风险是企业最为常见的法律风险,也是对企业影响最大的法律风险。虽然合同法律风险的存在并不一定非要通过诉讼才能解决,但因各类合同争议而受到损失或减少收益、增加成本则几乎是每个企业都曾遇到的问题。而所有的合同争议则可以归结到合同文本缺陷和合同履行缺陷两类,前一类是指由于合同文本的不完善而引起的无法履行或履行无法实现交易目的,而后一类则是由于合同中的一方甚至双方因存在违约情况而影响了一方甚至双方的利益。

合同本身是一种经济行为,在合同事务中加入法律事务处理流程,其目的是为了控制合同文本中的法律风险以及合同签订及履行中的法律风险。每个企业除了通过支付款项而取得产品、服务类标的,以及通过提供产品、服务等标的而赚取款项的两大类合同外,还会涉及多种辅助类的合同。但从总体情况来说,即便是企业最为经常使用的合同文本也未必能够将法律所赋予的权利或自己一方的优势加以充分发挥。而合同履行的总体情况可能更遭,似乎只要企业存在合同的履行,就必然存在不按合同全面履行的情况。这既与企业的发展阶段和发展背景有关,也与社会、文化、法治的发达状况有关。但即便如此,如果对于合同文本及合同行为中的法律风险不加控制,企业就更是会身处险境。

企业中的合同工作牵涉面极为广泛,它既是企业的法务人员、业务人员的经常性工作内容,也是律师执业中的一项基本业务,需要双方的知识面和思维方式相互靠拢、取长补短,才能充分发挥各自的作用,在实现交易目的的同时确保合同利益的最大化和法律风险的最小化。而与此同时,合同所牵涉的法律风险也并不仅仅是合同本身和交易标的物本身,还有可能涉及诸多的法律规范。而人们日常对于合同的理解,则往往只限于常规标的的买卖合同。因此,对于合同法律风险的识别,都是针对合同文本进行,但也需要与经办人员进行充分的沟通才能理解某些合同、某些条款的用意,以及法律风险的前因后果、涉及的各类法律关系及后果。

以财务处理方面的法律风险为例,虽然财务记账从表面上看与法律没有直接关系,以至于许多人认为财务处理不是律师的工作范围。但交易中的税务安排在重大交易中,特别是在投资、并购项目中,会显得尤为重要。因为不同的交易安排会涉及不同的税负负担,甚至税负成本在整个交易成本中占有极大的比例。充分利用法律所赋予的权利可以在并不违反法律规定的情况下合理避税,从而减轻企业的经济压力、提高资本的回报率。即便在通常的交易行为中,不同的交易方式往往也会引起税负成本的变化。

合同方面的法律风险主要体现在主体资格的合格性、约定内容的合法性、合同条款的实用性、权利义务的明确性、交易需求的满足性五个方面,而要实现这几个方面的要求,除从各自的要求进行努力外,还要从结构体系的清晰度、功能模块的完备度、整体思维的严谨度、语言表达的精确度几个方面着手。[①] 而这几个方面的控制还只是解决了合同文本本身可能存在的法律风险,在合同从要约到履行完毕或争议解决完毕的整个过程中,还有许许多多的作为或不作为会导致法律风险,需要充分运用《合同法》等相关规定才能充分控制法律风险。

由于目前我国仍然属于发展中国家,其经济发达水平决定了合同整体水平在许多方面有待提高。从纯粹的合同文本技术层面来说,目前的大部分合同文本对于违约责任的约定,在发生违约情况时尚不足以将损失全部转嫁给违约方承担,而合同中某些细节的缺失又往往给对方不全面履行的行为提供了借口。也就是说,合同中的实用性条款并不充分、权利义务在某些方面并不明确,是合同法律风险的主要来源。例如,乙公司向甲公司租用港口及场地用于储运物资。由于甲方的码头尚未取得正式的使用许可,故合同中仅约定了乙方租用甲方的场地及四至、租金,但未言明租用码头。如果从字面理解,乙方只是对租用范围内的场地及设施拥有使用权,其中的道路、码头属于公用部分,乙方可以使用但不得独占性使用。由于没有约定码头使用事项,而且在签约时甲方的使用许可还在办理中,该合同甚至可以理解为乙方租用场地的范围虽然包括了码头,但甲方没有义务保证该码头在

---

① 参见吴江水:《完美的合同——合同的基本原理及审查与修改》(增订版),北京大学出版社2010年1月。

使用功能和合法手续上可供装卸货物之用。而乙方的交易目的,则恰恰是独占性地使用相应的码头、道路和场地以供其物资的运输、装卸和堆放之用。这是一个典型的法律风险案例,代表了合同目的未能体现交易目的这一法律风险类型。

合同法律风险还有许许多多的类型,例如主体不合格、内容不合法而引起的合同无效甚至行政处罚、刑事处罚,以及由于缺乏实用性、明确性等原因而引起的未生效、可撤销、约定不明等类型的纠纷,或是由于权利未能充分用尽而引起的单方权益丧失。由于对合同法律风险的介绍无论如何都不可能超越拙著《完美的合同》中的内容,这里不再进一步展开。

二、管理制度中的法律风险

设立企业内部管理制度是典型的企业管理行为之一。通过制度化管理,企业可以确保运行的有序性和运行结果的可预见性,进而提高企业运行效率、降低运行成本,并可以通过制度控制企业运行中的某些风险。如果将法律看成企业的外部制度,则管理制度就是企业的内部制度。在合法的内部制度环境下,企业员工的个人行为既要遵守国家法律规范的规定,又要遵守企业各项管理制度的规定。

对于企业管理制度法律风险的识别,首先要解决的就是相关管理制度的合法性问题。作为企业内部的"法律",管理制度的设立需要符合法律规定、管理制度的内容也要符合法律规定。无论何种管理制度,其核心都是对人的行为进行管理,因而大多会涉及《劳动法》及《劳动合同法》等相关内容。同时,其中的业务规范如果存在太多的"个性化"内容,还有可能涉及国家关于生产安全方面的强制性规范,或涉及市场竞争、消费者权益等方面的法律规范,这些都是识别管理制度法律风险时的工作内容。

(一)治理结构中的法律风险

企业的治理结构可以称为企业最为基本的"管理制度",是投资人就公司如何运行制定的"游戏规则"。通常情况下,人们的目光往往只是关注对于经理的授权及激励与约束,而对于出资比例和股东会职权、议事规则方面的关注较少,因为这些制度的管理对象是出资人,而一般制度的管理对象都是员工。

公司僵局(corporate deadlock)是许多公司因内部争议而引起的无法正常经营的状态,公司一旦陷入僵局不仅会导致客户的流失,甚至还有可能导致公司的最终解散。例如,某公司两大股东各持有公司40%的股权并分别任董事长、总经理,另两个小股东则各自持有10%的股权并处于从属地位。创业之初两大股东齐心协力分别负责内、外事务,公司发展很快。但随着公司脚跟站稳并开始出现越来越多的盈利,两大股东之间的矛盾也日益凸显直到针锋相对。直至负责营销的股东不再招揽业务、负责实施的股东不再完成工作,而且一个控制图章,一个控制设备,以至于公司根本无法正常运营。由于公司章程规定重大事项需经过三分之二表决权的股东同意方可通过,而任何一个大股东不同意,则其他股东的表决权就无法达到三分之二,同时两大股东之间又由于积怨太深而无法就相互间的股权转让达成一致,从而使公司以往的成就前功尽弃。

2005年修订的《公司法》比前一版本的进步之处,是在第183条中规定了"公司经营管理发生严重困难,继续存续会使股东利益受到重大损失,通过其他途径不能解决的,持有公司全部股东表决权百分之十以上的股东,可以请求人民法院解散公司",从而为打破公司僵局提供了一定的解决方案。但公司僵局的产生,除了由于个别股东恶意妄为的情况之外,其根本原因是公司的表决机制和股东的退出机制过于简单化,使许多问题的解决无法从公司章程等制度中找到答案。而在公司设立之初,由于传统文化的影响和公司发展水平的不可预见性,投资人往往既无能力也无意识去充分利用《公司法》所赋予的权利去约定更多的细节和解决方案。

但这一方面的法律风险即使能够识别也往往难以表述,因为这一主题并非针对企业而是针对股东之间的利益平衡,如果没有恰当的方式去表述或者股东的宽容程度有限,披露这一方面的法律风险很有可能引起股东之间的隔阂甚至冲突。因此,是否识别、识别后如何表述值得认真考虑。

(二) 人力资源管理制度中的法律风险

依法建立和完善规章制度是《劳动法》第4条为企业所规定的法定义务,而人力资源管理制度包括但不限于企业劳动合同方面的管理制度。《劳动合同法》第4条对于劳动规章制度的范围、制定程序等规定分别为:

> 用人单位应当依法建立和完善劳动规章制度,保障劳动者享有劳动权利、履行劳动义务。用人单位在制定、修改或者决定有关劳动报酬、工作时间、休息休假、劳动安全卫生、保险福利、职工培训、劳动纪律以及劳动定额管理等直接涉及劳动者切身利益的规章制度或者重大事项时,应当经职工代表大会或者全体职工讨论,提出方案和意见,与工会或者职工代表平等协商确定。在规章制度和重大事项决定实施过程中,工会或者职工认为不适当的,有权向用人单位提出,通过协商予以修改完善。用人单位应当将直接涉及劳动者切身利益的规章制度和重大事项决定公示,或者告知劳动者。

最高人民法院于2001年4月16日颁布的《关于审理劳动争议案件适用法律若干问题的解释》第19条中也规定:"用人单位根据《劳动法》第四条之规定,通过民主程序制定的规章制度,不违反国家法律、行政法规及政策规定,并已向劳动者公示的,可以作为人民法院审理劳动争议案件的依据。"由此可见,随着《劳动合同法》对于管理制度方面的进一步明确,企业规章制度的制定及调整已经不再由企业管理者单方决定,必须内容合法、程序合法、公示告知方为合法有效的管理制度。

需要特别注意的是,最高法院于2006年7月10日颁布的《最高人民法院关于审理劳动争议案件适用法律若干问题的解释(二)》的第16条规定,"用人单位制定的内部规章制度与集体合同或者劳动合同约定的内容不一致,劳动者请求优先适用合同约定的,人民法院应予支持"。这一司法解释为企业管理制度增了一个新的法律风险点。

在人力资源管理制度方面,即使是目前形势下仍有许多企业存在着试用期违法的问题,集中表现在试用期过长、试用期工资过低、试用期计算方式违法等几个方面。由于整个社会的就业压力较大,许多企业在这些方面无视法律规定,而且现象比较普遍。

首先应该明确的是,试用期是劳动合同履行期限的一部分而不是签订劳动合同前的额外部分。同时,在试用期里也不可以不给报酬,不可以随便解除合同,而且试用期必须依照法律规定的限度设定。《劳动合同法》第19条规定:

> 劳动合同期限三个月以上不满一年的,试用期不得超过一个月;劳动合同期限一年以上不满三年的,试用期不得超过二个月;三年以上固定期限和无固定期限的劳动合同,试用期不得超过六个月。同一用人单位与同一劳动者只能约定一次试用期。以完成一定工作任务为期限的劳动合同或者劳动合同期限不满三个月的,不得约定试用期。试用期包含在劳动合同期限内。劳动合同仅约定试用期的,试用期不成立,该期限为劳动合同期限。

随着《劳动合同法》的颁布施行,法律对劳动合同的各个方面都有了明确的规定,企业先试用三个月合格后再签劳动合同、两年劳动合同试用期半年、试用期拿六成工资等做法均属违法,而且很有可能面临支付双倍工资的法律风险。

(三) 业务规范中的法律风险

业务规范内容比较广泛。只要不涉及公共事业行业的强制性规范、与人身财产安全相关的强制性规范以及行政法律规范,企业自行制定的业务考评办法、自行控制的技术指标、考核标准等,大多属于纯粹的经营活动,无论其内容还是执行后果都不存在法律问题,并不需要进行法律风险识别。除此以外,其他方面的业务规范往往要审核其自身的合法性、与其他规范是否匹配等。

以电信行业为例,由于这一行业属于经济及社会发展的重要基础设施,确保通信的畅通和安全涉及重大的国家利益和公共利益,这一行业向来受到诸多法律规范的调整,调整的细节甚至涉及许多业务的详细技术规范。对于这些行业,只要按照相应的规范去核实企业自行制定的规范即可识别法律风险点。

例如，根据《电信条例》第35条的规定，"对超过收费约定期限30日仍不交纳电信费用的电信用户，电信业务经营者可以暂停向其提供电信服务。电信用户在电信业务经营者暂停服务60日内仍未补交电信费用和违约金的，电信业务经营者可以终止提供服务，并可以依法追缴欠费和违约金"。如果电信企业的内部规范中的期限达不到上述要求，即存在违法停机的法律风险。同样，《电信服务规范》附录2《电信服务规范——数字蜂窝移动通信业务》第2.1.7条规定，"移动电话号码冻结时限最短为90日"。而某企业以前出现的客户索赔，正是由于该企业执行的内部规范规定的时间为60日。

还有一些入行不久的企业往往按照"行规"行事，而这些"行规"往往并不符合法律规范的强制性规定。特别是当某些律师对于法律规范的体系没有一个总体概念时，往往会对本地的地方法规视而不见，从而使企业面临法律风险。例如，《浙江省实施〈中华人民共和国消费者权益保护法〉办法》系标准的地方法规，该《办法》第35条对于"三包"责任有着非常具体的规定，全文为：

> 经营者按"三包"规定承担退货责任的，应当按商品的发票价格一次性退清货款，不得收取折旧费。
>
> 经营者按"三包"规定承担更换责任的，应当免费为消费者调换同型号同规格的产品。无同型号同规格产品的，经营者应当根据消费者的要求予以退货，不得收取折旧费。
>
> 经营者按"三包"规定承担修理责任的，应当自收到修理的商品之日起三十日内修复，并不得收取任何费用。经营者应当在"三包"凭证上如实记录每次接受修理日期、维修所占时间、修理部位、故障原因等情况。
>
> 经营者未在三十日内修复的，消费者可以要求更换同型号同规格的商品；经营者未更换的，每延期一日按商品价款千分之二的标准赔偿消费者因延误使用该商品遭受的损失，或者提供同类商品供消费者在维修期间使用；经营者未在九十日内修复或者在包修期内两次修理仍不能正常使用的，应当根据消费者要求，负责退货或者更换。消费者选择退货的，按本条第一款规定执行。
>
> 包修商品在包修期内修理的，其修理部位，从交付使用之日起重新执行原规定的包修期；其他部位的包修期应当扣除维修占用的时间。

正是由于"行规"和一些律师缺乏地方法规及地方政府规章方面的意识，使得企业在一些经营细节上面临着法律风险而不自知。

三、企业流程中的法律风险

流程管理是现代化的企业管理手段之一。专业、严谨的流程图会以不同的图形符号代表特定的含义,如决策项、过程项、可选项等,直观地体现每一过程的具体事项及与其他过程之间的关系。但在部分企业还做不到这一点,许多企业并无明确的书面流程而只有习惯性的流程,即使存在书面流程也不过是管理制度中的文字表述或者简单的顺序框图。因此,有无流程、流程的数量、流程的水平可以用于大致衡量企业的管理水平。

如果按照功能进行区分,企业流程有业务流程、管理流程、审批流程、操作流程等种类。即使没有书面流程的企业,也往往存在习惯性的流程,也就是对于那些经常需要处理的工作有着大致的、虽然未见书面规定但已基本成为固定模式的工作流程。在各类流程中,法律风险一种存在于流程之中,一种存在于流程之外。对于那些与安全生产等与人身财产安全有关的强制性规定,企业自行制定的流程只能比其更为严格而不允许放松或降低,如涉及危险工种的安全生产流程等,如果流程违反了这类强制性规范的规定便存在法律风险甚至存在被追究刑事责任的法律风险。而存在于流程之外的法律风险,一般是指流程本身并不存在直接违反法律的问题,但由于流程中缺乏法律风险控制手段,因而这一流程的执行当中存在法律风险。

目前的业务流程中,许多对外的流程及企业对员工的管理流程,由于没有嵌入法律风险控制程序,因而往往经不起来自法律方面的质疑或挑战。例如,许多企业的对外广告宣传事宜虽有流程,但流程中并无法律风险管理功能介入。正是由于没有法律风险管理措施的嵌入,因而往往会在广告或宣传品发布以后出现行为、内容的合法性问题,以及知识产权问题等。例如,某企业的广告宣传管理流程如图 3-3 所示:

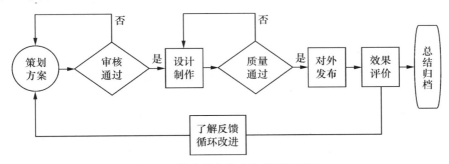

图 3-3 某企业广告宣传管理流程图

经过了解,该流程中的"审核通过"只是由部门负责人针对策划方案的可行性、目的性的审核,并不涉及宣传行为是否合法、内容是否合法等问题。而该公司此前所发生的问题也正是出在这一方面,例如有的宣传活动需要审批,有的宣传活动所采用的形象可能涉及知识产权,有的广告宣传涉嫌虚假宣传等。

又如，某企业具有比较完善的各类管理流程，并建立了高级管理人员培训制度及相关流程。在该制度及流程中，对于参加培训的管理人员级别、参加培训时间、参训人员待遇安排等均有规定。但却很少从保护商业秘密、竞业限制等法律角度考虑专项培训的费用与服务期，以及其他与企业利益相关的问题。如果从《劳动法》及《劳动合同法》的角度去考虑，这些流程中必须加入一份劳动合同的补充协议，约定培训合格后的服务期，以及违反约定时的违约金、竞业限制等。

事实上，即便是那些在管理流程方面非常完善的企业，其流程往往也更多从工作质量及工作效率的角度考虑问题，一般很少涉及法律风险的控制。即便是劳动合同的签订、变更、延续、解除等问题，如果没有一个标准的流程，没有法律风险控制措施，都会给企业带来不必要的麻烦。而那些没有书面流程的企业，对于经营管理中的常规事务往往在事实上存在着习惯性的流程。而这种"习惯"无论是从企业管理的角度还是从法律风险管理的角度来说都是不可靠的，因为这些习惯上的流程并不属于劳动法意义上的企业规章制度，并非员工必须遵守的劳动义务，因而依靠习惯所形成的流程而无书面的制度化流程，这本身就是一种法律风险。

四、个案行为中的法律风险

企业个案行为中的法律风险，主要是指企业在经营管理活动中的某些个案行为，可细分为有意识行为和无意识行为。前者是通过计划和权衡而从事的行为，后者则完全是出于没有经验或缺乏认真考虑的行为。无论是哪种行为，如果不从法律风险的角度为其增加一道防控措施，都有可能招致意料不到的损失。这种损失体现在企业经营中非常容易遇到的各类行政处罚法律风险，以及民事责任法律风险、单方权益丧失及刑事责任法律风险。从出现问题的企业行为中可以发现，许多行为其实只要加入一点点法律风险管理意识和做法，就可以避免重大的不利后果，至少是远远大于法律控制成本的后果。

而企业行为中需要关注的另外一个法律风险，则来自企业人员行为与其管理制度的符合程度。就目前而言，企业人员对于管理制度的执行总会存在一定的执行不到位的情况，在一些问题较为严重的企业，甚至企业人员的行为很有可能与制度、流程的规定完全不同，不仅使得制度流于形式，也使企业的各种风险控制措施失去功效。这种情况的后果甚至比企业没有规章制度还要严重，因为"有法不依"比起"无法可依"，属于一种故意的违反行为，不仅破坏了秩序，而且还危害到管理。

企业的投资计划或经营计划本身并不构成法律风险，风险来自于企业的具体行为。但企业具体行为产生的法律风险不利后果，则往往是由于计划中缺乏控制法律风险的考虑，无论缺乏法律风险控制的计划是处于战略层面还是战术层面。当然，某些企业也存在深知法律风险后的冒险行为，法律环境的不确定性也确实为一些冒险成功的企业提供了成功的发展机会。从法治角度来看,这种成功实际是一种对法治体系的损害。

在企业的战略规划层面,虽然企业战略与法律并无直接关系,但必须在实施时充分考虑企业战略所涉及的法律环境,从而测算出实现这一战略除经济指标外在法律层面上遵守各类强制性规定而可能需要承担的成本,从而使发展战略切实可行。例如,某企业在出现全国性的电力紧张时积极涉足电力行业,在安排了土地并开始建设厂房,且已经订购了发电设备以后,却由于无法通过电力主管部门的审批,相关电力无法走向市场销售而只能用于企业自用,从而失去了投资的本来意义。而另外一些企业,则通过向现有电厂投资入股的方式扩大现有产能,规避了法律对于新办电厂的限制,并以此取得了成功。

由于经营过程中需要面对许多问题、从事许多种行为,不可能任何工作都经过制订计划和实施计划的过程,因此企业在某些特定背景下的行为很有可能极为欠妥,至少是从法律风险的角度会非常欠考虑。即使根据价值链原理分析企业,一个企业的经营活动中分为包括内部后勤、生产加工、外部后勤、市场营销、售后服务在内的基本行为,包括人力资源管理、技术开发、采购、基础结构在内的辅助行为,这些行为涉及各类不同的法律规范体系,仅仅依靠企业自身的能力根本无法实现相关的法律风险识别和控制,当企业管理人员从效率角度考虑问题时则更是如此。

例如,某企业由于其所在行业比较特殊,其交易对象往往都是提供手工制作品的个体企业,而且交易习惯决定了该企业的采购只能通过现金交易的方式实施。为了便于操作,该企业的采购资金往往直接打入采购人员的信用卡中,由员工通过刷卡的方式支付采购款。而企业与员工之间并无其他手续,只有企业向员工信用卡转账的银行凭据。虽然这种方法运行多年,但这种行为中始终就存在着一个法律风险,即何以证明员工信用卡上的款项到底属于其报酬、奖金还是属于公款,以及如果业务员亡故,如何证明其名下信用卡内的款项不属于遗产。

目前,企业对于重大的经营行为,如重大的投资、购并、重组、上市等大多会聘请专业律师参加,以达到控制法律风险的目的。而在常规的经营活动中,许多存在法律风险甚至严重法律风险的经营行为中,企业往往会关注那些可能受到行政主管部门处罚的法律风险以及承担民事责任的法律风险,对于其他类型的法律风险则往往考虑较少。而控制这些个案行为法律风险的成本大多很低,甚至只要改变一下行为模式和顺序即可"化险为夷"。而从宏观的角度看,如果某种企业行为属于一种重复实施的行为,应当将其纳入流程管理的范畴,以加强其中的法律风险控制。而对于那些个案性的、并非经常发生的具体行为,则只能具体情况具体分析。

第六节　法律风险清单的确定

法律风险识别阶段的工作成果是法律风险清单。撰写清单是识别阶段的最后一项工作,而清单又是下一阶段活动的依据,决定了法律风险评估和解决方案设计的质量。而拟定法律风险清单的过程,也面临着如何将问题分类、如何表述更为清楚,以及如何才能完整、系统、具体地列出法律风险点的问题。因此,这一阶段的工作不是简单的汇总,而是融会贯通后的再创造。

一、制作法律风险清单的原则

法律风险识别是将通过尽职调查而取得的证据事实与现行法律规范的规定进行比对,也就是针对特定法律风险主体的行为放在特定的法律环境中进行衡量,从而发现企业这一法律风险主体的作为与不作为有可能带来的民事责任、行政处罚、刑事处罚以及单方的权益丧失。而这一过程中所得出的企业法律风险清单,则是一个承上启下的工作成果,既是法律风险尽职调查而得出的结论,又是下一阶段工作的基础,因此在质量控制方面需要掌握一定的原则。

(一) 围绕要求原则

这个原则所说的,是整个法律风险管理项目要按照企业的目的和意愿去实现企业所要达到的工作目标,将与此相适应地完成法律风险识别工作、设定企业的法律风险清单。之所以提出这个原则而且放在第一位,是因为对于企业最适合的工作成果才是最好的工作成果。大多数情况下,能够令企业最为满意的工作成果未必是最好的法律服务产品,而是企业最为需要的法律服务产品。

曾经有一家民营企业花了二十多万元请某管理学院经过几个月的工作,完成了一份人力资源管理方案。该方案的工作成果分为厚厚的两大本,包括许多报告、表格、制度,不可谓不完整。但最终的结局是方案被企业束之高阁,因为企业尚无能力去实施这些方案。在实践中,由于法律风险清单仍是一种定性分析,不存在定量的关系,完全可以根据目标客户的需要及法律环境决定工作的细致程度。可以是仅列出较细的某类可能性,也可以将种概念划分为每一种具体的行为。具体划分到哪一种程度与目标客户的要求及其管理水平有关,因为过于笼统的划分不利于具体操作,而过于详细的划分则又会不利于掌握实质。

法律风险管理项目要想取得企业认同,就要在实施之前充分理解企业的意图,并据此确定项目内容及方向,以及据此设计尽职调查清单与法律风险清单,避免工作量过大而造成的质量过剩型的浪费。

(二)宁"滥"毋缺原则

所谓的宁"滥"毋缺原则,是指在进行法律风险识别的过程中,对于那些似是而非、难以取舍的问题,应本着宁"滥"勿缺的原则加以保留,并在后续工作中加以处理,而不能轻易地从清单上删除。对于某些法律风险点,在制作清单时会觉得发生此类法律风险的可能性微乎其微,但发生的概率是在法律风险评估过程中需要解决的问题而不是在制作法律风险清单时应该解决的问题,因此在制作法律风险清单时对于可能发生的问题均应加以列明。

这一原则的运用有时还要考虑法律风险识别的程度深浅问题,这也与企业开展这一项目的工作目标有关。如果企业只是要求对其整个法律风险进行大致的识别和列举,在一般情况下只需使列举的法律风险点能够涵盖较为常见的项目即可实现其目标。如果企业仅要求识别单项的法律风险,如其合同法律风险、消费者权益法律风险、人力资源管理法律风险等,对于超出尽职调查范围的所需内容,可以直接注明"超出范围、无法调查"后结束相应工作,并将那些无法排除项在清单中及完成项目后的最终报告中加以特别说明。

(三)客观公正原则

这个原则是指完成法律风险清单过程中所确定的法律风险点,必须有足够的证据证明企业中存在,而且在法律规范方面有根有据,不能仅凭自己的主观印象或粗略的估计。以这个原则来要求整个法律风险清单中的结论,是为了避免因法律风险点识别上的错误而导致后续工作的一系列失误。

对于某些法律问题,要为每个法律风险点找出对应的法律依据有时并不容易。有时这种检索、研讨都是非常浩大的工程,因为某些具体法律问题必须进行大范围的法律调研才能得出结论。而对于某些基于常识即可判断的法律问题,却在法律上并无直接的规定,只能依靠法理或类推加以解决。

二、法律风险清单与法律风险管理

近几年来,企业法律风险的评估与防范作为一项全新理念和新兴业务,已经在一些大中型城市悄然兴起。这种业务使律师有机会令法律服务从幕后走向前台,从"消防队员"转换为"开路先锋",实现了法律风险的事前和事中控制。由于这种业务横跨在法律事务管理与企业管理之间,因而律师界与咨询界都摩拳擦掌参与其中并互有所长。

相对而言,咨询业的长处是在企业管理方面,而律师业的长处在法律风险的分析与应对方面。由律师主导,通过全方位地识别企业的法律风险,并对法律风险加以评估、设计解决方案的项目,往往会对企业法律风险的实质有着更为深入的认识,其解决方案也充分展示了律师的专业素质和工作经验,以及与法律的符合性。而咨询公司主导的法律风险管理项目,则往往有着更为丰富的企业管理内容及概念,但法律方面的内容则由于专业所限而无法深入。

对于法律风险管理质量的制约,一方面来自企业的需求。与其他管理一样,法律风险管理对于不同的企业有着不同的需求。对于一个管理规范、人员素质高的大型企业来说,他们对于法律风险清单的要求可能要极尽详细之能事,因为他们面对这些法律风险,能够理解并有意愿通过事先预防的方式加以消除,而且其管理人员的素质能够接受贯彻这方面的管理。而对于某些小型企业来说,他们从事经营管理活动的范围比较狭窄,许多方面的法律风险对于他们来说并不存在。即便是他们切实接触的法律风险,也会由于他们所在行业的交易习惯以及他们所处的交易地位相对弱势,因而有时即便明知也无可奈何。对于这类企业,往往由初级律师向其提供最为传统的常年法律顾问服务已经足够,而他们对于法律风险管理的需求,也大多仅限于合同及应收款管理。这也提醒我们,处于不同层面的企业有着不同的法律风险管理需求,需要不同质量水平的法律风险管理产品为其所用。

另一种制约来自于工作方法所造成的局限性。正如前面章节所提到的,由于法律风险管理并没有形成一个统一的概念,同时也没有形成(也没有必要形成)统一的操作模式,因而出于对法律风险管理的不同理解就会产生不同的工作结果。那些最为简单的法律风险清单,只不过是针对企业的某类问题进行了简单列举,例如针对某一行业的采购或销售合同列举了十余个存在法律风险的问题点,而最为复杂的则是对企业经营所涉及的方方面面的问题提供了涉两千个左右法律风险点的 Excel 表格。毫无疑问,前一种列举属于经验性的简单列举,其列举的依据是自己在相关合同方面的法律实践;而后一种列举则是一种系统的列举,其列举的依据来源于针对企业的全方位尽职调查和全方位的法律环境调研。这是针对不同企业的需求而提供的工作成果,也是根据不同的工作方法及认知面而完成的工作成果。但无论如何,前一种工作方式可能会足以满足企业的法律风险管理需求,但从技术层面而言,其工作成果过于初级。甚至可以说,这种工作方式下所提供的法律风险清单,完全是一种常规的合同审查或法律顾问服务,与法律风险管理的需求还有一定距离。

由此可见,法律风险管理活动的质量基础就是法律风险清单。而要提高这个清单的质量,就需要针对企业的经营管理情况进行详细的尽职调查,并在此基础之上针对企业所处的法律环境进行详细的法律调研并形成高质量的清单。这是法律风险管理与常规的合同审查、专项咨询、常年法律顾问服务的不同之处。

三、基础性的法律风险清单

基础性的法律风险清单是整个法律风险清单的架构和基础性内容。除非只是针对某个部门法项下的内容,否则这个基础法律风险清单中对于法律风险的分类比具体法律风险点的列举更为重要。缺少个别法律风险点只是局部问题,而分类方面的缺陷则会导致整整一类法律风险的遗漏。这里所遇到的问题,其实是如何对企业法律风险进行归类,以及如何通过归类分析以发现遗漏项,从而使整个清单更为系统、完善的问题。为实现这一点,可以借鉴前面所讨论过的制定尽职调查清单的方式,以及图上作业等方式,相对科学地完成基础性的法律风险清单。

(一) 依据尽职调查清单设立基本内容

在本章第三节中已经介绍了如何设计法律风险尽职调查清单,这些清单可以延续使用作为法律风险清单的基础,并在此基础之上加以完善。在前面介绍过的尽职调查清单中,需要调查的内容分为九个组成部分,分别为:

第一部分　集团公司基本文件
第二部分　集团的资产及财务管理
第三部分　集团的采购管理
第四部分　集团的生产管理
第五部分　集团的销售管理
第六部分　集团的人力资源管理
第七部分　集团的技术开发管理
第八部分　集团的综合行政管理
第九部分　集团的其他情况

这些内容基本上是为了尽职调查而设计,其分类方式并不完全适合制定基础性的法律风险清单,但可以将其作为分析的基础。通过结合企业情况对企业法律风险所进行的分类,并根据尽职调查所了解到的实际情况,在借用原清单的体例并调整内容之后,形成如下基础性的法律风险清单框架:

一、设立及治理结构中的法律风险
二、资产及财务管理法律风险
三、采购行为中的法律风险
四、生产过程中的法律风险
五、销售活动中的法律风险
六、人力资源管理法律风险

七、知识产权管理法律风险
　　八、综合后勤法律风险
　　九、公司存在的其他法律风险

　　这一框架中的几项内容只适合特定的生产型企业,每个大类之下还有若干个小类,每个小类还可以分为更细的内容,从而构成该企业不同层级、不同主题的基本法律风险清单。每个大类下的内容有时会发生交叉,这就需要在划分第二级类别时全盘考虑。例如,采购行为可以定义为大采购,即包括了装卸、运输、仓储、检验等方面的法律风险。而销售活动中的法律风险,则包括运输、交接、售后服务等内容。

(二) 根据事物发生发展顺序设立内容

　　事物发生发展顺序也是用于判断基础性法律风险清单结构涵盖面是否完整的重要手段。其工作原理是,根据事物发生发展中存在的前后环节顺序,通过审查整个环节是否完整,来判断所遗漏的环节。审查基础性的法律风险清单是否完整也可以使用这一方法,也就是按照事物发生发展的前后顺序来确定每个大类的法律风险中有没有涵盖足够的类别。作为一种基于对事物的认知和逻辑分析的工作方法,这种判断方式符合人们的正常思维习惯,便于发现问题。

　　例如,在消费者的法定权益中,消费者对于经营者享有人身财产安全权、知情权、选择权、公平交易权、获得赔偿权、人格权、检举监督权等几大类权利,而经营者对于消费者则负有产品合规性义务、告知义务、披露真实信息义务、披露真实身份义务、提供凭证单据义务、产品质量保证义务、三包义务、公平交易义务、维护消费者尊严义务、代为赔偿义务、主办者义务、虚假广告义务、换退货义务、承担大件维修运输费用义务、邮售的退款及承担责任义务等。如果按照法律规定的内容进行划分,则会显得杂乱无章。而如果根据消费行为发生的大致过程来划分种概念并据此进一步地识别出各层、各类的法律风险点,则整个清单的结构和思路要清晰得多。例如,某家电企业消费者权益法律风险按照企业与消费者之间形成权利义务关系的时间顺序,划分为广告宣传、告知说明、销售过程、货品交付、费用结算、售后服务、争议处理几类,并以此为基础进行后续划分和判断,则会清晰得多。

(三) 以图上作业确定基本内容

　　对于企业法律风险的分析有时可以通过辅助性的图上作业来完成,既用于确定法律风险清单的基本框架,也可以用于确定更为具体的法律风险。这种方式以往多用于起草合同过程中判断合同的架构是否合理,以及是否缺少必备的内容,因此同样适用于判断法律风险清单内容分类是否到位。这种判断方式其实仍旧是在采用本章第四节所介绍的概念划分原理。通过属概念与种概念外延之间的对应关系判断属概念的划分是否到底,以逐级判断各级内容是否存在遗漏。

判断任何一个事物的某种属性时,都可以将这方面的属性视为一个属概念,并根据其外延、依据划分规则划分出不同的种概念,并通过属概念外延与种概念外延之和相等以及其他概念划分原理,判断每一层、每一个概念的划分是否合理、严谨。只要能够识别出足够的属概念的属性,就可以根据这种属性所包括的外延,将其划分出更多的种概念。这种划分的过程虽然抽象,但法律事务由于法律规范体系的存在,在划分过程中对于属概念的属性及外延的判断存在着特定的依据,而不单单是依据想象力。如果将一种法律关系视为属概念,则对该类法律关系种概念的判断是基于相关的法律规范。如果将某一特定法律规范视为属概念,其种概念就是该法律规范内的各种行为规范,这就解决了概念划分过程中至关重要的确定判断标准、明确划分依据的问题,从而一步步地判断出清晰、完整的法律风险清单。

例如,在宏观方面,对于企业的采购法律风险可以分为不动产采购、生产设备采购、原辅材料采购、办公设备采购、服务采购等大类;在微观方面,对于企业生产设备的采购,可以根据所涉及的标的范围考虑采购中需要考虑的内容,比如分成主要设备的采购、辅助配套设备的采购、安装及售后服务的提供、备品备件的采购、知识产权的采购几类。而图上作业,则是为了便于判断而采用的一种辅助手段,可以直观地显示概念之间的层级及主题关系。图3-4即为生产型企业采购法律风险的大致分类,更为精确的分类以及更为详细的第三级分类需要根据企业实际情况以及法律风险识别的结果进行调整。

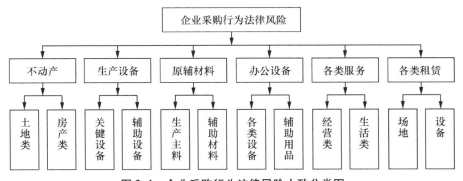

图 3-4　企业采购行为法律风险大致分类图

四、对基础性法律风险清单的完善

如果已经完成的基础性法律风险清单结构合理,细化、完善并最终形成完整清单的工作会非常容易,否则仍要对属概念属性、种概念外延等进行判断以调整出合理的结构。而且,用概念划分的方式分析一个完全陌生行业的企业法律风险结构时,在方法上最好能够由始至终,否则很有可能由于某一级分析时采用的方法不合适而影响下一级划分的精确度。

完成最终法律风险清单的主要工作手段,是结合法律规范体系、法律关系以及概念划分原理,详细地识别企业的具体法律风险并完善结构,从而形成满意的最终法律风险清单。这些结合是一种较为科学的方式,能够令律师在面对一个陌生的行业时对自己的工作质量充满信心,使律师在没有任何先例文本的情况下得出系统、全面、结构清晰的法律风险清单。由于行业间的差异、企业间的差异总是比较大,每一个法律风险项目都有可能面对全新的法律规范体系和行业特点,因此很有必要掌握这种最为稳妥的工作方式。

从属概念中划分出种概念的依据,是属概念外延中所包含的各个种概念的差异性属性。种概念之间既有属于其自身的差异性属性,又有共同的属概念属性。而在法律风险识别过程中,种概念之间的差异性属性其实就是不同部门法之间的差异、不同法律关系之间的差异和不同行为的具体规范之间的差异。例如,随着消费者权益类法律风险内涵的不断增加,其差异性属性越来越明显,外延也越来越小,法律风险也越来越具体。即:法律风险→消费者权益法律风险→知情权法律风险→产品说明中的知情权法律风险→安全警示不详的法律风险。从最大的属概念"法律风险"到最小的种概念"安全警示不详"之间虽然可以分为四个划分阶段,但其规律都是通过增加内涵的方式扩大其差异性属性,并依次得出下一层面的种概念,直到划分至具体的法律风险点并系统地形成最终的法律风险清单时为止。

完善和细化法律风险清单的过程可以根据企业需求和实际情况确定其层级和维度,但最为主要的是在充分识别了企业行为的基础上,通过对相关法律规范的调研而得出确切的结论。

(一) 根据法律规范确定法律风险

在基本的法律风险类别划定后,具体的企业行为是否存在风险需要依据法律规定来进行判断。没有这些法律规范作为依据,法律风险的外延范围就会无法判断或被无限扩大。识别法律风险的工作本身,就是将企业的实际状况及行为与法律规范的规定进行比对,找出企业因作为或不作为而产生损失的法律后果。前面一例中从"法律风险"到"安全警示不详"之间的划分,也正是典型的按照《消费者权益保护法》及《产品质量法》所进行的划分。其划分都是按上一层的属概念的外延进行,只不过这里只是一个路径而不是完全展开。

以这类方式识别具体的法律风险点并制作法律风险清单的缺陷,往往是由于法律规范中的规定有时并无清晰的排序规则,必须在充实内容的同时按风险点的属性合理安排风险点之间的上下及前后顺序。

(二) 根据行为特征确定法律风险范围

针对企业的特定行为识别法律风险并制作法律风险清单时,由于所涉及的法律规范有限,只要按照该行为所涉及的法律规范进行识别,即可充分识别出相应的法律风险。但有些特定行为的法律风险来源比较广泛,可能同时涉及制度、流程、文本、行为几类,相应的法律调研需要充分考虑这些领域。

例如,针对企业销售活动中的法律风险进行识别并制作法律风险清单时,首先遇到的是买卖合同文本中的法律风险。对于合同文本可以根据《合同法》总则及分则买卖合同一章的规定逐一进行审查。其中,对于买卖合同基本条款的法律规定为:(1)当事人的名称或者姓名和住所;(2)标的;(3)数量;(4)质量;(5)价款或者报酬;(6)履行期限、地点和方式;(7)违约责任;(8)解决争议的方法;(9)包装方式;(10)检验标准和方法;(11)结算方式;(12)合同使用的文字及其效力;(13)其他约定。而这些内容还只是基本层面的规定,合同文本、合同管理制度、合同签订及履行流程、实际交易行为等几个方面,都存在着销售活动的法律风险,需要准确地判断出其基本框架并根据实际情况逐一判断出相应的法律风险点。

法律风险是各种关系相互作用而产生的,因而在法律风险的识别过程中要充分发现这些相互关系的存在并一一加以识别,否则将来的解决方案就有可能治标不治本。例如,应收账款管理方面的法律风险涉及供应商的选择、合同文本设计、合同履行管理几个方面的内容,其尽职调查还要涉及制度、流程、文本、行为以及以往情况的记录等方面,否则就不完整。

通过逻辑学中概念的相关原理来解决法律风险识别与评估中的风险清单问题,是根据逻辑学原理在非诉讼领域的具体运用。虽然还有许多操作层面的内容需要进一步加以研究,以便确定通用的基本法律风险清单,但运用这一基本原理无疑将会大幅度提高法律风险清单识别的严谨性和科学性,从而将经验性的主观判断与罗列转化成有具体的操作原理和理论依据的方式,并为大幅度提高工作质量打下良好的基础。

(三) 合理安排清单结构

法律风险清单的结构安排直接影响着阅读者对于这一阶段性工作成果的主观印象,如果清单在完成后需要向企业提交,则更是需要认真对待清单的结构及顺序安排等问题。

从最为基本的结构体系上看,法律风险清单的目录应当能够充分涵盖被调查企业的各种法律风险类型,并尽可能按轻重缓急安排优先顺序。也就是说,法律风险清单不是对于所识别出的所有法律风险点进行简单的堆砌,而是通过合理的结构和方式将其展现出来。从具体的法律风险点来看,也应当以某种秩序去安排各个具体的法律风险点的顺序。

一般来说,无论是结构的安排还是具体法律风险点的安排,都应该将发生概率高、影响巨大的法律风险类型及法律风险点放在法律风险清单中较前的位置,而对于那些发生概率低、对企业影响小的法律风险类型及具体法律风险点描述放在相对次要的位置。如果企业在阅读一份法律风险清单时,花了漫长的时间阅读到的仍旧只是鸡毛蒜皮的小问题,会严重影响他们对项目重要性的看法。

五、法律风险清单的提交

法律风险清单大多只是整个法律风险项目工作成果的一个组成部分,在企业提交评估报告或最终解决方案时写入工作成果之中,一般情况下无需单独提交。即便要求企业确认法律风险清单,也只是为了核实其准确性以及是否存在遗漏,然后将企业确认后的清单作为中间性的"原料"而直接用于下道"工序"。但也有企业要求提供清单作为整个项目的阶段性成果,以检验整个项目的价值、质量和进展,这时便需要按要求提交。提交的方式有的是 Word 文档,有的是 Excel 表格。但与提交合同审查工作成果时一样,提交这类阶段性的工作成果时需要根据不同情况附上一定的提示或说明,因为这种项目的影响面比较广,属于非常正式的项目,因此必须以非常正式的方式提供阶段性的工作成果。

附加提示或说明的目的,既是为了便于企业管理人员看懂,也是为了避免双方之间产生误解,主要包括以下内容:

(一)尽职调查内容及结果

这一部分的内容,主要是用于说明整个尽职调查的工作情况以及法律风险识别的工作情况。包括简要描述开展的时间、主要的工作内容及方式、尽职调查的范围、调查取得的工作成果等。对于这部分内容的说明可多可少,但不可省。

在对整个尽职调查的内容、过程及成果的描述中,特别应当注意企业所提供的各类资料的情况,以及哪些资料在尽职调查清单中已经列出但企业并不存在或不完整、未能提供的情况。因为后续的法律风险识别是建立在这些调查结果的基础之上,这些成果是企业所提交的、支持法律风险识别结果的证据,如果企业并不存在这些资料或最终未能提供资料,即便对法律风险识别造成了影响,也不属于律师的执业过失。

(二)法律风险识别情况

这部分内容主要是对识别法律风险的依据、识别法律风险的结果进行大致的说明。说明这些内容的目的,是令企业明白整个法律风险识别的工作量和工作面,同时也表明整个过程是具有专业技术含量的严谨过程。总是有些企业认为花了巨款却仅仅买来"几张纸"而于心不甘,而对识别情况的说明则是对专业技术能力的说明,有利于提高清单的权威感。

法律风险识别依据是个不变的内容,即按照国家的相关法律规范、立法及司法解释、强制性国家标准等规范,并结合通过尽职调查而了解到的企业情况。如果需要提交清单,这些表述可以成为正式提交时的套话,只是有些企业并不涉及强制性国家标准,而有的企业则还有可能涉及国际条约,具体视企业的经营特征而定。

某些企业会在律师展开法律风险尽职调查时,要求律师同时调查企业规章制度的实际执行情况,某些管理上比较粗放的企业甚至会要求律师同时调查下属企业的各类规章制度等情况。这些要求虽然并非律师法律风险管理项目的必备内容,但只要要求不违反法律规范规定且与律师的执业准则没有冲突,律师可以在合同中约定并在调查中执行,但必须以书面的方式说明这类情况的存在。

(三)法律风险清单说明

对于法律风险清单的说明包括两个方面的内容,一方面是对法律风险清单进行概括说明,另一方面则是对企业可能误读或不重视的内容加以善意提醒。

对于法律清单本身的概括性描述,主要内容也就是总共包括了多少个大类的法律风险以及一共多少具体的法律风险点等内容,可以视为对清单本身的描述。如果法律风险清单较长,应当制作包括一定层级的目录。如果已经设定了目录,对于目录上所安排的标题与人们主观判断的内容有出入时,还要说明设立目录的思考依据。如果目录过于简单,有时还应说明哪些特殊类型的法律风险点已经归入哪些目录之下,以避免企业阅读时产生误解。这类内容基本上是对清单的结构安排、内容安排加以说明,基本上只起导读的作用。

另一方面的内容则是用于提醒企业应当关注的内容,以及不在律师责任范围之内的内容,划清律师的执业风险界限并提醒企业关注清单中的相关内容。此外,还可以提醒企业核对主要的法律风险分类及法律风险点,如清单中存在遗漏或错误企业应及时反馈以便后续改进等。

还有一个需要说明的是如何识别"灰色地带"法律风险的问题,也就是当企业的某些行为一时还无法找到直接的法律规定时,就需要从理论上判断其行为是否存在法律风险点。法律风险识别遭遇法律"灰色地带"的情况虽然比较少见,但即便遇到也不足为奇。这类问题即便一时无法得出确切的结论,也应当加以说明后保留在清单之中以提醒企业关注,不能轻易地将其从清单中去除。

第四章　法律风险的评估与报告

本章提示

　　法律风险清单提示了企业所存在的法律风险,但这并不意味着企业就必然对症下药。通常情况下,企业对于所面临的某些法律风险其实并非一无所知,只是由于身处风险而能相安无事才使得他们没有采取应对措施;另外,如果应对法律风险的成本远远超过了法律风险不利后果的损失,也不会有人为一个不是必然发生的损失承担大量的费用。

　　人类从未停止过与风险的博弈,建立在现代数学、管理学基础之上的风险管理理念,正是针对风险的不特定性和损失的不特定性而提出了多种应对风险的解决方案。而法律风险管理作为横跨管理学和应用法学之间的跨界尝试,许多应对风险的基本原理同样可以适用,只是其中对于法律风险的判断和应对措施的选择,都是基于法律规范的规定。

　　法律风险的评估正是借用了统计学、运筹学以及其他风险管理中的理念,根据企业法律风险后果的严重程度、发生的概率等,评估出各个法律风险点的重要程度和分批应对时的应有顺序,为是否采取应对措施或采取何种应对措施提供决策的依据。也只有从这些在其他学科中已经相当成熟的理论及做法中去寻找答案,才能明白许多企业为何直面风险而按兵不动或投鼠忌器,才能明白怎样才能让企业充满信心地实施法律风险管理。

　　与法律风险管理项目其他阶段相比,这一阶段的工作最不像是律师的工作反而最像是咨询业的工作,因为它脱离律师的专业内容实在太远,而离企业咨询业的距离又是如此之近。但正是由于律师很少从企业管理的角度考虑问题,才导致了企业需要法律风险管理。而跨越这个门槛之后,就会发现企业中需要更多的法律服务,而律师业也能够为企业界提供更多的法律服务。

第一节　法律风险评估概述

企业自其产生之日起,便"沉浸"在法律风险的"海洋"之中。企业很有可能经营多年而没有遭遇重大法律问题,也有可能因法律风险的沉重打击而半途夭折。因为法律风险只是一种遭遇不利后果的可能性,既有可能伴随企业多年却引而不发,也有可能在猝然一击中使企业万劫不复。这就造成了一种两难的局面:对于几乎不可能发生的法律风险严阵以待无疑是一种浪费,而对不期而至的法律风险毫不设防又往往会给企业带来远远大于防范成本的损失。

实施法律风险评估所要解决的问题,正是通过一定的技术手段列出法律风险轻重缓急的顺序,从而为是否防范、如何防范法律风险提供决策的依据。当然,经过评估而采取的措施只是使效率更高而已,并非可以绝对排除法律风险,但至少目前还没有更好的方法。

一、法律风险评估的工作目标

通过前期的尽职调查及法律风险识别,企业的法律风险点已经以法律风险清单的方式呈现出来。但并不是所有的法律风险都需要在第一时间采取措施加以应对,在诸多因素的制约下,企业只能以"厚此薄彼"的方式控制法律风险。面对成百上千的法律风险点,如果企业眉毛胡子一把抓式地加以应对,既不经济也不可行,甚至还有副作用。

从经济角度来说,对于所有法律风险点都全力以赴加以应对,会增加企业的运营成本。企业虽然存在着太多的法律风险,但许多理想化的法律风险管理理念在企业中却无法实现。尤其是对某些法律风险的应对措施事倍功半,全盘应对就会摊薄企业利润,在经济上不合算。

从企业角度来说,大多数企业由于行业特点等因素的限制,对某些法律风险状况只能承受而无法改变。例如,对于那些在交易中处于劣势地位的小企业来说,议价能力的缺乏使他们无力争取到更为有利的合同条款,即使合同中存在大量的不利条款往往也只有接受。而且,风险与机会总是并存,在正常的市场经济条件下,不存在只有利润而没有风险的交易。如果一个企业已经没有任何法律风险,这个企业很有可能也已没有任何利润。接受意味着有获取利润的机会,不接受则连这样的机会也会错过。

从管理角度来说,并非所有企业都有能力克服所有的法律风险,企业对于法律风险点也并非"发现即摧毁"的关系。只有在法律风险点总量较少、后果严重且发生概率高、应对成本低且效果明显的情况下,企业才可能无需评估而直接采取应对措施。如果应对措施的嵌入打破了既有的管理秩序和工作秩序,整个企业的管理行为会顾此失彼而使企业的经营管理秩序陷入混乱,在消灭了一部分风险点的同时又产生了新的风险点。

进行法律风险评估的目的,是为企业列出哪些属于必须解决的问题、哪些属于必须优先解决的问题,使企业可以集中精力和资源解决主要矛盾,实现理想与现实之间的平衡。简言之,法律风险评估其实是在识别了全部的法律风险点之后,根据企业的实际情况及法律环境的情况对法律风险点进行筛选的过程。通过这一过程,得知哪些法律风险点非常重要、必须加以应对,而哪些法律风险点由于出问题概率极低或影响程度甚微而可以采取一般应对措施,属于理想与现实之间的妥协。而且,这样处理法律风险符合企业管理的计划性和系统性的原则,属于比较成熟的做法,也是比较精明的做法。完成了这一步,才可以进一步考虑如何应对那些重要法律风险,以及控制程度、成本核算等问题。

法律风险评估的工作成果,是在法律风险识别阶段所得出的法律风险清单基础之上,通过一系列的复杂工作,将法律风险点分成若干等级并形成法律风险评估阶段的工作成果,通常是一份反映法律风险不同重要程度和不同优先程度的清单。在这个新的清单中,法律风险的等级越高说明对于企业的影响越大、越需要企业全力以赴地应对,突出了工作重点。再结合下一阶段的法律风险应对方案设计,就可以针对不同等级的法律风险采取不同的应对措施,提高应对法律风险的效能。

二、法律风险评估的工作原理

如果援引黑箱理论,法律风险评估工作的"输入"是前一阶段识别出的法律风险清单,而"输出"则是一份层次分明、工作重点明确的清单。而黑箱内的工作机制,则是根据这一阶段采集的特定信息以及设定的维度,通过综合评定、估测而形成结论。

决定法律风险点在重要程度方面排序先后的最主要因素,是法律风险后果的严重程度、法律风险事件的发生概率以及对企业的影响程度这三个基本因素,也可以根据目标和情况的不同而增加其他需要考虑的因素,所有这些因素又被统称为法律风险评估的维度。法律风险评估的过程,正是通过综合采用定量分析和定性分析的方法对各个法律风险点从不同维度赋予一定的量化数值,并通过各维度的权重统计出各个风险点的最终赋值。当每个法律风险点都被赋予了一定的分值,就可以按分值的高低进行排列,也就得出了必须优先应对的顺序。这一过程大多需要定性分析与定量分析相结合才能完成。

当采用定性的方法判断时,可以根据法律风险清单中的分类,判断各分类中法律风险点在各个维度中的重要程度并加以排列,形成按法律风险后果严重程度、按法律风险事件发生概率、按对企业影响程度等维度排列的不同法律风险点清单。这一过程中的部分工作主要依据经验判断,存在一定的随意性。

以这种方式排列的清单从各自不同的维度去看都会比较合理,但却存在操作性上的问题。因为对于企业来说,法律风险后果越是严重的法律风险往往越是企业不会遇到的法律风险,而发生概率高的法律风险又往往是鸡毛蒜皮的法律风险。如果工作定性分析的工作到此为止,几份不同排列规则的清单对于决策的支撑作用十分有限,因为它必然导致企业面对清单无所适从。正因为以纯定性分析的方式很难得出综合各维度情况的统一清单,这种分析方式往往只能局限于特定的法律风险领域而不适合对企业法律风险的全面评估。在实践中,以定性分析的方式所得出的最终结论,往往还需要进行加权计算得出综合重要程度的分值,然后才能排出统一的、可操作的顺序。

而以定量分析的方式进行法律风险评估时,可以首先确定每个法律风险点在不同维度内的分值,再通过设置不同维度的权重取得各个法律风险点的最终综合分值。当每一法律风险点都有了直观的分值,就可以通过比较分值而排列出各风险点的优先处理顺序,也可以通过统计设定不同的"分数线"而将法律风险点划分为不同的等级,更有利于今后的工作安排。而权重系数的引入则是定量分析的优势所在,它可以将后果极为严重但几乎不可能发生事件的法律风险,以及虽然频繁发生但严重程度极为轻微的、对企业影响轻微的法律风险点排在其他更加需要应对的风险之后,从而理出应对法律风险的头绪,将精力用于应对那些通过评估而浮出水面的真正威胁。

定量分析只是一种非常有用的理论方法,可以对决策起到非常重要的支撑作用。但定量分析的初步结果往往要经过人为的校正才能更加符合实际情况,因而定量分析过程中的定性分析仍旧不可或缺。此外,客观事物的发生、发展是诸多因素综合作用的结果,并不会因为有了这个系数就会改变其自身的不确定性,因此不能迷信这类数据。

从包括法律风险在内的整个风险产业的情况来看,不同行业的风险评估有着多姿多彩的工作方法。有的已经采用非常成熟的模型法,有的甚至可以使用数据自动分析。其中,对于信息安全风险方面的评估走得更远,已经可以使用专用软件进行大量的分析工作。从发展趋势来看,建立统一的企业法律风险模型还处于憧憬阶段,但建立某些具体行业的法律风险模型并不困难,关键是何种精确程度和应用价值的模型。由于缺乏基础性的统计数据,即使建立了风险模型也很难具备根据统计结论而设置的具体参数,模型也就难以对现实的法律风险管理提供量化的依据,建立模型的意义也就会大打折扣。但建立法律风险模型和法律风险管理模型是法律风险研究的至高点,这一领域的研究必将进入模型时代。

三、法律风险评估的维度

为了充分利用有限的资源去充分抵御企业法律风险,就必须从众多的法律风险点中找出最需要处理的风险点,并按重要性高低进行排列。而要实现这一点,以及排序的结果是否符合企业实际情况、是否能够满足企业的需求,最为主要的还是要看评估所采用的维度。可以说,维度的选择决定了评估所依据的要素,有了准确的维度,影响评估结果的至多是各维度在计算评估结果时的权重问题,而维度的缺失则有可能误导企业的后续决策。

维度(Dimension)是个比较抽象的概念,是指在特定时空范围内分析、评判某一事物时所采用的不同出发点、不同角度、不同依据、不同层面,我们日常所说的三维、二维、一维实际上就是在使用这一概念。在通常的语言环境下我们可以将其大致地理解为"视角"或"角度",只是这样理解其含义不甚精确。如果从逻辑学里的概念角度去理解,每个事物都集合了不同的属性,观察分析事物可以根据不同的属性进行而得出不同的结论,这种观察分析事物时所依据的不同属性,就可以理解为不同的维度。事物的属性越多,观察分析该事物的维度也就越多。例如,分析法律风险对于企业的不利影响,可以从不利后果的严重程度、发生的概率与频率、对企业的影响程度等不同维度进行,而这三个维度也正是评估企业法律风险最为基本的维度。

法律风险不利后果的严重程度是任何法律风险评估都必须采用的维度,它所解决的问题是某一法律风险如果产生不利后果,其法定的不利后果到底是何等程度或处于何等幅度范围。基于目前的法律规范体系状况和现实情况中的诸多人为因素干扰,不仅某些方面的法律风险不利后果难以精确判定,即使能够精确判定的不利后果与实际处理中的不利后果之间也还是存在一定的差异。要提高这一维度评估结论的精确度,一方面要了解相关的法律规定,另一方面还要了解相关事件实际处理的情况。

法律风险事件发生的概率与频率决定了某种风险对于企业正常经营活动的干扰程度,如果发生概率过高或频率过高,则其不利后果的累加将会非常可观甚至吞噬企业的利润。其中,概率是指发生事件的数量占整个数量的比例,其衡量的单位是数量。如果1,000件产品中出现了3起产品责任事件,其发生的概率就是3‰。而频率则是在单位时间内所发生的事件总数,其衡量的单位是时间。例如,每月发生两起质量投诉事件,或者每年共发生应收货款损失200,000元等。这些数据的用途,是对未来法律风险事件的发生情况进行预测以便调配资源应对,仅是一个参考的数值。

正如人的体质不同决定了其免疫能力的不同,企业的许多个性差异对于企业在法律风险不利后果的承受能力方面也不同,因此在前面所述的三个基本维度之中,不利后果的严重程度主要是从法定后果方面分析、发生频率就是要从未来发生的可能性方面加以分析,而第三个分析的维度则是根据企业的承受能力。例如,一起并不严重的突发事件,既可能因为企业拥有足够的公关手段和公关力量而轻描淡写地渡过危机,也有可能由于媒体的狂轰滥炸而成为一起致命的危机。有鉴于此,既可以只从法定不利后果展开评估,也可以在评估时增设企业对于风险事件的可控程度这一维度,以使评估结果更为接近实际。

由于法律风险评估维度内容众多,需要专门进行讨论,这里不再展开。

四、法律风险评估信息的采集

在设定了评估的维度之后,接下去遇到的难题是如何判断不同维度下各法律风险点的程度。在这一过程中,无论是定性分析还是定量分析都必须借助于大量的基础信息才能形成判断的结论。这些基础信息包括但不限于企业发生法律风险事件的信息、行业发生法律风险事件的信息和法律环境信息。没有这些信息,则只能根据工作经验和印象进行主观判断,并依据判断的结果对各维度下的法律风险点进行排序。

(一) 评估所需的基础信息

由于工作范围的限制,收集法律风险评估所需基础信息的范围不算广泛,主要集中在企业信息、行业信息及法律环境三个方面。这些信息最为主要的用途,是对法律风险点从各个不同维度排序,为得出统一结果做准备。特别是那些直接影响法律风险评估结果的企业信息,除了通过统计得出风险事件发生频率和概率外,大多还需通过员工渠道了解这些表象背后在合同文本管理、履行管理、质量管理等方面的原因,才能为后续改进提供依据。

这些信息中的一部分在前期的尽职调查中已有涉及,还有一部分内容则只能由企业提供。例如,企业以往签订的合同总量、发生争议的合同总量、通过诉讼解决的争议总量,以及败诉的总量、损失占整个交易额的比例等。这些统计有时会有极大的工作量,而且某些统计结果有时会因不具有代表性而无用,但这些数据必须由企业完成,并用于分析历史、预测未来。

按照《中央企业全面风险管理指引》的列举,为了进行法律风险评估,企业除了收集国内外企业因法律风险管理不善而蒙受损失的案例外,还应当收集与本企业相关的下列信息:

(1) 国内外与本企业相关的政治、法律环境;

（2）影响企业的新法律法规和政策；
（3）员工道德操守的遵从性；
（4）本企业签订的重大协议和有关贸易合同；
（5）本企业发生重大法律纠纷案件的情况；
（6）企业和竞争对手的知识产权情况。

客观地说，由于定位不同，上述内容只是评估所需要的部分初始信息，并未包括法律风险评估所需的全部信息，但从其内容上看仍旧分为前述的三个方面。其中，与法律环境有关的信息完全属于律师收集、整理、分析的工作范围，与企业信息有关的员工对于道德操守的遵从性、对外合同历史文本、争议处理案件情况等属于企业的工作范畴，至于其他企业信息的收集则基本属于行业信息的收集。而进行法律风险评估时需要收集的企业信息及行业信息，绝不仅仅限于本企业或竞争对手企业的知识产权信息，还有诸多信息需要收集，具体视法律风险管理项目的需求而定。

1. 企业历史信息

这方面的信息有两大类。第一类涵盖了企业所有已经发生的与法律风险有关的行为，尤其是包括对企业法律风险行为的统计、对法律风险事件发生情况及原因的统计、对法律风险损失的统计等信息。收集这些信息的目的，是统计企业面临法律风险的频率、法律风险事件的发生频率等，从而统计企业过去发生法律风险事件的概率。

而另一类的信息，则主要是企业人员对不同法律风险事件的影响程度等方面的主观判断。这些信息的作用，是判断法律风险点在各个维度的严重程度、概率高低等情况，从而为法律风险点排序。

2. 行业统计信息

这类信息包括由行业协会或主管部门提供的与行业法律风险有关的统计数据、其他企业的成功经验等。这些数据及信息经过分析和选择，同样可以成为判定各维度法律风险程度的依据，也可以用于为各个不同的法律风险维度确定权重，从而最终形成法律风险重要程度排名。

3. 法律环境信息

这类执法环境之类的信息已经不再是法律风险识别阶段所要了解的法律规范规定，而是集中于企业行政处罚法律风险执法环境有关的相关信息。由于立法的速度远远跟不上经济、社会的发展速度，许多行政法律规范在整个经济及社会环境发生变化后，行政主管部门甚至已经强调在没有明文规定的情况下事实上停止执行相关的行政法律规范。因此，了解法律环境信息的目的，最主要是不断了解行政执法方面的法律环境变化，如果原有法律风险的严重程度或法律风险对企业的影响程度因法律环境的变化而大大降低,会直接影响评估的结果。

尽管许多信息对于改进企业的风险管理措施非常有益,但有意识地主动收集各类信息并加以分析整理的企业并不多。甚至某些企业没有设立完善的档案管理制度体系,对于企业自身应有的基本信息也非常茫然。而且,缺乏基本数据的情况普遍存在。即使是某一行业的行业协会,往往也只有大致的、基本性的统计数据,数据的获取方法也未加说明,甚至整个行业都没有权威的基础性统计数据和计算公式、计算系数,这都给法律风险概率的确定带来诸多的不便。

(二) 采集法律风险评估信息的方式

识别法律风险阶段采集的信息是为了解决"存在哪种法律风险"的问题,相对比较"刚性",而评估阶段采集信息则是为了解决"法律风险情况怎样"的问题,相对比较"柔性"。在评估阶段采集信息的目的,是从企业发掘出为法律风险点排序的依据。换言之,识别阶段需要采集企业状况方面的信息,而评估阶段需要采集主观判断为主的信息。这些采集方式主要包括:

1. 小组讨论

即召集相关部门业务骨干就给出的议题展开讨论,由与会人员对具体法律风险点的严重程度、事件发生频率、企业的承受能力等内容,通过讨论和交换意见的方式提供看法,从而形成评估结论。以这种方式进行评估,可以提高工作效率并形成基本一致的结论,但往往无法得到更深层面的内容。

2. 人员访谈

通过访问企业中某一方面的骨干人员或部门管理人员,了解这些人员对于某类法律风险严重程度、风险事件发生频率、企业承受能力、应优先处理的法律风险点等方面的主观判断,并参照其他访谈的结果综合分析后得出对具体法律风险的评估结论。这一方式可以得到比前一种方式更为深入的信息,对更为深入地理解企业的法律风险境况、设计高效的应对措施非常有用。

3. 调查统计

主要是通过对企业发生法律风险事件的情况进行分析和统计,得出法律风险事件的发生频率、发生概率等数据。这些参数是进行定量分析计算的基础,如果企业没有相关信息,可能需要从整个行业取得部分参数作为后续计算的依据。这类工作大多可要求企业完成。

4. 问卷调查

问卷的操作方式,主要是根据需要定性分析的内容合理设计选项,并由受访的企业人员回答问卷中的问题,再通过对答案的统计而得出评估结论。定量分析中的部分内容也可以采用这种方式得出结论,因而这一工具同前一工具一样,仅用于完成中间性的工作。

5. 综合评分

这种评估工作其实是将评估时需要完成的工作分散成不同表单后,分配出部分由企业人员完成。它先将被调查项赋予一定分值区间,然后交由受访者给各调查项打分。当调查项已经拥有分数,便具备了用于排序或用于综合运算的基础,也属一种中间性的工作。

采集这类信息有时需要反复进行,甚至用更为复杂、严谨的方法才能得出相对可靠的结论,比如使用德尔菲法(Delphi Method)。这一方法的名称起源来自古希腊有关太阳神阿波罗的神话,因为传说中的阿波罗具有预见未来的能力。经过包括著名智库集团兰德公司的进一步发展而成为著名而且比较可靠的评估工具和预测工具。它将分解过的问题以匿名、背对背的方式征集专家们的意见,并经过专家多轮的对调查问卷提供意见,经过反复的征询、归纳、修改后汇总形成专家基本一致的看法。在法律风险评估方面,这一方法可用于对复杂问题进行定性分析。

有时,仅凭经验判断也能得出评估结论,但脱离企业的相应信息得出的结论则与企业之间存在距离。甚至许多信息仅通过文字资料也可以进行分析,但无法了解现象以外的原因。例如,对于违约责任法律风险,企业档案只能反映一个事件的存在,但无法反映该事件的起因是由于业务培训不足、业务管理不善,还是由于业务人员违规操作,不了解这些信息则解决方案就会没有针对性和实用性。只有极个别的企业会存在自我完善机制并主动分析问题的原因并循环改进,而管理到如此精度的企业往往不会重复产生同样的错误。

五、法律风险的评估方法

法律风险评估的过程是定性分析与定量分析的综合,当法律风险点所涉及的门类较多而且数量也比较多时,单独采用一种方式根本无法完成评估。由于同属企业风险,法律风险评估可以借用其他风险评估的工具和方法完成工作。

(一)风险评估工具简介

风险评估工具是咨询行业所常用的习惯性叫法,它一般是指一些被咨询行业广泛采用、原理未必复杂却行之有效的工作方法。在咨询业、银行业、保险业等进行风险或资产评估时,经常会使用一些分析和评估方法去处理采集到的特定信息,以得出风险方面的评估结论或用于辅助形成决策。即使是前面所谈到的德尔菲法,也有人将其称为风险评估工具。只有在特定的行业,如信息安全行业,才出现了真正可以自动检测、评估风险的软件工具。

风险评估工具中的许多工作可以借助于数据加工、整理、分析方面的工具,将客观存在的数据转化为有用的结论性信息。这些分析工具中,排列图、因果图、分层法、调查表、散步图、直方图、控制图被称为旧的七种工具,而关联图、系统图、矩阵图、KJ法、计划评审技术、PDPC法、矩阵数据图被称为新七种工具。这些工具广泛用于各类数据和信息的分析,在法律风险评估时的数据分析中未能够用到。

总的来说,所有的评估工具的功能集中于分析信息并得出结论,工具中所体现的规范的工作过程或工作方法,使得分析问题、赋值定级、得出结论的过程更为可靠,也使结论更具说服力。例如,用简单的主观判断而为法律风险重要程度排序与用矩阵法对同样的问题进行排序,由于过程、方式和科学依据不同,所产生的结论即使相近,用矩阵法得出的结论由于过程严谨而更加可信。

(二)定量分析与定性分析

定量分析和定性分析是从事分析活动最为基本的两种工作方法。定量分析是通过对各项内容具体参数的设定,得出量化的分析结论的分析方法。而定性分析则是依据一定的规则通过主观判断得出分析结论的分析方法。两种分析方法各有所长,许多分析必须同时结合两种方法,才能得出满意的结论。

1. 定量分析基本原理

定量分析首先要做到的就是将分析的维度等要素赋值量化,从而通过特定的公式得出量化的、以数值表示的结果。由于分析结果已经通过数值表示,同类项目的不同分析结果就很容易进行直观比较。对法律风险损失进行定量分析时,必须结合法律风险维度分别赋值,才能得出有用的结论。例如,通过对各法律风险点从风险损失及法律风险事件概率两个维度的赋值,并通过两者之间的权重设置,就可以通过按后果严重程度排列和按发生概率排列的两份清单,列出统一的、各法律风险点有着不同分值的法律风险清单。

以这样的手段进行分析,无疑会使法律风险的理论值量化并易于比较和衡量,尤其是适合存在多种评估维度的情况。但这种量化过程中所依据的数据必须准确,而这一点事实上很难做到。即便是目前已经进入信息社会,但基础统计数据的缺乏使得许多定量分析根本无法进行。而针对企业法律风险所进行的定量分析,虽然可以依靠对历史数据的统计而得出,但这一点在某些企业也难以准确做到。而且,即便存在这类数据也只是对过去情况的统计结果,并不意味着今后的发展会延续这一规律。

定量分析中各维度的要素会同时受到多种外界因素的干扰而产生波动,而任何一个波动都会引起实际情况与理论值之间的偏差。因此,这一方法得出的结论只代表了过去的情况或未来可能的情况,只能作为分析过程中的参考而不能过度依赖。如果将这种分析方法当成重大的成果,则不是出于无知就是出于作秀。

2. 定性分析基本原理

定性分析对于法律从业人员来说十分常见,也是目前应用最为广泛的手段。尤其是基础数据的缺失或不准确,也使得许多本来可以进行定量分析的问题只能以定性分析的方式加以解决。在法律风险评估方面的定性分析,是建立在对企业行为的充分认识和对法律环境的充分了解之上,根据经验、法律规定、案例等对法律风险的危害程度和重要程度等进行的分析判断。根据《中央企业全面风险管理指引》中归纳的方法,对于风险的定性分析方法主要有问卷调查、集体讨论、专家咨询、情景分析、政策分析、行业标杆比较、管理层访谈、工作访谈和调查研究等,这些方法在法律风险的识别及评估中均可借鉴。

定性分析所得结论的精确性远不及定量分析,但只要分析的各维度能够确定下来而且不是很多,分析过程有时会更为简单。由于不需要依靠统计结果或基础数据,这类分析比定量分析的计算过程要方便得多。但这类分析对于人们主观判断能力及偏好的依赖度非常之大,因而基于相同维度进行的分析,所得出的结论也有可能会因人而异。通常,定性分析的结果多以可以通过比较而感知却无法量化的结论加以表示,如处理法律风险的优先级可以通过定性分析定为"高"、"中"、"低"三级,这三级之间的界限往往可以通过比较得以判断,但每一级之间却都没有量化的衡量标准。

定量分析同样带有主观判断,如果所用参数不根据企业实际情况调整,也会得出非常荒谬的结论。某咨询公司在对某电信企业进行法律风险评估时,如果按照未经调整的初始参数,该公司最大的法律风险居然是营业厅里没有设置小键盘,直到电信企业的管理人员参与调整后,其评估结果才最终"符合逻辑"。

定量分析的排序依据是分析所得到的数值,定性分析的排序依据是分析得出的程度。定量分析与定性分析结束后,往往都会根据判断的结果将法律风险点按一定的规则进行排列,分值从高到低的顺序就是法律风险对于企业的真正严重程度顺序。此后的下一步工作,是根据人为设定的"录取分数线",将超过某一数值的法律点或符合某一判断标准的法律风险列入优先处理或必须处理的范围,以便于进行成本与收益之间关系等方面的分析。

第二节 法律风险评估的维度

正如前面已经提及的那样,足以毁灭企业的法律风险大多难得发生为法律风险事件,也鲜有企业因此而蒙受灭顶之灾。而频繁发生的法律风险事件,大多对于企业都是些鸡毛蒜皮的琐事,并不影响企业的正常生产经营。正因如此,许多耗时耗力识别出的法律风险点形同鸡肋般食之无味而弃之可惜。因为后果严重的法律风险发生的概率低,而经常发生的则又后果并不严重,从而使企业面对这些风险时无所适从并对真正重要的法律风险视而不见。

要想了解不同的法律风险点对于企业的威胁程度究竟如何,需要考虑每个法律风险点在不同维度下的表现情况,并综合这些表现通过分析及评估得出不同法律风险点对于企业的综合威胁程度分值。这是一个使法律风险点的威胁程度现出原形的过程,也是一个非常复杂的分析与综合运算的过程。按照评估目的的不同,有的评估维度仅是对企业现状得出结论,而有的评估维度则是为采取应对措施提供依据。

一、法律风险评估的基本维度

法律风险评估中之所以需要考虑评估的维度,是因为这关系到从何种角度去观察、分析法律风险点才能得出企业所需要的结论。由于评估目标的不同,在对企业进行法律风险评估时的维度就会有所不同。但法律风险评估有着自己的基本维度,主要是法律风险后果的严重程度、法律风险事件的发生概率、不利后果对企业的影响这三个基本维度。

通过对各个法律风险点在这三个基本维度的分析,可以得出具体法律风险点在各维度内的排序,并可以通过赋值和设定权重,而得出各个法律风险点的综合分值,并最终得出统一的法律风险点严重性排序。

(一)法律风险后果的严重程度

法律风险的严重程度是企业决定是否采取应对措施的最为重要的依据。根据前面所讨论过的内容,企业的法律风险有刑事处分、行政处罚、民事责任、单方权益丧失四类。从总体上看,前三种法律风险只要严重到一定程度,均有可能导致企业从此消失,最后一种往往只是延缓了发展速度,对企业并没有产生直接的负面影响,因此不作讨论。

1. 刑事责任法律风险的严重程度

从刑事责任法律风险来看,我国《刑法》及其修正案中对于单位犯罪的处罚绝大多采取两罚制,对于单位主要是处以罚金刑,而对直接负责的主管人员和其他直接责任人员则可以同时处以自由刑以及罚金和没收财产。如果违法行为与单位的身份无关,也可以采用单罚制,只处罚具体的责任人员。无论是单罚还是双罚,只要是追究单位主要负责人刑事责任并处以罚金和没收财产的单位犯罪后果,即使并不导致企业的灭亡也大多是企业不可承受之重,对于企业来说属于最为严重的法律风险。如果只是对个别具体经办人员处以刑事处罚,特别是非实刑的处罚,则对于企业来说其后果的严重程度及不利影响远远低于前者。如果某些个人为了进行违法犯罪活动而设立公司、企业、事业单位实施犯罪的,或者公司、企业、事业单位设立后以实施犯罪为主要活动的,以及盗用单位名义实施犯罪并由实施者个人私分违法所得的,根据最高人民法院的司法解释,这类行为不属于单位犯罪,直接追究自然人的刑事责任。

《刑法》对单位判处罚金采用的是无限额罚金制,法律并未明文规定罚金的金额或上限。如果企业存在被判处罚金的可能性,由于这类处罚并无法定标准因而给这类法律风险后果的预测带来了难度。单位因受到刑事处罚而产生的间接不利后果,则与其主营范围、犯罪性质、刑事处罚类型、刑事处罚对企业客户的影响、罚金对于企业资金的影响等因素有关,无法一概而论。

2. 行政处罚法律风险的严重程度

从行政处罚法律风险来看,行政处罚法律风险的"透明度"比较高。依照《行政处罚法》的规定,行政处罚分为七类,即:① 警告;② 罚款;③ 没收违法所得、没收非法财物;④ 责令停产停业;⑤ 暂扣或者吊销许可证、暂扣或者吊销执照;⑥ 行政拘留;⑦ 法律、行政法规规定的其他行政处罚。其中,对于罚款大多明确规定有法定的处罚额度或比例,相对容易预测其不利后果。

对企业实施的行政处罚中,最为严厉的当属吊销许可证或吊销执照,前者影响到公司经营某些业务的合法性,后者则是直接丧失所有的经营资格。而暂扣证照、责令停产停业只不过是暂时行为,待违法行为得到有效的纠正便可以恢复如初。除了《行政处罚法》以外,许多国务院所属的行政主管部门都制定了针对自己部门的实施办法,某些处罚会有更为具体的规定,甚至会有《行政处罚法》所规定的"法律、行政法规规定的其他行政处罚",这些都是衡量法律风险后果严重程度的依据。在许多严厉的行政处罚中都将"情节严重"作为前提,而至于是否严重,往往缺乏量化的指标,至多只有定性化的判断标准。

某些企业涉及单位犯罪的行为很有可能同时也触犯了行政法规的规定,因而在受到刑事处罚的同时也会受到来自行政主管部门的行政处罚。这时的行政处罚属于同一行为引起的不同法律后果,也互为一种法律风险向另一种法律风险的延伸,或属于某一主要法律风险的间接不利后果。

3. 民事责任法律风险的严重程度

民事责任法律风险大致分为违约与侵权两类。但其承担民事责任的方式在《民法通则》中被统一规定为十类,分别为:① 停止侵害;② 排除妨碍;③ 消除危险;④ 返还财产;⑤ 恢复原状;⑥ 修理、重作、更换;⑦ 赔偿损失;⑧ 支付违约金;⑨ 消除影响、恢复名誉;⑩ 赔礼道歉。其中,对企业影响比较大的是其中的赔偿损失与承担违约金。虽然目前对于违约或侵权所受损失的赔偿主要是采取"填平主义"原则,但对于某些没有法定标准的损害赔偿,以及可得利益的赔偿等,有时仍旧难以确定具体幅度。

《合同法》由于侧重于以营利为目的的合同行为,对于违约责任的规定更为具体,分别为:① 继续履行;② 采取补救措施;③ 适用定金、违约金的约定;④ 赔偿损失(包括可得利益损失);⑤ 承担对方防止损失扩大而支出的合理费用;⑥ 承担其他违约责任。对于合同责任的法律风险严重程度,其实最主要在于合同内容如何约定。在条件允许的情况下,通过合适的权利义务设置可以有效地避免违约责任风险过大,或将对方违约所造成的损失转嫁给对方,从而减轻违约法律风险的严重程度。而一旦出现违约责任问题,以定金、违约金为代表的违约责任因有具体的金额而非常容易确定,损失计算则既涉及法律规定又涉及证据,难以一概而论。

而在侵权责任方面,有些侵权是有一定预见性的行为,例如企业对所使用的软件是否属于盗版、对产品的外观设计或商标与其他产品是否相同或相似等。这些侵权行为大多与企业的经营活动有关,在目前以"填平"为出发点的赔偿原则之下,大多数的侵权责任不会严重到影响企业的生死存亡。而由于意外事件所引起的侵权,如交通事故、产品责任等,虽然可以基于法律规定确定大致的责任范围,但每个突发事件的烈度都有其不确定性,因而承担这类侵权责任的幅度也存在不确定性,只能进行最低程度和最高程度的分析。

一些比较特殊的民事责任有时也会影响到企业的生存与发展。例如,如果公司股东违反《公司法》的相关规定侵犯了其他股东的权益,或者公司陷入僵局,在符合某些法定条件的情况下,公司也有可能被法院依法解散,这是特定的部门法项下较为严重的法律风险。

(二)法律风险事件的发生概率

法律风险的发生概率,或者说是法律风险发生为法律风险事件的概率,主要是用于体现企业所面对的法律风险中有多少从潜在的可能性爆发为事件,也就是构成法律风险事件的数量与企业所经受的同类法律风险问题的比值。这个比值是决定是否采取措施的重要依据。例如,陨石击中人体的机会非常之低,几乎是不可能发生的事件,但确有这方面的报道。然而,由于这类事件的发生概率实在太低,以至于没有人去考虑如何防止被陨石击中。

概率也被称为"或然率"、"几率",是概率论中最为基本的概念。在社会和自然界中,某一类事件在相同的条件下可能发生也可能不发生,这类事件被称为"随机事件"。不同的随机事件发生的可能性大小各不相同,而概率则正是用来表示随机事件发生的可能性大小的一个量。其中,必然发生的事件的概率被规定为1,不可能发生的事件的概率被规定为0,一般随机事件的概率是介于0与1之间的一个数字。① 从理论上说，人们每天都生活在各种风险之中，只不过某些风险的概率实在太小，因而无论是理论上还是实践中，对于这种发生机会极少的情况不必采取任何措施去应对。

对于法律风险来说，某一具体法律风险被触发为法律风险事件的数量与该类法律风险总量之比就是这类法律风险爆发的概率。例如，在销售的一千件电器产品中，如果发生了一起因产品质量造成消费者人身伤害事件，则该产品的产品责任法律风险的发生概率便为1‰。在后果严重程度相同的情况下，发生概率越高的法律风险越应该尽早处理。

（三）不利后果的影响程度

企业自身对于法律风险的承受能力，与风险的类型、企业资产状况、企业运作能力有着密切的关系。进一步说，企业的承受能力与资金链有关，也与法律风险的类型有关。而企业的资产状况和运作能力，有时甚至是连财务报表都难以精确表达的。

正常情况下，不利后果的影响程度与法律风险类型关系密切，也与企业的资金实力有关。如果法律风险严重程度相等，在损失额度固定的情况下，企业规模越大则损失额占企业资产额的比例越小，而银行也更愿意为大企业提供资金上的支持，助长了大企业承受风险的能力。如果企业规模较大、能够获得合理的利润且现金流量比较充裕，一般性的法律风险事件并不会使其"伤筋动骨"。而对于资产负债率高、现金流量非常紧张、缺少足够利润的企业，任何一个稍大的不利后果均有可能成为压在牛背上的最后一根稻草。更有甚者，某些小型企业由于利润率低、资金链脆弱，一个后果并不十分严重的法律风险也有可能引起连锁反应，从而使企业资产被供应商集体哄抢，企业也在顷刻间成为空壳。

从法律风险类型来说，能够直接导致企业灭顶之灾的法律风险发生概率并不高。但是，当法律风险事件被新闻媒体等无限放大并导致企业失去买家信任而失去现金流时，对于任何企业来说都是最为危险的法律风险，甚至是企业既无法控制又无法承受的风险。以三鹿集团为例，其资产不可谓不雄厚，其公关能力也不可谓不强，但其生产有毒奶粉并造成大量结石婴儿的法律风险事件，是任何消费者都无法容忍的。正是因为彻底失去了销售对象，其结局只能是从此在市场上消失。无独有偶，当年以回收的陈料生产月饼的南京冠生园，虽然已是七十多年的老字号，也只能以不光彩的结局走上破产的死路。而这些企业的消亡，根本原因是他们违反了起码的道德底线，甚至达到了"图财害命"的程度。

---

① 参见《辞海》，上海辞书出版社1979年版。

二、法律风险评估的其他维度

实际操作中,出于企业实施法律风险管理的要求、内容不同,或者由于企业的行业特征、法律风险特征不同,评估法律风险会存在维度的不同。有些评估还顺便将应对成本一并考虑进去,所形成的最终清单中已在应对成本与风险损失之间进行了平衡。但本书的内容将应对成本的考虑列入下一节的解决方案设计部分,本节的评估结论只讨论对法律风险点的评估。评估法律风险的维度很多,这里仅提及常见的维度。

(一) 风险事件发生频度与风险行为频度

法律风险发生概率主要是用于预测未来,在评估时有时要分为事件发生频度与行为发生频度以了解以往的情况,这些都影响着评估法律风险的结论。风险发生的频度,是指在某一单位时间内法律风险后果实际出现的数量,用以统计某个法律风险在现实生活中某一单位时间内转化为实际风险后果的概率。风险行为的频度,是指带有法律风险的经营行为在某一单位时间内出现的数量,用以统计某个存在法律风险的行为在某一单位时间内出现的概率。因此,两个频度一般都表现为每周 N 次、每月 N 次或每季 N 次、每年 N 次等。

由于取值不同、用途不同,两种频度的使用方法各异。如果两者取值的时间段相同、对象范围相同,则将风险发生频度除以风险行为频度,就可以得出单位时间内法律风险行为中发生法律风险后果的概率。即:

$$风险发生概率 = 风险发生频度 \div 风险行为频度$$

风险发生概率对于判断是否采取防范措施以及防范的应有投入范围非常具有参考价值,风险发生概率越高越值得重视。但风险发生概率还要参考风险损失的情况,才能确定是否采取措施以及如何采取措施。因为任何措施都会带来经营成本的增加和机会成本的增加,不可能事无巨细统统不计血本地加以防范。

(二) 预计损失幅度与实际损失幅度

预计损失幅度是指根据法律规定及具体的实际情况,结合经验所推测出的法律风险后果中的损失最高额及最低额。在涉及公权力处罚的法律风险时,由于无论是刑法还是行政法的处罚一般都有一个上下的幅度,因此这一幅度实际就是预计损失的幅度。但这一损失幅度还只是直接损失的幅度,间接损失的幅度往往只能估算。如果间接损失不明显,也可以只考虑直接损失而不考虑间接损失。

实际损失幅度是指法律风险事件出现后,经过各种努力后最终确定的法律风险给企业所造成的损失,以及对无法量化的间接损失进行估算而得出的幅度。在这类损失中,直接损失往往最容易具体化,例如法院判决企业应当赔付的金额、行政机关已经生效的行政处罚数额等。但间接损失往往难以计算,例如一个损害消费者利益的案件究竟能够给企业带来多少实际损失,以及会有多少消费者在了解这一案件后不会再次购买企业的产品等,这些情况很难以第一手调查资料的方式提供准确的数据,往往只能估算其幅度。

需要注意的是,在某些特定情况下,突发事件所造成的间接损失有时也相当巨大。例如,当年的三株口服液就是在媒体大量宣传了一个并不确切的案件后,由于遭遇了退货风潮,整个体系全线崩溃并使企业最终毁于一旦。

(三)责任严厉程度与执法严格程度

责任的产生来自法定及约定,因而责任的严厉程度与违法或违约的成本有关,前者用于评价日常的经营行为的法律风险程度,后者多用于评价一个具体交易中的法律风险程度。

行政法规所规定的经营者的法定责任因行业不同而有较大的差异,总的来说与政府对宏观经济的战略控制有关。遵守这些行政法规是企业经营的应尽义务,也是企业所应当承担的社会责任。在实际经营中,企业既存在因不了解相关法规而受到行政处罚的情况,也存在因违法成本较低而故意违反法律规定的情况,而且这种情况并不罕见。从法律风险管理的角度出发,必须了解其所从事的经营行为涉及哪些法律法规以及法律法规对于违法行为的处罚力度,避免因违法而受到行政处罚,特别是避免因受到处罚而导致更大的危机。

违约行为也是如此,在签订合同准备进行具体的交易之前,必须认真研读合同中的各类违约责任条款,防止因违约责任过重、违约概率过高而导致的不利影响。以我国玩具代工企业与跨国公司所签订的代工合同为例,正是由于跨国公司在采购中利用自身的优势而将违约责任及违法责任全部推给了我国代工企业,以至于合同条款成为代工企业单边责任条款,才导致了代工企业一旦出现违约或产品质量不符合境外企业的法律规定的情况,则企业往往无力继续经营。

除了法律规定的宽严程度外,执法力度也是一个在评估法律风险时需要考虑的重要内容。由于立法滞后及立法技术上存在一定问题,以及行政职能方面存在的某些问题,某些法律规范在实际执行过程中显得不尽如人意,甚至某些地区或某些行业长期以来都处于"法不责众"的实际情况。因而在评估法律风险时,除了要研究法律规范的具体规定外,还要考虑实际的执法情况,才能得出相对准确的法律风险状况结论,否则仍旧有"纸上谈兵"的可能性。

(四)企业受影响程度与风险控制能力

企业对不利后果的承受能力除与法律风险性质有关外,还与企业对于风险的控制能力有关。巴林银行、安然等都是国际知名的庞然大物,但他们却仍然在猝然一击中轰然倒地。国内的类似情况也并不鲜见,当年的巨人集团、广告标王等行业领袖早已在商海中销声匿迹。可见,只要法律风险事件出现在企业最为脆弱的要害点及最为脆弱的时间点,即使是大型企业也难逃灭顶之灾。

虽然企业承受风险的能力取决于其现金流、资产负债率等因素,但风险控制能力决定着不利后果的程度及范围。同样是现金流不足、高负债率的企业,某些企业拥有很高的品牌价值等资源并拥有非常专业的公关人员,因而企业即使遭遇危机也能将风险后果控制在自己能够承受的范围之内,使企业转危为安。这样的企业在同等的条件下具有更强的风险承受能力。因此,企业的表面风光并不说明其控制法律风险的能力,那些迅速扩张中的大企业如果没有稳定的营业收入往往更加脆弱,如果没有良好的控制手段,非常容易因法律风险引发的财务危机而导致企业崩溃。

以上内容只是对几种维度的粗浅介绍,在实际进行评估时,可以根据企业的情况和所面临的法律风险的情况,从风险损失的最高限度与最低限度、风险事件的持续期限、风险事件属于个案还是可能批量发生、法律风险的解决成本等角度考虑问题并将其列为评估的维度。

三、法律风险评估维度的设定

所有的评估,都是收集、整理目标事物的相关信息,并依据一定的技术方法、按照一定的工作程序,通过分析、研究而得出某种理论上的结论的一系列活动。评估所针对的,一般都是某一事物的价值、状态等现实中并不直接存在而且不可直接测量的属性,需要通过定性分析和定量分析等方法进行评价或估测,才能得出自己需要了解的信息。目前,对于其他风险的评估、对于某种财产的价值的评估等,其内在规律莫不如此。

但正如有的企业从机遇中看到风险而放弃机遇,而有的企业则从机遇中看到利润而迎合机遇,事物的不同观察角度可以得出不同的结论。而法律风险维度的设置,正是涉及了具体的观察角度如何设置的问题。

(一)面向过去的评估与面向未来的评估

评估可以被简单地理解为评价和估测,评价比较容易做到,但估测有时需要消耗大量的工作时间才能得出贴切的结论。评估法律风险的维度取决于企业的状况和需求,而企业的需求则取决于其发展的阶段性和企业家所追求的目标。对企业现状的评估面向过去,是对企业既有情况进行评估。而为了采取应对措施而进行的评估则是面向未来,其目的是抓住主要矛盾视风险情况采取措施。

其中,企业所处的发展阶段越高则对管理的精细化要求越高,其法律风险管理的需求也越为综合和全面,而处于较低发展层面的企业则往往只有低层面的甚至是最基本的法律风险控制需求。而在企业发展层面相同的情况下,决定企业法律风险管理需求的重要因素则是企业家所追求的目标。即便是在一些小型企业,也有相当数量的企业家在追求着企业的制度化管理和精细化管理,使得其法律风险管理水平甚至超过了更大的企业。这两方面的因素共同决定了法律风险管理在不同企业中,存在着深度和范围上的明显区别。

正如第二章第六节中所提及的那样,企业实施法律风险管理项目有着不同的动机和目标,而这些动机和目标则正是设定法律风险评估维度的线索。法律风险的识别与评估虽然已经包罗万象,但资源永远是有限的,因此在识别、评估以及设计解决方案时,总会有所侧重。而且,有时需要单独针对既往情况进行评估并出具结论,与另外的评估结论一并提交。

对于那些已经处于领先地位的企业来说,他们希望通过评估而主动发现潜在的各种法律风险,并通过提高法律风险管理的程度来提升其法律风险应对能力、减少法律风险损失,从而以固定的制度、流程、文本规避法律风险,并利用制度的不可模仿性而在同行业中继续保持领先地位。由于存有战略目的,这类企业需要从更深层面、更广的角度更为详细地评估法律风险,在法律风险评估维度方面也往往需要设定员工对于制度的遵从度、企业对法律风险的管理程度、法律风险事件造成的商誉损失等,并通过后期预警机制的设计等在解决既有问题的同时为企业发展留下空间。那些希望借机推动管理机制重大变革的企业,其情况与此基本相同,所需考虑的维度也基本相同,只是对于解决方案的设计更为重视。

而那些希望解决长期困扰的企业,往往是在管理方面存在一定缺陷的企业。很有可能是因为他们的管理缺陷才导致了法律风险事件的不断出现甚至重复出现。如果确实如此,对他们的评估有时需要增加对既往法律风险事件的统计,找出制度缺陷或管理失当与法律风险不利后果之间的对应关系,并在解决方案设计过程中帮助企业从根本上杜绝类似法律风险事件的重复发生。这种统计可以作为评估结论中对于以往情况的辅助说明,以加深企业对于以往情况的印象和对管理措施的理解。

对于那些出于企业安全考虑,不希望其多年经营得到的资产因法律风险而遭受损失的企业,需要侧重于了解其在发展过程中存在的法律风险,避免因长期潜伏的法律风险因事件的爆发而危及企业的资产安全。这种法律风险一般都影响较大而且已经客观存在,通常的维度已经包括了这方面的内容,只是在尽职调查时应对这类内容有所侧重。此外还要特别注意其决策机制中对于法律风险的控制。同样,对于这类企业的评估维度也需要包括法律风险与企业决策、企业行为之间关系的分析,并通过后续的运作模式等设计充分规避或分散法律风险。

总之,由于不同的企业目标决定着评估的不同维度和内容,对于过往情况的评估往往需要加入管理状况的维度以指出问题所在,而用于设定未来行动方向的评估则必须考虑企业应对风险的能力等维度。而这些维度的设定,都会依赖于对企业实际需求的了解,并实现尽职调查范围、风险评估维度、解决方案设计的一体化运行。

(二) 法律风险评估维度的设置

目前的许多"法律风险评估"其实至多有评价的成分而谈不上是评估,因为其工作过程是针对企业某个特定领域的法律风险情况进行了解,并指出所存在的法律问题的危害性和可能的不利后果。严格地说,这类"评估"只是评价而已,无需考虑维度和赋值计算。由于这类"评估"只是针对企业所面临的某类法律风险展开,如知识产权法律风险、劳动法律风险、建筑业法律风险等,因此其结论往往只需要评价而不需要评估,只需指出法律风险点及其不利后果的严重程度而无需对其概率进行计算。这类工作的精度和质量要求并不高,只适合主题集中、法律风险点为数不多而且企业可以全面主动采取措施的情况。

只有当企业面临的法律风险分为不同的类别甚至没有什么可比性,而企业也无法或无需对所有法律风险点都采取百分之百的应对措施时,才必须通过评估得出各法律风险点在重要程度方面的统一的结论,因而也就必须考虑评估的维度。例如,当企业同时面临采购合同法律风险与产品责任法律风险时,两个范畴的法律风险点中孰轻孰重、如何排序是必须通过评估才能解决的问题。

企业进行评估的维度有的纯粹是法律风险方面的内容,也有许多企业在评估的维度中加入与企业管理行为有关的维度,一般分为企业员工对于制度的遵从度和企业制度的完善度两方面的内容,为的是通过评估结论了解企业在制度、考核等方面存在的问题,也为制定应对措施打下基础。

例如,某大型企业将法律风险评估的维度分为发生的可能性与损失程度两个大类。其中,可能性维度下又包括了外部监管力度、内部制度完善度、内部制度的执行力度、公司人员的法律素质、风险相关方的综合状况、风险行为频次等门类,而损失程度维度则又分为不利后果影响范围、财产损失程度、非财产损失程度几个门类。不同的法律风险点在经过两种维度的加权运算后确定不同的法律风险值,按分值从大到小排列法律风险点,就能识别出风险的严重程度。但由于维度的设置过于复杂,最终只能通过开发计算机程序的方式解决后续的问题。

第三节　法律风险点的赋值

法律风险评估过程中的赋值,可以理解为给法律风险点从不同的维度赋予一定的分值,以便于衡量某一维度下法律风险的程度,并将该法律风险点在不同维度下的分值用于最终的综合运算。赋值问题是操作层面的一道难题,不通过赋值的方法许多评估就无法得出一个确切的统一结论,而采用赋值的方法却又有许多问题根本没有标准的或精确的数值。尤其是当前整个社会运营情况的基础性数据并不丰富,很少有公允的数据可以用于法律风险评估时的系数测算,评估中的许多数值需要依主观判断完成。

值得说明的是,只要不是出于客观统计,几乎所有的赋值都带有一定的主观性,因而并不完全代表事物的本来状况。但通过各方面的努力,可以使赋予的分值更为合理,因而可以用于估测并能得出相对可信的结论供决策时参考。

一、对法律风险点赋值的意义

目前,以量化、公式化的方法得出结论或支持结论已经成为一种趋势,在咨询行业更是如此。公式化和量化有助于人们深入理解事物的本质属性及相互关系,但许多量化的结论只能反映过去的情况或仅仅是预测未来的可能性,并不代表真正的未来。甚至许多量化的结果在成形前也离不开人为的干预,以便使结果显得更加"科学"。正因如此,对于任何评估、预测的结论完全可以不带任何敬畏成分地坦然质疑其依据、方法。

但这并不是说量化分析一无是处。毕竟这是解决多维度数据的统一排序问题时所能依据的唯一手段,而且许多数据确实能够客观地反映企业被人忽略的另一面,并能通过其反映出的发展趋势而成为决策的重要依据。同时,以赋值的方式进行评估还有着单纯的定性分析所无法实现的目的。

（一）直观地体现程度差异

赋值的方法对于我们并不陌生。在给论述题、论文等无法精确评分的答案评分时,以及在跳水、体操等无法直接计量成绩或比较成绩的体育比赛成绩统计中,其最后的分值都是笼统的客观标准与主观判断的结合。其评分的结果往往只是给出了对于不同论文、答案的质量,或者对不同选手比赛成绩,基于一定的定性化标准加以主观判断并得出量化的结论。这些本来无法精确衡量的结果一经通过数字加以表示,其程度上的差异就非常容易比较。虽然这些掺有主观判断成分的数字其实并不精确而且无法非常精确,但对于分析不同对象在程度上的区别已经足够。

有些赋值仅仅起到表示程度上的差异并为排序提供依据的作用,数值之间的差异并不表示差异的幅度。例如,对行业法律风险排序过程中,被赋予 120 分的 A 行业并不是比只赋值了 100 分的 B 行业多出 20% 的法律风险,只是说明 A 行业的法律风险比 B 行业的法律风险更为严重。而某些根据原始数据统计出来的数值,其数值之间的差异不仅表示了差异程度,也表示了差异的幅度。如果某企业每销售百件产品发生消费者质量投诉 3 起、售后服务投诉 2 起,则说明在产品质量和售后服务方面都有法律风险事件发生,而且前者的发生概率比后者高出了 50%,既有程度上的区别也有幅度上的区别。

(二)使评估可以通过运算进行

数学是人类最为伟大的发明之一,特别是将逻辑问题通过数学的方式加以解决后,人类对于未知事物的判断能力达到了新的高度。人们固然可以通过逻辑推理一步步利用约束条件之间的因果及逻辑关系而得出结论,但通过数值之间的相互关系和运算规则去完成这一点显然要高效得多。通过合理的赋值并通过运算而得出的结论虽然比较间接、抽象,但仍能符合逻辑并为后续工作提供方便。特别是当需要将不同维度下的风险点按统一的标准排出顺序时就必须通过统一的运算,这时,不同风险点的赋值必不可少。

赋值的方法最早源自数学解题,人们常用的 +1、0、-1 其实就是一种赋值的表示方式,这些值其实表示的仍旧是种程度上的关系,但它所代表的结论却非常贴切。目前,赋值法在计算机程序设计中非常普遍。

(三)便于得出法律风险严重程度的统一结论

当法律风险点只需要从一个维度进行观察时,如果风险点不多则完全可以采用定性分析的方式完成程度判断和排序。但当法律风险点较多时,或需要从多维度去分析法律风险点时,就只能采用定性分析与定量分析相综合的方式进行。

特别是在对法律风险点进行多维度下的评估时,要使不同类别、不同维度值的法律风险点按严重程度进行统一排序,定性分析由于其本身主观性较强、缺乏客观标准的缺陷而无法按统一的标准进行判断,也就无法将不同维度下的结论加以统一,因而已无用武之地。

而定量分析则通过给不同维度下的各法律风险点赋值,并通过对这些分值的计算得出确切的综合值。通过这些方法及过程,才能最终以简单的数值比较的方式按严重程度排出顺序。这就是运用赋值法的优势。

二、赋值的主要方法

赋值法是在统计分析时常用的方法,有的学者还提出了主观赋值法和客观赋值法的分类方法。但无论如何划分,赋值法一般包括层次分析法、德尔菲法等主要依据主观评判赋予分值或给出某种系数的方法,由于德尔菲法在前面章节中已有介绍,这里仅对其中部分常见的方法进行简单介绍。

(一) 直接评价法

直接评价法在法律风险管理中的运用,是根据评估的目标而设计制作问卷,然后由企业管理人员或律师通过填写问卷答案的方式,对问卷中所罗列的法律风险点根据指定的维度提供主观评价意见。当这种方法用于评估的赋值时,多是从所设定的不同维度对各个法律风险点打分,不同问卷的打分结果经过统计,就成为该法律风险点在不同维度的分值。这种工作方法的运用范围非常广泛,是分析问题和预测未来时常用的技术手段。

这种工作方法简单易行,但从其工作模式中也可以看出它严重依赖于答卷者的主观判断。其结果往往取决于答卷者的经验和思维方式,并无严格的、量化的依据。以这种方法赋值,问卷的设计必须细化到有利于全面、客观地得出判断结论,否则问卷本身就会干扰结果的合理性。

在操作层面,设计这类评价的问卷往往都会给定具体的分值区间,由参与评价者在分值区间内为各维度的法律风险点打分。当无法通过统计或计算给出法律风险点的具体分值时,就可以采用这种方法评价出某维度下各个法律风险点在程度上的差异。如果分值可以通过统计或引用社会基础数据的方式得到,或者可以像判断法律风险不利后果严重程度那样依据法律规范的具体规定进行,则不能也不必使用这种方法。另外,这种方法只适用于赋值,而无法根据已经赋值的结果得出最终的综合结论。

在具体操作中,为操作上的方便,可以先将法律风险点按照部门法或法律关系等归为大类,每个大类的法律风险包含下又分为数量不等的具体法律风险点。然后对各个具体的法律风险点逐个进行评价、赋值,使各个法律风险点在各个维度下均带有数值。

(二) 层次分析法

层次分析法[1](The analytic hierarchy process)简称 AHP,在 20 世纪 70 年代中期由美国运筹学家托马斯·塞蒂(T. L. Saaty)正式提出。它是一种定性和定量相结

---

[1] 参见 MBA 智库百科 www.mbalib.com,层次分析法条目。

合,而且非常适合从多维度考虑问题、做出决策的工作方法。它通过层层划分将问题分解,并借此找出答案或方法。对一些较为复杂、模糊的问题,使用这一方法可以方便地得出结论,特别适合那些难以进行完全定量分析的场合。这种方法由于在处理复杂的决策问题上非常实用,很快在世界范围内被应用到计划和管理、行为科学、制定战略、复杂项目实施等方面。

在法律风险赋值方面所用的并非完全的层次分析法,而是借用其中的部分步骤来完成赋值工作,仅用于同维度下各个法律风险点之间的程度差异比较及赋值、排序。并可以在各维度的法律风险点均被赋值以后,通过设定各维度在最终综合评定中的权重的方法,将不同维度下的法律风险点分值进行综合计算并得出综合、统一的结论。

这种方法在为具体的法律风险点赋值时,通常忽略其目标层、准则层、对象层的划分,而只是通过构建比较阵的方式,对同一维度下各个法律风险点进行成对比较而赋值排序或根据其程度情况直接赋予1—9的值。借用层次分析法中的这一步骤为法律风险点赋值,其操作非常简单明了而且适合对于信息情况的主观判断,在运用经验、分析能力和直觉赋值的基础上增加了一定的逻辑含量。在这一步的赋值完成以后,还可以利用层次分析法的优势,将不同的维度视为同层的内容,为每个不同的维度设定权重,并依此产生综合评估结论。

三、为法律风险点赋值的依据

在从不同的维度对法律风险点赋值时,维度的特征决定了不同的维度需要以不同的方法赋值。即使是用主观的方法赋值,其赋值也必须具有一定的依据和逻辑,而非随心所欲,即使是前面这些赋值方法也是如此。法律风险点的维度较多,但其赋值方法仍旧是基本的几类。

(一)法律风险严重程度的赋值依据

对于法律风险严重程度的赋值,其判断依据是作为或不作为的不利法律后果的程度。在前面所介绍的内容中,法律风险不利后果有刑事责任、民事责任、行政处罚责任和单方权益丧失四类,而每类不利后果中又可以细分为更多门类的具体法律风险点。判断每个法律风险点的不利后果严重程度所依据的内容,则是相应的法律条款或合同条款对于不利后果进行的规定或约定。这一点虽然在理论上没有问题,但在具体操作上还有不少问题需要厘清。

其中一个主要问题是法律或合同对于法律风险不利后果的表述方式存在着多样性,因此其后果未必确定。以违反《劳动合同法》的行政处罚等法律风险为例,对于不利后果分别有以下的表述方式:

1. 规定具体标准

以这种方式表述不利后果,其种类、标准是固定的。由于其后果、标准是固定的、没有波动幅度,所以容易与其他不利后果进行比较。

例如,该法第87条规定:"用人单位违反本法规定解除或者终止劳动合同的,应当依照本法第四十七条规定的经济补偿标准的二倍向劳动者支付赔偿金。"

又如,该法第80条规定:"用人单位直接涉及劳动者切身利益的规章制度违反法律、法规规定的,由劳动行政部门责令改正,给予警告;……"

2. 规定特定幅度

以这种方式表述的法律风险不利后果存在一定的上、下幅度,其最终的不利后果可能出现在其幅度中的任何一个水平上。对于这种不利后果,有具体案例参照的可以按能够确定的幅度进行比对,无法确定具体幅度往往要考虑其上限。

例如,该法第84条规定:"用人单位违反本法规定,以担保或者其他名义向劳动者收取财物的,由劳动行政部门责令限期退还劳动者本人,并以每人五百元以上二千元以下的标准处以罚款;给劳动者造成损害的,应当承担赔偿责任。"

3. 规定混合后果

以这类形式表述的不利后果混合了不同类别或不同严重程度的情况,因而难以简单地同其他法律风险不利后果进行比对,必要时需要拆分以后进行。

例如,该法第92条规定:"劳务派遣单位违反本法规定的,由劳动行政部门和其他有关主管部门责令改正;情节严重的,以每人一千元以上五千元以下的标准处以罚款,并由工商行政管理部门吊销营业执照;给被派遣劳动者造成损害的,劳务派遣单位与用工单位承担连带赔偿责任。"

4. 规定处理原则

法律规范对这类不利后果的表述往往只是原则,没有具体的种类、标准、幅度,需要结合具体情况进行判断。

例如,该法第86条规定:"劳动合同依照本法第二十六条规定被确认无效,给对方造成损害的,有过错的一方应当承担赔偿责任。"

(二) 事件发生概率的赋值依据

事件发生概率的赋值相对简单,只要找到相关数据就可直接赋值。这些数据主要有企业和社会两个来源,虽然反映的只是已经发生的情况,但对于未来充满借鉴意义。在具体使用时,有时需要综合考虑两种数据之间的关系,使之优势互补、相得益彰。

1. 企业自有数据

对于那些企业档案管理非常完善的企业,或者统计数据丰富的行业,可以通过相关信息的统计或查询而得出具体的系数或数值,并在赋值过程中直接采用。这些数据所反映的是过去发生的情况,但对于未来存在一定的借鉴意义。如果能够通过跟踪较长时期某类事件的发生、发展情况并描述出发展的规律,则对于预测未来可能发生的情况更有帮助。

例如,某企业在实施管理项目时,对以往的情况进行了认真的分析统计。这些统计包括拖欠情况发生的概率、拖欠金额占总销售金额的比例、拖欠情况最容易发生在哪些交易金额区间、哪类交易主体区间,以及造成应收款拖欠的原因类型分布、各种原因造成的货款拖欠占总拖欠额的构成如何等。通过这些分析,一是对以往情况有个清楚的认识,让企业清醒地认识到问题之所在并为进一步分析原因提供工作范围。二是通过这类分析的结果,为设定评价维度、对各维度下的法律风险点赋值提供依据。三是在赋值完成后,为得出法律风险综合评价给各个维度在结论中的权重提供依据,并为制定应对措施提供依据。

在这些数据中,历年法律风险事件的发生概率可直接用于描述企业的状况或用于赋值。如果能够结合近年来的变化趋势进行分析,则这些数据对于设定未来可能的发生概率会更为贴切。

2. 社会公共数据

此类数据多为政府部门或行业协会经过统计而向社会公开发布的数据,有的以报告的形式体现、有的以年鉴的形式体现,往往反映了特定时间和特定范围内某个行业及至全国的某种情况。由于统计的范围等存在差异,这类数据与企业的数据一般都会存在一定的差异,但这种差异可以用来判断企业某类事件发生的频率相比整个行业甚至全国相同事件发生频度到底处于何种水平。而且,这类数据的统计口径也有可能与赋值的需要存在一定的偏差,需要通过重新计算才能得出所需的数据。例如,公安部对2008年道路交通事故方面的统计数据如下:

2008年,全国共发生道路交通事故265204起,造成73484人死亡、304919人受伤,直接财产损失10.1亿元。

与2007年相比,事故起数减少62005起,下降19%;死亡人数减少8165人,下降10%;受伤人数减少75523人,下降20%;直接财产损失减少1.9亿元,下降15.8%。

其中,发生一次死亡3人以上道路交通事故1290起,同比减少190起,下降12.9%;发生一次死亡5人以上道路交通事故250起,同比减少17起,下降6.4%;发生一次死亡10人以上特大道路交通事故29起,同比增加3起。道路交通事故万车死亡率为4.3,同比减少0.8。

这是一个仅针对年度道路交通事故伤亡损失及环比情况的统计,对于大多数的企业并无直接意义。但如果一家企业拥有众多的公用车辆并需要预测未来可能发生的道路交通事故情况及损失情况,除了对企业内部年度道路交通事故的发生情况、损失情况进行统计外,借用这个公共数据及其他数据,则可以得出更多的结论。例如,结合2008年全社会的机动车保有量以及这一统计数据,可以大致知道每辆汽车发生交通事故的概率、每次交通事故损失的平均幅度等情况,并提前准备应对道路交通事故损失的措施。

(三)不利后果影响程度的赋值依据

对于这类情况的赋值,主要是结合企业对于法律风险不利后果的控制能力、承受能力等因素后,以主观判断的方式确定企业受到损失的程度。也可以为前述两种能力分别赋值,并最终通过运算得出不利后果影响程度的数值。

1. 风险后果控制能力

当法律风险事件爆发后,对于法律风险不利后果的控制能力其实主要是一个企业的危机公关能力和对法律知识、技能的运用能力。通过这方面能力的发挥,可以有效地避免程度的严重化和范围的扩大化,将危机影响范围限制在一定程度上发生并产生尽可能小的影响。在控制风险过程中,还有可能运用风险分散、风险转移等方法,使最终需要企业承受的不利后果降低到最低限度。

这类能力只能定性分析而无法定量分析,需要以主观判断的方式赋值。由于评价的是能力而非结果,因此运用这种能力的后果虽然并不确定,但不影响对这种能力的评价和赋值。

2. 风险后果承受能力

企业对于法律风险后果的承受能力属于不利后果对于企业的影响程度,或者理解为实际的受损程度,以及是可以忽略不计还是会造成重大影响。如果企业自身对于法律风险的控制能力有限或一般,也可以只考虑企业的受损程度。

对于承受能力的赋值可以是能够承受的程度值,分数越高承受能力越强;也可以是企业受到损失的程度值,分值越高则企业受到损失越大,两者意思相同只是表述方式不同。由受损程度代表的承受能力取决于法律风险类型、影响范围,以及企业对于法律风险的控制能力。那些单一、个案的质量或服务瑕疵,一般企业均可承受而且也应该为了长远利益而承受。但这类普通事件如果批量发生,会造成雪崩一样的效果,酿成企业无法承受之重。

归根结底,法律风险事件如果对于这个企业的资金链没有影响或没有重大影响,就基本属于企业能够承受的范围。一旦由于被行政主管部门责令停业整顿、吊销许可证、吊销营业执照而断绝了资金来源,或者由于风险事件造成的延伸效应造成产品被大面积的退货、抵制,以及由于债务等纠纷而被众多的供应商停止供应并集中催讨货款、采取诉讼保全措施,则任何企业都无法承受不利后果,在赋值时都需要评定为等级最高的、无法承受的法律风险。

四、不同维度下的法律风险点赋值

为了说明法律风险点的具体赋值方法,我们选定某日用手动机械制造企业对消费者权益法律风险进行赋值。为了便于示范,我们假定该企业只对分销商供货而且售后服务外包,因此风险点不多、涉及的法律风险范围较小。

同时,在排除因内容交叉而划入其他法律风险范畴的法律风险点,且在当地并无消费者权益保护方面的地方法规的情况下,通过对该企业产品在《消费者权益保护法》项下及延伸涉及的《产品质量法》项下的法律风险点进行尽职调查和识别,企业所涉及的法律风险点共分为4大类、25个。

(一)法律风险事件发生概率或频度赋值

为评价不同法律风险的发生概率,可以将发生概率定为从0到9。由于在识别法律风险时已经将不可能发生的情况予以排除,则赋值时最低的概率设为1、最高的也就是必然发生的概率设为9。其中1至3为低概率、4至6为中等概率、7至9为高概率,三组分数值中又可细分为高、中、低三档。结合企业情况对各法律风险点的打分,各点的概率程度值分别如下:

表4-1 法律风险事件发生频率赋值表

法律风险点类型	分值
1. 产品质量缺陷类法律风险	
1.1 不具备商品应当具备的使用性能而出售时未作说明	1
1.2 不符合在商品或者其包装上注明采用的商品标准	3
1.3 不符合商品说明、实物样品表明的质量状况	2
1.4 数量不足或包装中内容不齐	1
1.5 包装不合法定要求或无法有效保护产品,或未警告注明储运的特殊要求	2
1.6 质量状况与广告宣传表明的不符	3
2. 产品违法类法律风险点	
2.1 销售失效、变质产品	1
2.2 生产明令淘汰产品、销售明令淘汰并停止销售产品	1
2.3 产品不符合保障人体健康和人身、财产安全的国家标准、行业标准	2
2.4 在无强制标准项目上,存在危及人身、他人财产安全的不合理危险	2
2.5 产品未按要求检验或伪造检验结果	2
2.6 产品以次充好、以假充真、以不合格品冒充合格品	1
2.7 伪造产地,伪造或冒用厂名、厂址,伪造或冒用认证、名优等质量标志	3

（续表）

法律风险点类型	分值
3. 宣传及说明不符类法律风险点	
3.1　产品无质检合格证明,无中文产品名称、生产厂名、生产厂址	1
3.2　未根据产品的特点和使用要求标明规格、等级、主要成份的名称和含量	1
3.3　未预先提供资料或在外包装标明消费者需要事先知晓的信息内容	2
3.4　限期使用产品未在显著位置清晰标明生产及失效日期或安全使用期	1
3.5　使用不当易损坏产品或危及人身、财产安全,未有警示标志中文警示	3
3.6　未说明正确使用商品的方法以及防止危害发生的方法	3
3.7　未真实说明和明确警告可能危及人身、财产的安全事项	3
3.8　销售或赠与产品的质量、性能、用途、有效期等瑕疵未说明告知	3
3.9　对产品进行引人误解的虚假宣传	1
4. 售后服务不当类法律风险点	
4.1　拖延或无理拒绝修理、更换、退货、补足数量、退款、赔偿损失的要求	3
4.2　对正确使用仍可危害人身、财产安全的缺陷,未立即报告、告知、补救	1
4.3　处理争议时侮辱、诽谤消费者,搜查消费者身体及物品、侵犯人身自由	1

上述法律风险点的分值如果从高到低排列,就可以看出各类法律风险事件的发生在企业中是否普遍。即使某些企业有着详尽的历史记录,有时为了简便和体现当前情况,也可以采用这种方式排序。

需要说明的是,这种赋值结果如果不是来自统计数据,则只是代表程度上的高低,其分值并无精确的数学意义。也就是说,在分值为9与6的两个法律风险点之间,前者比后者在程度上未必强1.5倍。由于基础数据的缺失,大多数的分值无法来自统计而只能主观判断,赋值主要用于形成统一的排序标准。

（二）法律风险后果严重程度的赋值

由于企业发生过的法律风险事件类型比较单一、不具有代表性,只能从各法律风险点爆发为事件后的法律后果严重程度进行分析。在对分析结果排序时,将后果的严重程度设定为从0到9,赋值时最低值为1、最高值为9。其中1至3为较轻、4至6为中等、7至9为严重,三组分数值中又可根据程度细分为高、中、低三档。结合产品特性及上述规则赋值,法律风险后果严重程度值如下:

表 4-2　法律风险后果严重程度赋值表

法律风险点类型	分值
1. 产品质量缺陷类法律风险	
1.1　不具备商品应当具备的使用性能而出售时未作说明	9
1.2　不符合在商品或者其包装上注明采用的商品标准	9
1.3　不符合商品说明、实物样品表明的质量状况	6
1.4　数量不足或包装中内容不齐	3
1.5　包装不合法定要求或无法有效保护产品，或未警告注明储运的特殊要求	3
1.6　质量状况与广告宣传表明的不符	9
2. 产品违法类法律风险点	
2.1　销售失效、变质产品	7
2.2　生产明令淘汰产品、销售明令淘汰并停止销售产品	6
2.3　产品不符合保障人体健康和人身、财产安全的国家标准、行业标准	9
2.4　在无强制标准项目上，存在危及人身、他人财产安全的不合理危险	9
2.5　产品未按要求检验或伪造检验结果	9
2.6　产品以次充好、以假充真、以不合格品冒充合格品	8
2.7　伪造产地，伪造或冒用厂名、厂址，伪造或冒用认证、名优等质量标志	6
3. 宣传及说明不符类法律风险点	
3.1　产品无质检合格证明，无中文产品名称、生产厂名、生产厂址	3
3.2　未根据产品的特点和使用要求标明规格、等级、主要成份的名称和含量	3
3.3　未预先提供资料或在外包装标明消费者需要事先知晓的信息内容	3
3.4　限期使用产品未在显著位置清晰标明生产及失效日期或安全使用期	5
3.5　使用不当易损坏产品或危及人身、财产安全，未有警示标志中文警示	5
3.6　未说明正确使用商品的方法以及防止危害发生的方法	6
3.7　未真实说明和明确警告可能危及人身、财产的安全事项	5
3.8　销售或赠与产品的质量、性能、用途、有效期等瑕疵未说明告知	6
3.9　对产品进行引人误解的虚假宣传	9
4. 售后服务不当类法律风险点	
4.1　拖延或无理拒绝修理、更换、退货、补足数量、退款、赔偿损失的要求	9
4.2　对正确使用仍可危害人身、财产安全的缺陷，未立即报告、告知、补救	9
4.3　处理争议时侮辱、诽谤消费者，搜查消费者身体及物品、侵犯人身自由	9

（三）企业法律风险承受能力的赋值

为法律风险承受能力赋值最简单的方法是损失程度，也就是那些可以判断的直接实际损失与理论损失之比。参与评判的人员越多、越内行、越熟悉企业则结论越符合实际情况。按损失率评分，该维度下各点得分如下：

表 4-3　企业法律风险损失程度赋值表

法律风险点类型	分值
1. 产品质量缺陷类法律风险	
1.1　不具备商品应当具备的使用性能而出售时未作说明	9
1.2　不符合在商品或者其包装上注明采用的商品标准	8
1.3　不符合商品说明、实物样品表明的质量状况	7
1.4　数量不足或包装中内容不齐	5
1.5　包装不合法定要求或无法有效保护产品,或未警告注明储运的特殊要求	6
1.6　质量状况与广告宣传表明的不符	6
2. 产品违法类法律风险点	
2.1　销售失效、变质产品	9
2.2　生产明令淘汰产品、销售明令淘汰并停止销售产品	9
2.3　产品不符合保障人体健康和人身、财产安全的国家标准、行业标准	9
2.4　在无强制标准项目上,存在危及人身、他人财产安全的不合理危险	9
2.5　产品未按要求检验或伪造检验结果	8
2.6　产品以次充好、以假充真、以不合格品冒充合格品	8
2.7　伪造产地,伪造或冒用厂名、厂址,伪造或冒用认证、名优等质量标志	8
3. 宣传及说明不符类法律风险点	
3.1　产品无质检合格证明,无中文产品名称、生产厂名、生产厂址	8
3.2　未根据产品的特点和使用要求标明规格、等级、主要成份的名称和含量	5
3.3　未预先提供资料或在外包装标明消费者需要事先知晓的信息内容	4
3.4　限期使用产品未在显著位置清晰标明生产及失效日期或安全使用期	2
3.5　使用不当易损坏产品或危及人身、财产安全,未有警示标志中文警示	9
3.6　未说明正确使用商品的方法以及防止危害发生的方法	8
3.7　未真实说明和明确警告可能危及人身、财产的安全事项	6
3.8　销售或赠与产品的质量、性能、用途、有效期等瑕疵未说明告知	6
3.9　对产品进行引人误解的虚假宣传	6
4. 售后服务不当类法律风险点	
4.1　拖延或无理拒绝修理、更换、退货、补足数量、退款、赔偿损失的要求	2
4.2　对正确使用仍可危害人身、财产安全的缺陷,未立即报告、告知、补救	2
4.3　处理争议时侮辱、诽谤消费者,搜查消费者身体及物品、侵犯人身自由	7

第四节 法律风险评估中的计算

相对于将所有的风险点堆砌在一起摊给企业，通过评估给出企业法律风险的综合结论要付出多得多的劳动。虽然其中的综合计算可以通过 Excel 等软件完成，但分值和权重的设定以及部分运算仍是累人而又不可或缺的工作。而且，对于未来的预测都是主观的，并不代表未来的实际发生情况，因而评估值的计算最为主要的用途是作为决策依据。甚至可以说，所有的评估方法都是"坏"的，而人们孜孜以求的其实只是找出其中"最不坏"的工作方法。

法律风险评估的维度及各维度权重的设置其实可以上升到企业发展战略的层面，因为它可以从战略角度去设定维度发现问题，并从战略角度考虑法律风险管理的方向。正因如此，设定维度和权重等数值时往往需要了解企业发展战略，而在解决方案设计过程中也要了解企业发展战略。

一、法律风险评估中的常见计算

法律风险评估结论可能会涉及诸多需要通过计算而得出的数据，评估结论只是其中最为主要的部分，还有许多其他数据需要通过不同的方式计算得出。而且，唯有精确的数据最能说明企业的现实状况，最能令人看清企业的问题分布和问题所在。

（一）法律风险的基本计算原理

法律风险评估过程中有时会涉及多种计算，其中对于法律风险最为基本的计算公式是"风险＝损失×概率"，这一点与其他风险的估测完全一样，但对法律人来说这一思维方式可能会显得比较陌生。为了有个准确的描述方式，我们将等式的左边定义为"风险程度"，也就是以前章节所提到的法律风险重要程度。当然，这只是一个基本的抽象概念，因为细分起来损失有实际损失与理论损失之分，而且许多损失的计量也仍旧是主观估算的结果。而概率要么来自以往情况的统计并能精确反映过去，要么只是理论上对于未来的推测，将来实际发生的情况大多会与预测之间存在波动。但到目前为止，对于未来发生的情况并无可以精确预测的方法，因而这是至少目前无可替代的方法。而且，这类计算方式及逻辑尚属"通俗易懂"。

例如，某种产品投入市场后每年的净利润为 100 万元，每次因产品责任法律风险引起的损失是净利润减少 10%，该类损失平均 4 年发生一次。则其每次产品责任法律风险损失金额为 10 万元，每年发生这类事件的概率为 25%，每年的产品责任法律风险损失预期值为 2.5 万元。

但这一基本思路还只是较为简单的计算方法。当各个维度的法律风险点赋值全部完成后,有时还要考虑将某些维度通过加权计算而形成一个具体的参数,然后再投入到形成整体综合结论的运算中。当评估时的维度设置非常细时经常会出现这种情况。当一个维度由多个维度复合而成时,就需要对参与复合的各维度进行加权平均或加权求和。

(二)对法律风险值的计算方法

由于同属风险行业,其他风险管理中所运用的方法在特定情况下也可以运用于法律风险评估,至少可以借鉴其方法从另外的角度理解法律风险,或用于同其他风险控制手段相配合。

1. 风险价值法(VaR 法)

风险价值法的英文 VaR 是 Value at Risk 的简称,是近年国外金融行业风险价值评估过程中广泛采用的工具。它是一种金融风险评估和计量模型,主要是通过对特定历史数据的模拟运算来预测未来的趋势。目前,该法已经被巴塞尔委员会规定为成员银行和金融机构必须采用的一种风险预测方法。从技术角度看,它所提供的结果是在一定的持有期和一定的置信度水平内,一个投资组合最大的潜在损失是多少。在使用这一方法时,可供对比参照的对象越多则可供模拟的素材越多,其计算也就越准确。

虽然这一方法在国外的金融业已经广泛采用,但是这一工作方法在我国主流的金融行业中的影响力似乎并不大。不仅许多银行从未使用过这一方法,即使在法律规范或行业规范方面也并不普遍。目前,提及 VaR 的多为银行、保险行业的各类通知、公告和指引。例如,中国银监会于 2004 年发布的《商业银行市场风险管理指引》、于 2005 年发布的《外资银行衍生产品业务风险监管指引(试行)》都提及了 VaR 法。此外,保监会的一些通知等规范中也对 VaR 有所提及。

银行业通常将 VaR 法运用于银行业对市场风险的内部定量管理模型,常用的 VaR 模型技术主要包括方差—协方差法、历史模拟法,以及蒙特卡洛法。对于这些方法,不仅各方的描述方式不一而且其运用方式也较为专业,在法律风险评估中一般并无直接运用的需要。而且,工作方法毕竟只是工作方法,在突如其来的金融危机中,首当其冲的银行业正是运用 VaR 法最多的行业,但这并未阻止金融危机的发生。可见,许多问题并非一两个单纯的工作方法就可以解决。

2. 压力测试法(Stress Testing)

压力测试也是一种评估风险程度的工具,不同学者有着不同的理解,但其用途十分广泛。2007 年 12 月,由中国银监会下发的《商业银行压力测试指引》颁布执行。目前,该《指引》已经是对于金融企业进行压力测试的权威规范文件,许多内容可以借鉴后用于法律风险评估工作。

根据该《指引》,压力测试"是一种以定量分析为主的风险分析方法,通过测算银行在遇到假定的小概率事件等极端不利情况下可能发生的损失,分析这些损失对银行盈利能力和资本金带来的负面影响,进而对单家银行、银行集团和银行体系的脆弱性做出评估和判断,并采取必要措施"。需要特别说明的是,压力测试旨在分析在那些发生概率很小的极端情况下,风险损失发生以及对金融企业的不利影响,从而对金融体系的脆弱性进行评估,常规情况下风险损失的判断一般不用这种方式。

同样根据该《指引》,压力测试包括敏感性测试和情景测试等具体方法。敏感性测试旨在测量单个重要风险因素或少数几项关系密切的因素由于假设变动对银行风险暴露和银行承受风险能力的影响。情景测试是假设分析多个风险因素同时发生变化以及某些极端不利事件发生对银行风险暴露和银行承受风险能力的影响。

商业银行的压力测试通常包括银行的信用风险、市场风险、流动性风险和操作风险等内容,而且还需考虑不同风险之间的相互作用和共同影响。在《指引》所设计的压力情景中已经包括国内及国际主要经济体宏观经济出现衰退、房地产价格出现较大幅度向下波动、贷款质量恶化、授信较为集中的企业和同业交易对手出现支付困难、其他对银行信用风险带来重大影响等情况。

在实际操作层面,商业银行压力测试所包括的步骤和程序主要有:① 确定风险因素;② 设计压力情景;③ 选择假设条件;④ 确定测试程序;⑤ 定期进行测试;⑥ 对测试结果进行分析;⑦ 通过压力测试确定潜在风险点和脆弱环节;⑧ 将结果按照内部流程进行报告并采取应急处理措施和其他相关改进措施等。

应该说,压力测试的许多理念及方法可供法律风险评估时借鉴。但由于其基础是定量分析,而定量分析又非法律风险管理中的强项,因而单独用于法律风险评估的可能性不大。

风险管理技术中的分析评估方法还有很多,由于大多与法律风险评估关系较远,故不再延伸介绍。总的来说,法律风险管理侧重于在法律范畴内降低法律风险不利后果的发生范围、发生频率以及损害程度。因此,其工作方法及工作目标侧重于从源头上杜绝法律风险产生的因素及抑制法律风险事件引起的不利后果,围绕这些目标而采用评估技术只是为了分析法律风险的状况,至多是分析将来可能发生的情况及概率,但并不直接依赖这些技术用于法律风险的管理。而其他风险评估技术,则侧重于从技术角度事先预设吸纳风险成本或承受风险损失的财务准备,其决策基本上是依赖这些评估技术。

（三）对法律风险情况的统计

这类统计主要针对企业已经发生的法律风险事件，其统计的内容主要是企业发生法律风险事件的数量、损失，以及数量占总交易数量的百分比、损失占收益的百分比。通过这种统计，可以使发生概率最高的法律风险类型显现出来，为描述企业的法律风险状况及制定应对措施指示明确目标。企业的许多决策之所以会失败，就是由于没有进行细致的数据分析，以至于结论与现象相背离、手段与目标相背离，其失败的结果实属必然。

以某化学助剂公司产品销售逾期应收账款状况的统计为例：该公司某一年度的交易额与逾期应收款情况进行统计分析时采用下表：

表4-4　客户采购金额与逾期应收款统计表

序号	年度采购总额区间	平均逾期天数	逾期率	总额比例	备注
1	≤100000元				
2	>100000;≤200000元				
3	>200000;≤300000元				
4	>300000;≤400000元				
5	>400000;≤500000元				
6	>500000;≤600000元				
7	>600000;≤700000元				
8	>700000;≤800000元				
9	>800000;≤900000元				
10	>900000元				

通过运用该表进行统计，可以直观地发现在全部应收账款中，拖欠情况最为严重的情况集中在哪些交易金额区间。进一步分析这些交易中买方的构成情况并结合企业的销售管理制度及流程，可以发现这些拖欠企业的共同特征，从而为改进企业销售时的授信制度和额度提供依据。通过实际统计表明，这些拖欠企业的实力比较单薄，市场或其下游企业稍有波动就有可能影响其履行能力，因而与这类企业交易的风险系数比较高。

又如，在对该企业应收款形成原因所进行的分类统计过程中，排除买方无正当理由而拖欠货款的原因后，与本企业管理缺陷有关的欠款原因及分布，以及该类管理缺陷占总缺陷的比例、引起的逾期额占逾期总额的比例情况如下：

表 4-5 逾期应收账款形成原因统计表

拖欠原因	主要原因描述	件数比例	金额比例
合同内容欠缺	约定不明、缺少制约	19%	8%
交接程序缺陷	手续不齐、产生总量与金额差异	9%	12%
销售违约	未按约定交货引起争议	16%	9%
产品质量瑕疵	产品存在缺陷	21%	28%
履行内容变更	合同内容变更造成混乱	8%	8%
收款手续不齐	未能及时开发票或开票错误	7%	11%
后期管理不善	未及时催款、对账或跟踪	9%	16%
其他原因	经公司同意延期等	11%	8%
总计		100%	100%

通过这种统计，可以将逾期应收款问题细化。通过对逾期应收款发生件数和涉及金额两个角度的统计，可以发现形成逾期应收款最主要的现象是什么，找出具体的原因，得出具体的结论，并使应对措施具有针对性和可操作性。

二、综合评估中各维度的权重

当企业只是想从战术层面了解企业某一具体领域的法律风险时，或者是企业有足够的优势去"发现即摧毁"所面临的各类法律风险时，或者是应对已经发现的法律风险几乎无需增加成本时，对于法律风险评估维度的设置和评估值的计算就会相对简单。因为在这种情况下，评估值对于其决策的影响并不大，因而维度的设置和权重的设置都会没有太大的意义。只是如此"理想"的环境比较少见，当一个大型企业面对错综复杂的法律风险时更是如此。

所谓的权重(weight)并非法律术语，它首先出现在数学运算方面，在统计、管理、决策过程中大量使用。它所体现的是某一数据在一组统计数据中的重要程度，以及在对整组数据进行综合统计运算时对结果的影响程度。权重的引入使得数据间的轻重程度有了直观的体现。我们可以简单地将权重理解为系数，即为了表示某个数据在一组数据中的重要程度，而给该数据赋予的比例系数。

需要强调的是，为不同维度设定权重，最为主要的目标是在各维度下的法律风险点赋值的基础之上，按照企业的需求和工作目标，合理分配各维度下的法律风险点分值在综合评估结果中所占的比例，以便通过统一的计算公式和系数，得出合理、统一的综合评估值，并以此透过种种表面现象确定各个法律风险点对于企业真正的重要程度。

在各组基本数据完全相同的情况下，权重的不同决定了结果的不同。例如，甲、乙、丙三家公司参加投标,甲公司的优势在于设计,乙公司的优势在于技术,丙公司的优势在于成本,三家公司的评标分值分别如表4-6:

表4-6 评标分值表

投标单位	设计标得分	技术标得分	商务标得分
甲公司	9	6	6
乙公司	6	9	6
丙公司	6	6	9

在三家公司的设计分、技术分、商务分已经分别确定而且总分相同的情况下,如果采用简单的总分制或简单的平均制,则三家公司的总分均为21分、平均分分别为7分,根本无法确定哪一家中标。在这种情况下,综合评标中的分值权重直接决定了评标的结果。

如果企业对三个分值不是平均对待而是有所侧重,例如将其中一项的权重设定为40%、将其余两项的权重分别定为30%。则40%权重分别设定在设计标得分、技术标得分、商务标得分时,均只有在该项上优势明显的公司能够中标。三种情况下的最终得分及中标情况分别如下:

表4-7 权重分配与中标结果关系表

	投标单位	计算公式	最终得分	中标单位
设计标占40%	甲公司	40%×9 + 30%×6 + 30%×6	7.2	甲公司
	乙公司	40%×6 + 30%×9 + 30%×6	6.9	—
	丙公司	40%×6 + 30%×6 + 30%×9	6.9	—
技术标占40%	甲公司	30%×9 + 40%×6 + 30%×6	6.9	—
	乙公司	30%×6 + 40%×9 + 30%×6	7.2	乙公司
	丙公司	30%×6 + 40%×6 + 30%×9	6.9	—
商务标占40%	甲公司	30%×9 + 30%×6 + 40%×6	6.9	—
	乙公司	30%×6 + 30%×9 + 40%×6	6.9	—
	丙公司	30%×6 + 30%×6 + 40%×9	7.2	丙公司

从表4-7的计算结果中可以看出,无论提高哪一种标的权重,都会使具有相应优势的企业得到更高的分数,从而获得了更多的中标机会。实践中,某些企业也正是为了确保质量,通过提高技术分权重的方法,在评标中过滤掉那些虽然价格较低但质量方面有所欠缺的企业。而某些不谙此道的企业,由于设计评标方法时没有仔细考虑,只注重经济指标,使得某些技术力量较弱、管理水平较低的企业中标,而

那些实力雄厚的企业则由于成本较高而难以中标,从而影响了招标企业在质量方面的交易安全。

即使是从上述例子中也可以看出,在法律风险评估过程中对于各维度权重的设定几乎没有直接的数学方法,即使是最终以数据的方式体现出权重,在数据形成以前的大部分工作仍旧需要通过经验判断确定。因此,即使是在统计理论、风险管理理论及计算机技术高度发达的今天,许多权重系数仍旧需要通过经验判断等主观方法确定。而且,设定权重的方法与法律风险点赋值的原理相同、方法也相同,区别只是对于维度权重的设计有时要统筹考虑某一维度下所属法律风险点在程度及影响方面的差异。

当通过主观判断加综合统计的方式为各维度赋予权重时,大多可以采用由企业管理等人员对事先设计的调查问卷打分的形式采集统计的基础数据。这些调查问卷中可以将几个权重的分值分别以最重要、重要、普通、次要的方式分类,也可以采用赋值时所用的9分制以确定高、中、低三个等级,以及每个等级下的高、中、低三个程度以方便受访者评价。通过对调查问卷的简单平均或加权平均方式进行统计,就可以计算出各维度在整个评估体系中的权重。

虽然对不同维度的权重可以见仁见智,但确定各维度权重的依据还是与企业的关注点及实施项目的目标有着密切的关系。以推动变革为目标的项目往往会关注管理上的缺陷,以排查隐患为目标的项目往往会关注容易被忽略的历史或现实中的细节,如此等等,这些都是确定维度权重的立足点。

三、对综合评估值的计算

从复杂程度来看,维度越多则需要考虑赋值、赋权的问题越多。虽然结论可以更为准确和贴切,但其复杂程度却总是令人敬而远之,甚至不得不通过编程的方式才能方便地得出具体结论。而且,由于维度之间关系的复杂性,有时不同维度之间会存在相互干扰的情况,影响评估结论的有效性甚至使评估结果不知所云。即使如此,依据统计得来的结论仍旧都会依照"惯例"排除极端情形下的风险,但这并不影响这种工作方法对于决策的积极作用。没有这种方法,几乎所有的工作都会漫无目标地拍脑袋解决。

在前面列为范例的对投标企业评标结果计算方法中,其实已经运用了设定权重的工作方法。而在上一节对于法律风险点赋值方法的讨论中,也已经以某企业在消费者权益法律风险点赋值为例,确定了各维度下的法律风险点分值。在此,我们假定该企业的法律风险评估只有这三个维度,各维度下的法律风险点也只有这些,则该企业在这一领域的法律风险点及赋值分别如下:

表 4-8 法律风险点及赋值表

法律风险点类型	发生概率值	严重程度值	损失率
1. 产品质量缺陷类法律风险			
1.1 不具备商品应当具备的使用性能而出售时未作说明	1	9	90%
1.2 不符合在商品或者其包装上注明采用的商品标准	3	9	80%
1.3 不符合商品说明、实物样品表明的质量状况	2	6	70%
1.4 数量不足或包装中内容不齐	1	3	50%
1.5 包装不合法定要求或无法有效保护产品,或未警告注明储运的特殊要求	2	3	60%
1.6 质量状况与广告宣传表明的不符	3	9	60%
2. 产品违法类法律风险点			
2.1 销售失效、变质产品	1	7	90%
2.2 生产明令淘汰产品、销售明令淘汰并停止销售产品	1	6	90%
2.3 产品不符合保障人体健康和人身、财产安全的国家标准、行业标准	2	9	90%
2.4 在无强制标准项目上,存在危及人身、他人财产安全的不合理危险	2	9	90%
2.5 产品未按要求检验或伪造检验结果	2	9	80%
2.6 产品以次充好、以假充真、以不合格品冒充合格品	1	8	80%
2.7 伪造产地,伪造或冒用厂名、厂址,伪造或冒用认证、名优等质量标志	3	6	80%
3. 宣传及说明不符类法律风险点			
3.1 产品无质检合格证明,无中文产品名称、生产厂名、生产厂址	1	3	80%
3.2 未根据产品的特点和使用要求标明规格、等级、主要成份的名称和含量	1	3	50%
3.3 未预先提供资料或在外包装标明消费者需要事先知晓的信息内容	2	3	40%
3.4 限期使用产品未在显著位置清晰标明生产及失效日期或安全使用期	1	5	20%
3.5 使用不当易损坏产品或危及人身、财产安全,未有警示标志中文警示	3	5	90%
3.6 未说明正确使用商品的方法以及防止危害发生的方法	3	6	80%

(续表)

法律风险点类型	发生概率值	严重程度值	损失率
3.7 未真实说明和明确警告可能危及人身、财产的安全事项	3	5	60%
3.8 销售或赠与产品的质量、性能、用途、有效期等瑕疵未说明告知	3	6	60%
3.9 对产品进行引人误解的虚假宣传	1	9	60%
4. 售后服务不当类法律风险点			
4.1 拖延或无理拒绝修理、更换、退货、补足数量、退款、赔偿损失的要求	3	9	20%
4.2 对正确使用仍可危害人身、财产安全的缺陷,未立即报告、告知、补救	1	9	20%
4.3 处理争议时侮辱、诽谤消费者,搜查消费者身体及物品、侵犯人身自由	1	9	70%

基于对各维度法律风险点的赋值结果,我们假定该企业在生产经营上存在一定程度的不规范行为,而且这些不规范行为完全符合承担不利法律后果的法律规定,同时该企业具有一定的危机公关能力并能够通过努力从不同程度上降低法律风险不利后果造成的损失。基于这些前置条件并根据法律风险计算最为基本的公式,我们设定发生概率维度为 V_1、严重程度维度为 V_2、承受能力维度为 V_3,则综合评价结果的计算公式为:

$$重要程度 = V_1 \times V_2 \times V_3$$

按照这一公式及前表中的数值进行计算,该企业消费者权益方面各法律风险点综合重要程度值分别为:

表4-9 法律风险点综合重要程度评估表

法律风险点类型	发生率	严重度	损失率	评估值
1. 产品质量缺陷类法律风险				
1.1 不具备商品应当具备的使用性能而出售时未作说明	1	9	90%	8.1
1.2 不符合在商品或者其包装上注明采用的商品标准	3	9	80%	21.6
1.3 不符合商品说明、实物样品表明的质量状况	2	6	70%	8.4
1.4 数量不足或包装中内容不齐	1	3	50%	1.5
1.5 包装不合法定要求或无法有效保护产品,或未警告注明储运的特殊要求	2	3	60%	3.6
1.6 质量状况与广告宣传表明的不符	3	9	60%	16.2

（续表）

法律风险点类型	发生率	严重度	损失率	评估值
2. 产品违法类法律风险点				
2.1 销售失效、变质产品	1	7	90%	6.3
2.2 生产明令淘汰产品、销售明令淘汰并停止销售产品	1	6	90%	5.4
2.3 产品不符合保障人体健康和人身、财产安全的国家标准、行业标准	2	9	90%	16.2
2.4 在无强制标准项目上，存在危及人身、他人财产安全的不合理危险	2	9	90%	16.2
2.5 产品未按要求检验或伪造检验结果	2	9	80%	14.4
2.6 产品以次充好、以假充真、以不合格品冒充合格品	1	8	80%	6.4
2.7 伪造产地，伪造或冒用厂名、厂址，伪造或冒用认证、名优等质量标志	3	6	80%	14.4
3. 宣传及说明不符类法律风险点				
3.1 产品无质检合格证明，无中文产品名称、生产厂名、生产厂址	1	3	80%	2.4
3.2 未根据产品的特点和使用要求标明规格、等级、主要成份的名称和含量	1	3	50%	1.5
3.3 未预先提供资料或在外包装标明消费者需要事先知晓的信息内容	2	3	40%	2.4
3.4 限期使用产品未在显著位置清晰标明生产及失效日期或安全使用期	1	5	20%	1.0
3.5 使用不当易损坏产品或危及人身、财产安全，未有警示标志中文警示	3	5	90%	13.5
3.6 未说明正确使用商品的方法以及防止危害发生的方法	3	6	80%	14.4
3.7 未真实说明和明确警告可能危及人身、财产的安全事项	3	5	60%	9.0
3.8 销售或赠与产品的质量、性能、用途、有效期等瑕疵未说明告知	3	6	60%	10.8
3.9 对产品进行引人误解的虚假宣传	1	9	60%	5.4
4. 售后服务不当类法律风险点				
4.1 拖延或无理拒绝修理、更换、退货、补足数量、退款、赔偿损失的要求	3	9	20%	5.4
4.2 对正确使用仍可危害人身、财产安全的缺陷，未立即报告、告知、补救	1	9	20%	1.8
4.3 处理争议时侮辱、诽谤消费者，搜查消费者身体及物品、侵犯人身自由	1	9	70%	6.3

上述的计算结果与人们的想象有着很大的不同,这是因为赋值和权重的设置都会直接影响评估的结果,而且无论是人们的想象还是生硬的公式都有可能出错并得出近似于荒谬的结论,这也是本书一再提醒人们不要迷信评估值的原因。但无论如何,这是一个看待问题、分析问题的全新视角。

四、对计算结果的修正与分级

修正与分级均为对评估结果进行的后期处理。前者的目的是纠正赋值时的偏差并使评估结果更为恰如其分,后者的目的则是对不同的法律风险进行筛选,以便于确定工作目标的轻重缓急。

(一) 对计算结果的修正

评估计算而得出的初步值往往都存在着一定的谬误,其实这是非常正常的现象,因为诸多干扰因素会使得结论偏离合理的范围。法律风险点的内涵与外延、赋值的方法及数值、评判人员的主观判断误差、维度设置的缺陷等因素都会影响评估计算的结果。而这些缺陷会在计算的初步分值出现后集中暴露出来,因此需要对某些极端不合常规的结论值进行调整与修正,以使之合理。

从上表的评估结论看,该企业最为重大的法律风险是"1.2 不符合在商品或者其包装上注明采用的商品标准",分值为21.6。而最不重要的法律风险则是分值为1.0的"限期使用产品未在显著位置清晰标明生产及失效日期或安全使用期"。这种结果可能会有些出人意料之外,但这是统一计算公式下"忠实"进行计算而得出的结果。

前者的最高分是由于其发生概率已经达到了表中的最高值,其严重程度也已经是最高值、损失率也比较高;而后者成为最低风险则是由于其发生概率低、后果严重程度中等、损失率低。这种结果既有可能是企业情况的真实反映,也有可能是由于对各维度赋值不合理造成的。根据常规经验判断,第1.2项的评估结果有些畸高,至少应该不超过与其类似的"1.6 质量状况与广告宣传表明的不符"的分值。而第3.4项的评估结果又显得过低,因为这类法律风险不利后果的损失率不应低于"3.2 未根据产品的特点和使用要求标明规格、等级、主要成份的名称和含量"。这两个法律风险点的评估结论的问题都出在损失率上,显然损失率的设置不尽合理,应当加以调整,以使整个评估结论更为合理。

总的来说,对法律风险点从三个维度进行赋值的过程都带有一定的主观成分,这就使得计算结果很难达到数学意义上的精确程度,需要通过两两比较或"类推"的方式对于突出及未突出的问题一一加以分析和矫正,甚至调整整个赋值体系。如果出现无论怎样调整赋值体系都难以平衡各法律风险点之间存在的畸轻或畸重的情况,则说明某些维度的设置上存在问题,需要通过细化维度并合理分配其权重的方式得出某个值,才能确保各法律风险点的评估值得到合理的平衡。

(二) 对计算结果的排序与分级

在完成对计算结果的修正后,需要对法律风险点按照其分值的高低加以排列以便于观察统计结果。而在排序完成后,有时还需要依据一定的规律为其划定"分数线",以便于安排法律风险管理措施。这种经过排序和等级划分的结果,就是法律风险评估报告的核心组成部分。

当对法律风险点按重要程度分值排序后,往往其等级会由于分数级差的存在而自然而然地显现出来。如果需要,也可以采用人为设置的分数线去划定等级,或者按百分比划定等级。经过对初步结论值的修正,并按分值大小排序,前一法律风险评估结论的排序及分级情况如下表:

表 4-10　法律风险评估值排序表

	法律风险点类型	评估值
1.6	质量状况与广告宣传表明的不符	16.2
2.3	产品不符合保障人体健康和人身、财产安全的国家标准、行业标准	16.2
2.4	在无强制标准项目上,存在危及人身、他人财产安全的不合理危险	16.2
2.5	产品未按要求检验或伪造检验结果	14.4
2.7	伪造产地,伪造或冒用厂名、厂址,伪造或冒用认证、名优等质量标志	14.4
3.6	未说明正确使用商品的方法以及防止危害发生的方法	14.4
1.2	不符合在商品或者其包装上注明采用的商品标准	13.5
3.5	使用不当易损坏产品或危及人身、财产安全,未有警示标志中文警示	13.5
3.8	销售或赠与产品的质量、性能、用途、有效期等瑕疵未说明告知	10.8
3.7	未真实说明和明确警告可能危及人身、财产的安全事项	9.0
1.3	不符合商品说明、实物样品表明的质量状况	8.4
1.1	不具备商品应当具备的使用性能而出售时未作说明	8.1
2.6	产品以次充好、以假充真、以不合格品冒充合格品	6.4
2.2	生产明令淘汰产品、销售明令淘汰并停止销售产品	6.4
2.1	销售失效、变质产品	6.3
4.3	处理争议时侮辱、诽谤消费者,搜查消费者身体及物品、侵犯人身自由	6.3
3.9	对产品进行引人误解的虚假宣传	5.4
4.1	拖延或无理拒绝修理、更换、退货、补足数量、退款、赔偿损失的要求	5.4
3.1	产品无质检合格证明,无中文产品名称、生产厂名、生产厂址	3.6
1.5	包装不合法定要求或无法有效保护产品,或未警告注明储运的特殊要求	2.4
3.3	未预先提供资料或在外包装标明消费者需要事先知晓的信息内容	2.4
3.4	限期使用产品未在显著位置清晰标明生产及失效日期或安全使用期	2.0
4.2	对正确使用仍可危害人身、财产安全的缺陷,未立即报告、告知、补救	1.8
1.4	数量不足或包装中内容不齐	1.5
3.2	未根据产品的特点和使用要求标明规格、等级、主要成份的名称和含量	1.5

表中的这组数据由于数值分布的原因已经自然而然地分为四组:
第一组的分值不低于13.5,属于严重的法律风险;
第二组的分值低于13.5且至8.1分为止,属于重要的法律风险;
第三组的分值在6.4至5.4之间,属于中等的法律风险;
第四组的分值在3.6至1.5之间,属于一般的法律风险。

以这种方式所列出的清单虽然未必精确,但已经基本理清了各风险点之间的重要程度关系,用于决策已经足够。而且,不同企业采用同一模式进行排序,由于风险事件发生概率不同、承受能力不同,评估结果也会有所不同,即使同行也往往无法套用其他企业的评估结论。

第五节 对评估信息的技术处理

在整个的识别及评估的过程中会产生大量的信息。那些未经处理的"生"信息需要甄别、整理,而那些已经处理的"熟"信息,则需要以最为恰当的方式加以表述。对于企业来说,他们并不十分了解甚至根本不想了解评估工作的细节和过程,但他们非常关注评估的结论以及评估结论的质量。

正如好的产品不仅需要达到其应有的功效,还要在人性化、美学等方面加以提升以令消费者感觉物有所值一样,对于评估信息的处理方式直接影响着评估结论的"质量感"。这种感觉首先与深入细致的工作有关,其次是与信息处理能力和表述方式有关。

一、突破常规法律事务的边界

由于法律风险管理概念的形成时间并不算长,即使国外对此开展的研究也仍旧停留在部门法的范畴而未发现系统的理论体系。而我国引入法律风险管理概念的时间更短,从这一全新的视角去观察企业会产生许多令企业家们意想不到的结论。而对于企业管理者来说,他们对于企业的一切均已熟视无睹,需要一个全新的视角发现他们所忽略和从未意识到的法律风险并加以控制。当企业从事法律风险管理活动并从管理角度去审查企业的法律事务处理时,许多边缘问题由此而产生,并影响着评估结论的内容与方向。

法律风险是由于法律方面的原因而导致企业遭受不利后果的可能性,用这种非常规而又挑剔的眼光去审查企业客观存在的法律问题,只要观察的角度和深度没有问题,很少会有企业达到完美的程度,即使是国内管理比较完善的大型企业也是如此。但以这种视角观察,不得不涉及许多与企业管理交叉的边缘问题。

(一) 法律风险与企业管理水平

处于不同规模和发展阶段的企业需要不同程度的管理秩序,企业的规模越大、发展程度越高就越是需要建立稳定的管理秩序,通过规范员工行为的方式将各类风险限制在可以承受或可以掌控的范围之内。管理秩序的建立使得员工必须按照企业的规范去履行其职务行为,因而对于员工完成工作的效率具有一定的影响,但在牺牲一部分工作效率的同时,管理秩序保证了员工行为结果的可预见性,并以效率牺牲为成本去避免因风险失控而产生更多损失支出。

由于我国各类形态企业的发展历史并不长,真正的市场经济环境下的发展时期其实不足30年,因而通过制度化的方式建立企业的管理秩序,并以管理这种秩序去控制风险的理念尚未形成企业的"习惯"。而企业从无到有、从小到大的发展历程,也使得许多企业误以为其管理模式是经过实践检验的结果,并因此而忽视了企业管理秩序的建立和完善。因此,对于绝大多数企业来说,由于秩序的建立并未全面完成,作为秩序管理的一部分,其治理结构、企业变更、业务规范、行为规范等方面都存在大量的法律风险。

法律风险管理能力的提高必须借助于企业管理能力的提高或维持在一定的水准,否则法律风险管理会缺乏基本的管理基础。虽然那些管理不够规范的企业与管理相对规范的企业同样会存在诸多法律风险,但那些企业管理比较规范的企业所欠缺的只是将法律风险管理嵌入其常规的企业管理活动之内,因而这类管理基础比较好的企业容易开展法律风险管理项目,管理措施也相对容易执行。

(二) 法律风险与企业执行能力

执行能力问题是目前很多企业的通病,其中也包括了法律风险管理措施的执行能力问题。对于大部分企业来说,执行力问题与管理秩序问题同时存在。一方面,建立企业管理秩序的各类管理制度并未系统化和全面覆盖;另一方面,即使是现行的那些不够完善、不够系统的管理制度也未能得到有效的执行。两个缺陷的叠加效应使企业的经营秩序更为混乱、员工职务行为更为随意,企业的法律风险也随之而被放大。

制度执行能力薄弱与制度不系统、不完整有着同样的后果,都会由于具体员工不当的作为或不当的不作为而使企业陷入法律风险事件之中,从而构成企业通常都会或多或少存在的法律风险。在这一点上,无论是企业因此而承担民事责任、受到行政处罚、单方权益丧失甚至构成单位犯罪均有案可查,而且屡见不鲜。因此法律风险管理项目不得不审视企业的管理制度、执行力。

(三)法律风险与企业法务管理

企业家的主要精力必然是放在经营活动之中。相对于通过法律事务处理减少损失或维护权益而言,他们更为擅长的是通过发现商机、抓住机遇而经营获利。因而许多企业对于一般的法律事务处理要么随大流、形式主义,要么通过自行协商,用省略法律专业人士参与的方式提高效率、减少工作量。以这种方式解决法律问题往往效率更高而且应用面很广,但却往往因为他们缺乏这方面的专业知识与能力使得法律问题的处理缺乏最为简单有效的保护措施。

企业的营利需要成本投入,法律事务处理的成本也是其中之一。企业不为法律风险防控支出成本,就会为处理法律风险事件而支出成本。由于企业往往将律师的作用理解为法律风险的事后控制,无论其管理制度还是工作流程、各类合同文本方面都基本处于对法律风险不设防的状态。如果企业在快速成长后仍旧处于这种状态,则其法律事务管理机制已经严重滞后。而越来越多的企业在快速成长后纷纷设立阵容强大的法律事务管理机构并广纳良才,也充分说明了企业法律事务管理方面的大势所趋,只是企业未必能够找到合适的非诉讼法律事务高级管理人选。

(四)法律风险与现实法律环境

正如前面所提到的,我国真正进行法律体系建设的时间并不算长,缺乏法律文化和历史经验的积淀,因而无论从立法水平还是立法技术方面都存在着法律规范自身内容不协调、相互关系不协调的情况,滞后于整个社会的发展需要。体现在法律风险管理的操作层面,某些领域的具体法律风险无法确切地识别,某些法律风险点的不利后果由于幅度较大而无法精确定位,使得某些法律问题存在着"无解"或"无穷多解"的现象,从客观上决定了法律风险的识别和管理不可能全部精确到位。

从执法情况来看,同样由于立法和监督方面存在的缺陷,某些执法部门并无法定的执法职责界限,而粗疏的法律规范条款以及过宽的执法处罚范围也使得对于同类法律风险事件的处理,既可以按最高的幅度严格执行,也可以仅是按照最低限度例行公事,甚至是完全的不作为。这也导致了许多企业不是从法律风险的角度去考虑问题、完善自己,而是利用这种不合理状况将法律风险管理应该解决的问题通过事后处理的方式加以解决。而对于法律风险识别而言,依据法律得出的结论很有可能与事实相反。

虽然这些环境因素有时会令人沮丧,但即使某些目标一时还无法实现,还是必须从现在开始脚踏实地地追求。罗马不是一天建成的,企业的法律风险管理也不可能一蹴而就,对于这类实践性的活动,没有经过实际操作就只能在外面徘徊。而那些利用执法体系缺陷处理法律风险事件的方法也不是企业经营的长久之计,因为在社会不断加快进步的大趋势下,执法环境也在不断的变化之中,任何现有状态都并不稳定,只有通过自身的完善解决相应的法律风险才是对企业和社会负责的做法。

(五)企业法律风险揭示的系统化与全面化

从目前的情况来看,企业并不缺乏零星的、点式的法律风险信息,甚至在其所属行业里对于特定法律风险的理解与控制比其他人更为"专业"。但企业往往由于自身能力和视角的局限性,无法系统、深入地发现问题,也往往无法以更为精细或便捷的方式解决法律风险。这一问题甚至在律师界也同样存在。经过多年的努力之后,许多律师已经成为专业化分工后某一法律领域的佼佼者,但更加"专业"的结果则是其他法律专业知识的淡化,而如何从系统、全面的角度看企业,则向来不是律师的强项,甚至被认为不属于律师的业务范围。

如果从更高的高度和更为长远的眼光去看待企业的法律风险,就会发现企业是个完整的系统,如果不能从系统的角度去识别、治理法律风险,则企业对于法律风险所设的防线将会不完整。从一些国外跨国企业的实际做法来看,他们所实现的正是法律事务管理与企业管理的有机结合并形成了企业的行为规范系统。这些规范体系的形成,是企业长期积累和不断自我完善的结果,也是法律风险管理可以达到而且应当达到的境界。

但对于尚属"年轻"的中国律师业而言,要系统地解决企业的法律风险问题、实施有效的法律风险管理,需要跨出法律专业,从企业管理的角度去理解企业这个系统。同时,还需要跨越法律的各学科,因为任何律师个人的专业知识都是有限的,往往需要一个团队才能系统地识别企业的法律风险并设计最为合适的解决方案。这是一个挑战,能够迎接这个挑战才能使中国律师业的服务水平和服务质量提高到一个全新的高度。

二、以专业化的方式分析及归纳

法律风险评估报告中离不开对于法律风险产生原因的分析,或是通过结论推导出排除或控制某种法律风险的具体方案。对于这类工作,法律人的"习惯"方式是通过经验判断和简单的推理加以完成。但事实上,管理学方面有着非常丰富的工具、手段可以用来弥补人们思维能力的不足或提高工作效率和工作成果的精密度。而且,由于是管理方面的通用方法,这也是法律风险管理中最容易被企业接受的"语言"。

(一) 鱼骨图(Fishbone Diagram)[①]

鱼骨图(Cause & Effect/Fishbone Diagram)又称"鱼刺图"、"因果图"、"因果关系图"、"特性要因图",最早用于生产运作中的质量管理,但现在已经被公认为分析问题、发现问题根本原因的有效工作方法。该图由日本管理大师石川馨先生发展出来,故又被称为"石川图"。

这种图的工作原理,是将某种现象或结果作为一种存在,并通过分析、调研等分别找出产生这一现象或这一结果的各种因素,并根据这些因素的相互关联性整理成层次分明、条理清楚的图形并标出各个重要因素。由于这种图形状如鱼骨,所以才被简称为鱼骨图。鱼骨图有整理问题型、原因分析型、对策分析型三种,最为常见的是后面两种。[②]

1. 原因分析型鱼骨图

这种鱼骨图的鱼头在右,代表需要分析的现象或结果,带箭头的水平横线被称为鱼脊。与鱼脊呈60度连接并"射向"鱼脊的斜线代表形成现象或结果的主要原因,代表这些主要原因的斜线构成图形中的大骨。构成主要原因的原因为子原因,属于构成大骨的中骨。如果还有原因可以构成子原因,则这类原因被称为孙原因,构成鱼骨图中的小骨。具体示例及解释见图4-1。

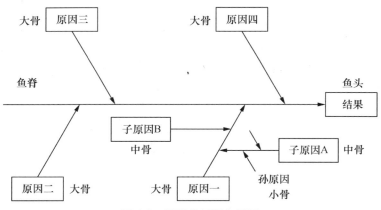

图4-1 原因分析型鱼骨图

在法律风险评估中,这类鱼骨图可作为一种辅助手段与实证研究相结合,用于法律风险的原因分析,相对系统、完整地分析产生法律风险的各层原因,为后续综合解决方案的设计明确目标、创造条件、提供线索。在实际操作中,需要在充分想

---

① 参见 MBA 智库百科 www.mbalib.com,鱼骨图条目。
② 参见维基百科 www.wikipedia.org,鱼骨图条目。

象可能的所有原因之后,对初步想象的结果进行归纳、总结,找出其中层次和归属方面的关系,分别确定大骨、中骨和小骨。即使仅仅用这种图形表示评估报告中的文字结论,也会增加整个报告的可读性。

2. 对策分析型鱼骨图

这种鱼骨图与前一种基本相同,在图形上的主要区别在于鱼头在左并代表问题的解决,与鱼脊呈60度连接并从鱼脊"射出"的斜线代表解决问题的主要方法,构成鱼骨图中的大骨。其他则与原因型鱼骨图相似,解法分成子解法、孙解法,线条分为中骨、小骨。

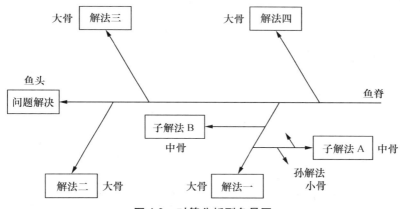

图 4-2　对策分析型鱼骨图

在寻找解决方案时,使用这种图形可以分析出多种解决方案,以及每个解决方案中的多个关键问题,然后从中考虑单独或合并使用其中的几种方法解决问题。

鱼骨图的规范画法,要首先确定鱼头,也就是所要分析的结果、现象或是需要解决的问题。然后确定图中的各个大骨、大要因,然后再确定中骨、小骨,并标明中要因、小要因。按一般的规则,大骨与主骨(即鱼脊)成60度夹角、中骨与主骨平行。

在确定大骨时,企业管理中往往可以分为"人机料法环"(人员、机械、材料、方法、环境)或"人事时地物"五个大骨。而对于法律风险事件原因的分析,如果没有其他现成的分类方式,通常可以从法律规定、企业制度、行为模式、文本内容、事件证据几个角度去考虑,并顺势细分,从中细分出问题的原因。其中,每种要因要与其上一级要因存在直接、明确的因果关系,而且要尽可能穷尽现实中存在的可能性。

(二)流程图(Flow Charts)

流程图在具有一定管理水平的企业中被大量采用。通过流程图中特定的文本框、线条、箭头、文字注释,人们可以直观、轻松地了解完成某项工作的过程以及每项工作的具体内容,因而比单纯以文字描述的工作流程更加明了、易懂,能够显著地提高工作效率和工作质量。在企业管理实践中,流程图大多作为企业管理制度的缩略或细化延伸,与管理制度一起规范企业的各类行为、建立稳定的行为秩序。正是由于它简明易懂,因而在企业管理中很受欢迎而且执行率也高于纯文字描述的管理制度。

流程图反映了某一信息、物品的流转过程或某种行为的实施过程。这种过程往往分为不同的阶段,每个阶段需要做出不同的决策或完成不同工作。流程图在不同的行业中有不同的画法和特定符号及文本框,但在企业管理中及法律风险管理项目中则要简单得多。最常用的流程图元素有以下几种:

(1) ⬡ 六角形,表示准备作业,一般用于流程的开始;
(2) ▭ 矩形,表示某一过程中的具体工作内容,内容在矩形中注明;
(3) ◇ 菱形,表示需要选择,通常框内注明选择事项,框外注明是、否;
(4) ⬭ 椭圆形,表示流程的结束点;
(5) → 箭头,表示流程的流动方向。

如果将企业的各类运行内容看成一个完整的系统,流程图大多是这个系统中某一子系统中的运行模式,甚至只是子系统中某一具体工作环节的运行模式。它既是企业规章制度的延伸,为保障企业运行的有序性和效率提供保障,也使员工易于理解和执行。例如,图4-3即为某公司广告宣传活动的实施流程。

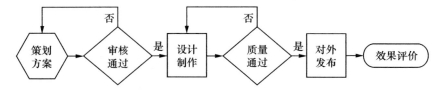

图4-3　广告宣传活动流程图

由于流程图中的整个流动方向不可逆,工作内容明确,选择项只能围绕需要决策的内容以"是"、"否"作为判断下一步工作内容的标准,如果没有清晰的思路就画不出合格的流程图。例如,有的"流程图"没有开始与结束,有的工作事项不明确令人无所适从,有的判断项无法将问题结果以"是"和"否"分类从而产生了中间项等,这些问题的存在会使流程无法顺利执行,也使流程图上存在着重大缺陷。一份严谨的流程图应该涵盖了流程中所有可能发生的问题并设定了下一步如何处理,在执行流程时既不允许省略或偏离流程,也不允许自行变通,因此制作流程图的过程是个逻辑的过程和判断的过程,而根本不是将工作过程简单地加以图示。而在这一过程中,本身也可以发现大量的风险漏洞并通过流程加以修正。当某一工作过程无法画出明确的流程图时,也说明该项工作的内容和程序处于"混沌"状态,至少是企业管理者还没有对其整理出清晰的思路,因而也就不适合将这类工作交由普通员工去完成,工作质量和工作次序也没有办法保障。

在法律风险评估工作中,流程中的法律风险是需要识别的重要内容之一,而法律风险管理解决方案的设计也大量需要从流程的角度加以考虑,因此流程图是法律风险管理过程中必不可少的工作内容。许多企业由于尚未达到精细化管理的程度,在识别法律风险过程中往往还需要根据调查绘制出其实际的流程图,并依此判断评估企业流程中所存在的法律风险。而且,一旦某一具体工作环节以流程图的方式加以体现,个中利弊就会一目了然。

例如,通过对某大型珠宝企业的采购流程进行法律风险评估,发现其形成订单的流程非常完善,但从收到实物开始流程变得紊乱。主要有以下几点问题:

(1) 缺乏供应商选择流程,未充分利用企业优势控制上游企业的合同履行质量;

(2) 多种配送方式混在一起,没有针对不同风险设定配送方式选择项;

(3) 部分配送交接环节不清晰,出现问题后难以确定原因及责任方;

(4) 未确定自检及送检的判断标准及工作内容,货品质量控制未能体现;

(5) 不合格品的交接及处理流程不清晰,主观随意性强;

(6) 未充分利用采购量优势制作标准采购合同,不利于提高效率及交易安全度。

这些问题大多是企业管理问题,但与法律风险的关系相当密切。这些问题中有的属于企业内部风险控制措施是否到位的问题,有的是证明法律风险事件责任方的证据和责任界限问题,而通过标准合同文本控制合同法律风险则更是重中之重。如果企业已经能够在交易中拥有足够的强势地位,未充分利用这种地位而使用经过量身定做的专用合同文本,属于资源的极大浪费。

三、以专业化的方式表述

当向企业提供经过统计、评估的数据时,对于企业情况的描述如果仅以文字、数字表述并不为过,因为这是沿用了多年的方法,人们普遍能够接受。但这种表述方式毕竟有些过于"传统",而且人们阅读枯燥乏味的表格、数据时非常容易疲劳。如果能够改换成一些相对活泼、形象的表示方式,比如以图、表的方式表述,则同样的数据就会更具可读性和趣味性。尤其是那些可以形象表现数字间关系的几何图形,在精确表示原始数据的同时,其直观、生动的表示方式还可以活跃整个版面的气氛,并使统计结果显得更为"专业"。

表 4-11　常见应收账款原因分类统计表

	拖欠原因	金额比例
A	合同内容欠缺	8%
B	交接程序缺陷	12%
C	销售违约	9%
D	产品质量瑕疵	28%
E	履行内容变更	8%
F	收款手续不齐	11%
G	后期管理不善	16%
H	其他原因	8%
	总计	100%

表 4-11 即为最常见的统计表,该表的数据来自前一节的示范内容。这种图表的特点是简捷、工事,但过于枯燥、平淡,使用更为新颖一些的图表则可以克服这一缺陷。改用其他图表表述评估报告中的数据与评估本身的质量没有关系,但可以大大提高报告的表述质量,使内容优异的报告以优异的方式体现出来,提高报告的外在"质量感"。其中的几种非常适用于评估报告之中。

（一）直方图（Histogram）

直方图又称柱状图、质量分布图,是当今社会大量用于表示数据状态的几何图表,甚至可以说它是目前应用最广的图形。使用直方图表示数据,可以将一组枯燥乏味的数据按一定的组距为底边、并用立柱的高低以同比例表示各数据的大小,从而形成一组直方型矩形数据图。以直方图表示上表中的相同数据时,形成的图表如图 4-4 所示：

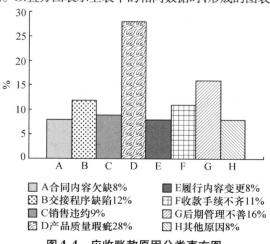

图 4-4　应收账款原因分类直方图

以这种形式表示数据及数据间的关系,可以最直观地表现数据间的差异及问题的分布情况,便于发现数据分布方面的客观规律以及根据单纯的数字难以发现的其他问题。从上图的问题分布来看,导致逾期应收款的起因集中分布在产品质量方面和售后对于应收款的管理方面,这就为后期的管理工作改进直观地指示出了突出的目标。

而且从技术上看,制作直方图时只要注意底边的组距和以高度表示的频数即可,许多文字处理软件都会支持这一功能甚至可以直接通过原始图表中的数据直接转换生成。而在具体制作过程中,直方图中的许多内容可以自行确定增加或减少以及用何种形式加以表述。如果是以 PPT 的方式展示评估结果,并使用彩色的图表,则会更加吸引注意力并活跃版面。从应用上看,直方图其实还有许多其他用法,但在法律风险评估过程及评估报告中,它大多只是用于直观地展示一组数据并反映该组数据间的关系,因此不再过多介绍。

(二)圆饼图(Pie Chart)

圆饼图也称馅饼图、饼图,主要用途是直观地表示一组数据在总数据中所点的份额或比例,可以起立的形式体现也可以倾斜的方式体现。它将一组相加之和为 100% 的数据视为一张圆饼,并按比例将不同数据所代表的百分比,从共同的圆心起分割成不同的扇形,并用图例加数据的方式标明不同扇形所代表的不同百分比。

这种图本身在管理学上并无特别意义,只是以这种方式表述一组数据资料的内部构成时,所表述内容的大致情况可以非常直观地展现出来,便于对整组数据进行直观判断。由于圆饼图可以使人们直接根据圆中各个扇形面积的大小判断某个数据在总和之中所占比例,可以使版面显得生动、易读,远比原始的表格易懂、易读。但一般的图表也并非一无是处,因为它能以非常整齐的排列使各类数据以"简朴"的方式展现出来。

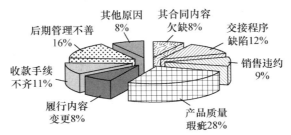

图 4-5　应收账款原因分类圆饼图(1)

图 4-5 以分裂的饼图展示了与前面相同的数据。这种饼图完全打破了传统,使各数据的份额以较为生动的方式得以体现。但正如该图所表现出来的,当项目过多时,该图会显得比较琐碎,阅读时并不显得方便。

图4-6则是饼图比较常见、"标准"的表示方式。由于增加了图例并以平面的形式表示数据间的关系,这种图形比前一种更为直观、生动,如果以彩色的方式加以体现,其视觉效果会更佳。

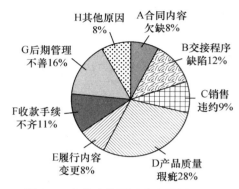

图4-6 应收账款原因分类圆饼图(2)

(三) 组织结构图(Org Chart)

组织结构图是一种树状的用于表示企业的治理结构等内容的图表。它通过图表中各组成部分之间在层级等方面的关系,直观而且简洁明了地展示企业内部的等级关系,以及管理人员或管理部门在权力及职责、机构功能方面的关系。组织结构关系到企业的组织能力,以及对人、财、物最大化加以利用的能力,以这种方式体现企业的组织结构,有助于人们便捷地了解和认识企业。

表面上看,组织结构图与法律风险管理毫无关系。但法律风险管理项目从工作计划的安排、法律风险的识别到解决方案的制定,都需要与企业的组织结构打交道。如果能以直观的方式表现企业的管理机构设置、职权分工及功能划分关系,可以大大提高整个过程中的工作效率。而且,同流程图一样,一个企业如果无法画出规范的组织结构图,往往意味着在管理机构的设置、工作职能划分、机构功能安排等方面存在边界上的模糊,并由于管理秩序不稳定而产生各种风险,包括法律风险。因此,有无明确的组织结构设置是企业是否走出人治阶段的标志,而有无标准的组织结构图则可以衡量企业管理的精细化程度。组织结构图既是一种表述企业结构的方式,也是一种法律风险管理项目实施中的工作方法。

大多数的法律工作者只会想到组织结构是一种职能分工或权力分配,许多企业也是如此。许多企业运营多年后仍旧没有清晰的组织结构图,因为其组织结构处于不断的变化之中,而且许多界限连企业自己也从未认真想过。而在那些有着明确的组织结构图的企业中,往往也存在着实际的组织结构与图上结构不符的情况。而从管理学的角度来看,组织结构问题往往是企业拥有者或最高管理者最为重要的工作内容之一,因为无论采用何种管理结构都会涉及企业的发展战略、工作效率、管理人员的工作能力等诸多问题,只能根据企业的目前需要而基于目标、管理能力、管理功能、主营业务、地域等以权益的方式划分,甚至组织结构的变化往往意味着发展战略的变化。

正是因为组织结构图可以直观地透露出许多潜在的信息,因此法律风险管理项目离不开对于组织结构图的研读。至少从功能上来看,如果一个企业没有足够强有力的法律事务管理部门,或者是虽有这类部门但没有足够的功能和职权,法律风险管理便很难开展。而对于那些没有组织结构图的企业,往往也需要将组织结构及其功能、职责的识别,以及组织结构图的制作当成重要的工作环节。特别是对于那些大型、综合性的企业集团,如果其组织结构上存在问题,包括法律风险管理在内的任何风险管理都很难有效地实施。

例如,某集团公司的组织结构图及实际组织结构如下:

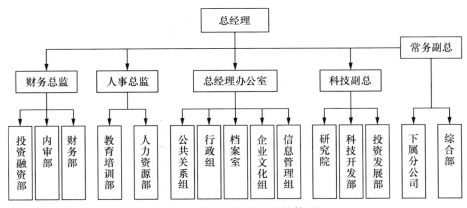

图 4-7　某集团公司组织结构图

在根据实际情况修正了该集团公司先前提供的组织结构图后,终于得到了这个实际的结构图,使得整个法律风险识别过程的具体工作对象和工作内容得以顺利安排和进行。同时,也基于这个基本结构得出初步的结论,并在整个识别过程中得以印证和纠正,对评估该集团的法律风险很有帮助。

第六节　法律风险评估的报告与提交

提交法律风险评估报告意味着法律风险的识别、评估两项工作的结束,同时它也是下一步工作的基础。因此,作为这两个阶段工作成果的集中体现,评估报告应当以专业的程序和内容向企业描述通过项目所获得的企业法律风险状况、评述法律风险的严重程度、解释这些法律风险点不加处理可能引起的不利后果。

大多数企业都想详细地了解自己的法律风险状况和原因、后果,如果没有具体的描述、评述和解释,即便是律师也未必能够判断结论是否合理、合法,何况对法律外行的企业。因此,评估报告既不是对法律风险的简单列举也不是提供给企业的"法律汇编",而是对法律风险状况所给予的专业、全面的描述。

一、拟定评估报告的原则

某些法律风险评估报告只是一份简单罗列了法律风险点的清单,甚至连法律风险点的列举也不全面,更没有对于法律风险的评述。这样提交工作成果固然简单,但除非企业另有要求,否则这样提供工作成果既不利于企业全面了解所处的法律风险状况,也不利于避免因工作疏忽而给自己带来的法律风险。

拟定评估报告的原则与提交法律风险清单时的原则基本一致,只是在这一阶段的工作内容及侧重点有所变化。清单只表示了经过主观努力而调查出的客观结果,它描述的只是一种存在,很少有主观成分。而评估报告中无论是"评"还是"估",都是主观标准下的判断结果,需要更多的说明才能说明实际状况并避免误导当事人。

(一)围绕要求原则

在前面的章节中已经再三强调,对企业进行法律风险的识别、评估、解决方案设计都必须依据企业的工作目标。而评估报告则必须按照企业目标回答问题,清晰、明确地描述企业的法律风险状态,以及这些现象继续存在所可能产生的不利后果、这些现象所隐含的问题等,并围绕这些要求而展开内容。

例如,某企业仅要求对业务受理流程进行法律风险评估。在调查中发现,许多问题虽然在业务受理过程中产生,但其根本原因并非出在流程方面,而是出于业务方案设计、业务文本设计等方面,还有一些纯粹是管理方面对于问题考虑不周造成的。但从企业的评估目的来看,评估的目的是通过对业务受理流程的优化尽可能多地避免法律风险,因此这些内容均应在调查及评估中提及。

还有一些企业由于内部存在协调不利、缺乏议事规则等问题,对于评估的重点或具体内容无法达成一致意见,而律师在工作中遇到这类问题也非常麻烦。在这种情况下,需要核对原始合同中对于工作内容的约定,以及工作过程中来自企业并足以代表企业的工作指令。如果这些都不足以判断企业的具体需求,最终只能以哪一方能够代表企业为准,而企业的法定代表人及在法律风险管理项目服务合同中注明的授权联系人则最能代表企业。

某些评估报告在撰写过程中增加了许多关联度差的内容,虽然使得篇幅较大而看上去更加"专业",但从整体上看会使报告的内容显得松松垮垮,次要内容甚至无关内容喧宾夺主。其实,企业的法律风险有许多内容可以挖掘和描述,不必为了篇幅而打"太极拳"。正如一句英语谚语所说的那样,当别人问你时间时,没必要告诉别人如何造手表。

(二) 宁"滥"毋缺原则

这一原则在上一章中已经提及。在识别法律风险点时,经常会遇到某一法律风险就企业目前的业务内容及业务模式而言发生问题的可能性极低的情况。甚至只要企业目前的业务内容及业务模式、管理模式不发生变化,连发生这一法律风险的可能性都根本不存在。遇到这种情况,应根据这一原则保留相应问题。

简单地说,宁"滥"毋缺也就是宁可将一个根本不可能发生的法律风险点摆在那里被人遗忘,也不要在将来的某个时间发生一起目前清单中没有提及的法律风险事件。因此,对于前一种情况,只要可能性存在就应该将其列为法律风险点。否则一旦这一法律风险点将来出现了事件,就属于法律风险点识别不全,属于工作上的失误。而对于后一种情况,由于企业及社会环境都始终处于变化之中,谁都无法保证企业的业务内容和业务模式、管理模式、管理人员发生变化,因此仍应将相应法律风险点列入清单,只是可以通过辅以说明或分类的方式,说明该类法律风险目前尚不存在。对于这类问题,宁可听任其"滥"而加以保留,也尽量不要因为目前不存在而加以省略并造成"缺"。

(三) 客观公正原则

这个原则同前一章所介绍的一样,就是法律风险点是否存在的依据、判断法律风险点性质的依据都必须客观、没有主观色彩。虽然评估本身是主观思维活动的结果,但至少要确保评估所用的方法、公式等标准一致,以便得出的结果相对公正和相对客观。

在这一问题上,挑战可能会来自对于评估值的修正,因为修正的过程既是对评估结果进行优化的过程,也是"破坏"评估结论客观公正性的过程。但这一过程实际是为了克服对众多法律风险点以统一的标准进行衡量时所引起的偏差,因为不可能对众多的法律风险点一一加以衡量,只能在批量处理后纠正个别特别不合理的现象。而且就目前人类的分析能力和技术水平而言,面对大量存在而且属性各异的数据,即使使用逻辑的方式一一处理也根本无法实现,除了用赋值和定量分析的方法外别无他法。

(四) 谨慎表述原则

谨慎对待文字表述是法律工作中对于所有法律文书的基本原则,也是从事法律工作的基本功之一。体现在法律风险评估报告方面,一是要对所表述的内容保持谨慎,二是要对表述的方式保持谨慎。前者解决表述哪些内容、不表述哪些内容的问题,后者解决对于需要表述的内容应该以何种方式表述的问题。

在针对企业开展尽职调查过程中,不可避免地要接触到企业中存在的人际关系和切身利益问题。几乎没有哪个企业愿意将自己的问题全部暴露给上级企业,各具体部门或具体职位的员工也不愿意轻易将存在的问题"曝光",因为任何问题的存在都有可能是自己企业、自己部门、自己负责范围内的工作失职。而某些企业的部门之间、人与人之间也有可能相互存在某些看法,甚至这些看法针锋相对、莫衷一是。而法律风险尽职调查不仅威胁到他们的切身利益,又是一种对于他们正常工作秩序的"打扰",过多地暴露问题既要花费时间与精力也有可能导致"言多必失"或上级的"秋后算账"。因此,对于来自访谈结果的内容大多需要进行客观性分析,如果没有其他的客观证据相辅助,对于那些可能回避部门之间的矛盾或造成人际关系矛盾的内容,不应在报告中表述。

而对于那些需要在报告中表述的内容,则要注意表述的方法,避免企业对于报告的抵触,也避免导致上下级关系的紧张或上级对下级的处罚。法律风险评估这类针对企业的"诊断报告",每个法律风险的存在往往都可以归责于具体管理人员或企业家,而不像医院给患者出具的诊断报告那样无法归责。企业家花钱是为了了解自己面临的法律风险的实际情况,而不是为了找人对自己的过去和现在指手画脚,而具体的业务部门则更是很难容忍凭空飞来的指责。因此,在表述中需要注意商业礼仪,以平和的对于现状的客观描述代替生硬的归责,既是严谨地表述存在的状况,也为后续的工作留下配合的余地。企业能够发展到一定的规模本身说明其具有一定的生命力和优势,即使存在诸多法律风险也并非一无是处。何况法律风险点的多少与企业的经营行为及所处的法律环境关系更大,仅凭法律风险点的多寡并不说明企业管理水平的高低。

具体来说,如果要表述哪一方应对企业的现状负责,尽可能将责任归给企业的最高层而不是下层,对于部门情况的描述则应只描述现象,其具体成因及责任归属则由企业或相关部门自行解决。

例如,得出企业部门"内部管理规章制度不健全"的结论非常生硬,而表述为"内部管理规章制度的系统化和深化不足"则比较容易令人接受。前者属于没有实施有效的管理,后者则表示已在努力之中。而且,管理制度的系统化和深化有时仅凭各部门的自身能力无法实现,而这并非部门的责任。如果再进一步将上一现象的原因归责为"系由企业对各部门内部管理规章制度系统化和深化无明确要求所致",则上下级双方大多更容易接受。

(五) 合理说明原则

由于法律风险评估的涉及面广,牵涉到错综复杂的各种关系、界限,如果不进行说明非常容易引起企业的误解,轻则引起项目合作双方的不快,重则给企业造成损失。因此,对于所提交的报告需要辅以大量的说明或声明,以划定报告在内容、时间、责任等方面的界限,不仅使企业明白报告只是在特定时间范围点、特定法律环境、特定工作范围内以特定方式进行评估而得出的结果,也使律师避免因表述上没有为自己的责任划定边界而引起法律风险。

在提交成果时履行告知义务既是《合同法》所规定的附随义务,也是律师基本职业操守所决定的职责。履行了这一义务,既是对企业利益的保护,也是控制执业法律风险的需要。尤其是要提醒企业,"在阅读本报告中如发现与实际情况不符或存在遗漏,请及时通知以便补正或调整",以提高报告的准确性并提高律师工作的"安全系数"。评估报告中涉及说明、告知方面的内容较多,具体将在本节的下部分详细提及。

二、评估报告中的应有内容

法律风险评估报告是完整的法律风险实施项目的一个重要里程碑,对于那些涉及面较窄的法律风险评估,提交评估报告往往意味着项目的结束。而对于需要通过后续的复杂设计工作提供解决方案的项目来说,它是所有后续工作的基础。其实无论是面对的哪一种情况,评估报告的内容及质量标准相差不多。也就是需要说明做了什么、发现了什么问题、问题的起因是什么、问题的解决方案大致有哪些。当然,评估报告只是提及方向性的解决方案,并不提及细节,因此也还没有直接的可执行性。

向企业提交的法律风险评估报告,无论是内容还是形式都要"专业"而不能显得"业余"。这里所说的内容,不仅包括收集、统计、评价的信息,还包括应有的声明、提醒、说明等内容。而这里所说的形式,不仅是工作成果的外在体现形式及介质,还包括递交的方式等。其中的内容部分与提交法律风险清单时有些相似,许多方面可以借鉴。除了评估报告的主体部分以外,还有许多内容可以加入以使报告更为严谨。

(一) 评估报告目录

全面评估企业法律风险状况的报告一般篇幅都比较长,即使数万字也很平常,而阅读评估报告有时又需要反复核对相关的内容。因此,为了便于阅读和查阅,详细的内容目录必不可少。不仅要有详细的、包括较多层级内容的目录,还要有详细的页码。

（二）律师责任声明

法律服务的性质，是在特定的时间界限内，依据特定的法律环境解决特定当事人的特定法律问题。在专项的法律服务中，律师涉及的法律范畴是特定的、依据是充足的，不太需要申明工作的范围界限。但法律风险管理属于综合性、全视角的法律服务，涉及的法律规范错综复杂，信息来源也非常复杂，而且都要自己去发现和判断。因此，需要以适当的篇幅强调律师得出评估结论所依据的法律规范和信息来源，以避免责任过大。

这部分内容既包括了律师常用的一些责任范围声明，也包括了一些具体的、有针对性的声明，以划定责任范围。例如，某评估报告中特别申明："本报告对贵公司情况的判断来源于贵公司所提供的书面资料以及贵公司人员在受谈时提供的口述记录做出，本所律师不负责对上述信息的真实性进行调查核实。"

（三）报告内容说明

这类说明是为了表明本项目的工作范围和责任范围，其目的也是为了缩小律师需要负责的工作范围，减少不必要的误解。由于法律风险评估项目的涉及面大，如果对工作范围不加说明，那些没有调查或没有结论的部分，很容易被人误解为是律师工作疏忽所造成的遗漏。

例如，企业的纳税情况在大多数企业中都属于敏感信息，有些项目为了减少企业的忧虑而将这一部分排除在工作范围之外。这类情况即使在双方的项目合作合同中已经明确规定，在评估报告中也应当加以说明。而工作过程中如果有来自企业的具体指令，只要这些指令涉及工作范围或工作侧重的方向，也应在报告中加以说明，以便说明工作结果并非律师的主观臆断而是出于企业的具体工作批示，从而避免承担不必要的指责，也避免自己的责任范围过大。

评估报告中的内容说明与律师声明一样，同属于实施项目过程中律师对于可能给自身带来的风险所进行的风险控制。

（四）工作情况描述

这部分内容主要包括在项目过程中主要开展了哪些工作以及大致的工作过程，其内容要求及表述方式与律师向当事人提交账单时所要做的一样。

其中，工作内容方面应当描述一个工作所花费的时间、收集的资料的数量、进行访谈的数量等内容，表明整个工作过程的勤勉尽责，也表明通过这一系列的工作内容和工作程序所得出的结论货真价实，完全是基于客观的资料和严谨的工作方法，而不是出于主观杜撰。

（五）企业法律风险现状描述

这部分内容是对企业法律风险状况的描述。通常情况下，对于企业进行全面的法律风险评估时,需要将企业的法律风险归类,并依据不同的类别去描述企业的法律风险。如果从企业法律风险的大类去区分,一般的企业都会存在支付货币而取得产品、财产、服务类的采购行为,以及通过提供服务、转移财产、出售产品而获取货币的销售行为,以及为实现交易而制造产品或提供服务的过程所要承担的法律义务,同时还有大量的辅助性行为也同样存在法律风险。

按照这些大类或按其他方式均无不可,但必须使整个企业的法律风险分别归入不同的类别,系统地描述、深入地提示企业的法律风险状况。这一部分内容只是对企业所存在的现象的大致描述,尚不属于评估结论。

(六)法律风险点描述

这部分内容是通过识别及校正所发现的企业所有法律风险点的清单,这类清单一般都是在提供法律风险评估结果时提交给企业。也有的企业会要求在识别工作完成后先提交相应的清单,但识别后的清单往往只是"半成品",只有经过评估、校正并排序后的清单才是能够说明各种风险严重程度的正式品。

这类清单是对企业各类法律风险点的和盘托出,但并不提供对各个法律风险点的评估结果,只是清单而已。

(七)法律风险的评价方法

在评估报告中说明评估方法既是一种履行说明义务的标准工作内容,也是界定责任的一种方式。评估结论在某种意义上是一种针对企业法律风险状况的"鉴定报告",因此也就需要采取同样的思路,在报告中说明评估所依据的标准和方法,使企业明白结论是由何而来。没有任何说明而凭空"降落"的结论难免使人生疑,而且这样的结论也很容易在企业不明其所以然的情况下造成应对措施的失误甚至造成损失。

说明评价方法还有一个好处,就是便于解释某些结论为何看上去"荒谬",同时如果来自某方的质疑确有道理,可以及时修正以避免误导企业。由于法律风险评估是按统一的标准和公式进行的,因此即使通过人工修正仍旧会存在某些具体问题上的"荒谬"现象。但这并不说明整个结论的荒谬,只要是以统一的评价标准和公式进行评估,以目前人类的智慧,很难有十全十美的结论。

(八)法律风险的评估结论

这部分内容最为引人关注,因为大多数人对于前面的过程、计算公式只是想看看而已,而对于评估报告则是他们能够理解和判断的内容。甚至某些企业的口号就是"一切看结果",他们对于整个过程并没有多少兴趣或者已经有了充分了解,只是想通过评估报告看一下法律风险点的总的情况及排列情况如何,以确定哪些是较为重要的法律风险,以及下一步制定应对方案的目标及总体思路。

这部分内容一般包括评估后的法律风险排序情况、对评估及排序结果的解读，以及基于评估结论的综合性总体评述、对下一步工作的初步安排等。而在提交报告之前及提交的报告中，特别需要建议企业对于评估报告加以确认，如有问题可以及时补正。

三、评估报告的结构与内容组织

法律风险评估工作集各个不同门类的法律专业知识及律师执业经验之大成，兼跨法律及管理两个领域，以至于报告中的内容成分复杂，需要通过合理的结构和合理的内容安排去降低阅读和理解方面的难度。

（一）评估报告的结构体系

结构体系是评估报告的思路主线，它在法律风险评估报告中的具体体现是评估报告的目录。二者之间可以交互作用，既可以通过目录去设计整个报告的结构，也可以通过内容结构归纳出报告的目录。因此，目录既是作者对于内容分类、归纳以及内容安排能力的体现，也是整个报告以人为本程度的体现。

1. 对结构体系的理解

虽然报告中提及不同层面、不同领域的主题，但报告毕竟应该是个完整的主体，需要将其当成一个完整的系统看待。报告的内容既不能遗漏也不能重复，但许多法律风险点同时存在于不同的部门法之中，而且会在企业的不同部分同时涉及，如何组织这些内容有时本身也会是个难题。

如果将报告或任何文章都看成一个完整的、功能齐全的系统，整个系统有规律地分为不同的组成部分，每个组成部分内部又分为更细的、有着层级关系和次序关系的组成部分，从大到小的各个组成部分之间功能互补、层级明确、顺序合理。这种建立在逻辑关系之上并有机结合在一起的各组成部分之间的关系，就是文章的结构体系。通过不同层级的标题将这种关系表述出来，就形成了目录。而目录也不仅仅是个简单的检索工具，通过目录可以直接判断出报告在内容划分、章节顺序、层级设计上是否合理，特别是能够从更高的层面上发现存在的内容重复或遗漏。

人们在阅读报告时，人的注意能力、瞬间记忆能力、理解能力和阅读时间都是有限的。为了克服这些有限性，就需要将评估报告的内容按照主题分成若干个组成部分并分别表述。而最令人深恶痛绝的评估报告，莫过于那些根本不按功能或内容划分章节、不考虑内容的层级及顺序，只是一味地按数字编号顺序排列和表述的报告。对于此类报告，即使通读了全文，很有可能仍旧对企业的法律风险状况没有整体印象，最后的结果是只见树木、不见森林。

由于对企业进行法律风险评估既涉及其历史遗留问题又涉及现实存在的问题,而且同时包括了总体情况及具体情况,这就决定了对企业进行全面法律风险评估的报告的划分,必然是既有按时间轴划分又有按空间轴划分的。而评估报告中的内容也分为不同类别,不按照层级及顺序等关系而只是简单地将不同的内容按照数字序号串联起来,割裂了企业作为一个系统的特征,也割裂了企业法律风险的系统化特征。而且,这种做法更不便于各个具体管理部门根据报告内容改进本部门的法律风险管理工作。

2. 设计结构时的注意事项

从实践经验来看,要想使评估报告看起来有章法,在设计评估报告的结构时需要注意以下两点:

首先需要遵循的是内容无关性原则,也就是尽可能做到对某类或某个法律风险只在一个具体的分类中提及,尽可能避免同一问题在不同部分反复出现,以避免因内容重复而占用大量的篇幅,也可以避免因反复提及且提法上出现差异而导致的冲突。

其次是在安排报告结构时,充分考虑到历史问题与现实问题、总体问题与具体问题,将法律风险划成几个大类并按前面提到的无关性原则划出其不同分支,再充分考虑每类法律风险的不同层级关系、重要程度、因果关系等来设定其层级和顺序。

例如,某特定零售企业由于涉及面较窄,其法律风险评估报告为了分述不同的内容在正文部分采用了以下的结构(细分内容略):

第一部分　企业法律风险管理的总体状况

一、企业发展过程及法律风险

二、企业现行组织机构与法律风险

三、企业制度化管理的法律风险

四、企业的决策模式与法律风险

第二部分　企业存在的各类法律风险

一、资产及财务管理

二、人力资源管理

三、采购及物流管理

四、分销渠道管理

五、营销及客服管理

六、综合行政管理

七、企业发展与战略管理

第三部分　对企业法律风险的综合评估
一、综合评估的依据与方法
二、综合评估结果及排序
三、对评估结果的总体评述

由于篇幅关系,许多下级目录不再展开。该目录的设计完全参照了企业的管理结构,便于企业以"分进合击"的方式改进法律风险管理。部分类型的法律风险则由于影响不大而被置于下一级的目录中。

(二) 评估报告的内容组织

对于评估报告,如果企业只是要求评估某一个专项的法律风险,法律风险评估报告的提交就意味着项目的结束。如果法律风险管理项目不仅要求提供评估报告还要求完成后续解决方案设计,则评估报告只是对企业法律风险状况的描述与评价,同样无需提供相关的解决方案。这一点如同医院一样,诊断结论只是描述诊断的结果,至多简单提供相关原因和可能的不利后果,但并不提及治疗方案。

之所以在报告中仅描述和评价而不提解决方案,一方面是由于企业法律风险的情况和企业的情况都比较复杂,除非是针对轻而易举就能解决的问题或是企业非常容易纠正的低级错误,否则,把解决方案放在评估报告当中会使内容难以很好地组织;二是这份报告需要得到企业的认可甚至补正才能开展下一阶段的工作,否则后续工作是在无的放矢或做无用功;三是有些问题可以发现、可以评价,但却一时找不出好的解决方案,只能听任其继续存在。因此,报告中的内容只是对以往情况的描述和评价,可以简单、零散地提供某些小问题的处理,但并不提供全面、具体的解决方案。

在内容组织上,法律风险评估需要兼顾法律事务处理与企业管理两个专业方面,前者为主、后者为辅。报告中涉及的企业管理内容虽然会令法律专业人员力不从心,但对企业谈管理更容易被企业接受。而其中的法律问题也大可不必引经据典,因为评估报告毕竟不是法律调研,只要依据现有法律得出结论即可。

在内容难度上,由于报告的阅读量大、阅读难度高,需要通过目录、排版等方式提高阅读的便利性,以确保表述的专业准确性之余,应当便于企业读懂,使企业的法律风险从虚无缥缈状态落实到可以感受、可以理解和评判的程度,才能得到企业的认可。那种枯燥、专业的法律语言尽量用在声明和说明部分,正文部分无需大量使用。

四、工作成果的补正与提交

对于最终完成的评估报告可以直接提交,也可以用预提交的方式提交,以便在征求意见并补正后再提交正式版。如果评估报告需要补正,则一定要收回旧有文本并使新的文本与旧的文本、新的电脑文档与旧的电脑文档存在易于识别的明显特征,否则文本的混乱将会给后续工作带来无穷的麻烦,也会造成企业对于法律风险评估结论的混淆。

但无论用哪一种方式,都必须提交经过认真的校对和排版的正式版,而不能将工作初稿提交企业去"批改"。只要是向企业提交的报告,无论是中间文本还是最终文本,都代表着律师的工作态度和工作质量,必须以最高的质量形象展现在企业面前。不仅不能存在重大的遗漏和错误,甚至连微小的低级错误也不应存在。否则,未能系统、深入地披露风险是律师的工作能力存在问题,而多处出现低级错误又是律师的工作态度存在问题,无论哪一方面存在问题都会影响到企业对于律师的信任。因此,无论何时,律师向企业提交的只能是经过认真校对的"正品"。这一点也许无法从根本上做到,但必须按这一要求去工作,否则就有可能带来更多的问题。

而在向企业提交工作成果的时候,还必须注意由谁接收或交给谁的问题。毫无疑问,在没有特别约定的情况下,对外代表企业的法定代表人是理所当然的接收人,合同中已经约定并已被授权接收文件的企业联系人也是当然的正式接收人,而其他企业人员即使是身居高位也并非理所当然的接收人。之所以要强调这个问题,因为企业的法律风险评估中往往带有许多企业不为人知的信息,如果评估报告涉及了企业的资产及纳税情况时更是如此。企业拥有者或企业高级管理人员不仅担忧这些信息被公众所知悉,甚至不愿让自己的员工知悉,以免带来不利影响。正是由于包含了大量的一经披露足以给企业造成重大不利影响的信息,法律风险评估的工作成果不仅只能交给有权接收的企业人员,在律师内部也必须加以控制,以防止内容扩散对企业造成不利影响。

第五章　应对法律风险的解决方案

本章提示

　　对于法律风险的识别与评估使企业所面临的法律风险现出了"原形",企业就此可以针对不同类型、不同重要程度的法律风险按照轻重缓急制定应对措施。如何在种种限制条件下设计出最为有效、最为经济、最为简捷,从而最适合企业的应对方案,既要集法律工作经验之大成,也是一门艺术。

　　受制于资源的有限性和企业能力的有限性,企业只能根据轻重缓急对不同的法律风险采取不同的措施。既不应该由于法律风险的存在而放弃交易和发展,也不应该为了发展和交易而无视法律风险的威胁,而是要实现法律风险管理成本与法律风险损失之间的平衡。

　　实施法律风险控制的精髓,是将法律风险管理与企业经营管理有机地整合在一起,使企业日常工作的制度、流程、文本同时成为应对法律风险的防线,通过这"三驾马车"去实现企业合法权益的最大化、法律风险的最小化。由于不可能通过短期的培训使企业人员成为熟练的法律专业人士,必须将专业的法律风险应对措施化解为企业可以理解和自行操作的内容,从而提高企业的整体法律风险管理水平。

　　由于企业之间存在着特有情况及行业特征等方面的明显差异,企业之间几乎无法相互复制法律风险解决方案,每个项目几乎都要重起炉灶量身定做。用于一个企业的良方有可能用于另一个企业时便成了毒药,因此在设计解决方案时必须尽最大可能了解和理解企业,否则,要么是在要求企业削足适履,要么是在提供一个根本无法实现的梦。

第一节　设计解决方案的基础

有些企业对于法律风险管理项目的要求是完成评估报告,某些律师或咨询机构也认为法律风险管理项目应该到此为止。这样理解虽有一定道理,但企业是否知道所面临的法律风险与能否应对法律风险截然不同。如果企业在评估法律风险后得到的建议是"严格依法办事",则可以肯定企业必然是面对风险无所适从。即使是专业律师对于法律风险的应对方案也有水平高低之分,那些根本属于法律门外汉的企业,就更不可能有全面的解决方案。

解决方案的工作重点与法律风险评估的结果有关,当众多的法律风险都指向某一个部门的职责范围,或指向销售、采购等过程,或是指向具体的销售合同、采购合同,则评估结果的指向性已经说明了相关的制度、流程、文本是问题多发的领域,也是设计方案时要优先考虑的部分。

在制定法律风险管理解决方案阶段,其工作重点是根据企业的各类实际情况,包括员工素质、管理水平、执行力,以及企业所处行业的特点、企业在价值链中的地位、企业所处的法律环境等,并结合法律风险评估报告中所提及的法律风险点,归纳出原则性的工作方向和方案定位,以便于在下一步工作中制定出具体、可行的控制方案。

一、设计解决方案时的基本工作

在制定法律风险管理全面解决方案阶段,律师需要结合前期的法律风险识别、风险评估等工作成果,将评估结果转换成企业可以看懂、能够操作的法律风险管理方案。这一阶段的主要工作内容体现在大量的文件制作中,但在这些文件制作的背后,则是复杂的逻辑分析和判断,以便从诸多的解决方案中找出最适合企业的方案,也就是最佳方案。

解决方案中存在着制度、流程、文本所组成的"三驾马车",每种内容都能应对一部分法律风险,而三个部分组合在一起便能成为完整的企业法律风险解决方案。这是一个将法律风险管理融入企业管理的过程,只要企业能够按这些方案执行,就可以在其力所能及的范围内最大限度地使法律风险损失最小化。

(一) 管理制度修订

这类工作的主要内容,是根据法律风险评估的结果,通过修订或补充、起草公司各类管理制度的方式,从制度上避免一部分法律风险。对于那些管理尚不完善的企业,这项工作的工程量可能会很大,因为不仅需要修订其原有的管理制度,还要考虑到各制度的层级关系和同级间的协调问题,而且需要补充许多企业原来所没有的规章制度。

许多企业的规章制度从来就没有认真整合过,其最早的版本很有可能是直接从同行业其他企业中直接照搬过来的,而其后续版本也往往只是改动个别的条款而没有实质性的变化。这些企业的规章制度甚至根本没有形成体系,不仅无法覆盖企业各类活动所涉及的全部范围,而且各个规章制度在体例、表述方式、基本格式等方面各不相同,甚至某些制度中还存在明显的逻辑问题、语法问题,对于这类规章制度的清理其实已经同重新起草相比有过之而无不及。

而对于系统地整理过基本管理制度的企业,由于其管理制度及组织架构均十分完善,因此针对相关法律风险而采取的管理措施只要嵌入其相应的管理制度之中就可以完成工作。特别是那些以模块化的方式起草的管理制度,其通用的基本规定与各项具体事务中的特别规定相互分门别类列举,而且形成完整的体系,对于这类管理制度,只要在相应的模块中进行调整或将内容直接嵌入相应的模块就可以完成工作,而无需调整制度其他部分。

(二) 完善工作流程

完善工作流程是所有工作中最"不像"律师工作的内容,但事实证明完善工作流程的做法非常受企业的欢迎,甚至某些企业要求将工作成果尽可能以工作流程图的方式提供,以便于理解和执行。

相对于繁文缛节的规章制度,流程在以图形的方式描述具体行为的程序及内容方面,远比规章制度所用的文字量要少,因而生动形象、简便易读、便于记忆。流程图以统一的图形和箭头非常直观地体现出流程各组成部分先后顺序关系、需要判断的事项、流程中遇到问题应该如何处理,即使没有太高文化水平的员工也能轻易读懂、记住,其操作性和可执行性均远远强于以文字表述的流程。

流程是一组将输入转化为输出的相互关联或相互作用的活动,流程图则是对流程的高度概括,绘制流程图的过程也是将流程加以推敲、提升的过程,便于发现问题和优化、改进。尤其是现代的企业管理已经越来越重视流程的管理,并通过流程再造等方式进一步提高企业的运营效率或达到其他的管理目标。而规章制度中的许多内容也完全可以采用流程图的方式加以表述,总体上大有在许多方面取而代之的趋势。

在法律风险管理项目中,也会涉及大量的流程和流程图,许多法律风险之所以存在,并非是因管理制度有问题而是因业务流程不合理,通过流程优化管理,某些法律风险便可迎刃而解。例如,某些企业采用ERP系统的电子化审批流程,前一流程未能完结则下一流程便无法开始,从而控制住了许多人为因素造成的法律风险。

(三) 制定工作文本

从实际情况来看,只通过培训的方法根本无法将企业人员转换为法律方面的高手,而由律师对每一份合同都事无巨细进行一次审查,不仅令律师不胜其烦,也会令企业支付更多的律师费。因此,许多客户会要求律师以专业水准并根据企业的具体情况,起草出企业的全套标准合同文本,从而使律师以后的工作仅限于审查修改合同的改动部分或填空部分,大大地提高了工作效率,减少了低效率的重复劳动。由于这类全套标准合同文本在工作完成后会形成一个企业所需各类合同的体系,因此这一工作有时也被称为标准合同文本体系。

建立标准合同文本体系,需要充分考虑企业自身状况、企业所属行业、交易内容、企业对于合同文本的需求、企业在交易中的地位等情况。文本之间要形成体系,文本内容要恰到好处。既不是合同文本越长、越复杂越好,也不是合同文本越简单、越便于操作越好。那种通过网上下载后略加修饰就提供给客户的做法,由于根本不解决实际问题,无法切合企业需求的实际,是极端不负责任的行为。

而在另一个极端中,部分律师总是刻意照搬或模仿国外合同的风格或体例,例如在合同中不管青红皂白先来一大堆的定义等,并认为只有这样的合同才能体现专业风格和水平。殊不知,国外合同的体例和表达方式与语言差异有关,也与其所处的法律、经济、文化有关,照搬照抄来的合同文本不仅会造成合同使用过程中的认知障碍,也会由于脱离中国的法律背景和合同文化而使合同中充满无效成分并显得不伦不类。

为企业制定标准合同文本体系的宗旨,是根据不同交易的实际情况,为实现交易目的和确保交易安全最大程度地行使意思自治的权利方式,同时通过统一、成套的文本确保企业效率。如果偏离了这一工作方向,无论合同长短都无法实现制定文本的目标。而且,企业需要统一制作的不仅仅是合同文本,与合同有关的甚至与管理有关的许多文本都需要标准化并与制度、流程配套,从内容和证据两个方面保障企业合法权益的安全。

(四) 解决具体问题

这类工作是除了上述三种工作内容以外,针对调查、评估中所发现的某些个案的、"一次性"的已经存在的法律风险制定解决方案。这类法律风险多为历史原因而形成的,犹如处于"潜伏期"的定时炸弹,极有可能为企业带来非常严重的不利影响。还有一些是由于偶然原因而已经形成,虽然已经发生但不属于普遍性的情况,并在等待处理的法律风险事件。

这类法律风险都是"一次性"的,一旦解决完毕一般不太可能再次发生。例如,前一种情况包括企业在设立过程中存在的治理结构、出资、资产管理、纳税等已经形成的具体法律风险,后一种包括意外原因造成的侵权、意外事故导致的赔偿等。这些法律风险都已经在企业中存在,与其说是解决今后的问题,还不如说是理清历史性的旧账,同一般的法律事务处理没有太多差异。

总的说来,在这一阶段的工作内容,就是将前面所探讨过的各种法律风险应对措施,通过系统的整理和筛选,整合到企业的规章制度体系、合同文本体系、流程管理体系之中,或是针对已经存在的问题制定具体的、"一次性"的解决方案。这种整合不是简单的编写,而是要在完善企业管理、防范法律风险的前提下,形成一个脱胎换骨的全新体系。经过这样的整合之后,企业管理与法律风险管理将合二为一,法律风险管理也会融入企业管理的细节之中而成为企业管理的一部分。而只有达到这种境界,才能使两种管理都发挥出最大的效能,给企业带来实质性的进步。

二、设计解决方案的原则

法律风险的解决方案有易有难,退出可能存在法律禁止事项的交易是企业最为简单、最为平常的法律风险解决方案。而较为高级的解决方案,是为了通过法律风险解决方案的实施,实现企业利益的最大化、控制成本的最小化,并使法律风险管理紧密地服务于企业目标的实现,确保企业既能避免法律风险造成的不利影响,又能最大限度地利用各种资源和机遇实现最大限度的发展。

(一)客观对待评估结果

评估报告的内容大多动辄数万字,风险点也动辄三位数甚至上千,如果不分主次眉毛胡子一把抓,则会令所有人手足无措。在评估阶段我们已经意识到,经常发生的法律风险事件大多为鸡毛蒜皮的小事,而那些足以导致灭顶之灾的法律风险又往往很少可能发生。经过统计、评估得出的排序有了很大的改进,但仍有许多主观判断的成分,因为"量化"法律风险时的分数值是人为设定的,统计方法是人为设定的,而且初步统计结果也要经过人为的调整。正因如此,评估报告是设计方案的依据,但并非牢不可破。

例如,某企业在进行法律风险评估服务时,初步评估的结果中最大的法律风险居然是营业厅里没有安装小键盘。虽然没有小键盘导致了客户必须向营业员口授密码,容易造成密码泄漏,但这既非发生频度最高的法律风险,也非危害性最为严重的法律风险。这一结论令所有人都忍俊不禁,在经过分析后重新调整了相应的分值,才使得结论更加符合逻辑。

由于不同法律规范的调整范围有许多重叠之处,企业的管理事务也有许多重叠之处,无论是识别、评估法律风险还是设计应对方案,都会存在令人头痛的如何分层、如何分类问题。在设计计划时会发现某些应该存在的法律风险点不在评估结论之内也不必意外,评估结论的不周延有时是由于法律规定本身也有许多并不周延之处,只是这时遗漏的往往只是个别的、相对次要的法律风险点。

(二) 理性看待企业需求

无论是从法律事务管理还是从企业经营管理角度,都可以清楚地认识到企业不可能杜绝所有风险。就法律角度而言,某些法律风险的产生及存在是由于法律规范及执法行为都存在着极大的不确定性,只要法律体系不发生根本性的变化,这种情况就会长期存在,属于系统性的、无法回避的法律风险。就企业管理而言,法律风险固然客观存在,但许多在目前根本无法也无需加以根治。一般来说,总会有些法律风险是企业当前所无法克服的,法律风险管理只是将风险降至最低而不可能杜绝,这一点在所有的风险管理上都是一样。

评估结论是方案设计的基本工作依据,只要在识别和评估过程中都认真考虑了企业的需求和工作目标,评估报告的内容本身就会与企业的需求相吻合。某些目标明确的客户甚至会要求按某种特定的形式完成这项工作,以配合其对企业管理体制、管理机制等方面进行调整。法律风险管理方案可以从形式到内容都尽可能多地考虑企业利益,但并不是所有问题都能解决、所有目标都能达到。

事实上,并不是所有出现在评估报告中的法律风险都需要应对,也不是每一项需要应对的法律风险都可以通过方案的设计加以排除,许多法律风险应对措施会由于企业管理者无法或无意的原因而被搁置。但设计工作并不依据企业最终是否采纳而决定工作内容的取舍,对于条件尚不具备、目前无法回避的法律风险,只能在说明原因后任其继续存在。当然,设计方案是否被采用是企业经营自主权所决定的,即使这些方案同时也是法律的强制性规定,也应由企业自行决定如何执行并承担后果。

(三) 认真关注环境变化

这里所说的环境变化主要是指法律环境的变化,也就是企业所涉及的相关新的立法以及现行法律规范的修订、废止等。这类情况的变化直接影响着企业法律风险的变化,甚至导致旧有法律风险管理体系的失效。

法律风险的三个要素分别为主体、环境、行为,而随着国内及全球政治、经济、文化的发展,这三个要素其实处于不断的变化之中。例如,某些企业从有限公司到股份有限公司,到上市公司甚至海外上市公司,其主体性质的变化导致其必须适应不同的法律环境。而企业在产品范围、经营机构的跨地域扩张、并购,甚至跨国经营、跨国并购行为,也不断涉及新的法律环境、遇到新的法律风险。尤其是某些企业的产品及资本走出国门时,国外的法律或国际条约也已经开始对国内企业的经营产生重大影响,如这几年逐渐受到重视的"萨班斯法案"、"人权验厂"、知识产权等也越来越受到相关企业的重视。正是由于企业行为与法律风险紧密相联,而法律环境又在不断的变化之中,稍不留意就有可能依据旧的法律给出一个已经失效的解决方案。

经济环境也同样影响着企业的法律风险。按照通常的规律,企业如果处于高速发展的时期,只要正常经营就能获得满意的利润,其主要精力会放在提高产能、提高质量、开拓渠道方面,会忽略对违约行为的追究。而当一个企业处于现金流紧张或陷入支付危机时,则会利用一切可能减轻自身的压力或转嫁损失,例如利用合同漏洞、轻微的质量瑕疵等行使权利、回避义务,使其交易对象遭遇法律风险事件的概率增加。这一现象,已经成为多年来一直存在的客观规律。

法律风险发展趋势也是一个需要重视的动态问题,它涉及法律风险评估的"保质期"问题,宏观调控政府的走向、立法的走向等都在越来越多地影响着企业的发展。由于经济的发展,中国的社会已经进入一个转型、调整的时期,全社会对于环境保护、劳动者权益保护,以及物权、反垄断等方面的关注几经周折终于以立法的形式被确定下来,这些都带来了法律环境的变化,并影响着企业的具体经营行为。因此,这一问题与前一问题其实是一个事物的两个方面,只是前者关注的是已经发生的问题,而后者关注的是将要发生的问题。在评估时综合考虑这两个问题才能令评估结果更有实用价值和生命力。

(四)准确定位解决方案

在着手设计解决方案前,首先要判断出真正的问题是什么、是否可以防范,以及如何才能防范、哪一种为最佳方案。例如,某企业的销售合同文本向来不完善,而律师提供的合同文本在经营中又常被业务部门拒用。从表面上看,这似乎只是个合同文本不完善或销售流程管理的问题,但事实上却是和企业产品缺乏竞争力有关,根本不是文本和管理问题。既无成本优势又无质量优势,而且产品缺乏特色、业内竞争充分的企业,根本无法确保交易中使用对其有利的文本。

在设计方案时还需要考虑与现有体制的衔接,这除了实施前的宣贯外,重点是解决实施难度大小的问题。这也是解决方案如何顺应企业及社会发展趋势的问题。颠覆性地解决法律风险管理问题是根本不可能的,因为这不仅会打乱企业正常的经营管理秩序,各部门的各自为战也会使法律风险管理仍旧缺乏系统性,起不到应有的作用。为了确保法律风险管理方案能够有条不紊地推进,就必须考虑企业的理解能力、执行能力。可以在其现行模式的基础上进行优化改进,提高法律风险管理水平并兼顾工作效能的提高,确保制度的延续性,提高可接受程度。

应对法律风险的手段总体上可以分为战略和战术两个层面,方案设计是围绕这两个方面进行,无论是对某种做法进行否定还是肯定,都不是简单地告诉企业

"Yes"或"No",而是要明确不同情况下的"Yes"或"No"。应对方案虽然会以不同的形式分散于制度、流程、文本之中,但基本原理仍是如此,而这些都需要对法律进行大量的调研才能完成。

三、方案设计需要考虑的因素

由于企业自身条件、法律存在灰色地带、应对成本等因素的限制,企业的法律风险管理不可能同时以齐头并进的方式应对所有的法律风险。也正因如此,企业的法律风险应对方案需要从总体上进行设计,在实施时才会有较好的效果。而融法律事务管理与企业管理于一体的性质,也决定了法律风险管理必须经过系统的设计才能实施,并从企业的角度考虑成本与效率等因素。

因此,制定法律风险解决方案不只是需要完成工作,还要以法律风险管理目标为导向,综合权衡各种因素制定出最优的解决方案。因此,这一阶段不只是单纯地考虑法律问题,还要大量地考虑企业的情况、考虑法律环境情况。

(一)企业的管理需求

法律风险管理活动中的客户需求,包括了客户希望通过实施该项目所要达到的目标,比如在内容上的要求、表现形式上的要求、解决方案的操作性要求等。某些精明的客户会要求按某种特定的形式完成这项工作,以配合其对企业管理体制、管理机制等方面进行调整。因此,法律风险管理项目所要考虑的内容远远不止如何完成工作。

在法律风险管理方案的设计前和设计中,有时需要留意企业对管理方案设计的具体意见,有时这种意见会经历从不成熟到成熟、从不具体到具体的过程,因而也是处于不断的变化之中。忽视这种需求方面的变化,不仅满足不了企业的需求,还有可能使客户感觉受到了轻视,或者认为律师并未尽心尽力。对于提交给企业的解决方案,最合适的质量才是最好的质量。质量低于企业的需求自不必说,质量过剩也会使企业无法消化,不仅浪费了律师的劳动时间,也浪费了企业的时间和金钱。

企业由于具体情况的不同,对于法律风险管理的需求可大致分为以下层面:

1. 单项法律风险管理

这类需求一般为单项的,仅针对具体范围的法律风险管理服务。例如,某些企业仅要求对《劳动法》、《劳动合同法》相关的人力资源管理实施法律风险管理项目,而且内容仅涉及劳动合同、人事管理、劳动制度等核心范围,也有的仅要求制作标准的合同文本体系及合同管理制度建设。

2. 综合法律风险管理

这类风险管理也是针对具体范围而非全部,但内容涉及面较广,处于单项管理与全面管理之间。例如,某些企业仅仅要求开展应收账款法律风险管理,而产生逾期应收款的原因则多种多样,至少包括了合同条款、产品质量、合同履行、证据管理等内容,因而是个涉及生产、销售、采购、财务管理等许多方面的综合性项目。

3. 全面法律风险管理

这种项目是本书提及最多的内容,是将企业作为一个系统、一个综合体加以考虑,力争从整体上、从根本上理清企业的法律风险状况,并综合考虑各种因素设计整体解决方案,实现企业法律风险管理由点到面的突破,也使企业的法律风险管理水平提高一个档次。

(二)法律风险的轻重缓急

法律风险的轻重缓急通过前面的评估已经可以得到基本的结论,分值高的必然是在综合考虑其发生率、后果严重程度、企业损失率后得出的结果,而分值高的法律风险也就是需要尽早解决的法律风险。在设计全面解决方案时,分值高的法律风险需要优先解决,甚至不惜以部分工作效率的丧失和成本支出为代价。

在通常情况下,分值较高的法律风险,或者说是重要程度比较高的法律风险,其解决方案有时也会非常简单。例如,在对某企业进行法律风险评估过程中,发现其现金管理上非常随意,存在着公款以个人名义存入银行卡的问题。而这一做法的法律风险分值非常高,法律风险也非常之大,需要优先处理。但实际处理的方案只是补了一份声明,并规定了一个制度,根本无需大动干戈。

(三)应对措施的成本与收益

对于没有成本支出或几乎没有成本支出的法律风险应对措施,一般企业都会欣然接受并很快地付诸实施。法律风险管理项目中的许多情况都是如此,那些法律风险的存在并非由于其不可克服,只是由于企业长期以来根本未能意识到问题的存在,所以才使得法律风险长期存在。而其中的许多应对措施,其实只需在相应的制度、流程、文本上稍加调整即可。这类风险管理措施不仅容易实施,企业也容易接受。

而对于那些需要较高成本支出的法律风险应对措施,多与具体的执法环境有关。例如,针对环境污染的法律措施往往涉及固体废品以及空气、噪声污染和水污染,在对整个社会造成危害的同时对于企业也是严重的法律风险。此外,某些企业生产过程中对于员工的劳动保护等也存在问题。对于这些法律风险,无论是出于企业的社会责任还是出于法律风险管理,都必须加以应对,只是需要投入一定的成本,甚至较高的成本,因而企业实施的周期较长、动作较慢。

还有一些法律风险应对措施会大大增加交易相对方的成本,从而使得企业一时根本无法采取措施。例如,要求交易对方提供担保固然能够确保自己一方的交易安全,但在充分竞争的市场里面对数量庞大的消费合同关系,如果采用这种方式无异于将客户赶向竞争对手,因而也是根本行不通的做法。

(四) 运营效率与企业安全

企业的经营管理行为主要是考虑企业的效益和效率,而法律风险管理则主要是考虑企业行为在法律方面的安全。效率与安全对于企业来说总会存在着冲突和矛盾,除了为提高工作效率而设立的各种制度、流程、文本外,企业中的许多制度、流程和文本的作用是为了提高企业的安全性,避免因某些环节的缺失而使企业蒙受意料之外的损失。也有一些制度、流程、文本的建立,其本身就是为了既提高效率又提高企业的安全性。而这不仅是制度化管理的真谛,也是法律风险管理的真谛。

在原有的操作习惯或流程之上增加法律风险管理措施,一般都会增加完成某项具体工作的难度,降低其效率,并因此而引起企业人员不同程度上的抵触。因此,在制度、流程、文本的设计中,应当尽可能考虑到这种不利影响,结合法律风险排序的情况考虑具体措施,最大可能地兼顾效率与安全的平衡。

特别是在法律事务管理方面,除了从法律专业考虑问题外,还需要从管理的角度考虑企业法务与外聘律师的分工配合、企业人员与法务人员的配合,通过标准化的分工协作在防范法律风险管理的同时,兼顾企业经营管理与法律事务管理的效率。

(五) 企业条件和可执行性

企业自身条件方面的差异决定了企业间在管理方面的不同,包括法律风险应对方案的不同。这里面既有企业发展阶段不同而引起的需求不同,也包括了管理水平及管理能力的不同而对解决方案的不同要求,此外还包括由于企业状况不同而引发的交易地位不同。尤其是后者,如果为处于弱势地位的企业提供了一份处于强势地位时的合同文本,只能导致交易失败而不是既能交易又能控制风险。

企业对于方案的可执行度取决于其能够理解的程度、能够操作的程度,以及给企业带来的益处。尽管企业在管理方面存在一定的可塑性,但从管理方案设计的角度来说,可以在原有基础上有所提高,但不宜脱离原有的管理方案和管理水平,以免影响过渡的平稳性和方案的可执行性。总的来说,如果方案涉及的新旧变化越少、涉及的部门越少,则越容易执行。而当方案涉及企业以外的其他方的配合时,例如需要交易对象配合时,除非处于强势地位,否则其执行的难度就会加大,可执行性也会减弱。

(六) 综合管理措施间的配合

企业所面临的法律风险,大多并非某个部门就能独立解决,甚至某些法律风险并非企业自身能够单方解决,而是必须有其他方配合方可。因此,大多数法律风险的应对需要采取综合措施。而从综合管理措施的角度考虑法律风险的应对,可以更好地实现成本的最小化并提高各个部门相关工作的运行效率。

在考虑综合应对措施时,很有可能一个事项会涉及多个部门,这时就需要分析该项涉及法律风险事务的产生、发展的客观规律,以及不同阶段的关键点及顺序。通过分析、识别该事务各个客观发展阶段的因果关系,以及经过从法律风险管理角度加以优化后的发展阶段、因果顺序关系,就可以分析出应有的流程及各个关键点上各部门之间的分工,从综合管理角度去设计方案。

其实,在企业管理中和法律风险管理中,管理措施的改进大多涉及不同部门的工作内容及工作顺序的调整。如果必须满足某个条件才能启动下一步的工作,则这个条件就必须优先得到满足,而以此类推就能识别事务的流程。例如,某些风险管理措施必须首先识别和理顺组织架构,然后才能将具体管理措施落实到部门,这就需要从治理结构着手,并最终落实各部门的职责分工等问题。

总的来说,针对企业所面临的法律风险制定控制方案的难点,是根据企业的实际情况为其制定最为适合、最为可行而且管理成本最低的方案,而法律风险解决方案的质量差距也体现在这种实用性方面。不同的质量标准和工作方式有着工作量方面的巨大差距,最为偷懒的办法是笼统、原则性地强调企业遵纪守法、依法办事,或者提供在其他企业使用的工作成果供企业套用。但以这两种工作方法提交的工作成果很有可能对于企业毫无用处,除非是企业这方面的力量很强,否则甚至会由于其误导或不切实际而给企业带来非常不利的影响。

第二节 法律风险应对方法辨析

法律风险在过去、现在、将来都会长期存在,为了避免它可能带来的不利后果,企业出于本能一直都在应对。无论是事中还是事后,也无论是投资项目还是商品买卖,都存在多种应对法律风险的方法可供单独或组合使用。不过企业不是也不可能是万能的,在许多情况下最为理想的应对方法只是无法实施的一厢情愿,只能以退而求其次的方式选择不是最理想但却最可行的方案。

由于本书在第二章第四节中对基本应对方法有过简单介绍,本节对于应对方法的集中讨论将不再重复已经讨论过的内容。

一、对法律风险应对方法的理解

从法律风险产生到其不利后果产生的过程中,介入越早则选择的余地越大、代价越低。应对方法分为不同的层面和方式,但其基本原则其实都是"两害相权取其轻"。一般情况下,每种应对手段都会存在一定的弊端,企业在取得了一份安全保障的同时,往往也会以经济利益或效率等方面的损失作为对价。

(一) 法律风险的不同发展阶段与应对方法

在第一章第六节中,我们已经讨论过法律风险的发生、发展过程分别为前后顺延的法律风险因素、法律风险、法律风险事件和法律风险后果四个环节。从应对方法的角度看待这些环节,每个环节的经济性、主动性方面都有不同的特点。

图 5-1　法律风险环节示意图

根据图 5-1,在任何的前一阶段只要能够阻止某些条件的成就,就可以避免法律风险发展进入下一阶段,至少可以推迟下一阶段的到来,缓解损失的影响程度。而且,干预得越早,则主动性越强、代价越低。

1. 风险因素阶段——高瞻远瞩

由于法律风险尚未形成,这一阶段属于"无险"阶段,企业可以从众多的应对方案中进行选择。而且,这一阶段的应对成本大多很低,像合同条款之类的有时在谈判阶段只需略加修改就可回避法律风险。这一阶段应当尽可能选择法律风险因素少或法律风险影响小的方案,以最小的成本应对法律风险。

2. 法律风险阶段——未雨绸缪

在这一阶段,如果合同已经生效、行为已经实施,则法律风险已经产生。但在法律风险事件爆发前,仍有较多的机会事前控制,以比前一阶段略高的成本阻止法律风险事件出现,主动性和经济性略逊于前者。

3. 风险事件阶段——寸土必争

出现了法律风险事件意味着不利后果已经迫近而且难以回避,需要通过各种可能的努力去减少损失或防止损失扩大。这类努力属于事中控制,其被动性非常明显,控制成本也比较高,而且后果有时无法控制。

4. 不利结果定型——亡羊补牢

不利后果定型后并不意味着企业的法律风险控制活动随之终止,在这一阶段需要通过惩前毖后、加强管理、完善制度及流程等方式亡羊补牢。虽然这并不能够减少已经发生的损失,甚至需要增加成本,但可以避免同样的损失再次发生。

(二) 法律风险应对方法的大致分类

对法律风险的基本应对方法可以从不同的角度加以分类。例如,从法律风险应对措施的参与方来看,有的法律风险并不需要其他方参与单方行为即可解决,有的法律风险则需要其他方的参与或动用第三方的资源方可解决。又如,从承担多少法律风险不利后果来分,可以分为完全承担、部分承担、完全不承担三类,而从决策角度又可以大致分为决策层面和战术层面等。在本书第二章对于应对方法的介绍主要是从事前、事中、事后控制着手,为加深了解在此将按决策层面和操作层面加以讨论。

将应对法律风险的措施大致地分为决策层面和操作层面,是基于决策层面所提及的应对措施大多由决策层考虑和决定,而且在企业的重大投资等行为中考虑得较多。但这一层面的某些做法,例如分散风险、转嫁风险的方法在基层的法律风险管理实践中也有应用,而操作层面的法律风险有时在决策层面也会采用。因此,这只是个大致的分类,许多原理在任何一个层面都会相通。

从如何选择法律风险应对措施的角度来看,律师在法律风险应对措施的选择过程中最好是解释方法、列举法定后果、提供建议,其最终的决定权在于企业。至于企业采取何种方式应对法律风险,则取决于企业行为所处的法律环境,以及企业状况、风险承受能力等诸多因素,甚至企业决策者的风险偏好也会对最终结果起到极大的作用。

而且,法律风险的多样性决定了法律风险应对措施的多样性,具体的应对措施应当不限于本节所提及的几类。这里提及的内容只是作为一种思路供实践中参考运用,只有参透应对法律风险的基本原理,才能使工作经验和技术方法得到炉火纯青的发挥,并切实实现企业法律风险的最小化和法律权益的最大化。

二、决策层面的法律风险应对

所谓决策层面的法律风险应对,主要是指在企业做出决策之前采用的法律风险应对方法。这类方法在大型投资项目上用得较多,通过在决策中植入法律风险应对措施,确保未来的行为不受或少受来自法律风险的干扰。这一层面的应对手段建立在充分的事先了解之上,并在决策之前或同时实施。从实施的难易程度以及实施的效果来看,从低到高大致有以下几个方式:

图 5-2 决策层面法律风险应对方式图

(一) 退避法律风险

退避法律风险,是指企业基于风险偏好或企业掌控能力的考虑,以主动放弃的方式,避免因违反国家法律禁止性规定或交易条件中严格的责任条款而遭受严重的不利后果,从而避免法律风险后果的发生、消除相应的法律风险。这是一种简单、有效的应对法律风险的方法,也是一种最为消极的方法。

企业经营中遇到侵权、违约风险的情况较多,如果正在洽谈的交易中,企业自身的资金实力、生产能力、技术水平、管理水平等根本无法满足交易条件的要求,而违约责任又比较重,在无法变通的情况下往往只能放弃交易以退避法律风险。涉及可能侵权的行为时也是如此,需要考虑侵权可能带来的不利后果,包括旷日持久的诉讼引起的不确定性,以及因侵权而造成的经济及商誉等损失。

20世纪90年代,某生产塑胶产品的企业盲目接单生产充气橡皮艇。在大量购入原料后,由于自身的工艺技术水平达不到相应的标准,所生产出的产品废品率极高,而出口订单的条款又非常严苛。在原料大量浪费和外贸公司索赔的双重打击下,当年曾经风光一时的企业自此画上了句号。这是一起典型的产品质量法律风险案例,也是因不知退避而导致企业万劫不复的案例。

因行为不当而受到公权力机关处罚的可能性也是企业必须认真考虑并决定是否退避的重大问题。如果企业的行为面临着严厉的行政处罚,甚至面临着刑事处罚,如吊销经营资格、巨额罚款、承担刑事责任等,这类后果往往涉及企业的存亡,超越了企业控制或承受的极限,企业也应考虑退出相关行业或终止相关行为,或采取其他措施,以避免出现不利的法律风险后果。一般来说,越是对社会公共利益影响大的行为或违反政府专管的行为,行政处罚越是严厉,直至刑事处罚。刑法中对于枪支、毒品等方面的禁止性规定,企业无论如何都不可能取得相应的经营资格,涉及此类活动必将受到严惩。即便是某些违法行为在某一地区司空见惯,其违法性仍旧毋庸置疑,受到法律制裁的可能性仍旧存在。

退避虽然表面上看是一种在法律风险面前最为消极的应对方式,但在现实中有时不失为明智之举。例如,在电力紧张时期,某企业开始投资兴建火电厂。但在项目实施过程中,相关的主管部门通知称,企业自办的电厂只能用于自用,不得用于向社会上供电。由于这一法律障碍的存在,也由于自办电厂用于企业内部使用并不经济,该企业最终只得将该在建电厂转让其他方。如果在投资前即了解相应的政策、退避这一法律风险,则兴建电厂的损失本身可以避免。

因此,通过退避企业可以充分利用节省下来的机会成本,在自己所熟悉并且可以掌控的领域从事投资或实施重大项目,既回避了法律风险又能获得收益。

(二) 分散法律风险

法律风险的分散,是指通过将法律风险分散给不同的主体,或将法律风险分散到不同的阶段、范围,从而只承担被分散后的局部法律风险,或直接承受已经被分割为能够承受或能够控制程度的法律风险。无论是通过时间分散法律风险还是通过空间分散法律风险,都可以减轻法律风险不利后果带来的压力。分散风险本是经济领域的做法,当法律认可这些出于经济学角度考虑而产生的控制风险模式时,法律界人士更多地注意到了它法律上的一面而忽略了它经济学上的另一面,反而使得这些非常容易理解的问题变得非常枯燥乏味和难以琢磨。

利用增加风险主体的方式来分散法律风险的做法,在投资领域极为平常。共同投资不仅是一种聚集资金的方式,同时也是一种分散风险的方式。"合资"的英文术语 Joint Venture 直译的含义本身就是"共同冒险",可见这种投资方式本身也有分散风险方面的考虑。只要是存在共同投资,无论是成立公司还是合作、合伙、联营、控股,分散风险就是其中的一个重要因素,甚至跨行业的购并也是一种分散风险的方式,只不过是用于分散法律风险的考虑少些。当然,利益与风险也是相对应的,分散法律风险的同时,大多也意味着要分散利润。

利用阶段分割的方式控制法律风险,是将权利义务分割为若干个阶段,每个阶段只对应部分违约责任,将一次性的全部损失分散为每次的局部损失,从而控制总的法律风险。这一点对于先履行合同的一方更为重要,因为先履行方面临着自己一方已经履行而对方不履行的风险。对于买方而言,分期收货、分期付款可以避免一次性付款后产品质量不合格或根本无货可供的法律风险,如果出现质量问题或交货问题则可以暂停下一交易,以防止货款损失扩大。而对于卖方而言,分期交货、分期收款可以避免一次性交货对方拒不付款或长期拖欠的风险,一旦对方未能按约支付该期货款,则可以暂停交货以避免损失扩大。

除了将义务分为不同阶段并分散在不同时间点上来分散法律风险,将义务分为不同的事项、不同的责任也是一种分散风险的有效方法,而且原理相同。此外,规定同时履行义务等履行顺序安排,也都能分散法律风险。

(三)转嫁法律风险

法律风险的转嫁,是指企业基于风险管理的安排,通过直接或间接的方式,将自身不愿承担的法律风险的不利后果转嫁给其他方承担。这类转嫁与合同中的约定分不开,有时甚至需要对整个生产链进行统筹设计,通过一系列的合同约定将某些法律风险不利后果转嫁给责任方或约定的承担方。法律风险的直接转嫁和间接转嫁在实践中早有运用,甚至有许多方法已经普遍采用,只是人们没有从应对法律风险的角度去理解这些手段。

法律风险的直接转嫁,是指企业通过法律允许的方式,将不愿承担其法律风险的财产、业务或仅仅是风险,直接转嫁给交易相对方。在某些特别的交易中,有时可以将由供应链下游而产生的法律风险,通过权利义务的传递与供应链上游的企业挂钩,当下游出现的质量投诉与上游的产品有关时,直接由上游企业承担此风险,从而实现法律风险的转嫁。在元器件采购合同中约定因元器件而引起的产品责任由供应商承担,以及在房屋租赁合同中约定房屋的使用安全由承租人自行负责等,都是法律风险的直接转嫁。

一些资源垄断型的企业或在交易中占有强势地位的企业,往往通过合同条款直接将自己的某些风险转嫁给另一方,从而形成"单边责任条款"或"霸王条款"。由于这类条款未必是格式条款,甚至也算不上是在滥用市场支配地位,因而在商务合同中出现此类条款未必不当。但这类转嫁法律风险的合同条款,往往过多地加重对方的责任、减轻或免除自己应当承担的责任,有违最基本的公平原则,因而并不值得大力提倡。尤其是不应用在强势企业与弱势消费者之间,否则既有违于道义上的责任,也有可能因构成格式条款而被追究责任。

法律风险的间接转嫁,是指在企业不转嫁财产、业务或不直接约定法律风险由对方承担的情况下,通过合法的方式将法律风险的不利后果转由他人承担。例如,债权人通过索取担保的方式将风险转嫁给担保人即为一种间接转嫁,而企业或个人通过支付特定的对价而以商业保险的形式将风险转嫁给保险公司,则更是一种司空见惯的风险间接转嫁。

(四) 完全合法化

以完全合法化的方式应对法律风险大多出现在大型投资项目中,特别是在法律对投资的主体资格或投资条件具有一定的要求时,为了确保今后的长期经营没有法律瑕疵,必须保证所有的环节符合法律规范的规定。而在日常经营活动中,遵守法律的强制性规定是避免法律风险不利后果的前提,企业理所当然需要在经营资格、经营资质、行政许可等方面做到完全合法,否则企业将长期处于违法经营的法律风险之中,随时可能蒙受法律制裁带来的损失。

主体资格方面的合法性是企业无可回避、必须做到的基本法律风险应对措施,一旦解决了"合法化"的问题,则企业的行为便成为一种完全合法的行为,也就排除了主体资格问题所可能招致的行政处罚甚至刑事处罚。对于经营范围、资质、许可等最为基本的合法经营资格,即使根本无法取得,也可以通过收购或控股具有相应资格的企业,以及联营等方式解决主体问题,使经营活动合法。

按现行的审查思路,如果在签订合同时不具备相应的经营资格或不具备相应的资质,只要在诉讼期间完成了补正工作,仍旧可以认定为合同有效。例如,商品房买卖过程中不具预售资格的行为,只要是在诉讼过程中取得了预售资格,仍旧视为买卖资格合法、双方的买卖合同有效。而这个思路的进一步放大,也就是这里所说的合法化问题。

合法化的方法虽然在理论上比较简单,但在实际操作中却未必可行。例如有的资质要求仅凭企业的实力根本无法达到,有的目标公司股东根本不想对外出售股权,也不愿与其他企业产生某种固定而紧密的合作伙伴关系,在此条件下"合法化"便无法完成。而且,有时一种风险被有效规避后,还会有新的法律风险由此而产生,并因此而带来一系列新的问题。但可以规避的法律风险一般不应轻易放弃,否则有可能会失去营利及发展的机会。

法律风险管理中的合法化问题不仅仅限于经营资格类的法律风险,具体的交易中也会存在。某些双方所达成的交易条件、交易内容,如果表达不当,很有可能就成了无效合同,但换一种符合法律规定的表述方式则是合法有效的合同,而合同的有效与无效有时在具体的交易中并无本质区别。

例如,如果合同中约定承租企业的设施及营业执照从事经营,这份合同一般会被认定为无效合同,因为营业资格不能租赁。但如果约定承租一个企业从事经营,或承包某企业的部分业务,则一般属于合法行为。从本质内容上看,两份合同的目的都是利用企业的设施及合法经营资格从事经营活动,甚至经营方式也可以完全相同。但最主要的区别是,前一种表述方式将经营行为描述成了违法行为,而后一种表述方式所描述的内容则完全合法。

由此可见,对于法律风险的控制,有时是出于对实质内容的控制,令其行为合法。而有时则需要在充分了解相应法律规定的前提下,控制相应合同的表述方式,防止将合法的内容表述成不合法,这也是另一个层面的"合法化"问题。

(五) 全面防范

在战略层面,全面防范法律风险的层次最高,实施的难度也最大。它不同于简单的"照单全收",而是建立在对企业各种法律风险进行全面识别和综合评价的基础之上,并结合成本和效率等因素有目标、有重点地应对法律风险。而"完全合法化"则往往只针对具体的项目,并不针对全部法律风险。

企业需要管理的法律风险中,有的风险可以通过企业的单方努力而全面消除,有的则即便企业非常努力也会由于客观因素的限制只能部分消除,而还有一些则无论企业如何努力都无法消除。后面所要提及的法律风险预防,还只是针对个案的事前控制,并不涉及企业的整个系统。而全面防范则是企业系统、主动地针对法律风险而全面采取的防范措施。可以说,以这种方式防范法律风险才能达到企业在法律风险管理方面的最高境界。

在企业进行法律风险的全面防范时,排除法律风险的成本与收益是决定性的因素。这里所说的成本和收益不仅仅是经济上的成本和收益,还有时间上的成本与收益、机会上的成本与收益、商誉上的成本与收益,等等。例如,企业的环境保护、污水处理等方面投资往往很大,而且涉及许多部门的审批、验收等工作,不是简单的单方行为就可解决的问题。

那些只涉及内部管理制度、各类流程、对外合同表单类方面的法律风险管理,一般是成本很低甚至是零成本就能单方解决的,非常容易实现。例如,调查中发现某企业许多高管在离职后其配车也一并开走,但长期以来一直未办理过户手续。由于在登记机关档案中该车仍旧属于原企业,因此该车因交通行为而导致的罚款、赔偿可能仍旧由公司承担。企业负责人在得知此类情况后,及时通知企业的行政管理部门督促相关人员办理了车辆过户手续,从而排除了此类风险发生的可能性。又如,某企业的产品销售一向是需方自提,因而提货单中未加注明。虽然需方自提的问题不难证明,但一旦发生纠纷举证总归比较麻烦,因而在后期印刷的提货单中均注明由需方在仓库自提,避免了产生管辖纠纷的可能性。

但在对外事务中,企业能否实现法律风险的全面防范还与自己在交易中是否能够保持优势地位有关。一个企业只有在交易中处于强势地位,才能全面防范法律风险。这与企业所在行业的状况以及企业的实际情况等有关,只有在交易中处于强势地位的企业才能在合同文本中充分实现自己的意志,从而在与其他方的利益存在某种冲突时,仍旧能够充分防范法律风险。

三、操作层面的法律风险应对

操作层面的法律风险应对方法,是指在日常业务操作过程中面对确定无疑、已经存在的法律风险,在平衡各种因素后采取的应对措施。这类应对方法属于事中或事前管理的范畴,不仅同样可以组合使用以提高效果,某些方法有时也可在决策层面单独或组合使用。这类措施按有效性从低到高排序,主要方式如下:

图 5-3 操作层面法律风险应对方式图

(一)保持关注

所有的法律风险都需要关注,但这里所讲的持续关注,是在法律风险无法克服的前提下,在承受法律风险的同时关注其变化,以待条件成熟时采取措施。需要企业持续关注的法律风险,大多是企业在当前的法律环境、技术环境、经营环境下无法解决而又经常面临的情况。无论企业所面临的是全行业普遍存在的"系统性风险",还是由企业自身状态相关的"非系统风险",都存在企业无法控制的法律风险,只能采取持续关注的方式,在承受的同时积累经验、探求解决办法。

由于法律强制性规定而产生的法律风险是企业单方所无法解决的,只能指望随着企业形势、社会形势、法律形势的变化而消除或降低。某些企业本身也留有一些存在法律风险的历史遗留问题,以及需要大量投资才能消除的法律风险,这些法律风险在一定时期内只能采取关注的方式加以应对。许多企业都存在着明知但又根本无法处理的法律风险,只能以关注的方式坐待时机寻求解决途径。

例如,移动通信企业长期以来都在面对个别客户使用他人身份证甚至假身份证入网的问题,并因此而产生欠费等诸多问题,但移动通信企业根本不可能由于个别客户以虚假身份证入网而对所有入网及在网客户进行严格的身份甄别。同理,偶尔也会有个别不具备完全民事行为能力的自然人入网消费,但移动通信企业同样不可能因此而在受理业务时询问每个客户是否患有精神病,否则就有可能面临更大的法律风险。

类似移动通信企业的这类法律风险由于无法根除,只能一边结合其他手段进行适当的控制一边保持关注,而无法采取更为激进的措施。

(二) 抑制后果

法律风险事件是否爆发并非企业所能绝对控制,一旦法律风险事件爆发,则通过各种可能的手段抑制法律风险后果的影响面及影响程度,就成为一种必然的选择。法律风险事件一旦爆发,往往意味着会造成一定程度的损失。但许多企业恰恰是"不见棺材不落泪",直到风险事件爆发才去采取措施抑制不利后果。抑制法律风险不利后果的成本,其实远大于预防法律风险爆发而需要的成本。由此可见,一些企业在观念上存在着侥幸心理。

抑制后果属于管理上的事中控制,是在法律风险事件爆发后、风险后果确定前,通过各种方法减轻法律风险不利后果的损害,是法律风险事件出现后尽量避免不利后果的一种补救措施。合同法中对于不安抗辩权、同时履行抗辩权、先履行抗辩权等规定,其实就是授予合同当事人在违约或预期违约行为出现时,可以通过这些抗辩权的行使控制法律风险影响的范围及程度,确保交易安全。某些企业专门设有危机公关的职能部门,就是为了应对形形色色的突发事件,控制影响面及影响程度,也是一种典型的事中控制。

(三) 风险替代

法律风险替代是指通过转换经营模式或业务模式的方法,在实现交易目的的各种可行方案中,选择法律风险较小或更为容易控制的方式,以较小或较容易控制的法律风险替代更大的法律风险。这种法律风险应对方法是"两弊之间取其轻"理念最为具体的体现,它考验着决策者的视野和控制特长。

例如,并购企业的方式有许多种,不同的方式意味着不同的法律风险及税负分配,至于采用何种方式实施则完全看双方企业的实际情况和利弊对比。对于那些希望"完整"地得到目标企业的资产、生产能力、人员、市场、商誉、销售渠道的企业来说,通过收购股权的方式并购最为平稳和高效。但这种方式往往要面对企业不可知的负债情况,以及并购后对于管理层的调整、对于员工的调整。而对于那些已经资不抵债而收购方对其资产更有兴趣的目标公司,收购方采取资产收购的方式则可以减少在或有负债、员工安置等方面的麻烦,但其中某些资产的过户可能需要增加税务上的成本。

由此可见,虽然收购方的选择偏好不同,但基本原则仍是以一种较轻或较容易控制的法律风险替代另外一种法律风险,从而在实现交易目标的同时将风险最小化。

(四)风险回避

回避法律风险,是指将那些仅仅是局部存在法律风险的环节交由其他方处理,自己仅经营完全合法的组成部分,从而使自己的企业不受法律风险的影响。这种回避法律风险的方式主要用于交易环节,而且无论是买方还是卖方均可采用这种方法。

当构成法律风险的要素集中在某个经营或交易中的特定环节时,有时可以将该法律风险较大的业务或环节由外包方提供,或将某些存在法律风险的资产以租用的方式取得使用权,以回避某些关键点上的法律风险。例如,某企业发生的充值卡上本来可以为需要的客户提供广告,但由于该企业没有广告经营资格而且不可能取得该资格,因此选择将刊发广告的环节交由具备相应资质的企业去完成,自己仅负责向广告经营企业提供白坯以及负责制作完毕后的配送。虽然这一增加的环节减少了企业利润,但也同时回避了企业因非法经营广告业务而受到行政处罚的法律风险。

又如,通过披露标的物风险并给予适当优惠的方式将某些可能存在风险的标的物转让给其他方,也是回避法律风险的一种具体方式。

(五)事前预防

对于法律风险事件是否爆发虽然并非企业所能够掌控的,但企业一般都能够在一定程度上预见某些法律风险是否存在,以及转化成法律风险事件的可能性及因素。只要成本合适,就能采取一定的事前、事中控制措施以控制法律风险的发生频度及影响程度。

法律风险的预防也可理解为对于法律风险的事前控制。它通过对法律风险转化为风险事件的要素加以控制,达到降低法律风险事件爆发的几率,降低法律风险不利影响程度的作用。预防的成本在所有应对方法中一般属于最低,是在法律风险事件发生前基于对风险的分析及判断而主动采取的措施。如果需要控制的法律风险的成因比较复杂,而又无法通过简单的增加投入等方式加以事前避免,则需要分解法律风险的构成要件,识别出产生法律风险的关键点或关键环节。完成这步工作后,就可以通过形式或内容的变化,将法律风险降低至可以承受的范围之内,或将其控制在可以掌控的范围之内。

例如,对于管理制度或管理流程、业务流程,以及各类文本中的基础条款等内容,大多企业在意识到后就可以单方的建立和健全,以消除相应的法律风险。这是合理的预见范围,也是应当完成预防工作的应有范围。但合同方面的调整有时必须考虑交易方能否接受,许多没有特别竞争力的企业,即使是单方调整了合同条款,也会由于客户拒绝接受而使完善的文本成为空谈。

第三节 解决方案中的制度设计

制度是任何风险管理中都举足轻重的内容。通过规定员工的作为、如何作为以及不作为,制度管理使得一系列分散的部门行为、员工行为相互协调整合为系统的企业整体行为,在实现企业目标的同时,起到防范企业风险、提高工作效率的作用。制度以剥夺员工完成工作任务的部分自由度为代价,确保员工的行为达到所希望的结果。

但制度化走到今天,许多企业已经忘记了管理制度化的初衷,只注意制度是否存在而忽略了制度的目标,以及为了达到目标应该设计怎样的制度。使得许多企业的制度有其形而无其神,再加上大多数企业对于规章制度的执行力普遍较弱,使得企业的管理制度失去了本身的意义。

一、制度化管理的基本原理

制度化管理是企业发展到一定程度后"正规化"的必由之路。这种"正规化"并非单纯的树立企业形象的需要,而是企业安全与发展的需要。如果企业员工的行为毫无秩序和章法,必然导致行为结果的不可预见性,企业的优势将难以充分发挥,最终必将断送企业的前途或导致企业资产的重大损失。

(一)制度化管理的优势

制度化管理由德国的"组织理论之父"马克斯·韦伯始创,主要观点就是以科学确定的、"法定的"制度规范为组织协作行为的基本约束机制,主要依靠外在于个人的、科学合理的理性权威实行管理。这一理论由于强调组织的运转尽可能少地依赖于人,而尽可能依赖规章制度网。因而它是理性精神的集中体现,非常适合大型组织采用,已成为大型组织"标准"的组织管理模式。而从这一基本理论上加以延伸,围绕着制度化管理已经派生出多种行之有效的管理理论,集中体现在人力资源管理、组织结构设置等方面,成为现代企业管理理论的基础。

但是,制度的制定和执行无疑会增加管理的难度和操作的难度,即使是在管理学界也有人认为制度管理与工作效率之间有可能是一种反比关系,即制度越健全,则工作效率越低。如果从工作效率的角度考虑,由于要求员工必须按照特定的工作内容、特定的质量标准、特定的程序去完成具体工作,必然增加了员工的操作难度及工作量并降低了工作效率。但随着员工的这种工作难度增加和工作效率降低,企业却从中得到了更多的回报。

首先,降低了企业风险。即使是在完全没有书面制度的企业中,往往也会存在着事实上的技术规范和业务规范,特别是关于产品生产和交易款项方面的规范。这两种书面上或事实上存在的规范,确保了企业可以生产出合格的产品,提高了交易的安全程度,从而避免了许多风险。但大中型企业如果没有书面化的制度,应对风险的水平就不可能提高。

其次,提高了整体效率。为了使管理幅度保持在合理的范围内,企业不得不将经营内容分给不同的部门去实施管理,这又使得部门之间如何沟通、协作的问题突出出来。而企业的制度建设犹如在交通繁忙地段设置的交通信号灯,以每个部门都不得任意通行的方式,在牺牲个体效率的同时维持了整体的效率和安全。以泰罗制为代表的管理模式就是以标准的工具、标准的动作、标准的程序来减少无用动作、无用时间、无用资源上的消耗,以大幅度地提高工作效率。

最后,确保了秩序稳定。稳定的秩序是正常经营管理和循环改进的基础,也是效率与安全的根本保障。秩序的建立使企业员工的行为结果可以预见,从而确保控制方案或工作计划的实现。正如生产线上的员工需要按照技术规范进行操作才能保证产品合格、员工安全,其实企业的许多方面都需要通过规章制度建立秩序,以确保行为结果的可预见性。

由此可见,制度化管理的精髓,其实就是要求员工按照规定的内容、质量及程序完成工作任务,以部分降低直接工作效率为代价,规范劳动者的具体行为,以达到控制各类风险并提高总体效率的目的,否则就必须面对更多的风险。

在制度化管理方面,外资企业及国有企业总体上比较完善。以前国有企业普遍存在的亏损等不良情况,其实与制度化本身无关,而是与管理者的素质及激励机制有关。随着我国市场竞争的日益白热化和企业界认识水平的不断提高,同时也由于我国企业持续扩张已经日益大型化,企业管理的制度化程度已经越来越高,制度化管理的理念也已经越来越被国人所理解和接受。即使是许多民营企业也已经走上了制度化管理的发展模式,这本身是民营企业走向成熟的标志,也是我国的民营企业从量变走向质变的标志。

(二)法律风险管理的制度化

作为一种特殊形式的风险管理,法律风险管理也同样如此,必须要求企业中的许多行为按一定的内容、质量及程序去完成,才能实现法律风险的最小化和企业利益的最大化。因此,法律风险管理也必须融入企业的规章制度之中,踏上制度化管理之路,通过稳定、科学的秩序来规范人们的行为、管理法律风险。只有那些通过制度及流程固化的法律风险管理措施,才能充分降低企业的法律风险、提高企业的整体效率,也可以保证企业运转的有序性、工作结果的可预见性,而这些都是企业健康发展的必要保障。

在具体操作层面,企业虽然可以通过自身的努力去完善法律风险管理的相关制度,实现法律风险管理的常规化,但从更为现实的角度考虑问题,通过外部力量以项目合作的方式实现法律风险管理的制度化和有序化才有可能更为深入和全面。正因如此,除非只是解决某一具体投资项目或经营项目的法律风险管理问题,否则法律风险管理必须从制度入手,使相关工作成为一种日常工作的必需内容,否则根本无法实现。

二、企业规章制度的总体框架

在工作过程中,经常可以看到某些企业如同写总结报告般地制定规章制度,并最终以一叠厚厚的规章制度汇编来宣告工作任务的圆满完成,包括许多从其他企业、从书上、从网络上收集并加以润色的文本。甚至某些企业的规章制度清理,也只不过是进行简单的拆分、合并以及文字上的修饰,并不涉及企业制度的整体框架。这样的做法对于从无到有地建立制度体系并无不可,但如果想知其然又知其所以然,想知道制度建设的内涵,就必须考虑制度的层次与覆盖面问题。否则在建设制度的过程上,全然不知为什么要建立制度、要建立怎样的制度以及怎样建立制度的问题。

按照通行的说法,企业管理制度主要涉及企业基本制度、企业管理制度、技术规范、业务规范、个人行为规范五类内容,这五类制度从高到低构成完整的企业制度体系。

(一) 企业基本制度

企业基本制度是企业设立、变更、终止等基本行为所必须遵守的管理制度,这些制度在法律层面基本都有明确规定。例如,《公司法》等规范不同形态企业的法律规范中,对不同形态企业的出资方式、组织形式、企业章程、董事会组织、高级管理人员职责等都作了基本规定。这些法律规范确定了企业设立及运行的基本规则,界定了股东、董事会、监事会、经理等机构及人员的权利义务范围及相互关系,也确定了企业的运营及红利分配等基本模式,划定了企业经营活动的范围和方式,同时也维护了基本的市场秩序和社会秩序。

但这些法律规定只有笼统的规定而没有太多的细节,许多问题必须由设立企业的股东以决议、协议等方式加以约定。而这些决议或协议是否违反法律强制性规定,能否在合法的前提下实现利益最大化,则是法律风险识别及管理的对象。

严格地说,股东之间对于如何向企业投资、所投资的企业如何经营等方面所作的决议并不属于企业管理的范围。因为企业管理的内容是企业员工的行为,以及由企业对外实施的投资等行为,而不是管理股东。

(二)企业管理制度

前述企业基本制度可以有许多细节,但总的来说,其管理的内容比较宏观,大多数企业员工根本不会接触到这些制度,更不会受到基本制度的直接约束。而企业管理制度则是基本管理制度下的一级管理制度,它所调整的范围比企业基本制度具体,通过激励、约束、引导等方式使企业内部各组成部分的集体行为具有一定之规。但管理制度也同样未能直接管理到员工层面,主要是用来划定各部门之间的职责边界、调整企业各部门之间的协调行为。

这一级管理制度用于协调企业基本活动中各个部门之间的集体协作行为,包括各个部门集体行为的规范,并不针对具体的员工个人行为。各部门的职责范围、各层级职位的职责范围,以及不同部门、职位间的相互协调与信息沟通,以及涉及多个部门的各项管理规定都是企业管理制度的体现。企业中普遍存在的人力资源管理、安全管理、资产及财务管理、业务管理、生产管理等,都是在这种制度的协调下,化员工的独立行为为其所属部门或机构的集体行为。只要是落实到具体部门或由各部门负责配合的,都属企业管理制度。

(三)企业业务规范

企业业务规范是用于规定开展某项业务的具体内容、流程、措施等方面内容的企业行为准则,企业在业务活动、广告宣传、投诉处理、公关等具体工作方面规定的制度大多属于业务规范。它针对企业在开展某项业务过程中经常出现的问题进行分析并找出其规律及应对原则,通过归纳、总结而形成作为或不作为、有条件作为的刚性规定,并规定开展相关业务时必须按照相关的规定执行。

这类规范一般都直接规定到了具体的部门,是相关部门履行相关业务责任时必须遵守的规范,企业对于业务活动中非技术性内容的强制性规定,一般都属于这类规范。

(四)企业技术规范

企业技术规范大多来自于强制性或推荐性的技术标准、技术规程、操作规程等,其调整的内容多与生产安全或生产质量有着极为密切的关系。由于完全属于技术专业,在法律风险管理活动中最好建议技术部门去审查、变更相关规范的合法性及合理性。

这类规范的层面比前几个层面都更低,完全是按相应的程序及技术要求的具体操作问题。企业中对于施工、生产、检修等过程的具体管理规范便是此类,充斥着操作的前提条件及操作程序,大多用于规定日常生产过程中的操作以及维修、问题处理等常规事项的具体步骤。

(五) 个人行为规范

个人行为规范是企业专门针对每个员工的统一制度规范,多以《员工守则》、《员工手册》等方式体现。这类规范并不涉及具体业务或具体工作,只是规定了员工在工作过程中所应当遵守的一系列规则,例如对员工于考勤、着装、办公室秩序、文明礼貌、电话语言等方面的规定等,属于对企业员工最为直接和紧密的制度规范体系。

个人行为规范虽然从层面上看属于最为基本也是最低的管理制度,但在实际适用中却往往是对企业影响力最大的制度。制定这类制度的水平和制度的质量、执行程度决定了企业员工的基本素质,而这些基本素质又影响着企业更高层面的各类制度的执行程度和执行结果。

从广义上说,任何的企业管理都是对人的管理,而这五类企业规章制度也都是针对人的规章制度,只不过前几种规范只是由特定的一部分人执行,而个人行为规范则是所有人都必须执行的。这种制度架构的划分具有很大程度的合理性,能够充分体现各种制度在层级和内容上的差异。甚至可以说,未能理解制度中存在的这种架构,企业规章制度的建设就不可能形成功能完整、层级分明的体系。

三、企业规章制度中的常见缺陷

由于大多数企业无力甚至无心完成其规章制度建设,而尚未形成体系的规章制度又无法充分发挥作用,因而企业在规章制度方面存在的缺陷比较多。加之内地企业对规章制度、工作指令的执行力普遍不足,企业对于法律风险的控制能力总体上并不算高。许多企业虽然设置了法务管理部门,但由于其职责和职权一般情况下都会非常有限,因而难以深入开展法律风险管理活动。

无论是企业管理制度中的缺陷还是制度体系中的缺陷,甚至连执行力上存在的问题,其实都与规章制度缺少统筹规划和精细设计有关。或者说这些问题的产生,是由于在设计制度时没有认真想过设立制度的目标是什么、为了实现目标应该设立怎样的制度等问题,从而导致制度无法起到应有的作用。

(一) 目标上的缺陷

目标上的缺陷是指设定了不该设定的规章制度,或是设定规章制度偏离了应有的目标。规章制度的建设,是针对那些经常性发生、可以用标准方法解决的问题。如果建立制度的对象是不经常发生的事务,或者是无法通过标准方法解决的问题,则完全没有必要以制度的方式加以规定,只需简单地规定具体负责部门或具体的管理职位负责处理即可。

企业建立规章制度不是为了摆设或应付质量体系认证,而是为了规范企业的部门及员工的行为,以实现企业运行的秩序,并以这种秩序去保障效率和安全,这些才是制度建设的根本标准。形同虚设的制度比没有制度更具有破坏力,因为它不仅起不到建立运营秩序的作用,还会令员工对于企业的管理制度和管理的权威性视而不见,并鼓励更多的人违反企业的管理制度。这就要求制度的设计者在制定制度的时候就要考虑其可执行性以及配套措施,避免企业中出现"无法可依"、"有法不依"、"执法不严"等情况。

（二）体系上的缺陷

体系上的缺陷是指规章制度在体系上存在遗漏、冲突,以及层级上的错乱等情况,影响了整体效能的发挥。出现这种缺陷的结果是,某些问题没有具体的规定或规定不明而引起部门之间相互推诿,部分问题的处理在各个部门之间存在不同意见,以及将次要工作作为重点工作内容而分散了精力和资源等。

要避免体系上的缺陷,就要保证制度在体系上的严谨性。也就是将制度按照严谨的逻辑关系和功能加以设计,力求覆盖所有的功能并因事设职。而且,各个不同制度之间应当良好地协调,既不重复也不遗漏更不能冲突。这就要求在设计部门职责和职位职责时丝丝入扣、认真考虑。

（三）内容上的缺陷

内容上的缺陷是指除了体系上的缺陷外,在具体规章制度的具体内容上所存在的不全面、不严谨、不明确等情况。每个专项的规章制度至少要覆盖最为常见及虽未发生但很有可能发生的问题,使员工或部门的行为符合企业利益,达到设计目的。而任何的规定不明确、内容遗漏、内容冲突都会导致员工行为或部门行为的不明确性,也就影响了执行的效果和企业目标的实现。

在理想状态下,制度通过建立秩序而由不同的职位履行特定的职责,并在部门之间、职位之间建立工作成果的"标准接口",使组织运转具有稳定的秩序和运转结果的可预见性。有些工作繁忙的企业恰恰是没有效率的企业,原因就是缺乏标准的"接口",因而他们的许多工作结果对于其他部门或职位是无效的,需要返工,甚至是相互抵消。

（四）程序上的缺陷

这里所说的程序上的缺陷,主要是指规章制度的形成过程未经合法性审查而造成制度中存在违法条款,或是其形成程序并不符合国家法律及最高人民法院的相关司法解释,因而一旦因劳动争议而提起诉讼,相关的规章制度可能因被认为违法而无效。

按照通常的做法,如果规章制度中没有违法的内容而且经过了符合法律规定的民主程序通过,则即使其内容非常严格也不属于违法,即使提起诉讼法院也会将该程序视为处理争议的依据。但即使通过了这种程序,其内容也不能违法,例如有许多企业对于违纪罚款的金额均超过了法定的上限,这类制度一旦诉诸法律将没有约束力。

四、从法律风险管理角度优化制度

从法律风险管理角度去优化企业的规章制度,主要是根据法律风险评估的结果以及相关法律风险的成因分析、最优应对方法等,综合采用法律风险应对方法中的风险分散、风险转移、风险替代等方式,将相关的解决方案植入企业的规章制度之中,使企业可以通过对规章制度的执行达到控制法律风险的目的。

在这一阶段,需要认真研读企业现有的规章制度、分析各规章制度的结构及涵盖面,以及各规章制度之间的关系,修改其中与法律相冲突的部分,增补法律风险应对措施,并在一定程序上理顺原规章制度的架构及内容。如果客户需要,也可能对规章制度进行全盘的修订。

(一) 对违法规章制度的修订

从技术层面上看,五花八门的企业中存在着五花八门的规章制度,在那些尚未完全发展成熟的民营企业中更是如此。甚至许多相关的企业管理人员也无法说出这些规章制度的由来,因为在他们到任前这些规章制度早已存在。深究这些五花八门的规章制度的由来,大多是沿用以前的内容,或是照搬自同行业的其他企业,即使是自行起草的往往也不会从质量和法律层面去考虑问题,这就为规章制度内容的合法性带来了许多问题。

由于法律环境的不断变化,只要是制定时间较早的规章制度一般都会存在合法性问题。其中,一般性的技术规范、业务规范不会存在太多的问题,问题较为突出的是人力资源管理中的相关规章制度,以及行政管理事务中的违法问题。前者突出表现在与员工签订的劳动合同、工作岗位的调整、对违反劳动纪律行为的处罚依据和处罚标准等方面,而后者则突出表现在一系列辅助性的行政、后勤管理事务方面。

1. 对行政后勤管理制度的修订

例如,某企业集团为了便于员工生活和工作,分别设立了职工食堂、幼儿园等辅助性机构,为了厂区的治安安全还专门设立了保安队。同时,为了管理这些机构或部门,还分别制定了相关的管理制度并已经施行多年。但在法律风险评估阶段发现,其职工食堂、托儿所、保安队的设立均与国家或地方上的法律规范存在较大的冲突。鉴于该企业希望通过法律风险管理项目使企业管理正规化,并有足够的财力支持,因此除了修订相关制度外还建议其补办手续、增配设备。

（1）对《幼儿园管理制度》的修订

企业自办幼儿园按照原国家教委颁布的《幼儿园管理条例》的规定，必须报经相关部门登记注册后方可投入使用，而且其人员配置、设施配置、卫生标准等均有具体的规定。但该企业自办的幼儿园未经注册，而且其基础设施、人员配置、卫生条件等尚未完全具备，不仅企业存在着违法开办幼儿园的法律风险，不符合相关标准的设施和人员也会对幼儿的人身安全带来隐患。而相关的管理制度只是简单列举了几条管理规定，不足以涵盖所有的法定义务。

针对这一情况，在修订过程中对原制度进行了全面调整，将人员配置、设施配置及维护、饮食、卫生等相关的法律规定转换为管理制度中的具体内容，同时建议企业补办手续并针对目前存在的不符合项增加设施、设备，以确保员工子女的安全并使其运行合法化。

（2）对《职工食堂管理制度》的修订

该企业食堂的部分状况不符合《食品卫生法》、《消防法》以及环境保护等方面的法律规范规定，存在食品卫生安全和消防安全的隐患。因此在修订时将相关的强制性规定列为食堂管理的必备内容，同时建议企业对于设施配备、人员配备上的不符合项进行改进。

由于食堂在食品卫生等方面的改进涉及包括管理层在内的所有企业人员的人身健康，而修订相关管理制度提高了食品卫生水平和消防安全水平，企业利益与员工利益找到了共同点，这一建议得到了大力拥护并很快得以执行。

（3）对《保安管理制度》的修订

该企业的内部保安人员源于改制以前的保卫科所属人员，在企业规模扩大后将相关人员加以扩充并形成了一定的规模，属于地方政府规章中的内部保安组织。这些保安人员的职责是从事企业内部的守护巡逻等工作，不对外提供保安服务。虽然在法律上并未规定这类内部保安组织需要登记，但实际做法中需要到当地公安部门备案，而且其人员必须经过专门的培训，取得相应的资格证书，但该企业的管理制度中对此没有规定。

为此，在修订过程中增加了从保安公司聘用保安人员以及自行招聘保安人员时的不同规定，明确了保安除了安全守护巡逻以外法律所赋予的权利和禁止的行为，使其内部保安管理走上正规化。

总的来说，对于这类制度的修订大多需要增加相关的工作内容、增加企业投入的经费。但只要是能够给企业避免不必要的严重法律风险，企业一般都能接受并改进，甚至某些项目还被当成关心、激励员工的有效措施加以实施。

2. 对人力资源管理制度的修订

经过《劳动合同法》的冲击，当今社会比以往任何一个时期都关注《劳动法》及

《劳动合同法》的相关规定。但在此前以及当下就业压力剧增的背景下,企业在实际执行劳动时间、劳动报酬、试用期等方面的强制性时往往会打一定的折扣。甚至某些企业根本没有按照相关法律的明确规定调整其人力资源管理制度,这些规章制度不仅是对相关法律规定的公然违反,也是对员工尊严和权利的轻视,非常容易造成员工对企业从心理上的反感,并非明智之举。

在对某企业的废品率与员工薪酬关联度的调查中,曾发现该企业某车间的废品率上升与熟练工人流失有直接关系。熟练员工的过度流动造成员工整体熟练程度的下降,并导致生产效率及产品合格率的下降。由于熟练程度降低而造成的废品占总废品量的70%至90%,合格品售价与废品回收造成的价格差至少在50万元左右,远大于增加部分工资而挽留熟练工人的支出。而且,这还不包括因熟练员工流失而公司必须支付的招聘、培训等成本。

在人力资源管理制度的修订中,最为常见的是将试用期修改至法定期限之内并将其调整至劳动合同期之内、试用期按照法定标准给付、将罚款占工资的比例降到法定的标准之下等,这些细节针对相关法律规范加以对照即可实现修订。而真正比较容易忽略的,则是办理各类手续时的流程及企业依法履行的证据问题。这些内容中有些已经属于流程管理,但可在规章制度中加以体现,属于人力资源管理制度中需要大力增补或修订的内容。

在人力资源管理中,特别是对个人行为规范的管理中,制度的明确性和合法性非常重要。例如,某企业的员工守则中明确将工作失误分为三级,规定若干个丙级错误相当于一个乙级错误,若干个乙级错误等于一个甲级错误。而达到了甲级错误的结果,是企业有权援引员工严重违反劳动纪律的法定条款解除劳动合同。相比之下,这些规定由于丝丝入扣而毫无漏洞可钻,处罚起来有凭有据,员工也心服口服。而有些企业的员工守则只是规定了"多次违反劳动合同",却没有规定多少次构成"多次",以及在累计多少时间内违反才构成"多次",既不便于处罚也容易在劳动争议中败诉。

总的来说,在业务规范和技术规范之外,以个人行为规范为代表的含有对员工进行违纪处罚的规章制度一定要明确而且要合情合理,并尽可能避免员工与企业在情绪上的刚性对立,以综合措施体现对劳动者的尊重的同时对其行为进行有效管理。

(二) 增加法律风险应对环节

对于法律风险管理来说,增加规章制度中专门的法律风险应对环节,就是在规章制度中,特别是在业务规范中增加法律风险控制的环节、增加保留证据的环节。这些工作的目标,一是令业务活动中增加法律风险防范措施,使企业在业务活动中处于更为有利的态势;二是增加保留证据功能,以确保能够有相应的证据证明对企业有利的事实,二者缺一不可。

同法律一样,企业的管理制度、业务规范、技术规范、个人行为规范要想得到精确的落实,就必须以赏罚分明的激励机制为后盾。而其中的处罚都需要有充分的依据,这些依据就是企业的规章制度体系。同时还必须有充分的证据,这些证据就是足以证明劳动者存在违反规章制度的事实的依据。同样,对外的经济交往中既有向交易相对方主张权利的合同或法律依据,同时也需要有对方违约或自己一方没有违约的证据。因此,无论对内还是对外,都必须有充分的依据和证据才有可能充分地行使企业的权利,维护企业的利益。

　　采购、销售等业务规范涉及权利义务的合同依据及履行期间的证据管理,个人行为规范涉及劳动者的基本权利及劳动合同约定,也涉及依据和证据。因此,法律风险管理在植入企业管理制度时,最主要的是起到了依据和证据作用。尤其是后者往往被企业所忽略,从而使追究部门或员工的责任、追究交易相对方责任、追究侵权方的责任无从落实。

(三) 变换规章制度机制

　　世界上只会有不变的原则,不应该有永远不变的制度。随着社会的进步、经济的发展、人们认识能力的提高,许多被证明必须坚守的制度被一个个更能顺应社会发展的新生事物所取代。因而,在将法律风险管理嵌入企业管理的规章制度的过程中,有时需要考虑这种规章制度是否最优、是否可以有更为合适的制度加以替代。也就是说,在从规章制度角度设计法律风险管理方案时,有时需要分析制度的目标、作用机制、运营模式等内在要素,并考虑是否可以综合运用法律风险应对的基本方法,去替换、分散、转嫁、抑制现有法律风险。

　　例如,对于某些特殊工种可以考虑是否综合工时制以回避劳动时间方面的限制,有些特殊工种的工作是否可以以外包的方式由更为专业的企业完成,而某些人员是否可以采用劳务派遣的方式完成,以回避所用人员不合格时的处理难题。法律风险管理要服务于企业管理,但并不是拘泥于旧有模式。因为模式的变更会带来法律风险的转移、分散等结果,有许多情况下会更为有效。

第四节　解决方案中的流程设计

　　作为制度化管理的一个分支,流程化管理已经越来越成为企业所"喜闻乐见"的管理模式,并且已经"自立门户"且有方兴未艾之势。对于流程的分析比对制度的分析更为具体、更为精确,也更能发现问题并找出解决之道。而流程图作为一种行之有效的管理工具,也以其直观、反映本质的优势博得了更多管理者的认同,也因此被越来越多的人所接受。

规章制度与流程往往是高低搭配的关系,前者主要用于解决宏观问题,后者则主要用于解决具体问题,二者之间取长补短、相得益彰。法律风险管理的许多细节无法通过制度加以描述,或者无法很好地加以描述,因而必须通过流程管理的方式加以实现。甚至,衡量一个企业的管理理念和管理水平,有时从其对流程的理解和管理水平中就可以体现出来。

一、对流程及流程管理的解读

流程与流程管理是20世纪末在全球范围内兴起的管理理念。它注重实现管理目标的过程和顺序,以及每个过程的内容。通过对流程的分析,人们发现了许多过去从未注意的问题,并找到了许多提高工作效率和质量、降低工作成本的方法,这也是流程管理所要实现的目标。

目前,许多企业对于企业管理而言必谈流程,而流程管理作为一种行之有效的管理模式也已经被广为接受并向纵深发展。

(一)对流程的解读

流程的英文为"Flow Process",也被译作"过程"。在大多情况下,可以将其理解成为了实现某一目标,通过投入某种资源而实施的一系列活动的过程。在ISO 9000 质量管理体系标准中,流程被解释为一组将输入转化为输出的相互关联或相互作用的活动。这一解释虽然抽象,但反映了流程管理的本质。

每个流程基本上都包括以下内容或要素:
- 目标——即流程所要实现的目标或所要达到的结果
- 资源——即在整个流程中为了达到目标而投入的时间、物质等
- 过程——所要实施的一系列行为及其顺序
- 次序——流程各组成部分之间的条件、因果等先后顺序关系
- 对象——每一步操作的具体目标、内容、方法、要求等
- 结果——流程结束时的输出

从流程的内涵及其要素来看,流程是围绕一定目标而动态实施的一系列行为,在实施过程中还需要投入所需的资源、确定行为的顺序及层次、合理安排流程各子系统之间的串联、并联、反馈等相互关系,从而使输出结果实现原有的设想或达到应有的质量。而从总体上看,所有事物或行为中都存在着流程,这是事物发生、发展中普遍的内在规律。只要是有明确的输入资源及明确的输出目标,实现的过程就是流程。

通过对流程的归纳和审视,人们可以发现流程中最为关键的部分、最有价值的部分,通过发扬光大或扬长避短而提高工作效率、保证工作质量、节约资源,并最终

提升企业的竞争力。从输入资源到得到输出结果,中间的过程可以理解为黑箱理论中所提及的内容。而许多以目标为导向的企业也正是运用了流程与黑箱的原理,提出具体目标后由部门或员工去想办法实现。而目标是否合理并不是执行者所要考虑的问题,从管理层级上看,他们的职责就是实现目标。

虽然许多企业至今也没有流程的概念,或者至今还没有形成纸面化的流程文档,但流程是一种客观的存在,它始终存在而且将来也会继续存在。它可能存在于我们的生活或工作的习惯之中,存在于事物发生发展的客观规律之中,只是到了今天才得到管理界的广泛重视和采纳。企业的发展程度越高,就越是需要通过更多的不同专业、不同职责的人相互协作完成工作,甚至需要跨职位、跨部门才能完成。要想提高工作效率、保障工作质量,就必须将需要协作的事项及分工、顺序加以固化和纸面化,于是便形成了流程。当所有内容均采用标准的、具有一定意义的图形加以表示并辅以文字说明时,便出现了流程图。

(二)对流程管理的解读

而流程管理(Process Management)则完全是一种产生时间并不长的管理理念。最古老的流程思想可以追溯到泰罗的科学管理理论,主要观点是对工作目标的实现过程进行系统的分析,有效地组织人力、物力控制原料加工、零件加工、分装和总装活动的过程。20世纪40年代,贝尔实验室的质量专家提出了"质量控制"的概念,提倡对生产流程进行严格的分析和控制,因此成为流程改善和流程思考的先驱。

20世纪70年代以后,日本的全面质量管理理论更加强调流程思考和流程改善,并在企业管理中加以广泛的运用,甚至认为只要管理好流程就必然能够输出好的服务和好的产品。到了20世纪80年代中后期,许多企业都应用全面质量管理来提高企业绩效,也将流程从某一职能扩展到跨职能的流程。

20世纪90年代,美国著名的管理学家迈克尔·哈默(Michael Hammer)等人更是提出了流程再造的理论并成为理论界和企业界的时尚,流程管理不仅普及到企业的所有流程,而且推广到制造业以外的各行各业。它强调以业务流程为改造对象和中心,利用先进的技术以及现代化的管理手段,最大限度地实现技术上的功能集成和管理上的职能集成,实现企业经营在成本、质量、服务和速度等方面的改善。但由于流程再造的涉及范围窄、全局分析不足、忽视人员的影响等原因,流程再造的效果并不令人满意。随后,建立在流程再造理论之上的流程管理理论于20世纪90年代诞生。它强调为企业提供一种更全面的流程改善的选择以弥补流程再造的不足,借此提高企业的效益,为实现企业的战略目标服务。

从目前企业的实际应用情况来看,流程管理虽然有着极大的便利性和有效性,但还不能完全取代企业的规章制度,必须与规章制度相互配合才能发挥出二者之间的最大效用。其中,规章制度确定基本的规则,而流程则指明具体事务处理的程度及内容,以及出现何种问题应该如何解决。对于员工来说,在完成工作任务的同时既要执行规章制度又要按照流程规定无疑会增加工作量和工作难度,并在一定程度上降低劳动效率。但这是企业达到一定规模后所必须支付的代价,否则会遭遇更大的损失。

二、将法律风险管理嵌入现有流程

正如本书第三章中所提到的,流程管理大多被认为是企业管理的范畴,因而往往在流程中没有考虑或很少考虑在整个流程中加入或加强法律风险管理功能。即使是经过专业咨询机构整合过的企业流程,往往也会存在许多法律风险隐患。而许多企业已经使用的多种流程,也经不起从法律风险管理角度进行的推敲。

(一)流程中欠缺法律风险管理环节

流程中欠缺法律风险管理环节的现象在企业中非常普遍。上一章提到的某广告发布管理流程属于一家管理水平较高的企业,因而在广告发布管理方面设有清晰、完整的流程图。但也正如人们非常容易发现的那样,这个流程中只有对策划方案、设计制作质量的考核,却根本没有针对广告内容、发布方式是否合法的审核,因而发生过数起客户在虚假广告、侵犯知情权等方面进行的投诉。

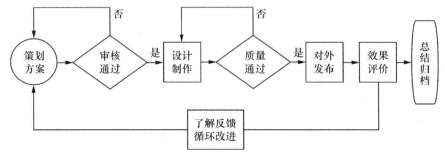

图 5-4 欠缺法律风险管理环节的广告发布流程

涉及广告的法律规范非常之多、非常之复杂,从最高层面的《广告法》开始,国务院行政法规、部门规章、地方法规、地方政府规章中,都存在着对于广告内容、发布方式的限制,而且不同类别的广告有时会要同时符合具体的法律规范。

例如,医药广告除了必须符合广告法等总体性的法律规范之外,还要符合《医疗广告管理办法》之类的专门法的规定。而房地产方面的广告也是如此,必须同时遵守《房地产广告发布管理规定》。而该《规定》第1条的内容便是:"发布房地产广告,应当遵守《中华人民共和国广告法》、《中华人民共和国城市房地产管理法》、《中华人民共和国土地管理法》及国家有关广告监督管理和房地产管理的规定。"可见,这些错综复杂的法律规范之间存在着交叉管理关系,即使法律专业人员去识别也会有很大的工作量,而对于企业则更为复杂。

正是由于广告宣传管理流程中缺乏法律风险控制程序,当出现广告中引用了受到知识产权保护的图片、使用了违规的用语、未经同意而使用了他人肖像等情况时,企业极有可能由于这些内容上的侵权行为而被追究民事责任,而且最近几年广告内容侵犯他人知识产权的情况时有发生。

长期以来,企业只注意了经营管理活动中与经营有关的一面而忽视了与法律有关的一面,因而即使是许多在管理方面非常严谨和具有较高水平的公司,也往往会忽视各经营行为中的法律风险。从法律风险管理的角度来说,这些被忽视的环节正是法律风险管理所要加以保护的环节。企业经营环节中法律风险门户洞开,遭遇法律风险的概率会非常高,而且往往都是非常低级的错误。以上一流程图为例,只要其中加入针对广告内容的语言文字、表述方式、图片、肖像、发布方式等方面的合法性审查,就可以避免许多侵权行为的发生。

例如,在该流程中增加法律风险管理环节,形成流程图如下:

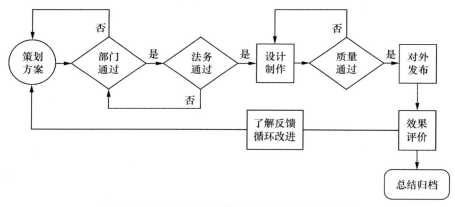

图 5-5 嵌入法律风险管理环节的广告发布流程图

(二)流程欠缺法律风险管理内容

即使是已经将法律风险管理嵌入经营管理环节的一些事务,由于职责不明的缘故,同样隐藏着巨大的法律风险,甚至形成经过多道流程管理但法律风险依然存在的情况。例如,目前许多设有法务职位的企业,其合同管理流程如下:

图 5-6 合同管理流程图

无论是否以书面的形式存在,这种流程是当今企业普遍采用的合同法律风险控制手段。这个流程本身并无问题,但问题出在各个部门对于风险进行控制的分工、职责等细节方面。

1. 合同草拟中的法律风险

合同草拟大多由企业的业务人员完成,他们的完成方式一般是通过查找以往使用的合同文本,或者采用网上下载并略加调整的方式来完成由他们负责的工作。由于大多资历较浅,负责这部分工作的员工大多既无法律知识也无业务经验,只能完成合同的文本而无法保证质量。而只要提交了文本,无论文本是否可行均非他们的工作职责,由后面的工序解决。

2. 部门审核中的法律风险

部门审核大多由部门负责人完成。他们较前者的资历为深,也有一定的工作经验,能够为合同增加一些更加符合实际的内容或增加一些谈判中确定的内容,使合同更具有可执行性并更容易达到交易目的。但他们同样缺乏法律知识和法律方面的操作经验,因而寄希望于律师或法务为其完成剩余的工作。

3. 法务审查中的法律风险

从事具体合同审查工作的往往是律师助理或年轻律师,他们具有法律知识,能够审查出具体的法律问题。但即使是律师进行审查,由于合同中存在许多的商务条款,这些条款并非标准的律师工作职责,因此有时他们对这类内容并不进行法律风险管理意义上的审查,也没有为客户完善商务条款的标准义务。如果是企业法务人员进行合同审查,由于他们的专业知识和工作经验要少于专业律师,甚至还要兼顾其他工作,往往更难像业务部门所期待的那样完善合同。而且,许多条款反正要由经理定夺,因此只关心其中明显的法律问题。

4. 经理批准时的法律风险

当合同经过一系列的流程,甚至经过部门主管或法务的反复审核、审查,最终交由经理审批时,任何经理都会有理由认为经过前面的两道关卡,合同中的业务风险和法律风险应该已经控制到了可以承受的范围之内。因此,往往稍加审查甚至不经细看便予以批准。

5. 合同签订后的法律风险

通过以上的情况分析可知,由于各个环节的职责并不十分明确,每个环节都将确保合同质量的希望寄托在其他环节上,因此该份经过审批并对外签订的合同很有可能仍旧是一份毫无防御、门户洞开的合同。而这样的合同一经签订,企业的权益是否会受到损害只能听天由命了。

正是由于单纯的流程图往往无法详细地描述各个过程项的工作内容、质量标准等信息,因此在实际操作中大多采用"一图一表"的方式,在有了明确的流程之余,还有一份附表用以细化流程中各个部分的具体职责,或对相应内容加以说明,以方便对流程的理解和执行。

三、流程间的法律风险管理配合

在修订企业管理流程过程中,往往会发现企业的管理流程并未真正形成体系,或者在流程之间缺乏互动和协调配合,从而使企业在风险控制和效率方面的努力无法形成合力。流程之间的协调、增补并非法律风险管理过程中律师的标准工作内容,但有时不得不进行这方面的工作以便于解决方案的完善。

(一)流程间的配合问题

每个企业都会存在着多种多样的流程,包括没有形成书面形式而在实际操作中存在的流程。由于某些行为涉及复杂的法律关系和复杂的操作流程,在具体操作涉及多个流程的配合时很容易出现失误,甚至出现非常低级的失误。

例如,某房地产公司从项目开发到开始预售期间,总共使用了多个楼书文本,其中涉及的规划、设计等事项也发生过一些变更。在开始销售之前,他们仔细核对了最后的楼书文本,也核对了预订合同的文本,但未考虑两者之间的配合问题。由于在预订合同中并未注明楼盘的具体情况以最后的文本为准,部分预订的客户以楼盘的目前情况与发给他们的楼书(旧版本)不符,属于欺诈行为为由向工商部门投诉并向房地产公司索赔。

事实上,这几位预订商品房的客房明明已经收到并审阅了最新文本的楼书,此举只是借机要求打折。但由于房地产公司没有依据说清事实,只能不断地应对不同组织的调查,耗费了不少时间并最终为了息事宁人而妥协。虽然这类争议通过诉讼解决未必会输,但流程之间一个简单的配合就能解决的问题,却由于疏忽而给企业带来了一定的麻烦。

当企业的内部部门和工作内容达到一定的复杂程度之后,各部门之间、各职位之间甚至同一职位下不同工作之间的协调一致会成为一个比较突出的问题。不仅流程之间的配套会存在问题,即使是前面所讨论的制度建设也同样会遇到这一问题。在没有其他更好的办法之前,只能通过业务部门之间、职位之间的细心工作加以解决。

甚至一些非常偶然的技术问题,也会给常规的流程带来挑战,并制造出不小的法律风险。例如,某房地产开发企业所出售的一批商铺中,存在局部层高未达法定标准因而不能办理产权证的问题,这部分面积按计划在销售时赠送给业主用于货物存放。但在商铺销售合同所附的平面图中,销售面积与赠送面积之间没有以虚线隔开且未有其他文字说明,故在交房时引起客户以面积不足为由的索赔。由于过错在开发商一边,最终只能经过协商以退还商铺并补偿部分利息的方式了结争议。

在事后查找原因的过程中发现,在原始平面图中层高不足部分本有虚线标明,而且电子版的图稿中也存在相应的虚线。而出现问题则是由于不同软件之间不兼容,导致在打印出的文本中缺少了相应的虚线。而签约前的校对只是针对电子图稿,未在打印出的文本与电子文本之间展开,才出现了这一极为少见的情况。这一情况虽属极为罕见的个案,但也挑战了常规的管理流程。如果当时负责出图的工程部门与负责签约的销售部门能够有更好的沟通,这一问题完全可以避免。

(二) 以流程解决配合问题

按照常规的做法,规章制度往往只是针对某一部门事务,或是针对某类具体事务处理。前者如《财务管理制度》、《办公场所管理制度》,这类制度多归某个具体部门负责执行;后者如《合同管理制度》等,往往跨越几个部门解决与合同有关的事务处理职责及程序问题。而流程则处于更为具体的层面,较为重大的流程用于解决部门之间分工协作的事务,较为细小的流程用于解决具体事务处理中的细节。当一项事务的处理必须由多个职位或多个部门相互配合时,如果部门之间或职位之间的配合不理想,就必须通过流程将其串联起来,以便相关事务的处理能够达到预期的效果。例如,某零售企业的采购、销售、物流管理流程如下:

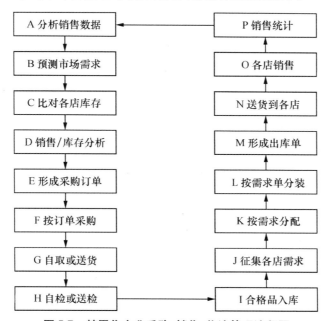

图5-7 某零售企业采购、销售、物流管理流程图

这是一份以框图的形式体现的某零售企业的货品采购及销售流程,虽然其中存在一定的问题,但体现了从订单形成到采购、检验、配送、销售、统计、市场预测到新订单形成的全过程。通过这一流程,将不同部门的工作在商品销售方面的职责协调起来。将法律风险管理嵌入业务流程,采用的也是这种方法,可以直接嵌入法律风险管理的环节,也可以在具体的职责分工中加入法律风险管理的内容。而对于经常出现问题的环节,甚至可以根据法律风险管理的需要重新设计流程以及制度、文本。

为克服部门、职位之间的协调问题,人们在管理结构方面想了不少的办法,也进行了多种尝试,以具体事务的流程协调不同部门及职位之间的工作不失为目前一个较好的办法。但在解决了部门、职位方面的平行沟通流程的配合问题后,如果没有细化的具体职责同样会影响效率与安全。从整体上看,解决所有配合问题的根本还是要依靠技术手段的进步和人的素质的提高。

四、法律风险管理流程的设计

除了由专业的咨询公司为企业提供的流程,企业自行制定的流程大多不够规范、不成体系,甚至许多企业根本没有流程图。在这种情况下,需要对流程体系进行调整,以使流程体系涵盖最为主要的经营管理行为,并对某些重要的行为制定嵌入法律风险管理措施的流程。

(一)对流程体系的整体规划设计

制度和流程管理是企业发展到一定规模后为了更好地实现企业目标所必需的、无可选择的选择。在企业规模很小时,管理者的管理幅度不大、管理层次不深,即使没有书面制度也能管理。但在大型企业中,尤其是生产过程复杂、要求严格的企业,专业化分工是无奈之举。而对于许多通过急速扩张而形成的大型民营企业而言,往往在主观意识上仍将大型企业理解为小企业的简单放大,一时还无法习惯制度管理的模式,在制度建设过程中往往重视了制度的"形"而忽略了制度的"神"。如果能够理顺其流程体系和重大流程,无疑会在提高其法律风险管理水平的同时,提高其经营管理的精细化水平,使其更加适合现代企业经营管理方面的需要。

但制度、流程的建设与执行都要付出成本,这些成本是管理成本的一部分。这也是为什么微观经济学上强调企业并非越大越好、企业的规模收益必须大于管理成本支出的原因。如果制度或流程在制定过程中未考虑制度成本,仅仅为了发生概率相当低而风险损失又不高的特殊情况,而使所有的标准操作均被复杂化,就会造成制度越完善、效率越低下的后果,这是流程化中需要考虑的问题。

对于企业流程的规划设计,目标是将最为重要的和最为主要的内容通过流程加以规范。如果那些重要的法律风险都指向某一过程,比如销售过程,则销售过程通过制度、流程、文本加以规范就是非常明确的设计目标。按照功能加以区分,企业流程有业务流程、管理流程、审批流程、操作流程等种类。即使没有书面流程的企业,也往往存在习惯性的流程。结合法律风险评估结论中重要风险的指向,以及企业实际采用的书面或实际流程,就可以规划出应有的流程体系,也就是为了应对重要的法律风险应当设立哪些流程,以及这些流程的相互关系结构。

如果从另外一个角度考虑问题,当对于企业非常重要的法律风险没有非常明确的指向性,或者企业要求从企业规范化管理的角度考虑时,也可以根据企业运营的价值链,从采购、生产加工、销售等角度去制定流程,并根据其已经发生过的问题、可能发生的问题等,结合法律风险评估的结果设计应有的流程体系。这样做的好处是提供了流程的应用价值,即使不用于法律风险管理,也可以用于日常的企业管理。

流程的作用其实有很多,因为流程揭示了企业创造价值、获得收益的整个过程。通过对于流程的分析,可以充分了解企业生产经营活动的客观规律,知道哪些过程可以简化甚至省略、哪些过程的内容可以优化、调整。而流程再造和流程管理理论则正是通过对流程的分析,找出优化流程的办法,从而减少支出、增加价值。这里所介绍的只是与法律风险管理有关的内容。

(二)对具体业务流程的设计

从流程角度控制企业的法律风险,需要识别企业最为主要的经营活动流程,甚至归纳总结出企业的流程体系,然后根据法律风险评估的结果重新设计相应流程并将应对措施预埋其中。在这个过程中,那些经过评估后分值较高、对于企业较为重要的法律风险点无疑必须加以应对,但只要企业能够实现,应对其他法律风险的措施可以同样预埋入相关的流程之中。

在设计具体流程前,可以先充分了解这些流程的必备环节、可能产生的附加环节,以及各部门的职责分工、各部分工作的前后顺序等,形成基本的、没有决策项而仅以过程项表示的流程。当这一工作完成后,这一阶段所形成的基本流程图已可用于从法律风险管理的角度加以分析和优化,甚至从企业的成本控制、效率提升角度去考虑其细化或压缩。

如果已经明确了应该如何设置法律风险管理的控制点,则可以进一步将进入下一过程的判断标准作为决策项嵌入各个过程项之间,并根据各个过程项之间的需要判断的内容,符合条件、可以进入下一过程的判断结果以"是"表示并进入下一过程项,不符合条件、不能进入下一过程的判断结果以"否"表示,并当这种情况出现时回复到以前的某个过程并重新开始流转。

以这种方式形成的流程图如图5-8所示:

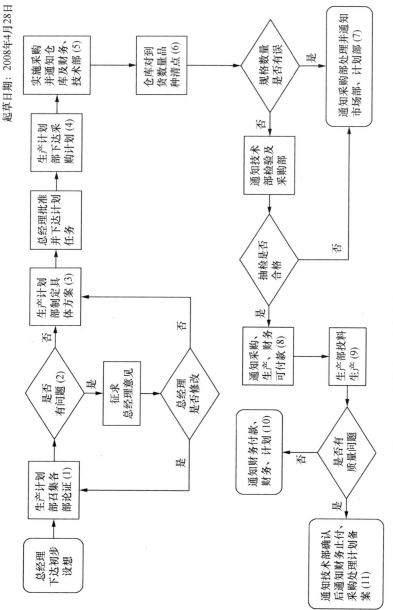

图 5-8 一般性制造类企业基本物料采购处理流程图

在实际操作过程中,仅仅为企业设计了这一流程图有时还远远不够。对于那些经常发生、需要各个不同部门配合完成的工作,为了应对因环节过多而导致的配合事项不清、责任不明等情况,还需要对其中的某些项目进行说明。这些说明可以通过统一列表的方式体现,附表中的说明与流程图一同使用,既便于理解流程又便于理解职责分工。这种方式非常适合对企业经营活动中的那些综合性的、需要多个部门协调配合的工作以流程的方式加以规范,甚至在某种意义上可以取代相关的管理制度。

这种模式就是前面所提到的"一图一表",附表的示范文本如下:

表5-1　一般性制造类企业基本物料采购处理流程说明表

项目序号	项目工作内容描述	工作目标
(1)	生产计划部综合各部的资金、采购、销售、生产设备能力等对总经理的初步设想进行论证	确定是否要调整设备、资金等
(2)	需报告总经理如需调整则设备、资金、技术能力等哪些方面需要具体调整、调整后应达到的状况	为总经理的决策提供依据
(3)	根据总经理最后决策编制具体的实施方案、生产计划等,包括按季、按月的采购计划以便执行	制订全年的统筹安排
(4)	生产计划下达各部门并根据库存制订具体的采购计划,向采购部下达具体的计划、提供合格供应商名录	统筹安排采购的资金、日程
(5)	采购部按公司制度实施采购,并将约定的到货时间数量、价款支付计划等通知仓库、财务、生产技术等部门	使各部门早有准备、统筹安排
(6)	仓库根据采购合同核对到货的品种、品牌、数量、规格等,并根据真实情况记录和签收	使收到的货物与采购的相符
(7)	仓库将实际收到货物的情况如实通知采购部,如有误差通知采购部处理并通知相关部门	通知各部门协调行动
(8)	抽检合格后由生产技术部通知各相关部门准用并进入下一程序,但付款期最好在投料使用后	确保质量与合同相符
(9)	除特殊原因外,生产部门应当尽可能在质量异议期内投料生产以确认是否有质量等问题	尽可能在付款前发现问题
(10)	如协调得当则可在试用合格后通知财务付款	尽可能降低索赔难度
(11)	发现问题及时通知其他各部门共同处理以尽可能减少损失	防止损失或防止损失扩大

特别说明:本流程强调各部门的阶段性活动与上下游部门的工作协调衔接,使问题及时发现并解决,但对外的索赔事宜由采购部统一处理,其他部门在需要时协助。

第五节　解决方案中的文本设计

为了主动应对法律风险,除制度、流程需要"设防"外,还需在企业经营管理活动常用的文本中加入应对相关法律风险的措施,以使防范法律风险的活动更为有效、更为系统。只有从这三个方面同时入手,才能将经常发生的法律风险通过已经预埋了应对措施的制度、流程、文本,以综合手段加以避免。

对文本进行法律风险控制是企业经常性的法律风险控制工作之一,只是法律风险管理所要考虑的问题更为深入、更为广泛,也更加注重与企业管理的配合。由于设计文本的工作目标是形成嵌入法律风险控制措施的文本体系,因此必须考虑比通常的合同审查等工作多得多的问题,特别是要从法律风险管理的全局去考虑问题,才能使工作质量有质的突破。

一、文本与法律风险管理系统

在企业对外交往中所用的文本与法律风险及法律风险管理有着非常重要的联系,因为它既可以带来法律风险也可以在最大限度上防范、应对法律风险。在解决争议过程中的一份证据材料,都是在争议发生之前正常活动中所产生的各种文本,但在争议过程中这些平时属于"例行公事"的却成为决定争议解决结果、涉及权益盈亏的依据。因而文本管理同制度、流程一样重要,而且由于它对于企业合法权益的影响更为直接,而且很难通过自身的努力加以补救,因而文本在控制法律风险中的作用显得更为重要,但这一问题企业往往无法仅凭自身的努力而完全解决。

(一) 文本与制度及流程

理论上,制度、流程及文本都存在着无法解决的问题,因此需要三者之间充分配合才能最大限度地提升法律风险的应对能力。制度一般只规定最为重要的内容,规范最为基本的行为,由于细节上的不足,许多事项仅凭制度还无法直接操作;流程一般只规定完成某一具体事项的过程及工作内容,是通过过程及内容来控制具体的工作质量及风险,但不解决文本问题;而文本则只解决具体工作事项中书面化的权利义务关系问题,它的工作内容最主要的是确定对外的权利义务细节,但很少涉及制度及流程。正因为如此,只有三者同时存在并同时应用于某一具体事项时,才能最大限度地发挥三者对于法律风险进行控制的效果。

图5-9以包含三个元素的维恩图的方式显示了三者之间在法律风险管理方面的相互作用。图中三个圆形同时覆盖的部分是三者有机结合在一起的部位,同时

从三个方面采取了法律风险的应对措施。而只有一个圆形加以覆盖的地方,有的是无需其他元素介入施加影响的事项,例如某些事项的处理在制度层面已有规定,无需通过专门的流程实现,也无需使用何种文本,这些大多是用于对内的文本。除了这种情况外,还有可能是由于法律风险管理技术手段的欠缺,使事项处理的某一方面处于完全不设防的状态。

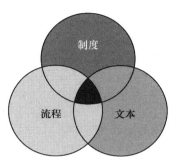

图 5-9　维恩图

从这幅维恩图中可以看出,不论是缺少三项措施中的哪一项,都会给企业带来影响面不等的法律风险。以人力资源管理为例,如果没有相应的管理制度,除非是文本能够充分弥补这一缺陷,否则当员工因违反劳动纪律或损害企业利益而需要进行处罚时,处罚可能会由于没有制度依据及法律依据而被认为无效。再以流程的缺失为例,除非制度涵盖了流程中的内容,否则仅有制度及文本无法使企业的不同部门相互配合以发挥出最大的效益。

从文本的角度解读企业的实际情况,没有书面合同的企业,则可以视为缺乏最为基本的法律风险控制措施,虽有制定或流程管理也会无济于事。因为文本既起到划分各方权利义务边界的作用,又起着证据方面的作用。没有书面的合同,等于没有证据直接证明双方的权利义务究竟如何,所有的权利义务都处于不特定状态,对于任何一方的保护都欠缺。

(二) 文本与法律风险管理

从法律专业的角度来说,虽然许多现代企业都将培训当成一项日常性的工作内容,但法律是一门实践性的科学,要想完全理解并学会充分运用并非几次培训就能解决。而法律知识或应用技能的培训所能够提升的最为主要的是相关的法律风险理念和某些法律风险的应对措施,若无法全面提升企业人员对于法律的理解和应用水平,对外所用的文本也不可能通过培训而自行提高。

从经营行为的角度来看,虽然企业需要对外签订的合同无论是其种类还是其内容都会千差万别,但合同的基本类型总归是要么通过提供产品、服务、财产而获取货币,要么通过支付货币而取得产品、服务、财产。具体化企业所要使用的合同,劳动合同、销售类合同是必不可少的内容,其次是采购合同等一系列内容。大多数企业都深知其经常性业务是哪类、常用的合同有几类,而这些规律性的信息则正是企业需要从法律风险管理角度考虑合同文本体系的依据。

从企业管理的角度来看,如果某些交易经常性发生,而对外使用的文本一经签订则很难变更,则这类交易使用统一的文本就会使交易的经济性最好而且效率最高。如果这类文本能够同时满足法律风险管理方面的需要,则这些标准文本可以同时满足经济、效率、安全三个方面的企业需求,而这也正是法律风险管理所希望达到的目标。

同制度、流程主要是用于应对那些经营性会产生的具体法律风险一样,除非是应对个案中的法律风险,否则文本所控制的对象也是常规性的、反复出现的法律风险而不是针对个案。针对经常性的法律风险制定合适的文本才能提高效率和管理水平,具体的做法就是在合同等文本中经过综合考虑而嵌入法律风险应对措施,从而形成具有防范法律风险功能的文本,而要实现这一目标必须考虑更多的问题并进行长期不懈的努力。

二、对文本的法律风险管理措施

企业经营管理活动中所涉及的文本较多,有的仅用于内部管理并作为绩效考评的依据,有的对外签订商务类合同并作为权利义务的依据,还有一些与政府部门的函件、对外的声明等,虽然也属于企业所用的文本,但由于其内容、背景千差万别而无法标准化,只能个案处理。

(一)合同文本体系的构成

对外的合同类文本是企业最为常见的重大文本,这类文本主要包括合同、表单、说明三个组成部分。其中的合同是指对于权利义务的明示约定,表单往往是合同履行过程中所发生的交接等事项的单据,属于合同的组成部分。而说明则是与合同、表单并无直接关系的对于产品或服务的说明体系,也就是对企业责任范围进行说明的体系。

对于服务行业来说,这三大体系的作用和区分则更加明显。例如,提供电信服务必须有最为基础性的服务合同,而签订服务合同的同时往往必须填写具体的表单以明确所选择的服务项目、资费的标准等基本事项,而说明则是对于某项业务的功能、实现方式、计费方式等所做的说明。出于对双方基本权利义务稳定性的考虑,以及基于服务项目的多变性和多选择性,这三大体系往往相互独立存在并分工明确。

合同:只规定最为基本的、通用的电信服务合同双方的权利义务,不涉及具体的服务项目及资费等"个性化"内容。这类内容完全符合《合同法》对于合同基本条款的规定,具有可执行性,重点解决合同发行过程中发生非正常的违约、变更等情况下的权利义务分配,大部分属于双方的基本权利义务界限及争议处理有关的内容。

表单:用于登记接受服务方的个人身份事项、所选择的服务类型及计费方式、缴费方式等内容,并可以附带约定合同条款以外的某些细节。这类内容一般并不涉及合同中已有规定的内容,只是解决交易双方的身份事项、交易内容、交易方式等内容,至多增加一些合同中没有规定但基于该项业务的特性而需要增加的"个性化"权利义务内容。

说明:以独立于前两者之外的宣传品标明各项具体业务的实现方式、功能、计费方式、资费标准等内容,相当于该项服务产品的"说明书"。它的大部分内容只是一种要约邀请,具体的还要以选择这项服务后的表单内容为准。而它的另外一个功能则相当于"产品说明书",用于说明服务产品的特性,在确保服务对象的知情权的同时,也以说明的方式避免承担过多的经营者责任。

(二)文本体系所要解决的问题

目前,大部分企业的法务人员或公司的外聘律师每年都要审查、修改大量的合同,以至于某些企业以审查、修改的合同总量作为考核法律顾问费用的标准。这种做法未必合适,因为忙碌既不等于效益也不等于效率,而企业所需要的恰恰是效益而不是忙碌。许多整年忙来忙去的企业并没有显著的效益,因为他们的忙碌是由于工作方法上存在问题,如果无效或低效劳动占用了大部分的工作时间,就会产生既忙碌又没有效率也没有效益的结果。

以合同审查为例,某些企业频繁出现变动不大而且变动部分没有实质意义的合同文本交由律师审查。这些文本本身可以用某一个合适的标准文本加以解决,但企业却年复一年使用非标准化的不同文本进行交易,从而导致每笔交易都必须进行合同审查。当企业在交易中处于弱势地位,不得不使用对方提供的交易文本时,这种情况还情有可原。但当企业本身在交易中已经有了足够的强势地位时,如果还以这种方式进行交易,无疑是对企业资源的莫大浪费。因为本可以用精心设计的标准文本作为基础与交易对象谈判,只需小的改动就可以正式签订。如果已经存在了这样的文本,按照原有文本签订则根本无需审查,内容需要改动的可以只审查改动的部分,企业的工作效率就会提高很多,律师审查合同中的无谓劳动也可以减少许多。更为主要的是,经过深思熟虑而制作的合同文本,其法律风险管理措施会更为周密,更能保证企业的交易安全。

因此,那些比较有远见的企业以及面对长期合作客户的律师,往往在合作的前两年会比较忙碌,因为在处理合理审查、修订等事务的同时还需要对合同文本进行归纳和提炼。而当两年过去之后,企业的合同文本已经基本形成了固定的体系和版本,每次审查只需审查其中的变动部分,合同审查的工作量就会大幅度减少,工作效率就可以大幅度提高。当企业初步具备了完善的合同文本体系,其进一步的提高和丰富就会非常容易,而合同管理也会进入到非常有序的新阶段,而应对合同法律风险的水平也会有大幅度提高。

由此可见,以合同文本体系应对合同方面的法律风险,可以在节约交易成本、提高工作效率、保障交易安全三个方面都得到理想的提升。

三、对合同文本法律风险的管理

对于合同的法律风险管理涉及诸多内容,比如合同管理制度以及对合同履行期间所遇到的各种问题的跟踪处理等。合同文本必须与相应的合同管理制度、管理流程以及处理非正常情况的其他文本配套,才能与其他应对措施一起对合同实施最为有效的管理。合同文本及合同履行阶段需要注意的内容比较多,详见本人的另外一部专著《完美的合同——合同基本原理及审查与起草》,这里仅介绍其中制作合同文本体系的部分内容。

(一) 合同文本体系的定位

一提起合同文本体系,许多人不约而同地想起了"霸王合同"和"格式条款"。而合同文本体系的定位,正是指在设计合同文本体系时,如何确定对交易优势的利用方式及程度,以及安排哪些内容、如何对待交易相对方的权利等。如果企业在交易中占有有利地位,固然可以将合同文本都制作成"霸王合同"和"格式条款",但这两种形式的合同是否是企业的长久之道则值得探讨。

尽管许多企业对他们的"霸王合同文本体系"津津乐道,但"霸王合同文本体系"并非企业合同文本体系的唯一表现形式。是否"霸王合同"的判断标准在于如何对待交易相对方的权利义务,而不在于是否以格式条款的方式体现。而即使是企业的霸王合同,也未必是完善的合同。"霸王条款"以强加于人的方式掩盖自己管理能力的不足,而且缺乏对平等主体的尊重,既影响合作商的利益也会降低合作商的忠诚度,某些大型企业以霸王条款欺压供应商,最终招致供应商集体拒绝供货便是最好的例证。因此,通过合同文本条款的公平性与合作商建立长期稳定的双赢关系,使更多的合作商与企业紧密合作、共同发展,其效果将远远胜过使用霸王合同。

标准合同文本也并不等同于格式条款。企业所用的合同文本大多来自政府部门面向全社会提供的示范文本,或是抄袭及沿袭下来的文本,甚至许多交易直接使用对方提供的文本。政府部门所提供的示范文本不属于格式条款,只有企业为了重复使用而预先拟定、订立合同时未与对方协商的合同才属于格式合同。正因为如此,轻易使用格式文本对于企业未必带来好处,因为法律对出具格式条款方的附加义务,往往会令出具格式文本方的收效适得其反。

按照《合同法》的规定,出具格式条款的企业必须承担更多的法定的义务。例如,必须遵循公平原则确定双方的权利义务、必须合理地提请对方注意免除或者限制其责任的条款、必须按对方要求予以说明、当格式合同具有两种以上的解释时应当作出对其不利的解释等。这些额外的义务如果处理不当,反而会增加企业的责任。

因此,对于企业经常使用的合同,可以通过细化条款、明确界限的方式明确双方的权利义务,但没有必要设计成格式条款或霸王条款。而设计出的合同可以作为与客户签订合同前进行谈判的基础,但绝不可以自称其为格式条款。而且只有那些大批量使用的、面向广大客户的个人消费类的合同,才有可能因无法与客户一一进行事先商量而构成格式条款。一般的商务合同只要将其当成订立之前与对方谈判的基础条款,就可以避免使用格式合同之嫌。

(二)设计合同文本的理念

要设计质量上乘、预埋了诸多法律风险应对措施的合同文本,往往要花费许多时间进行调查工作。即使是合同初稿完成,往往也需要三上三下,才能得到篇幅合适、便于使用、法律风险应对措施完善的合同。这样做会导致进展缓慢和大量的时间消耗,但却绝对可以设计出精品合同。下面通过对某大型电信企业《入网协议》的起草,介绍设计合同文本的过程。

1. 资料收集

在接到起草任务后,首先了解、归纳客户的需求,并进行相关法律风险状况的分析。通过对投诉记录的统计、归类分析出客户投诉相对集中的风险点。与此同时,还要收集不同时期、不同公司的相关文本用于参考。

2. 法律调研

法律调研根据收集到的法律风险点以及合同样本中的条款展开,重点从电信行业的相关法律规范向其他法律规范扩散,区分出哪些问题法律上已有定论、哪些虽有定论但幅度还不确定、哪些问题法律上尚无定论,从而将篇幅集中在法律尚无定论、需要通过合同设定权利义务的项目上。

3. 合同起草

合同的起草在资料收集阶段即已开始,最早的文本达到两万字,是一个包罗万象的基础性文本,收集了所有通过收集资料发现的问题或通过推论发现的问题。但这是一个过程稿,在起草阶段已经明确不能将如此篇幅的合同用于消费者。

在法律调研完成后,对合同初稿的"减肥"工作也已展开。通过将法律已有明确规定的问题从条款中减除,篇幅削减了一半以上。

4. 深化设计

对合同条款的编排方式进行精细化调整,形成中间稿。通过每条加设标题、按发生顺序组织条款顺序、措辞统一化等方式,提高阅读合同的便利性。同时增加了特别提示等条款,避免承担不必要的责任。

为了适合行业技术与业务不断变化的背景,将合同条款、表单、业务说明三者完全分开,便于保持《入网协议》基本不变的前提下可以根据形势的发展而及时通过调整表单和业务说明来跟上形势发展。

5. 听取意见

对于基本定型的中间稿,广泛征集律师团、业务部门、投诉处理部门、合同监管部门的意见,从不同角度去发现合同中可能存在的缺陷,并在综合考虑不同反馈意见后从整体上考虑体例是否调整等问题。此过程反复多次,直到基本上没有新的意见为止。

经过上述程序,起草工作已经陆续花费了一年多的时间。但由于总体设计上比较精细,最终的合同文本约为5000字,控制在一张A4尺寸的合同纸上,既便于消费者阅读也得到各方的广泛认可。

总结这一过程可以发现,工作中的一个主要目标是压缩篇幅,使之处于人们普遍能够接受的水平上。以大量的文字去说明权利义务其实并没有什么可以称道的,关键是对权利义务安排到何种质量程度。能够以最少的文字去规范更多的权利义务而且更加明确,才算是真正可以称道之处。

(三)合同文本体系的应有外观标准

合同文本不仅是交易双方的行为规范,也是企业形象和管理水平的外在表现,代表了企业的发达程度和合同事务的管理水平。现行的企业合同文本中,无论是内在质量还是外观质量都参差不齐。即使是那些整理过合同文本、有了初级合同文本体系的企业,其文本之间的水平差距也很大。因为那些合同不是系统整理的结果,充其量只是汇编,因此在制作水平、表述风格、版式、内在质量等方面都存在很大的差距。

而真正的合同文本体系,除了内在质量必须满足法律风险管理的需求外,即使是外在质量也必须很好地把握,使之不仅是一份高水平的合同,也是一份精美的企业名片。在这一方面,最为重要的外观质量是合同版式的统一。只有合同版式上有了统一的风格,合同才能被看成一个体系,否则再多的合同文本也仍旧属于合同文本汇编的水平。这些需要考虑的版式问题主要包括:

1. 页边距

页边距是版面的文字区域(又称版芯)离纸张四面边缘的距离,每种文字处理软件都设置了页面默认的面边距,其作用是通过留下一定比例的空白,保持页面的美观。页边距如果不统一,版芯在页面上的位置就会存在上下位置不同或左右位置不同的问题,影响阅读时的第一印象。

2. 字体与字号

合同名称、合同编号、条款标题、合同正文等可以分别有不同的字体或字号,但必须全部体系内保持统一,包括中文的字体与字号以及英文、阿拉伯数字的字体与字号均必须统一。

对于标题等需要特别引起重视的部分,可以通过加粗文字的方式使之更为醒目,也可以使用下划线等方式引人注意,但加粗或下划线的规律要保持一致。

3. 行间距与字间距

行间距是行与行之间的距离,字间距是字与字之间的距离。在正文中一般都采用标准的字间距,而行间距则可以根据内容的需要有一定的不同。例如,在大标题前空出半行的段前距离,使标题与在其前面的正文部分的行间距加大,整个标题会更加醒目。在一般情况下,行间距最好不要小于1.25,否则就会使行与行之间的文字显得过于拥挤。

4. 标题体系

合同的标题体系必须明确、易于识别,至于标题分为几级、哪些标题单独成行则可以根据篇幅等需要确定。而且,在同级的内容上要么全部加设标题,要么统一不加标题。

5. 序号排列

条款序号的编排有多种方式,每种方式代表着不同的版面语言。传统的方式以"第×条"的方式按顺序罗列,较为方便和体系化的则是带小数的阿拉伯数字,如"3.1　承诺与保证"等。条款序号的编排往往与标题体系一起使用,形成统一的标题风格和编号方式,使各文本看上去外观一致,成为系列。

四、对其他文本法律风险的控制

除了合同文本,企业常用的文本还有与合同配套的表单、与产品或服务配套的业务说明。对于这些,只要是有可能多次发生就有必要制作成标准的文本,并以此来应对法律风险。

(一)产品说明类文本

目前,许多企业的产品说明并未认真制作,而是照搬照抄其他企业的,知其然而不知其所以然。这样的说明既无法满足法律的强制性要求,也无法通过说明应对无谓的法律风险。

产品说明所涉及的强制性规范内容非常广泛,包括《产品质量法》及与产品相关的强制性国家标准,以及某些部门规章的各类规定,绝对不是自己随便写写那样简单。例如,现行的国家标准 GB 9969.1—1998《工业产品使用说明书总则》规定了非消费品的工业产品使用说明书的基本要求和编制方法,而现行的 GB 5296.1—1997《消费品使用说明　总则》则规定了消费品使用说明书的编制方法。除此以外,有些部门规章也有相关规定,如农业部所颁发的《农药标签和说明书管理办法》、国家食品药品监督管理局颁发的《药品说明书和标签管理规定》及《放射性药品说明书规范细则》等、卫生部颁发的《消毒产品标签说明书管理规范》、建设部颁发的《商品住宅实行住宅质量保证书和住宅使用说明书制度的规定》等。由此可见,要制作一份完全符合法律规定的说明书,首先需要了解产品所涉及的法律环境,知道依法应该写哪些内容等。有时一个产品会同时受到不同的强制性规范的管辖,其内容也需要同时符合不同的规定。

相关的标准或部门规章对于说明书的内容大多有具体的规定。例如,在非消费品工业产品说明书标准 GB 9969.1—1998《工业产品使用说明书　总则》中,不仅规定了"应明确给出产品用途和适用范围"等基本要求,还规定了对编写所用的语言、文字,以及图表、符号的使用方式,还特别规定使用说明书必须按"危险"、"警告"、"注意"三个等级的警告用语提醒用户相关的安全事项。遗憾的是,许多生产型企业并不了解这些规定。

由于《产品质量法》等明确规定"使用不当,容易造成产品本身损坏或者可能危及人身、财产安全的产品,有警示标志或者中文警示说明"。如果企业对于这类情况不加说明,可以视为生产者对于产品质量提供了默示担保,其责任比披露正常的使用方法要严重得多。生产者对于使用不当容易损坏产品或危及人身、财产安全的事项,没有在产品说明中设置警示标志或中文警示说明,则一旦发生事故生产者即构成侵权责任,需要承担多种项目的赔偿。

(二) 其他事务处理类文本

除了合同文本、说明书类文本外,企业在业务过程中还会大量使用一些文字量不多的表单,这些表单的操作比合同轻松得多,因而更受一线员工的欢迎。但这些表单所体现的法律关系并不相同,需要区别对待。

1. 作为合同使用的表单

许多表单本身完全符合《合同法》中对于合同的定义,而且在签署表单的同时也没有另行设立双方的权利义务而是独立使用,因而这些表单本身就是合同。某些不订合同的企业所签订的"订货单"、"提货单"之类的文本其实就是简单的合同。这些表单的设计与合同相同,只是由于这类表单大多用于金额小、履行快的交易,因而对于文字量有所限制并要考虑签issues及履行的便利性。

这类表单在设计时应当注意以最简短的文字提醒质量等事项,避免因约定不明而产生争议。其中,对于标准化产品进行现货交易的表单可以稍为简单,因为它主要起到货权凭证的作用,否则就要增加内容以划定双方的权利义务边界。后者由于篇幅的限制,要以最少的文字厘清最主要的权利义务,其要求往往比常规的合同还要高。

2. 与合同配套使用的表单

而另外一些表单,特别是与主合同配套的表单,则只是合同的组成部分。甚至某些表单只约定双方当事人的身份事项和具体的交易品种、数量、质量、交付期限、金额、支付期限等操作性细节,具体的质量要求、违约责任等条款则放在主合同中体现,从而事实上构成了合同与表单的倒置——主合同其实是附件,表单其实是主合同。

这类表单常用于主合同条款不变而某些细节每次都有可能不一致的长期交易,或面向数量广大、需求不一的客户群的交易。设计这类文本需要充分考虑表单与合同之间在内容上的配合,对于每次需要个性化处理的内容设在表单之中,而对于那些长期不变的内容则放在合同中,而且二者的内容不能相互重叠,更不能相互矛盾。

3. 合同履行过程中的表单

在合同开始履行后也会出现各种表单,其中的一些表单用于记录或确认某些过程、事项,而另外一些则是关于补充、变更、解除合同的具体条款。这些文本都是主合同不可分割的组成部分,印证着合同的履行情况或记录着双方对于合同事项的特别约定。

从法律风险管理文本设计的角度来说,记录或确认某些过程、事项的文本大多可以设计成为标准化的内容,以作为合同履行情况的证据和管理的依据。而如果补充、变更、解除合同的情况经常发生,也应当将其设计为标准的文本。例如,对于房地产开发公司来说,在签订《商品房买卖合同》后买受人由于种种原因而退房的情况虽然不多,但也时有发生,对于这类情况就应该针对普遍的情况设计标准的表单以供反复使用。

在将这些常用的表单设计成标准文本时,企业常犯的错误就是缺少表单与合同之间的联系,使局外人看不出两者之间存在关联。甚至某些用于合同补充或合同变更的表单没有锁定其他条款是否变更、原有的某些条款是否执行等问题,在解决了旧问题的同时"制造"了新问题。因此,这类表单一是要写明其附属的原合同,二是载明这一表单所履行的或变更、补充的到底是原合同的哪一条款,三是说明除这些条款外其他条款是否按原约定执行。

从总的情况看,只有在管理方面水平较高或管理意识较强的企业才会要求以合同文本体系的方式管理文本方面的法律风险,大多数企业还停留在对合同一事一审查的阶段,工作效率受到极大影响。尽管任何增加的管理行为都有可能增加具体操作人员的工作难度,但良好的管理会使企业的整体工作效率得到提高、经营管理秩序得到稳定、交易安全得到保证。而对制度、流程、文本所实施的法律风险管理措施嵌入,则正是在提高企业法律安全保证的同时为企业提高效率。

第六节 项目法律风险的解决方案设计

对于具体的投资、经营项目进行法律风险解决方案设计与对企业进行全方位的法律风险管理方案设计相比,工作目标更为明确、工作范围大幅度缩小,因而在操作层面对于律师想象力的考验有所缓解。但对律师专业程度、工作经验的考验则有增无减,因为需要考虑更为深层的问题、更为复杂的法律关系。

对具体项目的法律风险管理分为四大块内容,第一块内容是项目实施的法律可行性问题,第二块内容是项目实施的法律环境问题,第三块内容是交易相对方的资信情况的调查与判定。前两个工作其实都是法律调研,或称为 research,是对涉及的法律关系进行全面的检索和研究。而最后一项工作则属于律师的尽职调查,通过收集所有可能的资料去分析对方的企业情况。这些工作本应是律师工作的基本功,完成调研和调查往往就可以得出基本的应对法律风险的方案。

一、对具体项目法律可行性的调研

这类调研的重点在于项目所涉及的法律许可条件及审批手续。相对于《公司法》范畴的设立公司行为,投资于某个行业时涉及的相关市场准入门槛、行政审批手续、各类许可的申办条件等往往更为复杂。而针对这些法律问题进行调研,则是对项目进行法律可行性研究的基本工作。这种调研可以知道如何以最合法的形式投资,并使投资利益得到法律的充分保障。

(一)缺少法律可行性调研的不利影响

曾经有家大型民营企业,在我们进行法律风险尽职调查时发现,其战略管理部门的可行性报告所得出的结论从来都是可行,根本没有不可行的研究结论。通过调查了解到,该公司的战略决策没有固定的决策机制,而相关的管理部门提交可行性研究报告只是相当于为决策提供用于审批的文件,因而可行与否对他们并无实际意义。而从该企业的发展历程来看,其投资项目均得到了相关部门的批准,因此他们缺乏从经济可行性角度进行可行性研究的意识,而又并不具备从法律方面进行可行性研究的能力。

此后,该公司根据市场行情变化决定投资于某项由国有企业垄断为主的行业,并着手进行了土地、厂房、设备的安排。但在设备安装阶段,由于无法获得相关政府部门的批准,其产品无法面向社会销售而只能供自己配套使用,致使投资已经失去意义,最终只得退还设备并赔偿供应商损失,整个项目投资以失败告终。

这一项目的问题出在法律方面的可行性调研。虽然其他方面均无法律问题,但其产品上市供应需要专门的审批,正是由于对通过这一审批的可能性研究不足、相关的法律环境并不明了,才最终导致因不符合相关要求而无法获得审批。在这一问题上,审批部门固然存在主观因素,但将投资的成败全部押在一个结果无法明确的审批环节,在法律方面存在较大的风险。

(二) 对项目法律可行性的调研方式

某企业因业务发展的需要,希望取得某地方政府审批范围内的采矿权。该地区虽然长期存在村民非法开采的情况,但该企业并不希望以此方法从事经营活动,因此对相关法律可行性进行调研。

根据修订过的《矿产资源法》,未取得采矿许可证擅自采矿的,"责令停止开采、赔偿损失,没收采出的矿产品和违法所得,可以并处罚款;拒不停止开采,造成矿产资源破坏的,依照刑法第一百五十六条的规定对直接责任人员追究刑事责任。单位和个人进入他人依法设立的国有矿山企业和其他矿山企业矿区范围内采矿的,依照前款规定处罚"。而《刑法》的相关规定则为:"故意毁坏公私财物,情节严重的,处三年以下有期徒刑、拘役或者罚金。"由此可见,企业非法采矿可能面临严厉的行政处罚及刑事处罚。由于仅凭收购矿石的方法无法满足企业需求,无论是从经济层面、法律层面还是从社会责任层面,企业均需拥有合法的经营手续。

经营的合法性问题大多属于不具备相应主体资格的问题,主体不合法则其行为的合法性便无从谈起,将会始终成为企业的心头大患。当企业无法通过合法办理相关许可手续取得采矿权时,便会考虑如何收购拥有采矿权的企业。《矿产资源法》虽然明确规定禁止将采矿权倒卖牟利,但却留下了两个可以依法转让采矿权的规定,分别为:

(1) 探矿权人有权在划定的勘查作业区内进行规定的勘查作业,有权优先取得勘查作业区内矿产资源的采矿权。探矿权人在完成规定的最低勘查投入后,经依法批准,可以将探矿权转让他人。

(2) 已取得采矿权的矿山企业,因企业合并、分立,与他人合资、合作经营,或者因企业资产出售以及有其他变更企业资产产权的情形而需要变更采矿权主体的,经依法批准可以将采矿权转让他人采矿。

而根据与该法相配套的《探矿权采矿权转让管理办法》,矿山企业转让采矿权时应当具备如下条件:

(1) 矿山企业投入采矿生产满1年;

(2) 采矿权属无争议;

(3) 按照国家有关规定已经缴纳采矿权使用费、采矿权价款、矿产资源补偿费和资源税;

(4) 国务院地质矿产主管部门规定的其他条件。

同样根据《探矿权采矿权转让管理办法》的规定,采矿权转让的受让人应当符合《矿产资源开采登记管理办法》规定的有关采矿权申请人的条件。而根据《矿产资源开采登记管理办法》规定,采矿权人在采矿许可证有效期内如经依法批准转让采矿权,需向登记管理机关申请变更登记,而受让人所必须具备的采矿权申请人条件之一,便是符合相关的资质条件。

以上的法律调研所依据的还只是20世纪颁布实施的法律规范。2000年,国土资源部颁发了《矿业权出让转让管理暂行规定》。该《规定》在原有的《矿产资源法》、《矿产资源开采登记管理办法》和《探矿权采矿权转让管理办法》的基础之上,将探矿权、采矿权统一规定为财产权,依法取得矿业权的自然人、法人或其他经济组织称为矿业权人,并进一步放宽了对于采矿权的管理尺度。

根据该《暂行规定》,"矿业权人依法对其矿业权享有占有、使用、收益和处分权","矿业权人可以依照本办法的规定采取出售、作价出资、合作勘查或开采、上市等方式依法转让矿业权"。该《暂行规定》甚至还规定了矿业权出租、部分出售的管理办法,如"需要部分出售矿业权的,必须在申请出售前向登记管理机关提出分立矿业权的申请,经批准并办理矿业权变更登记手续"等。

由此可见,该企业如果需要取得当地矿产的开采权,随着法律环境的变迁已经可以采取多种渠道,因而在法律上可行。

(三) 对运作模式的法律调研

当企业需要在特定法律环境下实施某项不太常规的运作时,应该对运作模式进行法律调研。这种调研在某种意义上仍是一种法律可行性调研,往往用于环节复杂的经营运作。这类调研往往会涉及许多法律领域,并涉及大量的强制性规定及审批流程。

以经常发生的通过并购公司而获得土地开发权的运作方式为例,直接从目标公司受让土地会产生一次土地流转的费用,包括合计将近交易额10%的契税和营业税,这笔税务无论哪一方承担都不是小数目。而收购目标公司则名义上并未涉及土地流转,因此可以减轻企业在土地流转方面产生的税收负担。这种收购从《公司法》层面并无法律障碍,但具体的土地溢价为多少、如何计入开发成本、是否涉及土地增值税等问题必须认真策划,否则也有可能所获并不多。

在同样的设计上加以延伸,如果房地产企业将所开发的办公楼销售后买受人再次转手,无疑属于二次转让,应当依法缴纳契税、土地出让费、营业税等税、费,总计将达房价的10%上下。如果开发商将其开发的办公楼打包放入分立出的新公司,买受人以股权收购的方式取得被分立出的公司,则可以达到节省一次税费的目的。

这样的操作从公司法层面和工商企业管理的层面并无障碍,但涉及土地能否分割、土地权证能否分割、房地产开发的规划许可、施工许可、房屋产权证能否分割,以及分立出的公司能否取得相关的销售许可等一系列的法律问题。由于各地对于法律的理解不尽相同,有时在不同的地区会有不同的理解和不同的操作方式,因此这类操作模式的设计无疑有利于企业,但是否能够操作除了调研法律规范上的规定,还要考虑当地政府部门自定的规范以及实际操作模式,否则难以得出准确的结论。

二、对具体项目法律环境的调研

对于具体项目所处法律环境的调研,是针对特定主体实施特定作为或不作为时所要涉及的法定及约定权利义务的调研,包括这些作为或不作为所涉及的某类法律或合同禁止的事项,以及依据法律或合同的规定企业可能蒙受的最大限度的不利后果,包括刑事责任、行政处罚、民事责任或单方权益丧失等不利后果。

虽然全国各地适用基本相同的法律,但即使从《立法法》的规定中也可以看出,除了法律、行政法规、部门规章通行全国外,还有地方法规、地方政府规章在特定的区域内有效实施,足以导致同一主体、同一行为在不同法律环境下引起不同的法律后果。至于我国香港、澳门、台湾地区的法律体系,则更是与我国大陆地区的法律体系相去甚远,几乎可以将一地的法律专业人士变成另外一地的"法盲"。进一步地推而广之,如果企业需要向其他国家进行资本输出或贸易输出,不熟悉输入国的法律环境,几乎是"盲人骑瞎马,夜半临深池"的境界,能够全身而退已属万幸。

(一)对目标市场的法律环境调研

对目标市场的法律调研,是针对输出资本或输出产品、服务的目标地域的法律环境进行调研,发现其法律环境上的"个性化"差异并为决策及决策的实施提供法律风险应对方案。这类工作应用面比较广,在调研具体项目法律可行性时也会涉及,只是观察分析的角度略有不同。对项目法律可行性的研究主要是了解法律上的准入门槛,以及方案是否存在不可逾越的法律障碍。而对目标市场的法律调研,则更侧重于如何进入这个市场以及进入市场后应该如何操作各类经营举措。在通过调研充分了解了目标市场与目前市场在相关规定方面的不同之余,可以及时采取法律风险应对措施中的完全合法化、风险替代、风险回避等方式,使投资或产品输出、服务输出行为符合当地的法律规定,以保证企业长期、合法地经营、收益。

以消费者权益为例,保护消费者权益方面的规定不仅体现在《消费者权益保护法》及相关的国家邮政局《邮政业消费者申诉处理办法》、国家工商行政管理总局《关于处理侵害消费者权益行为的若干规定》类的部门规章之中,也同时存在于各地的地方性法规之中,而且数量繁多。许多地方性法规在不与上位法冲突的前提下,增加了许多保护消费者合法权益的规定。当向某一区域市场投资经营时,如果不去了解这类法律规定便有可能构成违法。

例如,根据原建设部于1998年颁布的《商品住宅实行住宅质量保证书和住宅使用说明书制度的规定》,《住宅质量保证书》中对正常使用情况下的部分保修内容规定为"屋面防水3年"、"墙面、厨房和卫生间地面、地下室、管道渗漏1年"。但该《规定》第6条又规定:"房地产开发企业可以延长保修期"。但根据浙江省人大常委会于2000年修订的《浙江省实施〈中华人民共和国消费者权益保护法〉办法》第29条的规定,"商品房实行质量保修制度。在正常使用情况下,屋面防水工程、有防水要求的卫生间、房间和外墙面的防渗漏保修期不低于八年,其他部位的保修期限按国家规定执行"。由此可见,两个法规对于在浙江省从事商品房开发的企业同样有效,但开发商必须遵守地方法规的规定对相关部位提供不低于八年的保修期。否则既无法通过缩短的保修期回避责任,也会令消费者认为存在欺诈行为。

在进入国外市场时更是如此。许多中国企业在对外投资和产品出口方面未经认真的法律环境调研、不熟悉输入国的法律规定便盲目投资或出口,而由于当地法律环境的原因导致投资及出口失败的案例时有发生。而那些先熟悉当地法律环境,然后再进行投资与出口的企业则往往非常容易成功。

某小企业以往只是代理国内某类五金机械配件的出口美国,在熟悉了当地的法律环境后,他们特意调研了美国法律对于相关配件进口的相关规定、技术标准、材质,并充分了解了当地法律对于产品责任等方面的规定。在完成这些综合调研后,他们出口的产品在材质上与国外产品的质量水平相同、价格相对略低、质量认证证书齐全,并有了甚至比国外同行还要详细、全面的产品说明,使其产品不仅有了自己的品牌而且价格也要高于国内同行。而与此同时,国内某输美产品的生产厂家却因一起美国公民提起的产品责任诉讼,在一夜之间倒闭。其原因,就是其产品说明书过于简单,导致美国公民在使用时受伤后援引美国的产品责任法提起巨额索赔诉讼。

（二）对法律风险后果的调研

对于具体项目法律风险不利后果的调研应用面很广,而且其范围可大可小,既可单独使用也可以在操作模式面临法律风险时评估最为不利的结果。这些调研的结论会对决策或应对方案产生决定性的影响。

以消费类电器产品生产企业为例,从法律风险的不同类型进行分类,企业因违反消费者权益法律规定而遭遇的最不利后果分别如下：

1. 民事赔偿责任

（1）产品可能造成的人身伤害

① 普通伤害：支付医疗费、治疗期间的护理费、因误工减少的收入等费用。

② 造成残疾：支付残疾者生活自助具费、生活补助费、残疾赔偿金以及由其扶养的人所必需的生活费等费用。

③ 造成死亡：应当支付丧葬费、死亡赔偿金以及由死者生前扶养的人所必需的生活费等费用。

④ 精神损害：侵害消费者人格尊严或侵犯消费者人身自由,应停止侵害、恢复名誉、消除影响、赔礼道歉,并赔偿损失。

（2）产品可能造成的财产损失

产品缺陷造成财产损失,应恢复原状或折价赔偿,对重大损失予以赔偿。

2. 刑事处罚责任

（1）生产者、销售者在产品中掺杂、掺假,以假充真,以次充好或者以不合格产品冒充合格产品达到一定金额,处有期徒刑或拘役,并处或单处罚金、没收财产。

（2）生产不符合保障人身、财产安全的国家标准、行业标准的电器,或者销售明知是以上不符合保障人身、财产安全的国家标准、行业标准的产品,造成严重后果直到特别严重后果的,处有期徒刑并处罚金。

（3）同时构成前两种犯罪的,依照处罚较重的规定定罪处罚。

（4）生产、销售前述产品,不构成各条规定的犯罪但销售金额在五万元以上的,处有期徒刑或拘役,并处或单处罚金、没收财产。

（5）构成前述生产、销售伪劣商品罪,对单位判处罚金,并对其直接负责的主管人员和其他直接责任人员,依照相关规定处有期徒刑或拘役、罚金、没收财产。

3. 行政处罚责任

（1）由工商行政管理部门责令改正；

（2）根据情节单处或者并处警告、没收违法所得、处以违法所得一倍以上五倍以下的罚款,没有违法所得的,处以一万元以下的罚款；

（3）情节严重的,责令停业整顿、吊销营业执照。

4. 单方权益丧失

(1) 承担非流通品产品责任赔偿;

(2) 承担产品投入流通时尚不存在的缺陷引起的损害;

(3) 承担产品投入流通时科技水平尚不能发现的缺陷引起的损害;

(4) 承担超过产品缺陷赔偿时效的赔偿责任;

(5) 承担超过产品交付最初消费者满十年且超过明示的安全使用期的赔偿责任。

有了上述法律风险不利后果的调研,核对企业的法律风险状况、设计应对措施已经有了非常明确的目标,可以顺利进行。

但从法律角度调研不利后果,一般只能限于其直接的后果而无法包括外围的递延影响。例如,对于消费品的产品质量缺陷,律师可以从《消费者权益保护法》、《产品质量法》、《合同法》、《民法通则》以及部分地方法规等法律角度得出应该承担何种民事责任及幅度,以及行政处罚甚至刑事处罚的类型及幅度,这是通过法律规定可以得出的结论。但同样的消费品质量缺陷,也有可能最终导致消费者整体性拒买、分销商退货、银行催款、供应商哄抢企业财产等递延的严重后果,而这些情况是否会发生则不属于法律调研的范畴,而且许多这类情况的发生并非法律所能解决。

三、对交易主体相关情况的调研

如果实施法律风险管理的企业经营项目存在交易相对方,特别是收购、合作等涉及一个陌生的交易相对方时,对其进行尽职调查已经成了律师非诉讼业务的基本工作内容和必经的程序。这种尽职调查所要解决的是"对方究竟是谁"以及"对方情况如何"等问题,至于调查结果如何解读则是另外一部分工作的内容。

(一) 企业基本情况的尽职调查

这里所说的企业基本情况,是指企业从事合法经营活动所必备的一些法律许可手续,包括营业执照及各类许可证。对于法人来说,作为一种依据法律拟制的人,这些许可是其合法从事经营活动的必需内容。

在这些许可中,企业法人营业执照最能反映其是否具备法人资格以及其注册资本、合法经营的范围、有效期限等信息。如果辅以审查其年检记录,还可以发现其是否处于合法经营的资格状态。除此之外,某些行业对企业有资质方面的等级划分,例如工程建设、安装、运输等行业会将业内的企业分成不同的资质等级,不同的等级代表了其管理能力和业务能力,甚至每级资质的企业只能承接与其资质相对应的业务。

企业的经营资格还与各类许可经营管理制度有关,有的行业在未取得相应的许可之前根本无法获得工商部门的相关经营范围,也就不得从事相关的生产或经营活动。如危险废物经营许可证、药品经营许可证、金融许可证等。另一类许可则是必须先有营业执照才能申办相关的生产许可或经营许可。如广告经营许可证、烟草专卖许可证等。

根据最高人民法院在《合同法》的司法解释第10条中规定:"当事人超越经营范围订立合同,人民法院不因此认定合同无效。但违反国家限制经营、特许经营以及法律、行政法规禁止经营规定的除外。"因此,如果交易涉及相对人的身份,则更要审查其是否具有违反限制经营、特许经营、禁止经营的情况。

除上述情况外,有时还需要通过调阅交易相对人的工商登记等资料并从中发现更多的有用信息。

(二) 企业特定情况的尽职调查

这类尽职调查针对的是对方更为详细的资产、负债等情况,在涉及企业兼并收购的交易中,这类调查尤其重要和复杂。而决定这类尽职调查工作质量的,其实是尽职调查项目的清单。正因为如此,尽职调查未必需要资深律师亲自动手,但调查清单的制作却往往需要资深律师把关,甚至尽职调查清单也必须通过详细的法律调研或"尽职调查"才能取得。

例如,对于有限责任公司的收购,其尽职调查的范围清单[①]主要包括:

第一部分　目标公司及其子公司的基本情况

1.1　企业法人营业执照或营业执照
1.2　公司经营所持有的各类许可证、资质证书等政府批准文件
1.3　包括公司章程在内的设立及变更情况的工商登记资料
1.4　历次股东会、董事会决议
1.5　组织机构设置及部门负责人
1.6　土地、场地或房屋的权属证明或使用权文件
1.7　固定资产清单及验收合格证明
1.8　动产清单、存货清单及银行存款证明

第二部分　目标公司资产与负债状况

2.1　资产负债表及评估报告、审计报告等财务数据
2.2　债权、债务清单及其证明文件
2.3　纳税情况证明及可能导致税务责任的事由清单

---

① 参见中华全国律师协会经济专业委员会《律师承办有限责任公司收购业务指引》,内容有所调整。

2.4 政府部门同意减免税费、优惠税费、优惠政策文件
2.5 从各银行借款的金额、期限、利率、担保情况
2.6 为其他方提供担保或被其他方担保情况
2.7 应缴水、电、汽等缴纳情况
2.8 公司资产的保险情况
2.9 拥有的专利、商标、著作权和其他知识产权证明文件

第三部分　与资产相关的附属文件

3.1 特许经营授权与被授权情况
3.2 与其他公司间的销售代理与被代理合同
3.3 许可或被许可使用商标、专利、软件等合同
3.4 对其他方的财产保全或被财产保全的情况
3.5 政府授权经营项目文件
3.6 联营合同、收购其他公司的合同
3.7 各类许可使用权证明
3.8 正在研制的可能获得知识产权的智力成果报告
3.9 正在申请知识产权的项目清单

第四部分　人力资源管理情况

4.1 员工基本情况统计表及管理人员、技术人员、职工情况统计
4.2 劳动合同及员工的雇佣条件、薪酬制度、福利待遇
4.3 股份奖励方案、股票期权方案或利润分享方案
4.4 企业商业秘密及竞业限制管理制度或协议
4.5 职工的各类社会保险、公积金、福利费应缴及实缴情况
4.6 员工薪酬及福利待遇、绩效奖励的实际履行、拖欠情况
4.7 企业各类规章制度及形成机制
4.8 工伤事故及处理、员工离职及处理情况统计表
4.9 员工与企业的争议、投诉统计及处理情况

第五部分　企业经营状况

5.1 经营项目的立项、批准情况
5.2 日常经营性尚未履行完毕或争议尚未处理完毕的所有合同
5.3 客户清单和主要竞争者名单
5.4 产品质量保证文件和对个别客户的特别保证情况
5.5 广告发布协议和已发印刷类广告原件、其他广告的音像资料
5.6 产品责任险等投保情况资料
5.7 劳动保护与环境保护不符合项清单

5.8 产品或服务的投诉统计及投诉资料

第六部分 其他影响资产总值情况

6.1 正在进行和可能进行的诉讼和仲裁
6.2 诉讼或仲裁中权利的主张和放弃情况
6.3 生效法律文书的执行情况
6.4 对公司未来发展可能产生重大影响的项目、经营举措
6.5 可能因并购引起的违约、经营状态变化、解除合同情况
6.6 所有诉讼或仲裁、受到行政处罚、刑事处罚、行政复议、听证会资料
6.7 可能影响经营或资产价值的拆迁安置情况
6.8 以往合同中约定的如股东变更而影响合同履行的规定
6.9 因与其他方共用土地或房屋而在并购后无法分割的情况

四、运筹思维与法律风险管理思维

如果能够跳出法律思维范式,其他风险应对手段能够给法律风险管理带来更多启示。从典型的运筹学角度来看,任何一个风险往往都可以找出其约束条件和量化的关系,并借此判断出量化的结果。当通过计算得知应对风险的成本大于风险损失,则应该听之任之。而当各类约束条件都可以量化,则可以得出精确的量化结论供决策时参考。绝大多数的企业根本不会按如此严谨的方式去决策,但其考虑问题的方式与此完全相同。

案例1

某物资储备仓库位于河岸附近,如果发生50年一遇的洪水泛滥,将会造成约200000元的经济损失。经测算,如果转移到其他场地需要花费20000元,如果加固防洪设施至能够防范50年一遇的洪水则需要10000元。如果仅从损失与应对风险措施的费效比考虑,毫无疑问应该采取措施搬迁或加固河堤。但从运筹学角度考虑问题时,得出的结论却可能恰恰相反。

由于发生50年一遇洪水的概率相当于1/50,也就是2%。从理论上计算,该仓库每年的风险损失为200000×2%=4000元。由此可见,应对50年一遇洪水的搬迁支出、加固支出都会远大于承受的损失,其结论自然是不必搬迁也不必加固。当然,这种理论计算结果往往只能用于参考,或许这个企业刚刚做出不搬迁、不加固的方案后不久,一次突如其来的50年一遇的洪水立即使这个"科学"的决策化为笑柄。因为洪水泛滥的概率是来自统计,并不代表将来一定会是平均50年一次。洪水的泛滥或许最终成为百年未遇,也有可能一年发生两次。

案例2[①]

某农夫拥有100英亩土地准备用于种植玉米和高粱,假设这两种作物都可以完全卖掉。农场中每灌溉一英亩的水需要40美元、每施100磅化肥需要25美元,而每英亩玉米需要3.9英亩的水、100磅化肥,每英亩高粱需要3英亩的水、150磅化肥。在收获季节,该农民每英亩可收获125蒲式耳的玉米或100蒲式耳的高粱,玉米的价格为2.8美元/蒲式耳、高粱的价格为2.7美元/蒲式耳。除此之外,该农民每灌溉一英亩土地会流失2.2吨地表土、每灌溉一英亩的高粱会流失2吨地表土,而他希望全年的地表土流失总量不超过210吨。在给出上述复杂的、多达8个维度约束条件后,所提出的问题是,他应该如何种植才能实现收益的最大化。

通过一系列的建模、设立目标函数、优化,最终得出的最优可行解为该农民应该种植22.2英亩玉米、77.8英亩高粱,并在出售后得到11950美元的最高总收益。

以上两个案例是借助运筹学的建模方式评估风险,并最终得出最优化结论的典型代表。但遗憾的是,法律风险评估虽然也可以借鉴这种工作方法,但法律规范的严谨程度及执法尺度的幅度性决定了在法律风险不利后果的评估方面很难有具体的量化结果,也就很难将这种方式作为决策的主要依据。

而对于经营、投资等方面的一项重大决策,其中的许多要素同样可以抽象成约束条件并以建模的方式加以估算,只是这方面的工作实在不是律师的职责。但这种工作方式的引入将是法律风险评估业未来发展的方向,一旦能够实现这一点,则代表着无论法律风险管理还是风险管理、企业管理,都已经在原有的基础上发生了质的飞跃。

虽然以建模的方式对法律风险管理进行辅助决策在目前尚未实现,但前一章所介绍的法律风险点赋值、法律风险重要程度评估等内容,已经为法律风险的量化分析打下了基础,值得在后续工作中加以研究和应用。人们对于风险的研究没有止境,对于法律风险的研究一时也不会存在止境,任何固步自封都会阻碍法律风险应对手段的进步。也只有借鉴其他风险应对的手段,才能使法律风险管理成为一门专业的社会分工技能。

[①] 参见〔美〕雅科夫·Y.海姆斯:《风险建模、评估和管理》,胡平等译,西安交通大学出版社,2007年9月第1版,第33页。

第六章　法律风险管理的实施与提高

本章提示

　　法律风险管理方案的具体执行,是整个法律风险管理活动中的一个难题。它涉及企业的执行力问题,以及方案的可执行性问题。此前的尽职调查、评估、方案设计虽然也存在着律师与企业的互动,但那些互动是以律师为主导,对于企业人员配合程度的依赖性并不强。因此,执行这些方案是对企业能力的检验,也是对方案设计水平的检验。

　　执行力问题是我国企业的通病,无论哪类企业都不同程度地存在。在方案设计时的重要考虑之一,就是如何简化操作以适应非法律专业人士的法律风险管理操作,通过方案执行的简便性去提高方案执行的力度和质量。除此之外还需要企业管理制度方面的配合,这些配合已经不再属于法律风险管理范畴,而完完全全是企业管理范畴。

　　任何管理归根结底都是对人的管理,通过管理者与被管理者的互动,达到各类资源价值的最大化利用。企业如此、社会如此,国家也是如此。同样,法律风险管理也是如此。但对于人的因素的考虑,是所有的管理方案中最为复杂的环节,这是法律人从不涉及的领域,却又是法律风险管理活动中必须涉及的领域。

　　对法律风险管理方案的执行,是在整个企业经营管理行为执行一个特定的流程。这个流程中的许多事项同其他的企业管理行为一样,随着企业的运营周而复始地存在、发展,还有一部分事项则并非按照标准的内容和程序去完成,而是由法律专业的人员按非常规问题以非常规的方式处理。对于周而复始的那类法律风险管理方案,同其他企业管理方案一样,存在着周而复始的循环改进的需要。因而从这个意义上说,法律风险管理是伴随企业成长的不间断的过程。

　　其实,法律风险管理效力能否最大限度发挥,取决于企业的综合能力能否得到最大限度发挥,否则就不足以最大限度地控制经济交往中的交易风险。差异化竞争战略、成本领先战略、技术领先战略、售后服务体系等,都能使企业在交易中处于优势地位。不改变交易中的不利地位,就解除不了对法律风险管理效益最大化时的约束。可见,只有足够强大的企业才能将法律风险管理发挥到极限。

第一节　对解决方案设计思路的回顾

由于内容安排的需要,前一章所介绍的内容都是方案设计中的细节操作,并未讨论总体设计中的一些基本思路。而真正能够影响到整个体系的质量及效率的工作,则恰恰是整体设计思路。这些思路本身并不产生新的内容,但通过这些思路指导下的安排,可以更好地解决问题。

法律风险管理仍旧是一种管理,如果不考虑效率和成本,其"管理"就无从谈起。完成设计工作固然不算容易,而完成的设计能够在多大程度上解决实际问题并有良好的综合效益才是衡量设计质量的标准。设计的过程,其实就是将不同的要素在特定背景下以特定的方式进行不同的组合,从而在完成设计需求的同时实现不同的功能、达到不同的效果。法律风险应对方案的不同要素组合决定着不同的管理效率和管理结果,兼顾管理效率才能使之更有生命力。

一、管理视角下的法律风险分类

前面的章节对于法律风险的分类都是侧重于其危害程度及与法律的关系。而在设计解决方案阶段,则需要从管理的角度去"透视"企业法律风险的全貌,通盘考虑应对措施。

(一)可预见性与可预防性视角

任何的风险应对方案都不可能包罗万象,只可能是在严谨程度和防护水平上存在高低。在考虑应对方案时,往往需要从可预见性和可预防性两个角度去理清思路。根据波士顿矩阵进行分析,可分为以下几种:

(1)可预见、可预防的法律风险

这种法律风险主要是本方可以主动采取措施加以避免的,此类法律风险只要能够预见就能够加以避免。例如合同的完善、对于对方主体资格的审查、本方流程缺陷的改进,以及对方可以接受的提供担保等。

(2)可预见、不可预防的法律风险

这类法律风险由于不在本方的控制能力范围之内,所以基本常识或法律规定虽然可以预见,但无法避免其发生。此外,有时出于成本等因素的考虑,也无法主动加以避免。

例如,虽然在合同中可以约定对方违约时的制裁条款,但对方是否会全面履行则是无法控制的。而在另外一些情况下,例如面对消费者的电信服务,虽然存在限制行为能力人办理业务并最终欠费的情况,但总不可能对每个办理业务的顾客都盘查其是否限制行为能力,因此风险虽然能够预见但无法预防。

(3) 不可预见、可以预防的法律风险

这些不可预见的法律风险,往往是由于某些突如其来的变故而引起的正常利益预期及法律责任的变化,因意外事件造成的法律环境的变化、对经营利益产生重大影响等均属此类。这些变化或影响有可能由于自然原因或社会原因而引发,并对正常的经营活动产生重大影响。例如,当年的"非典"疫情曾经对整个社会各行各业的运营产生重大影响,从而导致一些餐饮企业门可罗雀,连支付租金也感困难,另外一些制造业则由于疫情的干扰而无法正常交货。

由于不可预见的法律风险大多直接干扰企业的合同履行等正常经营活动,一部分可以通过约定解决,另一部分可以通过保险解决。在合同中,可以通过设定不可抗力范围、合同退出机制、分散风险方案等便于全身而退,至少减少损失。而那些可以保险的风险则可以通过保险转嫁。如财产、机动车辆的灭失风险,往往在法律风险中也有一部分可以通过保险的方式加以解决,面向某些职业而存在的责任保险即是如此。在财务上,"不可预见费用"可以理解为用于应对这类风险的一种手段。

(4) 不可预见、不可预防的法律风险

虽然同样不可预见,但这类风险的类型与前者略有不同。这些法律风险处于前类风险以外,不仅无法预见而且无法通过前面的方法进行预防。例如,因意外事件造成的侵权、因误盖公章而引起一系列合同责任、由于疏忽而导致的重要证据遗失等。虽然这类风险的产生并非完全超出想象之外,但在正常情况下不可能发生。由于根本无法想象会从哪个方面出现、何时出现,也没有其他手段去应对,因此这类风险只能听之任之。好在这类法律风险的发生概率很低,因此也适于听之任之。

总的来说,法律风险的解决方案只能从制度层面解决法律风险的应对方案,而无从控制其能力范围以外的风险,也无从杜绝那些受制度控制的法律风险的实际发生。

(二) 严重程度与发生概率视角

通常情况下,法律风险的紧迫程度是企业决定是否采取措施的重要依据。对于可能发生也可能不发生的情况,衡量紧迫程度的要素最主要是法律风险不利后果的严重程度和发生概率。而对于那些注定发生的法律风险,或者法律风险已经发展成现实的法律风险事件,则只需关注后果的严重程度,因为其发生概率已经是100%。

如果将法律风险不利后果的影响区分为严重、一般、较轻三级,法律风险不利后果的发生概率分为高、中、低三级,从左向右按发生概率高低排列、从上到下按严重程度排列,则可以得出以下矩阵。

表 6-1　法律风险严重程度与发生概率矩阵表

A1 后果严重　发生概率高	A2 后果严重　发生概率中	A3 后果严重　发生概率低
B1 后果一般　发生概率高	B2 后果一般　发生概率中	B3 后果一般　发生概率低
C1 后果较轻　发生概率高	C2 后果较轻　发生概率中	C3 后果较轻　发生概率低

从技术角度解读，这个矩阵被始于左下角而止于右上角的对角线分为五个不同的区域，从左上角开始到右下角为止，其紧迫程度依次降低，呈中间大、两头尖的橄榄型。其中，左上角的 A1 对于企业是最为紧迫的法律风险，而右下角的 C3 则是最不紧迫的法律风险，基本上属于可以放任其存在而只需加以关注的情形。如果将这一结论通过另一张图表表现出来，则从上到下应该采取措施的法律风险类型分别如下：

表 6-2　法律风险应对措施表

严重程度	包含类型	应对措施
严重	A1 后果严重　发生概率高	必须采取措施
较重	B1 后果一般　发生概率高 A2 后果严重　发生概率中	应当采取措施
中等	C1 后果较轻　发生概率高 B2 后果一般　发生概率中 A3 后果严重　发生概率低	适当采取措施
较轻	C2 后果较轻　发生概率中 B3 后果一般　发生概率低	酌情采取措施
轻微	C3 后果较轻　发生概率低	可以采取关注

其中，"严重"与"较重"都属于重大的法律风险，"较轻"与"轻微"都属于轻型的法律风险。在应对手段方面，从上到下的是战略层面的安排顺序，前两个都是需要积极采取措施应对的法律风险。而"适当采取措施"，是对于那些中等法律风险不能采取放任的态度，应当采取一定的措施加以防范，但应对措施应当适度，具体视企业情况而定。而"酌情采取措施"则是指根据应对法律风险措施的投入产出比，采取一些对投入成本、工作效率影响不大的应对措施。而对于后果"轻微"的法律风险，特别是那些采取措施会增加交易成本或增加控制成本的法律风险，只需保持关注以便在情况发生变化时及时采取措施。

这是对于企业总体法律风险的宏观分类，有了这个分类，对于法律风险的应对就有了基本的尺度和总体安排。

（三）常规程度和处理职责视角

从管理的效率原则出发，在理想的状态下，上一级的管理者借助于下一级管理者的脑力,使管理目标不断被细化而变得可以具体执行,直到最后的执行层既需要运用脑力又要运用体力去执行具体明确的管理方案。而为了提高效率,不同层面的管理者有着不同的管理职责,越是具体的、事务性的操作越是需要交由下级去执行,而领导的职责则主要是确定目标、设计方案、检查执行。如果下级超越了其职权范围行使上级的职权则会造成管理秩序的混乱,而上级对下级的工作亲力亲为,则会抓小放大而浪费了宝贵的管理时间、无法顾全大局。

为了使管理者和执行者都能各司其职地完成本职工作,许多企业以职务说明书或操作手册的方式明确各级人员的职责范围,并通过制度或流程划分不同职位之间的职责和配合问题。以便将常规事务交由下一级管理人员处理,提高工作效率、减少上一级管理人员在细节事务上的管理压力。而这一原理也早已在管理学界得到普遍认可,包括哈佛大学的管理学教材中也有提及。根据这些基础理论,从是否属于常规问题以及是否常规处理两个维度出发,法律风险管理具体事务也可以根据不同的排列组合形成如下矩阵:

	常 规 处 理	非 常 规 处 理
常规问题	A 常规问题　　a 常规处理	A 常规问题　　b 非常规处理
非常规问题	B 非常规问题　a 常规处理	B 非常规问题　b 非常规处理

在这个矩阵中,上下两行按是否常规问题排列,左右两列按是否常规处理排列,其中的 A 代表常规问题,B 代表非常规问题,a 代表常规处理,b 代表非常规处理,从而形成了 Aa、Ab、Ba、Bb 四种不同的排列组合。在这四种不同的排列组合中,Aa 属于常规问题、常规处理的事务,完全应当标准化后交由下级员工或管理人员去负责处理,Bb 属于非常规事务而且必须非常规处理,只能报由上级管理人员决定。而余下的 Ab 或 Ba,要么属于常规事务非常规处理、要么属于非常规事务常规处理,应由本级管理人员负责执行。这样的划分将看上去处于混沌状态的各类事务进行了大致的分类,便于将工作分成不同的层级并分配给不同的人员负责处理,提高管理人员的工作效率。使他们的工作内容处于管理层面而不是操作层面,否则就是一种浪费。

以法律风险管理的工作分工为例,当律师为企业制定了标准的合同文本体系之后,常规的按该合同文本签订及履行的合同已经不需要再由律师把关,作为一种常规事务的常规处理,企业的业务人员可以自行完成。而当某些条款对方当事人坚持一定要进行某些非实质性的修改时,需要按照常规事务的非常规处理,由律师确认对方所要求变更的条款是否更改。如果是某类交易已经超出了原有合同标准文本的范围,经过律师确认可以按照文本体系中的某一文本进行交易,则属于非常规事务的常规处理。而对于那些重大的项目,特别是投资项目,则属于特殊事务特殊处理,完全需要由律师及企业的高层共同确认具体的方案,业务人员只是起到辅助作用。

将企业需要处理的合同事务按这样的方式分成四类完全是站在管理的角度,特别是站在提高效率的角度。不实现这一点,就无法实现效率,也无法从大量的重复劳动中脱身出来研究更深、更广的课题。

二、法律风险管理系统的应有功能

由于法律风险管理是个系统工程,因此这个管理系统必须具备一定的辅助功能才能确保管理目标的顺利实现。而其中的任何一个功能不能实现,都会极大地影响到法律风险管理的效率。而这些功能,除了前面已经讨论过的内容外,主要有信息系统、预警系统等。

(一)法律风险分级管理功能

毫无疑问,建立法律风险管理部门是确保法律风险管理得以有效实施的根本保障。对于一个企业来说,没有专门的法律风险管理部门就意味着企业没有专人去实现法律风险管理职能,就无法保证法律风险管理措施的落实以及法律风险管理目标的实现。

目前,许许多多的企业都设立了专门的法律风险管理部门或职位,但这些部门或职位在整个企业的法律风险管理活动中的作用并不大。究其原因,这些部门或职位如果没有处于强势的高层管理人员的支持,他们很难得到企业其他部门的配合,而处于法律风险管理部门或职位的人员如果在法律方面缺乏足够的权威,也同样会影响到他们在企业法律风险管理方面的作用。从企业的实际情况来看,企业高层的支持和法律风险管理部门的权威二者缺一不可。即使是在某些大型的上市公司,虽然企业高层对法律风险管理给予了足够的重视,但由于负责法律风险管理的人员缺乏足够的权威和法律工作经验,他们的要求难以得到企业其他部门的配合,也就难以对企业的法律风险管理起到有效的推动作用。而那些企业高层有着足够的重视而法律风险管理部门又有着足够的权威的企业,他们的法律风险管理职能无论是在组织机构上、管理制度上还是在专业权威上都必须有雄厚的基础,只有这类企业才能在法律风险管理方面雷厉风行、效果卓著。

其实要落实法律风险管理措施,组织机构设置还只是完成了初步的基础性工作,还有大量的职能和职责要分配给不同层级的不同职位,使整个企业形成针对法律风险各司其职、分工配合的局面,才能使法律风险管理得以实现。法律风险管理在企业中的基本分工如图6-1。

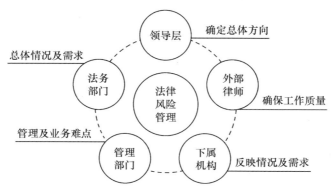

图 6-1　法律风险管理分工图

（二）法律风险信息收集功能

随着时间的推移，法律风险无论是其主体还是环境、行为均会产生变化，这种变化会使得企业原有的法律风险管理体系由于"衣不蔽体"而产生漏洞。在《中央企业全面风险管理指引》第 11 条中规定，"实施全面风险管理，企业应广泛、持续不断地收集与本企业风险和风险管理相关的内部、外部初始信息，包括历史数据和未来预测。应把收集初始信息的职责分工落实到各有关职能部门和业务单位。"而在该《指引》的第 16 条中则又规定："在法律风险方面，企业应广泛收集国内外企业忽视法律法规风险、缺乏应对措施导致企业蒙受损失的案例，并至少收集与本企业相关的以下信息：（一）国内外与本企业相关的政治、法律环境；（二）影响企业的新法律法规和政策；（三）员工道德操守的遵从性；（四）本企业签订的重大协议和有关贸易合同；（五）本企业发生重大法律纠纷案件的情况；（六）企业和竞争对手的知识产权情况。"

在前面讨论法律风险评估的章节中，我们曾经讨论过需要分别收集企业历史信息、行业统计信息、法律环境信息，以便于更准确地评估企业的法律风险。而为了进行常态下的有效法律风险管理，所要收集的信息远不止这三类。根据实际需要以及对《指引》相关内容的归纳，法律风险管理信息收集系统需要收集与企业投资、经营活动有关的以下信息：

（1）国内外法律环境及其变化信息；
（2）政府政策导向及所在地法律规范以外的规范性文件信息及变化；
（3）本行业的各类统计信息及发展、变化、法律问题、解决方案类信息；
（4）本企业产业链上游、下游行业的法律环境、经营环境及变化的信息；
（5）与本企业有经济往来的相关企业经营状况、对外争议等信息；
（6）有可能使本企业蒙受损失的违约、侵权或被侵权，及权益可能丧失等情况；

(7) 被员工或其他方投诉、媒体曝光，或被政府部门立案调查、处罚等情况；

(8) 法律风险管理措施的执行情况信息。

这一阶段所要了解的法律环境信息包括了执法环境类的信息而不再是静态的法律规范规定，集中于企业行政处罚法律风险执法环境的相关信息。由于立法的速度远远跟不上经济、社会的发展速度，许多行政法律规范在整个经济及社会环境发生变化后未能及时调整，但在执法立场上则可能有所变化。这些变化虽然在涉及法律风险后果时不能作为直接的决策依据，但对采取应对措施具有极为重大的参考价值。

对于这些信息的收集、分析，有助于及时了解潜在的风险或即将面临的风险并事先调整法律风险的应对方案或做好应对的准备。

(三) 企业信息沟通功能

大多数的企业内部信息沟通系统都存在着一定的问题，那些包括法律风险相关信息在内的各类信息在企业间无法有效流转，甚至其流转只限于各个部门的主管人员而无法到达实际操作人员，从而影响了企业对于外界环境变化应激反应的灵敏度。

理想状态下，与法律风险相关的信息及其他信息应当在企业不同层级的管理人员及不同部门之间进行有效的流通并直达各个职位的实际管控人员，但事实上这在企业里很难办到。由于现在的企业大多采用直线职能制，各个职位仅对其直接上级负责，至多顾及相关职位间的配合，甚至在本部门之内也未必能够有效流转，法律风险管理信息更是如此。无法及时、准确、完整地取得企业的相关信息，法律风险的预警、管理、改进就无法进行。

企业信息的有效沟通在法律风险管理方面具有双向作用。从信息收集的角度来说，法律风险管理部门能够及时了解企业的经营活动动态，就能够从中发现潜在的法律风险并及时介入采取措施，这一方面的作用与前一功能相同。从法律风险管理部门影响力来说，通过不断向企业的其他部门散发法律风险管理信息，可使其他部门树立法律风险意识并与法律风险管理部门进行有效的配合，主动防止重大法律风险的产生。当然，对法律风险管理信息的收集与分享对于企业来说并不容易轻易实现。

(四) 法律风险监控功能

正如前面所提到的，企业并不需要对所有的法律风险都立即做出反应。尤其是企业的管理制度同法律规范一样，需要有一定的稳定性，否则会影响其执行力和权威性。这就要求在制度和流程的设计上充分考虑到哪些应该长期不变、哪些可以根据实际情况变化进行调整。同时,还需要建立法律风险的监控机制,明确当新出现的法律风险达到何种程度时提出预警信息,以及达到何种程度时进行干预。因此,当监控到的法律风险达到不同程度时,会分别触发警示企业决策层及各部门注意的预警线,以及介入并对法律风险采取干预措施的干预线。

  对于预警线的设置需要考虑到企业的风险承受能力。虽然企业可能存在不同的风险偏好,并对法律风险的应对设计了梯次的应对措施,但设定预警线的标准最终还是企业对法律风险不利后果的最终承受能力。简单地说,设计预警线的目的,就是当法律风险对企业的法律安全尚不构成威胁时,企业只需通过信息收集系统对其保持关注并预研应对措施,只有当这些新生的法律风险达到某种程度时,法律风险管理部门才进入干预程序。同理,当法律风险影响程度超过一定的界限时,也就是超过了干预线时,就需要启动应对机制,通过预研的法律风险管理措施将该法律风险划入常态化管理的工作范围。

  预警线及干预线的设置即使是通过综合运算而得出结论,其最终的衡量标准仍旧离不开决策层的主观判断。甚至可以说,预警线和干预线的设置标准在很大程度上属于主观标准。在某些情况下,企业需要承受一定的法律风险损失以换取效率和更大的市场,因而在设定预警线和干预线的过程中,所要考虑的问题不亚于设定解决方案时需要平衡的内容。而且,如果干预的成本及对整个经营管理的影响足够小,企业实际上完全可以直接采取应对措施而无需设立预警线和干预线,因为预警线及干预线的设定其实主要是针对那些牵涉到全局或对企业经营管理着重大影响、无法通过简单处理加以消除的法律风险。

三、对于法律风险解决方案的测试

  对法律风险解决方案的测试,是通过一定的工作方法对设计完成的工作方案进行检验,发现其中的漏洞、冲突或不便于执行的内容,以便在正式提交方案前有机会优化、完善其内容,也便于解决方案在执行阶段畅行无阻。其中的有些方法来自其他风险管理手段,但在法律风险管理中完全可以借鉴其理念。

(一)穿行测试

  穿行测试(Walk Through Test)也叫全程测试、了解性测试、摇篮—坟墓测试(Cradle to Grave Tests),是指在对企业、单位内部控制进行研究、复核时,在每一类交易循环中选择一笔或若干笔具有典型代表性的业务进行测试,以验证审计工作底稿中描述的内部控制相关信息的客观性和准确性的审计方法。这本不是用于法律风险管理的手段,但这一理念可以借鉴并用于解决方案的测试。

  在企业管理及法律风险管理活动中,存在大量的制度、流程、文本。这些工作成果实施后的情况如何,以及是否存在遗漏、冲突、欠匹配等情况,在施行以前人们往往不得而知,而在全面施行后虽然可以充分发现问题,但许多方案设计中的缺陷很有可能会产生混乱甚至损失。因此,选择其中的某些需要穿行于不同领域、部门的活动,以模拟运行的方式从头至尾穿行于相关的制度、流程、文本之中,可以事先发现问题并在施行前加以解决。这是对穿行测试这一工作原理在法律风险解决方案执行以前进行的检验,其实也是一种模拟运行。

这一过程可以被理解为 PDCA 循环的 Check 环节。通过这一过程可以检验相关的制度、流程、文本是否无法运行,或是否存在不明确项、哪些内容需要优化等。如果方案已经在切实执行,则可以检验相关的制度、流程、文本是否得到了充分、正确的执行。

例如,对于采购付款循环的内部审计,可以选取具有代表性的原材料采购业务以及其他采购付款业务,从请购开始按照业务的进程逐步追查至订购货物、材料验收、入库、核准付款、实际支付以及凭证的编制、账簿的登记等,跨越会计系统,对整个业务过程进行详细审查。而法律风险管理措施的穿行测试则可以从采购计划制定、供应商选择、合同谈判、合同文本制作及签订、采购品检验、验收入库、投料生产、不合格品分析及售后反馈、质量争议鉴定、索赔、货款支付等项目入手,检验制度、流程、文本是否适合这些常规及非常规的过程,以及能否充分、有效地应对法律风险,并针对问题及时改进。

(二) 控制自我评估

控制自我评估(Control Self Assessment)缩写为 CSA,也被称为管理自我评估、控制和风险自我评估、经营活动自我评估以及控制、风险自我评估,是指企业内部为实现组织目标、控制风险而对内部控制系统的有效性和恰当性实施自我评估的方法。这种工作方法是发达国家广泛采用的内部审计技术和工具之一,共有三个基本特征:关注业务的过程和控制的成效;由管理部门和职员共同进行;用结构化的方法开展自我评估。[1]

这种评估方式产生自 20 世纪 80 年代后期。随着《美国反海外腐败法》于1978年生效,人们需要能够评价包括公司治理、经营理念、职业道德、沟通、人力资源政策和文化等内容的工具。1987 年,加拿大海湾公司(Gulf Canada)设计了一套全新的方法,称为控制的自我评估(CSA)。它由不同岗位、不同专业的员工和经理组成的各个小组出席由高级内部审计人员召集的专题讨论会,各小组畅所欲言确认内部控制的运转情况及需要采取的措施。以这种方法应对风险,主要风险经常在刚出现时就被识别,在损失尚未蔓延前公司高级管理层就能采取纠正措施。而且,它

---

[1] 参见智库百科 http://wiki.mbalib.com。

既能涵盖传统的财务报告、资产与记录、使用与传递、授权授信、岗位分离、数据处理与信息传递等"硬控制",又能评价包括公司治理、高层经营理念与管理风格、职业道德、品行、胜任能力、风险评估等"软控制",也能用于评估法律风险解决方案的设计水平及操作性等问题,是提高应对方案设计质量的重要手段。

CSA 所带来的内控评价变革可概括为五个方面:
(1) 参与面广,可有效进行软控制的评价;
(2) 全员参与,提升控制环境;
(3) 通过不同人员的共同参与,尽快找到并解决问题;
(4) 通过访谈及工作组的讨论,提高预测及控制风险水平;
(5) 内审人员与企业管理人员相互配合,提高效率与内审效果。

目前,CSA 这一工作方法虽然在理论上已经有 20 余种,但其基本形式主要有引导会议法、问卷调查法和管理结果分析法三种。[①]

1. 引导会议法

把管理当局和员工召集起来就特定的问题或过程进行面谈和讨论的一种方法。CSA 引导会议法又有四种主要形式:以控制为基础的、以程序为基础的、以风险为基础的和以目标为基础的。

2. 问卷调查法

利用问卷工具使得受访者只要做出简单的"是/否"或"有/无"的反应,控制程序的执行者则利用调查结果来评价他们的内部控制系统。

3. 管理结果分析法

指除上述两种方法之外的任何 CSA 方法。通过这种方法,管理当局布置工作人员学习经营过程。CSA 引导者(可以是一个内审人员)把员工的学习结果与他们从其他方面如其他经理和关键人员处收集到的信息加以综合。通过综合分析这些材料,CSA 引导者提出一种分析方法,使得控制程序执行者能在他们为 CSA 做出努力时利用这种分析方法。

对设计方案进行测试的方式还有许多,而这两种是非常基本的工作方法。通过这两种工作方法的比较可以看出,前者重在对相关的系统进行"模拟运行"以发现问题,而后者则通过增加普通及专业参与者的方式,提高发现问题和解决问题的能力。两种方法如果能够相互结合使用,无疑会从更大程度上提高法律风险应对措施的可操作性和严谨性。

---

① 参见智库百科 http://wiki.mbalib.com。

第二节　法律风险管理执行力的提高

执行力（Execution），是指贯彻战略意图，完成预定目标的操作能力。它是企业竞争力的核心，是把企业战略、规划转化成为效益、成果的关键。[①]

执行力问题一向是我国的难题，所有的组织都会在不同的程度上存在执行力问题，在法律风险管理方面也毫不例外。由于执行力问题同时影响着企业管理目标和法律风险管理目标的实现，因此这两个问题需要"捆绑解决"。

一、影响执行力的管理者因素

从目前我国企业的总体状况来说，许多企业的"宏伟蓝图"在多年以后仍旧是蓝图，许多数年前已经开始做的管理革新在多年以后还未完成。这些现象的存在，除了由于企业目标的变化或由于客观原因以外，执行力差是妨碍企业实现既定目标的重要因素之一。

企业的执行力差并非简单是员工工作态度问题，而是有着更为复杂的原因。例如，管理混乱的企业往往都是执行力差的企业。因此，执行力差是企业管理中存在的诸多问题的集中表现，企业家或企业管理人员对此有着很大的责任。总的来说，影响执行力的因素主要有以下几个方面：

（一）制度本身存在的问题

在前面章节中已经讨论过，企业建立包括流程在内的规章制度体系的作用，是为了建立企业的运营秩序以提高运营效率和风险控制能力。如果规章制度本身存在问题，不仅影响执行力，甚至可能使其朝不利的方向发展。

1．规章制度存在漏洞

由于目前绝大多数企业的规章制度不是经过系统设计、梳理而得出的成果，因而规章制度中存在漏洞非常正常。规章制度相当于企业内部施行的法律，没有规矩则无以成方圆，如果某类行为"无法可依"，当然就会因规章制度存在漏洞而无法实现某些方面的秩序。而且，如果规章制度体系对于某些应当禁止或处罚的行为没有明确规定，即使员工出现这类行为企业也会由于没有规章制度上的依据而无法处罚，否则在劳动争议中极有可能败诉。

[①] 参见智库百科 http://wiki.mbalib.com。

2. 规章制度赏罚不明

制度的执行需要依靠员工的高度自觉,但在设计及建立制度时则需要首先考虑制度的赏罚分明。由于任何制度的执行都会增加员工的工作难度、增加其个人的工作成本,如果员工严格执行制度没有任何的回报,而违反规章制度也不受任何惩罚,则企业等于是在以事实鼓励员工放弃对规章制度的遵守。

无论是对员工的奖还是罚,一方面的意义在于令其表现与个人的升迁、薪酬等挂钩,以物质利益的方式鼓励其继续遵守规章制度;另一方面则在于培养令行禁止的企业文化,提升企业的"软实力"。

3. 规章制度不切实际

规章制度的不切实际,有的是照抄照搬基本情况差异很大的其他企业规章制度,有的是由于临时起意而主观臆断的粗线条管理制度。甚至在某些机构臃肿、官僚作风盛行的企业,某些所谓的规章制度只不过是相互推卸责任的官样文章,根本无法实际操作。管理制度受企业的客观条件制约,必须在一定的员工素质、企业形态、管理水平、发展阶段等基础之上才能得以有效执行。脱离这些基础性的条件,要么会莫名其妙、要么令人不知所措,甚至劳民伤财而又事倍功半,这些规章制度会解决一定的问题但却同时产生了新的问题。

例如,某些企业在不假思索地施行了某些规章制度后发现,按这些新的规定去操作,原有岗位上的正常工作根本无法按原来的时间完成。执行这些制度的最终结果,要么是保证制度执行而推迟工作完成时间,要么是放弃制度的执行以保证按时完成工作。

4. 规章制度缺乏稳定

规章制度与法律规范一样,需要在一定的时间内保持稳定,否则就会影响规章制度的权威性,使员工对于制度的执行普遍持观望态度并因此影响规章制度的执行。有条不紊的秩序是企业的宝贵资源,而要实现这一点,必须在规章制度的设计过程中充分考虑其合理性及可执行性,避免因无法执行而不断变更所造成的不稳定性。在这一方面,即使必须变革也需要有一定的延续性,而某些情况只要能够按特殊事务特别处理加以解决,就没有必要变更规章制度。

某些企业的执行力下降与其规章制度朝令夕改有着密切的关系。朝令夕改的制度不仅不便于执行,也会使员工头脑中对于工作规则产生混乱,并严重影响员工对制度的遵从性,并由此而产生"有法不依"的不良习惯。

(二)制度执行存在的问题

制度执行中存在的问题是影响执行力的第二大杀手。但总的来说,员工在制度执行方面总是处于被动地位,因而执行制度过程中存在的问题,仍旧应由企业的管理者承担责任。

1. 管理者执行不力

在许多企业中,规章制度最大的破坏者恰恰是规章制度的制定者。许许多多的企业家及企业管理人员虽然倾向于通过管理制度来管理企业,建立一种使企业可以不依个人权威而有序运行的环境。但由于管理理念以及制度质量存在问题,往往在执行时没有起到表率作用,一旦其行为与自己制定的制度存在冲突,他们不是按照制度的要求去完成工作而是突破制度的束缚走了捷径。由于他们带头破坏了管理制度,使得制度的权威性丧失殆尽。

此外,由于企业中的员工分属不同的利益体,很少有企业能够真正实现企业家与各级管理人员及基层员工间的上下一心。任何制度的落实都会改变员工的行为方式,而思维和行为的惯性决定了员工普遍希望按以往的方式行事,给规章制度的执行带来了阻力。不仅如此,规章制度调整也同样会给下级的管理人员带来管理内容或模式的变更,增加其转换成本和工作成本,因此也同样会遇到他们的抵触。正因如此,本应由各级管理人员监督执行的管理制度,却由于这些人员的漫不经心或听之任之而无法得到有效执行。

任何规章制度的落实都需要各个管理部门逐级以身作则监督实施,这一环节的缺失,其后果必然是制度形同虚设、企业执行力被削弱。

2. 管理者缺乏威信

企业家或高级管理人员的威信是一种能令员工产生信任并乐于执行的力量,同样决定着企业的执行力,也包括了信誉。企业的信誉就是企业家的信誉,这种信誉一方面是在对外交往中体现的对客户的信誉,另一方面是对于企业员工的信誉。管理人员对员工诚实守信,能使员工相信认真执行能够得到许诺的回报,从而勤勉尽职地完成工作目标,如果管理人员曾经许诺的分配方案或福利方案没有兑现,就会在员工面前丧失信誉,就会削弱员工努力完成工作任务的愿望。

管理者的威信还体现在对各级员工的尊重方面。在同等条件下,管理人员对于员工的尊重能够转换为更高的合格品率和更高的效率、更高的执行力,而对员工粗暴、缺乏尊重的管理则起到相反的作用,使员工"出工不出力",因此大大降低执行力。

3. 缺乏共同利益

企业内部处于不同层面的人员从上到下有着并不完全相同的利益取向。企业家需要考虑企业如何发展和如何营利,管理人员需要考虑如何完成企业家所下达的管理目标,而员工则只需考虑如何完成工作。正因如此,如果没有利益共同点则不同层级的人员会以对自己一方最为有利的方式行事,而对其他方的利益则只是一种"兼顾"。无论员工是否承认这种工作态度在企业中都是一种客观存在,而且是一种对企业实现目标有着不利影响的存在。正是由于缺乏共同利益,企业会消耗大量的资源而且效率低下,各级人员只求完成工作而不论其完成工作的目的以及企业的利益及目标如何,并因此而影响企业的执行力。

企业员工在满足基本的获取劳动报酬以供生活所需之外,还有交往、得到尊重、自我实现等方面的需求,这一点在马斯洛的需求层次论中已经有了非常深刻的概括。由于员工与企业之间存在着某些利益共同点,若能够充分找到并利用这些利益共同点作为激励手段,就能使企业与员工的利益保持一致,并因此而提高企业的执行力,企业根据业绩进行奖励其实就是这一方法的体现。

4. 缺乏培训宣贯

在发达国家,入职培训是员工上岗工作的第一关,未通过这一关一般不能独立上岗工作。而且,入职培训的内容并不仅仅是工作技能,还包括更多的个人行为规范等企业规章制度,甚至在员工完成训练后,其言行也已标准化。通过这一阶段的培训,不仅使员工懂得如何工作,也懂得如何在企业里行事。

而我国的企业不仅普遍缺乏培训,即使培训也会时间较短、内容较少,对于员工基本素质的培训则更少。这种缺陷不仅使企业很难提高其执行力,也使得企业非常容易由于员工的操作不规范而陷入法律风险之中。

规章制度除了达到控制风险、提高效率的作用外,还有培养企业文化的附加效应。某些企业之所以从上到下刻板地执行着近乎礼仪的规章制度,其目的就是树立制度的权威性,在塑造了良好的对外形象之余还为企业带来了令行禁止的企业文化氛围,以有形的制度换取了无形的企业收益,以能够确保执行力的企业文化弥补制度的各种不足。

二、被管理者因素及执行力提升

在影响执行力的因素中,员工无疑是除管理者之外的又一重要方面。而且,这个问题有着两面性,那些企业管理人员相对于下级时属于管理者,而相对于上级时又是员工。因此,这里所说的员工其实是指被管理者,而不论其处于企业职务体系的哪个层级之上。

事实证明,基层负责操作的员工虽然能够对企业安全及执行力产生足够大的不利影响,但这类影响远不及管理层员工的影响更为巨大。尤其是前几年一些国企在对外经济交往中的损失惨重,其实都与这些企业的高管有章不循、违章操作有关,因而也是执行力的问题。

(一)企业被管理者存在的问题

毋庸讳言的是,除了制度本身的原因以及制度执行的原因以外,企业执行力差的另外一个原因出自被管理者。虽然被管理者在规章制度执行以及企业执行力方面处于被动地位,但只要部分被管理者存在问题就足以影响企业执行力。即使某些既是管理者又是被上级管理的管理人员,也同样存在着被管理者的问题。

1. 基本素养缺乏

除了遵守秩序的基本要求外,现代企业需要员工具备一定的文化基础,以能够准确地理解操作规范的要求、理解执行相应制度的目的,并在执行过程中以工作的主动性弥补工作指令细节上的不足,并通过自己的努力达成工作目标,同时还要考虑与其他人的共同协作和一定的沟通能力。

但这些现代企业员工的基本工作素养要依靠入职教育和在职培训才能养成,而这类教育和培训又恰恰是很多企业的短板。如果企业不能通过入职教育和在职培训使员工从低薪酬、低素质、低效率转化为高效率、高素质、高薪酬,则必然降低企业的执行力和竞争力,使员工素质成为企业发展的一种拖累。

2. 敬业精神欠缺

"敬业精神"一词虽然由来已久,但其确切定义至今仍旧莫衷一是。按照通常的理解,敬业精神是一种恪尽职守履行职业道德义务且不计利害得失地实现工作目标的精神境界。这种精神有的出于对职业或工作的热爱,有的则可能仅仅是为了一丝不苟地完成手中的工作,与是否热爱并无关联。低层次的敬业来源于功利目的或外在的压力,而高层次的敬业则已经是一种习惯,是把职业当作自己的事业来对待。

敬业精神在工作中的具体体现,是根据工作目标尽善尽美地去完成工作内容的精神状态,这种状态是根据工作目标及工作要求一丝不苟地完成工作,而不仅仅是为了完成工作内容或为了取得额外的回报。这种精神体现在工作中的目标导向上,具有这种精神的员工会根据工作目标自觉自愿地完善工作要求以外的细节,工作作风积极、踏实、尽职而且精益求精,能够很快地熟练掌握相关的知识和技能。而缺乏这种精神的任务导向型的员工,则仅仅是以完成工作任务为工作目标,因而不会不计成本地完成工作任务,对于工作目标等存在漠视。例如,即使是在卫生条件要求极严的食品制造企业,也存在员工对操作程序及标准要求漫不经心的情况,对产品质量和社会公共利益构成了严重的威胁。

3. 秩序意识薄弱

秩序意识薄弱,主要体现在工作及其他活动中有章不循、有法不依等违反既定社会秩序和工作秩序的现象。任何企业的员工中都会存在一些由于成长背景等原因,其基本价值观念及知识结构不适合现代城市生活和企业大生产的个体。突出体现在缺乏遵章守纪意识、工作作风相对散漫等方面,而且无论是在业务操作规范方面还是在个人行为规范方面都存在这类问题。

例如,某些在危险岗位操作的员工明知违章操作会对人身健康甚至生命安全存在严重危害,但仍旧不按安全生产规范及劳动保护规范的要求使用防护装具在违反了相关管理制度的同时也对自身的健康造成严重损害,并导致职业病的多发和企业医疗成本的增加。而某些国企的高管人员,也往往会因过于自负或缺乏监督而不顾纪律约束行事,从而给企业带来巨大的损失。而所有这些,其实都影响了企业既有规章制度的执行力。

总的来说,虽然制度是死的、人是活的,但企业管理制度同法律一样需要无条件的执行。至于其中不适合的情况应当依据程序通过修改而完善,如果任何人都有权随意不执行已经生效的规章制度,企业将毫无秩序可言。

(二) 提升执行力的基本技巧

从管理者和被管理者两方面对执行力的影响中可以得知,提高执行力必须通过制度设计、管理监督、员工培训等系统工程和综合措施才能实现。而且必须有个潜移默化的培育过程,不可能一蹴而就。

1. 下达具体工作指令的原则

要提高工作指令层面的执行力,其基本方法是指令必须明确、具体并具有明确的衡量标准。有人将这方面内容归纳为 SMART 原则[①],内容分别是:

① 目标必须具体(Specific);
② 目标必须可以衡量(Measurable);
③ 目标必须可以达到(Attainable);
④ 目标必须和其他目标具有相关性(Relevant);
⑤ 目标必须具有明确的截止期限(Time-based)。

以上五点其实是指具体的工作指令必须在特定的时限内以特定的方式完成,并达到特定的质量标准,只有这样才能实现下达工作指令所要达到的目标。只有这样才能衡量员工的工作质量和效率,并为后续的奖或罚提供依据。

2. 制度及组织结构建设的原则

由于执行力与制度本身及执行管理有关,因此必须从制度的设计及执行管理两个层面进行综合处理。主要包括:

① 制度必须涵盖各类行为,至少可以通过扩大外延增加适用范围;
② 确保管理制度与工作指令具有可操作性、能够实现;
③ 必须有明确的判断标准衡量对于制度、工作指令的执行情况;
④ 制度必须由具体的部门或职位负责监督、考核;
⑤ 必须有专门的部门监督各具体部门的执行情况;
⑥ 培训员工实现工作目标的技能以及敬业意识;

---

① 参见智库百科 http://wiki.mbalib.com。

⑦ 各部门、各员工执行情况的考核结果与经济利益挂钩；
⑧ 提供与员工的执行力相适应的福利待遇；
⑨ 培育能够提升企业执行力的企业文化；
⑩ 兑现员工福利及奖罚，树立制度及管理者的威信。

总的来说，提升一个新设企业的执行力往往要比提升旧企业的执行力来得容易，因为它只需建立一种氛围和体制。而对那些经营多年的企业，由于已经有"惯性"存在并有多种因素束缚，提升其执行力的努力往往会事倍功半。

三、增强执行力的有效方法

围绕着执行力的提升，我国的企业想了许多办法也做了许多种尝试。但事实证明，执行力的提升是个需要时日的系统工程，并非简单的几个讲座或培训就能解决，甚至为提升执行力所下发的文件也大多会成为一纸空文。企业中的任何变革都需要磨合的过程，而抓住关键才能顺利渡过磨合期、实现新的秩序。事实证明，其中的某些尝试相对更容易成功，因而值得借鉴。

（一）以信息管理系统提升执行力

ERP（Enterprise Resource Planning）是"企业资源计划"或称"企业资源规划"的简称，由美国著名管理咨询公司 Gartner Group Inc. 于1990年首次提出并定义为应用软件。但随着软件中所提出的理念被全球的企业界所接受，目前的ERP已经不仅是一种软件，而且还是一种现代企业管理的重要理论。纵观ERP的发展过程，这一理念建立在迅猛发展的信息科技基础之上，包括了工程信息管理、生产管理、项目管理、客户服务管理、物料管理、财务管理六大核心思想，不仅成为企业生产经营不可多得的系统性的帮手，也为企业运营情况和决策提供了即时、可视、高效的平台。目前，世界500强企业中有80%的企业都在使用ERP软件作为其管理和决策的工具，并成为现代大型制造业的"标准"资源管理手段。而盛行一时的流程再造理论，也是建立其理念之上。

相对于企业在提高执行力方面的三令五申，以ERP系统或OA（办公自动化）系统提高企业执行力的方法往往更容易成功，因为这两种方式完全是以信息化的方式强制相关人员按照设定的电脑程序一步一步地完成工作。未满足前置条件则无法进入下一步骤，流程将始终无法流动，从而强迫各相关的部门或职位去适应流程的要求，并借此提高了企业的执行力。在那些建立了ERP系统的企业，OA已经成为ERP的一个组成部分，不同职位的人员按照授权进入自己所负责的工作系统并按规定的程度处理相关事务。包括法律风险管理事务的处理在内，在没有满足一定的前置条件或未达到某项具体要求前，流程处于中止状态，并确保只有经过法律风险管理部门处理的工作内容才能进入下一流程,从而达到强制通过法律风险管理流程、提高企业法律安全程度。

从物化的成果来看,ERP 不过是融合了先进的管理理念,并将企业的业务流程、基础数据、人力资源管理、资金管理、物料管理、生产运作管理、计算机软硬件有机地整合在一起的企业资源管理程序。但正是由于它融合了先进的管理理念并结合企业实际情况量身定做,才实现了对企业所拥有的人力资源、财力物力、信息资源、影响力等综合资源进行协调和优化配置,提高企业的核心竞争力和资源利用率以尽可能取得最佳经济效益。也正因如此,真正能够解决问题的 ERP 项目必然是个庞大的系统工程,而且涉及面广、价格高昂、实施周期长、编制难度大。不仅需要员工的全员参与,还需要最高决策者的大力参与,以明确其发展战略导向和实施目标。

这类系统的程序编制过程也是对管理思路和流程进行梳理和反思的过程。在系统完成后,以无纸化办公为标志的工作过程大量运用了相对成熟的工作思路和进入下一流程的条件,可以兼顾效率与风险控制,也是未来企业发展的必然趋势。只要顺利地通过了磨合过程,就能显著提高企业的执行力。

(二) 以绩效考核体系提升执行力

在现代企业的人力资源管理活动中,绩效考核(Performance Assessment)是企业调控员工行为的指挥棒,也是现代企业的重要管理手段。当然,并非所有存在于现代的企业都能算是现代企业,因为许多大中型企业直到目前也并无这类理念,仍旧采用原始的方式管理企业。

绩效考核最早起源于英国的国家文官(公务员)管理制度。19 世纪中叶,为了克服文官的"大锅饭"现象和人浮于事、效率低下的状况,英国改按工作表现和工作才能的考核结果实施确定对文官的奖罚和职位的升降。这一制度充分调动了文官的积极性并大大提高了政府行政管理的有效性,提高了廉洁度和工作效能。在其他西方各国争相效仿之后,企业界也开始纷纷效仿并使之成为重要的现代企业管理手段。

绩效考核的核心,是把工作业绩作为考核中心并同时考核员工的多项其他指标情况,不仅要考核员工的表现和业绩还要考核员工的工作能力等情况,并作为未来奖罚、职务或职位调整、培训直到解聘等处置的依据。而设计这些综合评价所用指标及评价结果的计算,其基本原理与法律风险评估过程中设立维度、综合计算的理念、方法基本相同,是定性分析与定量分析的有机结合。通过考评及与之相辅相成的激励手段的运用,企业可以对员工存优汰劣并激励优秀者发挥出更大的主观能动性,以提高工作效率和质量并最终实现企业的目标。

绩效考核与企业战略目标有关,是根据企业的战略目标考虑所需要的员工素质,并根据这些所需的素质去衡量员工的实际情况,再根据评价结果设定不同的指标并辅以激励手段以激励员工完成工作目标的人力资源管理手段。绩效考核指标的产生来自公司的目标和战略,是对企业目标进行分解后对员工提出的更为具体的目标,并根据绩效考核结果及时修正目标或计划,以确保目标的实现。

在整个绩效考核体系中,绩效指标(Key Performance Index,缩写为KPI)是关键中的关键,因为它对员工行为起着导向的作用,指标的高低、评价方法直接影响到评价的结果及激励的效果。指标的种类越多、体系越科学,就越是能够充分避免员工的短期行为,越有助于企业目标的实现。

相对于"狂风暴雨"式的企业变革,企业的绩效考核体系能够在潜移默化中改变员工的行为习惯,从质量和效率等方面提高企业的执行力。当然,在设计考核指标时必须将执行力作为一个重要的指标,并根据情况的变化和对员工的需求而设计不同指标在评估结果中的权重,以便通过权重的设计引导员工行为,这种方法在促进员工提升其他方面的能力时也同样有效。

(三) 以企业文化提升执行力

企业文化是一种非常个性化的文化现象,可以理解为基于特定企业的主流价值观念而形成的一种亚文化。企业的管理理念、规章制度、行事风格等对于企业文化的形成有着非常直接的作用,但企业文化毕竟不同于管理制度,是各种因素交互作用而形成的结果,并非组织人手进行文字编纂就能形成。

20世纪80年代初,美国哈佛大学教育研究院的教授泰伦斯·迪尔和麦肯锡咨询公司的顾问艾伦·肯尼迪通过为期6个月的详尽企业调查,写成了《企业文化——企业生存的习俗和礼仪》一书。该书很快成为最畅销的管理学著作,并在后来被评为20世纪80年代最有影响的10本管理学专著之一。该书指出,杰出而成功的企业都有强有力的企业文化,也就是为全体员工所共同遵守,并有各种方式强化相关的价值观念,但往往是约定俗成的而非书面的行为规范。越是强有力的企业文化,越能深入地影响企业人员的行为并影响企业的发展。目前,我国的企业也充分证明了企业文化现象的存在,而且许多企业还形成了非常强势的企业文化,如华为的"狼文化"等。

国务院国资委的《中央企业全面风险管理指引》中也强调了企业文化在风险管理中的作用,并强调"应注重建立具有风险意识的企业文化,促进企业风险管理水平、员工风险管理素质的提升,保障企业风险管理目标的实现"。并且强调"风险管理文化建设应融入企业文化建设全过程。大力培育和塑造良好的风险管理文化,树立正确的风险管理理念,增强员工风险管理意识,将风险管理意识转化为员工的共同认识和自觉行动,促进企业建立系统、规范、高效的风险管理机制。"

除此之外,《指引》中还规定了"企业应在内部各个层面营造风险管理文化氛围",并列举了董事会、总经理、董事和高级管理人员在培育风险管理文化中的作用。同时还规定,"企业应大力加强员工法律素质教育,制定员工道德诚信准则,形成人人讲道德诚信、合法合规经营的风险管理文化。"这实际上是试图以建立企业文化、加强法律素质教育的方式提升风险管理的执行力。

比较一致的观点认为,企业文化是企业在生产经营实践中逐步形成,为全体员工所认同并遵守的、带有本组织特点的使命、愿景、宗旨、精神、价值观和经营理念,以及这些理念在生产经营实践、管理制度、员工行为方式与企业对外形象的体现的总和。[①] 企业文化的核心是企业的精神和价值观,这种价值观并不泛指企业管理中的各种文化现象,而是企业或企业员工在商品生产与经营中所持的价值观念。

根据迪尔和肯尼迪的论述,企业文化的理论系统可以概述为企业环境、价值观、榜样人物、文化仪式和文化网络5个要素,并包括了企业的经营哲学、价值观念、企业精神、企业道德、团体意识、企业形象、企业制度几个方面,以及企业物质文化、企业行为文化、企业制度文化、企业精神文化几个形态。由此可见,企业制度只是形成企业文化的要素之一,而通过精心设计的企业制度则可以促进积极上进、执行力强的企业文化的形成。企业文化结构是指企业文化系统内各要素之间的时空顺序,主次地位与结合方式,企业文化结构就是企业文化的构成、形式、层次、内容、类型等的比例关系和位置关系。它表明各个要素如何链接,形成企业文化的整体模式。

第三节　法律风险管理方案的宣贯

法律风险管理方案的宣贯,是通过一定的形式和内容,使法律风险解决方案的原理及理念被企业员工所知悉,并且在此基础上能够掌握各自职责范围内的应有操作内容及程序。这类宣贯活动与其他管理活动的宣贯非常类似,但侧重于法律风险管理制度、流程、文本的宣贯则绝无仅有。

人们熟视无睹的各类制度、流程以及习惯中存在着许多经不起推敲之处,即使是在培训方面也是如此。企业以"萧规曹随"的方式从事经营管理活动,就不可能及时发现问题、解决问题,也无法充分利用各类资源实现企业利益的最大化。而在新的管理体系建成后如果不进行恰如其分的宣贯,其执行力必然受到严重影响,这也是许多企业的制度、流程没有得到有效执行的基本原因之一。

---

① 参见智库百科 http://wiki.mbalib.com。

一、对于宣贯培训的理解

宣贯也是一种培训,而培训是一种有组织的管理行为。任何培训的目的,都是提高员工及企业的某类水平,并以改变目前状况的方式促进企业的进步。培训中所传播的,可以是各种工作规范、工作方法、知识信息等内容,以便通过培训使员工达到预期的工作水平,并从整体上提高企业的经营安全水平和工作效率、工作成果质量水平。

在现代企业中,培训的作用不容易忽视。在 ISO 9001 质量管理体系认证的过程中,首先需要展开的便是培训工作。而且强调建立完善的体系是一个"始于教育、终于教育"的过程。并将培训分为三个层次,首先必须使领导层了解该质量标准体系、知道自己应当参与的工作,其次是使文件的编写人员、内审员等骨干人员准确掌握标准要求、掌握审核的技巧和方法,最后是使操作人员结合体系文件的宣传和贯彻清楚本岗位的职责及相关工作重要性。

在培训问题上,企业与被选派参加培训的员工之间存在着利益共同点。一方面,企业可以通过员工经过培训而掌握的工作技能、方法、知识等提高企业的竞争能力;另一方面,员工可以通过培训提高自身的工作能力,因而在升迁及再就业中会有更为广阔的空间。因此,如果培训能够圆满则劳资双方均可获益。

(一)培训可以带给企业的利益

培训是企业按其发展战略实施的一系列举措之一,也是为了满足企业发展的需要而进行的人力资源能力提升的手段之一。对于企业来说,培训一般并不是让受培训者系统地学习某些方面的知识,而是接受一种理念和原则,并学会在这些理念与原则之下的具体操作,并借此使受训者达到企业所需要的素质水平。

企业对员工进行培训的动力既有外界压力也有内在需求。来自外界的压力主要是经营环境中各种因素的变化,包括主营业务的发展趋势、法律规范对于所在行业的新要求、竞争对手的竞争力提升、技术革命对社会生活的冲击等。这些外界因素决定了企业如果不能与时俱进调整发展战略和长远规划,就有可能随着形势的发展而走向没落甚至被淘汰出局。

1. 适应外部需求变化

培训是及时、深入了解外部环境的变化,并充分利用这种变化的重要手段。通过主动、深入地了解外部环境的变化,可以及时升级企业的管理方略、对外界变化做出恰如其分的反应,主动适应及利用这些外界环境的变化并从中得益。例如,法律环境的变化对于企业的经营成本、法律风险有着直接的影响,许多企业充分认识到这一点并不断地收集相关信息、参加相关培训,以便充分利用转型期内的各种机会实现风险最小化、利益最大化。

在我国刚刚开始实行增值税制度之初,许多企业由于未能理解其用意及具体的操作方式,索性在一段时间内停止账务结算,成为当时非常滑稽的一种现象。而那些事先经过培训的企业,则总是能够充分利用税收政策的变化,降低运营成本、提高运营收益,起到合理避税的作用。

2. 适应内在发展需要

不仅企业的外部环境处于不断的变化之中,企业的内部也是如此,发展思维、企业规模、经营模式、价值观念、人员构成等也会随着时间的推移而发生变化。为了适应重大变化后的局面,往往需要通过宣贯的方式向企业人员宣传、讲解新的规定、新的工作模式,并指定专门的机构负责监督、检查执行情况。

企业的生存和发展除了客观机遇外,最主要的因素其实还是人的因素。而且,企业发展所需的人才不可能全部靠从外部吸收而得到,大量的人力资源需求还是需要通过培训解决,以培训来提高员工的工作能力。无论是企业的内部环境发生变化还是外部环境发生变化,以不变应万变几乎是不可能成功的想法,企业必须通过主动、积极的应变反应措施跟上时代的潮流、顺应历史的发展。而要使这些应变措施得到良好的贯彻执行,就必须持续不断地培训员工以使他们与社会进步同步、与企业的战略调整同步,才能使员工和企业都能在严峻的竞争环境中得以生存和发展。

(二)培训可以带给受训者的利益

企业对员工提供的培训除了基本行为规范外,其他的培训都并不需要所有的员工同时参加。因而除了专业技术培训外,大部分培训都只是针对管理层的人员而非全体员工。但这些培训并不完全是由企业单方受益,员工也是培训的受益者,因此在这一方面双方应当有着共同的利益。但如果培训达不到应有的效果,则对于双方都是一种失败。

1. 提升基本工作技能

员工的工作技能从生疏到熟练需要漫长的过程,在这个漫长的过程中,员工不仅需要学会怎样操作具体的工作,还要知其然并知其所以然才能成为真正的熟练能手。这种熟练过程固然可以通过师傅带徒弟的方式完成,但这种方式周期长、效率低并受到师傅认知局限性的影响。而集中的培训可以用更高的效率、更全面的知识及技能快速提升员工的工作能力,并在总结提高的基础上形成标准的工作规范,减少因工作不熟练而损失的效率及失误所造成的风险损失。因此,这方面的培训有着非常高的收益,可大幅度提高企业的工作质量和工作效率、大幅度减少因技术不熟练而产生的物料浪费,提高企业的经济效益和综合竞争能力。

从另外一个角度来看,没有足够的工作能力也就意味着没有机会在企业中得到升迁,只有打下这一方面的基础才能成为企业管理人员不得不重视的员工。而且,只要有了一技之长,无论未来在哪一个企业发展都会存在更大的发展空间。

2. 满足员工成长的需要

除了基本技能的培训,还有一些"深造"型的培训往往是员工得到更大发展空间的前奏。某些大型企业的培训基地往往只培养那些准备升迁或已经升迁的员工,从而使这些成为升迁者的基地。

随着通信技术和网络技术的发展,人们已经日益感觉到人类所生活的地球由于信息沟通的迅捷和无所不至而显得开始变小,而且人们所掌握的知识也总是跟不上这个知识爆炸的年代里不断膨胀的信息的增加。信息及网络技术的发展、知识量的爆炸式增加,使得新一代的员工如果不能跟上时代的发展,就不仅仅是个知识落伍的问题,还是个如何应对生存危机的问题。企业也同样需要不断地自我完善以适应环境变化,通过培训提高管理者的素质正是其主要手段之一。而选拔合适的员工进行培训,也可以满足员工职业发展空间的需要,通过培训学到新的知识、新的技能也使员工能够在未来得到更多机会的砝码。

总的来说,对于员工的培训,在员工的工作能力得到有效提高、素质得到有效提升之余,企业的竞争能力和素质也在同步得到提高。培训使具有不同价值观以及不同工作方法、工作习惯的自然人,通过针对现代企业经营要求的培训,转换为能够满足企业发展需要的员工甚至骨干,在带来企业进步的同时也提高了企业的劳动生产率和竞争能力。

二、宣贯的方法与宣贯的效果

宣贯效果的提升主要是指如何通过具体的宣贯方法,提高宣贯对象理解、掌握所需内容的程度,使宣贯达到满意的效果,并使新的体系得以顺利执行。宣贯与在校教育有着很大的区别,它并不强调对象掌握相关的知识并能顺利通过各种考试,而是强调能否令宣贯对象理解和掌握相关的内容并实践。因此,要提升宣贯的效果,需要从对象、技巧、策略等方面设计和实施综合方案。

(一)学习方法与记忆的规律

德国著名的心理学家赫尔曼·艾宾浩斯(Hermann Ebbinghaus,1850—1909)是最早采用实验方法研究人类高级心理过程的心理学家。他在学习方面提出了著名的"过度学习效应"理论,主要含义是一个人要想掌握自己所学的知识,就一定要通过反复练习,才能得到巩固。而且,当人们初步掌握了所学习的内容并达成了初步的记忆后,如果再用原来所花时间的一半去巩固、强化,使学习程度达到150%,将会使记忆得到强化。简言之,虽然许多人对所学习的内容可以直接记住,但大部分的学习则通过反复的接触而不断加深记忆的过程,这种反复越多则记忆越为深刻。当然,并不是重复、强化的次数越多越好,因为那样固然可以提升记忆效果,但会占用更多的时间,从而降低了时间的利用率和学习效率。

参加培训的人员在整个培训过程中,基本上处于被动地位。但对这个记忆规律的运用,培训方和参训方可以各自分头进行。在宣贯过程中,培训师对于某些理念需要反复强调、重现,并以这些理念为主线解释相关的大量内容。同时,如果具备相应的条件,则应对宣贯的内容在宣贯结束后的一段时间内反复提及,以便对象能够更加深刻地理解和记住那些需要记住的内容。而如果参训人员有强烈的学习意识,也可以通过安排预习、事后复习等方式加强记忆。

（二）以合理的技能提高学习效果

对基本处于被动地位的参训者来说,他们大多情况下只能是培训内容和培训方式的接受者,即使他们非常努力,也只能通过提前预习、认真听讲、及时复习等自身能够实现的方式加以努力。提升培训效果的另一半努力需要由培训方发挥主观能动性才能完成。

从培训方的角度来说,增强培训效果的主要方法,一是根据培训的目标而因人施教,使培训内容满足企业需求;二是通过培训的方式、技巧的掌握提高现场的培训效果,提升参培人员的理解和掌握程度。在具体实施宣贯的过程中,对于宣贯内容的不同表现方法会引起不同的注意和记忆,并最终影响宣贯的效果。如果将宣贯的方式、技巧分为视觉、听觉、内容、技巧四个方面,根据心理学方面的研究成果以及实际培训中的经验,不同的方式和技巧之间的效果比较存在如下规律:

1. 视觉效果方面

传统的培训是培训师在讲坛上宣讲内容、学员们在下面听课。从实际实施的情况来看,培训过程中有图形等视觉成分时,其培训的效果要优于仅有口头讲述时的效果。因此,有PPT的效果优于无PPT的效果、有白板的效果优于无白板的效果、有课件的效果优于无课件的效果,因为PPT、白板和课件都可以将描述起来非常复杂的内容用图形轻易地加以说明。

而在有图形等视觉成分的画面中,根据人们的注意力集中情况,一般情况下彩色画面优于黑白画面、有动物的画面优于无动物的画面,而有人的画面比无人的画面更能吸引人、面孔比身体更吸引人、眼睛比整个面孔更吸引人。如果画面是以动画或视频表示,则比静止的画面更能吸引人。这些都是人们在关注画面时的规律。

2. 听觉效果方面

对于出现在培训现场的画面,有声的画面比无声的画面更能活跃人的思维、吸引人的注意,而在有声的效果中,人类的语音比其他声音更能引起注意。如果体现在培训师的讲述上,抑扬顿挫的语音比平淡无奇的语音更吸引人、富有变化的语音比毫无变化的语音更吸引人、充满激情的语音更能打动人和吸引人并给人留下深刻的印象。

此外,突然出现的声音效果优于连续不断的效果、断断续续的效果优于持续不断的效果,等等。这些都是听觉效果方面的规律,在培训中效果非常明显。

3. 内容安排方面

在培训素材的内容安排方面,企业所能定下来的只是大致的内容方向,具体的实现还是要靠培训的内容安排去实现。从受众的情况来看,有案例的内容比无案例的内容更能吸引受众的兴趣、生动活泼的事例比抽象的事例更能活跃气氛和受众的思维。以内容的趣味性克服主题的枯燥性,再以清晰的思路将两者有机地结合起来,才能起到比参训人员自己阅读教科书、专业论文更好的效果。

而且,对于目的性明确的培训,有利害关系的内容优于无利害关系的内容、有解决方案的效果优于无解决方案的效果、本企业的素材优于其他企业的素材、本行业的素材优于其他行业的素材,因为这些内容与参训人员关系更近也更有参考意义。

4. 讲课技巧方面

即使讲授的是相当抽象、枯燥、专业的内容,其实也完全可以通过通俗易懂、带有一定趣味的语言和技巧实施培训。如果能够通过语言和技巧提高互动性和活跃气氛,就能让参训人员在相对轻松的环境下理解和掌握更多的内容。当前,一大批语言轻松、幽默的培训师,能够将严肃、刻板的主题以轻松愉快、通俗易懂的方式加以讲授,甚至以故事、寓言等解释深刻的主题,其培训也理所当然受到参训人员的欢迎。

具体来说,有课堂提问比没有课堂提问的平铺直叙更能引起注意、上下互动的效果优于培训师"一言堂"的授课效果、有课堂讨论的培训效果优于无课堂讨论的效果、有作业的培训效果优于无作业的培训效果、有答疑安排的宣贯活动优于没有答疑的宣贯活动。除此之外,如果企业需要检验员工参加培训的结果,则有事后考核的培训优于无事后考核的培训、利益与培训成绩挂钩的培训效果优于无利益挂钩时的培训效果。

除上面所介绍的内容外,还有许多方法可以在宣贯时用于吸引参训人员注意力、活跃现场气氛、提高趣味性、提升记忆程度,并进而提升宣贯效果、提升法律风险管理措施的执行力。当然,不同的培训技巧和培训方式必须针对主题及受众而调整,否则不仅无法达到应有的宣贯效果,还有可能使企业产生误解。

三、对法律风险解决方案的宣贯

某些法律风险管理项目在解决方案提交后便告结束,由企业自行解决宣贯及执行问题。但从实际效果来看，由一群并不熟悉法律风险管理的员工以他们并不熟悉的方式去理解他们并不熟悉的内容并尝试执行，其工作难度可想而知。正因如此，未经宣贯而自行执行的项目，往往消化的周期较长而且执行率较低。一旦精心设计的解决方案处于这样的状态，对前面费尽周折而等到的结论和方案无疑是种莫大的浪费。许多方案的执行效果不够理想，就是由于没有很好地进行宣贯，更没有后续措施配套执行，而不是因为方案本身存在重大问题。

一般情况下，无论是法律风险评估报告还是法律风险管理全面解决方案都需要通过宣贯的方式提高员工对于法律风险的认识，理解改进的目标和具体措施。这一过程虽然也可以由企业自身来完成，但由于在整个法律风险评估及设计解决方案中都是由律师担任主角，外人很难理解其理论体系及设计思路、逻辑体系，因此企业往往将宣贯的任务交由律师来完成。某些企业还会要求律师在提供了法律风险评估报告或提交了全面解决方案后，再专门召开汇报会，将评估的结果或解决方案向企业的高层进行汇报，这种汇报也可以看成是一种初步的宣贯。

（一）宣贯的层次与内容

宣贯对象如果处于不同层级，意味着他们在整个法律风险管理体系中有着不同的管理职责，因而他们对于宣贯内容的兴趣点不同、对于解决方案需要了解的程度不同，需要宣贯的内容也不相同。

相对而言，高层管理人员最需要掌握的是法律风险管理的理念和通过认真执行而避免风险损失的决心。对于他们而言，必须了解法律风险管理的原理、树立法律风险管理意识。因为从管理职责上看，这一层的管理职能不可能也不应该是事无巨细地管理到底，因此在这一层面的宣贯应更加侧重于让他们理解整个系统的工作原理、设计思路，以及法律风险对于企业的危害、各个部门潜在的重大法律风险，以及这些法律风险的应对原理和解决方案。

而对于中层管理人员来说，他们处于承上启下的层级，既需要简要理解上一层级需要理解的内容，还需要了解一些更为具体的内容以及更为具体的控制方法，以便于履行管理职责、指导管理活动。对于他们，需要讲明其所属部门存在的最为主要的法律风险及其危害性，并讲解法律风险应对方案的设计思路、防范措施的基本原理、具体管理中的注意事项，以便于他们理解最基本的原理和原则并落实到所分管的工作中。

而对于基层管理人员及具体操作的人员，则只需要更为简要地讲解高层所需要知道的基础知识、更为简要地介绍中层管理人员所需要掌握的内容，更多需要强调的则是各个制度、流程、文本的设计背景、设计思路、具体操作方法，以及操作中可能遇到的各类问题的具体处理方式。甚至需要宣贯不按规定操作的可能后果及企业管理制度中所规定的处罚。因为这一层面的管理人员或操作人员往往并不重视理论而只重视实际操作,因而这一层面的宣贯有着更多的培训意味。因此,这一层面的宣贯更加强调具体的操作什么、如何操作、如何解决等主题。

从总的规律来看,根据宣贯对象的不同,对象的层级越高越需要以提纲挈领的方式让其明白相应的原理及基本的理念,越是面向基层的宣贯则越需要涉及具体的操作细节。

(二)宣贯的内容与重点

围绕法律风险解决方案而设计的制度、流程、文本有着不同的执行方法及使用目的,由于嵌入了法律风险管理方案,如果不加解释往往很难令企业人员明白其用意及操作的规律、原则,对于具体内容的执行也只能以盲人摸象的方式进行,增加了实施的难度、延缓了全面执行的时间。而通过培训则可以使解决方案从理念过渡到行动,提高执行率、提高企业的法律风险应对能力。

对于具体的制度、流程、文本,在培训中更需注重"怎么做"以及简单的"为什么这样做"等问题,力求既让人理解其原理及思路,又让人明白具体的操作细节,并结合生动的事例令宣贯的内容深入人心。

在制度方面,只要制度的设计是基于既有制度及实际做法,新旧制度间的跨度一般并不大。只要点破新旧制度之间的主要区别,并强调制度的主线,这些制度不难理解和掌握。但在这类培训中,需要说明整个企业规章制度的体系、设计思路,以及不同部门及不同岗位应当如何识别自己应当遵守的规章制度、规章制度中进行行为分类的思路等,以便于企业从体系上理解相关的规章制度。由于制度涉及不同的领域而且内容繁杂,有时需要面向不同部门进行不同内容的宣贯,只有基本行为管理方面的制度能够得到广泛的关注。

在流程方面,只要流程图和附随的说明表内容清晰,就会是员工最容易接受的新事物。由于在整个法律风险管理项目中只不过是重新梳理了业务流程或管理流程并在其中嵌入了法律风险管理的过程,因此这些流程与正常的企业经营管理流程并无二致,只不过是增加了采取法律风险管理措施的关卡,因而重点在于讲解法律风险管理措施的用意及原理,以及如何操作、各个部门之间如何配合,包括各不同部门相互配合时各自的权利义务边界。

在文本方面,由于文本的种类繁多、内容繁多,任何宣贯或培训都不可能有足够的时间对各个文本逐一进行讲解。因此,宣贯的重点在于文本的使用原则和文本设计时的基本思路,并重点介绍最常使用的文本的基本设计思路、特定表述方式的内涵,以及不同文本使用中的职责分工、最容易出现问题的文本应该如何运用等内容,以培训实际操作内容及操作程序为主。

四、以后续措施提升宣贯效果

前面所提及的过度学习效应及各类授课技巧对提升培训效果的影响还只是培训师的单方努力,而在宣贯培训完成后通过一系列的管理措施提升培训的价值并落实培训的内容,更能达到企业的目的并促使参训人员为自己增加压力,并为认真参加培训提供内在动力。

(一)对培训结果进行考核

当培训后的掌握情况对受训人员没有太多影响时,参训人员在接受培训时往往处于一种松弛状态,无论是注意力还是主动性、积极性都不会全部身心投入,甚至人到心未到、心不在焉。以这样的学习状态参加培训,对于培训内容的理解程度及掌握情况可想而知。而这种情况恰恰是在企业目前进行的培训中大量存在的,以至于某些企业年年培训几乎相同的内容,但仍旧收效不大。

如果培训后需要进行考核,即使是考试成绩的压力也会迫使参训人员集中精力去理解和掌握培训内容。不仅如此,某些企业在新的管理制度颁布实施后,除了对培训情况进行考核外,还对实际执行情况进行考核,促使参训人员不仅学会而且实际执行。

应该说,并非所有的培训都必须以学习成绩测试的方式确保参训人员理解内容、学会操作,但对特定工作岗位的员工则必须要求如此。例如,要求人力资源管理部门在参训后熟知与劳动相关的法律规范常识、要求采购及销售部门熟知《合同法》相关常识等,这些都是对企业专业人员的必备要求,应当通过考试检验其实际掌握情况,确保培训合格的人员从事相关工作,以提高企业法律风险管理方案的执行。

(二)成绩与个人前途挂钩

为了促使参加培训的人员取得良好成绩、达到企业所需要的工作能力标准,许多企业对于参加培训的人员有成绩方面的要求,而且与费用分摊、个人前途挂钩。例如,有些企业选拔具有培养前途的部门经理参加培训,并约定期满结束且成绩良好时,相关费用由企业全部承担,否则费用按比例由受培训人员承担,促使受训人员认真学习。

许多企业的人力资源管理部门也会在培训后对参训人员进行测试,并将测试的结果直接作为参训人员的绩效加以考核。这些措施使得受训结果与个人利益及前途紧密挂钩,从而成为参训人员积极参与并努力掌握内容的动力。

(三)指定完成相关任务

这种方式完全由企业决定,也就是在参加培训前已经明确在参训人员完成工作任务后必须负责一些远期的相关任务,从而促使参训人员为了能够完成相关的远期任务而不得不全身心地投入到培训的学习之中。这类指定相关工作的方法有许多种,主要的关联性的工作有:

(1) 培训完成后在企业负责传授培训中的收获、经验;
(2) 培训完成后的一段时间内负责向相关人员进一步宣贯相关内容;
(3) 培训完成后回到企业负责相关技能的培训;
(4) 完成培训后负责企业内部的相关工作。

这些指定都会给参训人员以一定的压力和动力,去认真学习相关内容,避免自己在后续工作中出现尴尬局面。

(四) 创造企业的学习氛围

1990年,美国学者彼得·圣吉(Peter M. Senge)所著的《第五项修炼:学习型组织的艺术和实务》一书中提出了学习型组织(Learning Organization)这一管理观念。由于这本书在管理学界的突出贡献,其作者被誉为学习型组织之父、十大管理大师之一,该书也被评为"21世纪的管理圣经"。作者在书中提出,企业应当建立学习型组织,通过精简、扁平化、弹性因应、终生学习、不断自我组织再造等,维持组织的竞争力,应对剧烈变化的外在环境。

该书所提及的五项修炼分别为:自我超越、改善心智模式、建立共同愿景、团队学习、系统思考。其中所提到的学习型组织中,每个人都要参与识别和解决问题,使组织能够进行不断的尝试,改善和提高它的能力。① 学习型组织的基本价值在于解决实际问题,而不是像传统组织那样将目光集中在效率方面,它更注重以新的信息和观念来发现机会、解决问题、实现价值。

企业学习氛围的建立与企业的团队建设有很大关系。那些经常性甚至定期组织员工集体讨论的企业,不仅信息沟通非常便捷而且学习的氛围也很浓厚,能够有效地化解矛盾、提高企业的整体工作效率。在与培训相关的事务上,如果能够事先讨论培训所需的内容、在培训之后交流心得、在执行中交流遇到的问题及解决方案,都会促使参训人员认真学习。而在那些由企业高层管理人员甚至企业家直接参加的学习中,无疑更能激励企业的学习热情。

(五) 建立长效跟踪机制

赫尔曼·艾宾浩斯对于学习方面的贡献除了著名的"过度学习效应"以外,还有一个更为著名的"记忆遗忘曲线"理论。根据具体实验结果归纳而成的记忆遗忘曲线理论认为,遗忘在学习之后立即开始,而且遗忘的进程并不均匀。最初遗忘

---

① 参见智库百科 www.mbalib.com《学习型组织》条目。

速度很快,以后逐渐缓慢。他认为"保持和遗忘是时间的函数",并根据他的实验结果绘成描述遗忘进程的曲线,即著名的艾宾浩斯记忆遗忘曲线。在这一经过实践检验的理论基础之上,为了提高记忆的程度就必须在不同的遗忘点上对需要记忆的内容进行提示,以使之成为长久的记忆。

企业的许多培训之所以在其后被人们所淡忘,不仅与企业的培训管理及企业管理有关,也与人类的记忆规律有关。人的记忆分为感觉记忆、短期记忆、联想记忆等类型,为了使培训的内容成为人们长久的记忆并按其执行,就必须将培训的内容与后续的检查、考核等挂钩,通过不断的检查、考核,能够在员工的遗忘点上唤起对于某些需执行内容的记忆,包括那些培训后应当无条件执行的管理制度、流程等,使人们记住相关的规定并按其执行。同时,也通过检查、考核及后续的奖罚等激励手段去激励员工按规定执行。只有建立了这种长效机制,企业的执行力才能发生质的飞跃。

第四节 解决方案的循环改进

除了那些反映客观事物本质的抽象定律等内容以外,世界上的一切都时刻处于不同程度和层面的变化之中。没有永恒的外部环境、没有永恒的法律规范、没有永恒的企业状况,能够永恒的反而是变化,无论是潜移默化还是剧变。而要应对这些变化,应对的方式也只有变化。

企业的管理制度和流程、文本,只可能在特定时期、特定背景下最适合企业情况,而企业所处的外界环境和内部环境都在不断的变化之中,因而对这些制度、流程、文本进行适时调整几乎已经成为一种定律,这也是在此提及解决方案的循环改进的根本原因。而且,从企业管理的角度来说,循环改进是被诸多管理学理论从不同的角度以不同的方式所证明的绝对真理。没有循环改进,就不存在与时俱进的企业,也无法解决企业生存、发展等一系列问题。

一、制度化之弊及制度的异化

制度化管理是现代大中型企业的必经之路,但制度化管理与制度皆非万能,之所以采用这种方式并非制度化管理已经尽善尽美,只是由于没有更好的方式。由于企业总是处于不断的变化之中,一旦制度不再适应企业的情况,就需要改变制度。这种改变是不断演进的,因而是一种循环改进,为的是能够克服制度化的弊端。

（一）容易浪费员工的创造力

制度化管理以制度约束员工的行为而使员工"格式化",以按规定的程序、规定的方式去完成规定的工作内容,从而提高整个企业的效率和安全度,并使企业的生产经营等活动有序化、结果可以预见。而"格式化"员工的过程中,制度化也抑制了员工某些能力的发挥,甚至彻底阻断员工发挥的机会。

每个企业都会存在对管理制度、流程等具有不同看法的员工,这些人是权威和秩序的挑战者,他们对现状和习惯、潜规则的质疑或挑战有时恰恰切中问题的要害。犹如变异是整个生物界进化和自我完善的机会,创新是企业的宝贵资源,对于企业状况的质疑或许能够发现并暴露那些被人们熟视无睹而又确实存在的问题,从而成为企业自我完善的切入点。

如果制度化管理只是规定了各个职位的工作内容及工作标准而没有为企业的分析、总结、提高搭建平台,则会造成员工思维模式和工作模式的同质化,并只知按部就班,渐渐失去独立思考和创新的能力,也使企业失去及时发现问题和自我完善的机会。因此,在向企业提交的法律风险评估报告中,对于这类问题比较严重的企业,往往需要提醒其注意提供信息沟通的渠道,以便及时发现和改进人力资源管理及企业运营中的问题。

（二）容易降低效率和增加成本

制度化管理在取得更多的安全保障、更高的整体效率的同时,毫无疑问会增加企业的管理成本,并会丧失部分工作效率。设计、制定完善的规章制度需要成本,而推广实施规章制度的宣贯、培训也需要成本,制度发生变革后的磨合期也需要试错成本和磨合成本,等等。如果企业内事无巨细皆用制度加以规范,更会令执行者不胜其烦和效率尽失。

以合同管理为例,如果企业规模较小而且生产的产品种类比较单一,由于管理体系简捷而且沟通便利,将合作商选择、合同签订、合同履行监督、争议处理等均由一个部门甚至具体的员工完成并无大碍。但当企业处于大中型规模,而且采购、销售的品种繁多时,采购、生产、销售、仓储、财务等部门必须有效配合才能提高整体的资源利用率,而要达成这种配合就必然要牺牲部分效率,如果对某些工作增加更为细致的工作内容,则更是需要增加企业的管理成本。

某些企业在项目投资前,为了提高投资的安全性和取得满意的经济回报,会投入大量的资金和人力物力展开调研、论证、调查等工作,以成本的增加和效率的牺牲为代价确保投资后得到满意的回报,即使多次在调研后放弃项目也在所不惜。制度化管理的道理与此相仿,通过牺牲一定的效率和成本去取得更多的回报。也正是由于制度化管理存在管理成本增加的问题,在小型企业中很难找出制度化管理全面到位的企业,因为这些企业管理者的管理幅度及企业的复杂程度尚能应付现行的管理需求,无需增加管理成本和牺牲效率的制度化管理手段。

(三) 容易"批量生产"企业风险

制度化管理在将工作的流程、职责、文本等"标准化"的同时,同大批量生产的工作原理一样,如果制度本身存在设计缺陷就有可能在实际运行中产生一系列的同样问题、批量生产企业风险。虽然每类风险管理项目都是对原有管理水平的重大提升,已经大大降低了企业遭遇同类风险损失的几率,但仍旧存在批量生产企业风险的可能性。

例如,面向消费者的格式合同由于使用的批量大、内容统一,由于文本缺陷而产生的法律风险便成为批量化的风险,如果一起诉讼切中其要害,就足以引起雪崩效果而造成经营者的重大损失。同样,如果在人力资源管理方面存在流程或文本上的法律风险,则会批量产生《劳动法》方面的法律风险。

(四) 容易固步自封和异化

"异化(alienation)"一词最早起源于拉丁文的神学,在西方的文艺复兴以后随着近代西方哲学思想逐渐形成起来,它正式具有现代涵义则源于德国古典哲学术语,是指主体在发展到一定的阶段以后开始发生变化,脱离原来的性质或目标而演变成为名不副实的另外一种事物。简言之,异化就是自我外化为非我,从原来的形神合一转化为形神不一。

企业如果发展到一定阶段,当初维系其发展的制度会随着时间的推移而"老化"并成为阻碍企业发展的一种束缚。而制度的异化,则是由于制度产生的背景及适用的环境等发生了变化,使得制度形式尚在而许多内在方面的特征已经不复存在。制度异化的现象在企业中大量存在,也是制度化管理的一大弊端。

制度的设计和形成都存在于特定的历史背景、目标需求及社会环境、内部环境中,当这些背景已经转变或目标已经达成甚至是背景与目标均已发生转变时,如果制度仍未加以调整,制度就会处于形式化的状态,而企业则处于固步自封的状态。甚至某些制度的产生,其目的并非用于执行而只不过是一种姿态和形式,同那些空洞无物的原则性规定一样成为"正确的废话"。

制度形式化的现象在企业中也大量存在。许多企业存在着实际操作与制度规定不符的情况,而且企业员工已经对此习以为常、司空见惯。对于那些只是形式主义的规章制度自不必说,那些制度本身并无缺陷而且确实需要执行但又无人执行的情况却往往与缺乏宣贯、培训有关,任何员工对于无法理解、不知操作内容及程序的制度,都理所当然地难以执行。

（五）容易受到员工抵触

制度化首先考虑的是企业的安全与效率,换言之它更代表企业主和管理者的利益,确保员工以规定的内容和程序在规定的时间内完成规定的工作。虽然在人力资源管理方面比较成熟的企业都会关注员工的感受并重视对员工的激励,但其核心目的仍旧是通过这些手段提高员工的工作能力,以便为企业的营利和发展提供更多的动力,而不是直接以提高员工福利或实现员工价值为根本目标。

在管理学发展史上以泰罗为代表的制度学派就十分注重管理的制度化、规范化,但泰罗制的实行虽然是制度学派的一大成果并且在当时的运用收获巨大,却由于给工人所规定的工作内容和工作程序过于繁琐而且完全将工人当成了操作设备,因而最终还是受到了来自工人的抵制,在无法直接消极怠工后便以破坏设备等行为缓解工作的压力。

（六）容易成为克隆对象

企业一旦在制度化管理方面取得突出进展,其管理体制、管理思路都不可避免地需要向员工公开甚至直接公布在办公系统中。如果企业在同行中因此而处于领先地位,则必然成为同行业进行克隆的样板。目前,任何一个企业只要处于行业领先地位,就会成为竞争对手的模仿对象,其规章制度体系、成功经验、业务模式都是竞争者关注的内容。甚至这些企业的业务骨干,也会是其他企业的挖取目标。通过挖走业务骨干和收集制度加以克隆等方式,情况与之相近的企业可以快速提升自身的管理能力、缩短与领先企业的差距,并提升自身的竞争力。

正因如此,许多企业的制度体系基于其特有的一些特质和资源,使其管理制度体系不具有可模仿性,始终保持与竞争者之间的距离。其实,每个企业都有其不同于其他企业之处,许多模仿行为由于企业的制度基础不同、管理能力不同、管理者的观念不同而只能画虎类犬。

二、不断变化中的法律风险要素

对于法律风险管理活动来说,不变是暂时的、变是永恒的。但只要建立了一套架构合理而且真正行之有效的法律风险管理体系,则可以在基本框架不变的情况下只对架构中的某些局部内容进行适应性调整。尤其是某些法律风险管理措施应该按照职位设置而不是按照组织架构设置,以便于当组织架构调整时,只需将职位划入新的架构中,而其功能、职责等则保持不变。

作为法律风险的三个基本要素,主体、环境、行为都在不断的变化之中,为了适应这些变化并保持企业利益的最大化和法律风险的最小化,无论企业的制度、流程、文本还是其他的法律风险管理措施都必须不断地进行调整。

(一)法律风险主体的变化

作为法律风险主体的一种,随着改革开放的进程和经济的发展,我国企业的形态在 30 年来已经发生了翻天覆地的变化。从最早的以全民所有制企业、集体所有制企业为基本形态到民营企业的涌现和壮大,从各类"公司"的出现到 1993 年《公司法》的颁布,以及《公司法》的两次修订、其他类型企业形态被法律确认和固化,企业形态随着经济和法律的变化而不断变化。

进入 21 世纪后,以兼并、收购、控股、参股等方式控制目标企业已经成为重要的投资新模式,并快速占领市场,属于对公司相关规定的充分运用。而定牌生产、业务外包、虚拟企业、网店等非传统型企业也纷纷涌现,以更简捷、更高效的模式向传统经营模式发起了挑战,属于企业根据自身特点而对经营形态进行的创新。而企业的国内上市及海外上市不仅是企业的重生,也为企业带来了更多的法律约束,甚至是来自大洋彼岸法律规范的约束。所有这些由于主体发生变化或主体经营模式发生的变化,都需要从法律环境的角度检视其行为是否合规,以免在一无所知中跨越雷池。

除了上述变化外,企业是否拥有知识产权、是否拥有采矿权、是否取得了新的经营许可等变化,甚至劳动用工模式的变化等,也都会属于法律风险主体的变化,同样会引起企业所面临的法律风险的变化。

(二)法律风险环境的变化

自 20 世纪 80 年代开始,中断多年的立法活动开始恢复正常,立法数量也逐渐呈加速发展的趋势。这既是立法机构依法行使职权的必然结果,也是在实施以经济建设为中心的战略转移后,为了促进经济的发展和投资环境的改善而必须完成的配套工作。而《立法法》、《行政许可法》等基础性法律的颁布和实施,更是为立法活动和行政审批制度理清了头绪。所有这些法律以及相关的行政法规、地方法规、规章等共同构成了我国的总体法律环境。

受到历史局限性和认知水平的限制,各个层级的立法都带有不同程度的时代特征,所规范的只能是当时特定历史条件下的各类行为,越是年代久远的立法这种现象越是明显。正因如此,在各级立法机构加快立法步伐的同时,每年也有大量的陈年旧法被修订、合并甚至直接废止,以适应当今的社会状况并规范各类行为,特别是其中的经济行为。没有这些法律规范建立基本秩序,某些需要审批的经济行为就难以及时得到审批,而无序化的经济行为也必然走向以牺牲社会利益为代价。

正因如此,特别是近十年来,我国在法律规范的制定和修订方面不断加速,而且立法水平和立法质量有了显著的提高。而这些法律规范的变化同时也在改变着企业经营活动的环境,无论是设立、变更企业还是合同行为,以及生产过程中的环境保护、劳动关系问题,还有企业的知识产权、税务等问题,其法律环境都在不断的变化之中,而且其中许多的法律规范变化较大,无视这些变化就有可能蒙受法律风险损失或加大运营成本。

(三)法律风险行为的变化

法律风险行为的变化,是指企业由于生产规模、生产方式、生产内容、市场范围等发生变化而引起的企业行为的变化。这些变化从企业发展和企业管理的角度来看都非常顺理成章,但从法律风险管理的角度看来,这些行为发生了变化也就意味着某些应对措施已经成了"空转",而某些行为则还未受到法律风险管理措施的保护。而在理想的状态下,企业行为所发生的变化需要先从法律风险管理角度进行识别、评价、设计解决方案,然后才开始实施。至少要认识相关行为所涉及的法律环境,发现其中最为主要的法律风险并采取了基本的应对措施或制定了基本的应对预案后,才能实施这些新的经营行为,以避免因法律风险因素导致劳民伤财之后的无果而终。

在以经济建设为中心的30年来,我国企业的经营模式已经有了巨大的变化。在起步阶段,他们同样从事着原始的采购、生产、销售等活动,既是企业家又是企业的业务员、管理人员。而今,他们中的许多企业已经转变为以控股、定牌采购、建立分销网络等作为主营业务收入的来源。而且,他们中的许多企业已经上市,许多企业的产品或资本也早已越过大洋抵达了彼岸。在这种情况之下,企业运营模式的变化涉及许许多多的新领域,并已经处于越来越多的陌生法律环境之下。不熟悉法律环境本身就非常容易导致单方权益丧失,如果在毫无防护的状态下以盲人骑瞎马的模式运营,猝然出现的法律风险事件足以令其蒙受重大的损失。

这里面或许存在究竟应该先"立法"还是先行动之争,甚至许多人会以"计划没有变化快"为由,认为先"立法"、后行动根本无法实现。诚然,先立法、后行动的模式即使是在面对整个社会的调整方面也尚未实现,但这并不代表先行动的方式是唯一科学的方式,因为这会带来整个社会的不公和社会资源的浪费,而且鼓励更多的人轻视基本规则的意识并从中谋取利益,对社会的可持续发展并无好处。何况国外发达国家已有先立法后行事的成功经验,也足以证明只要提高管理能力,先立法、后行动的模式完全可以实现。而且,立法滞后于社会现象的出现虽然时有发生,但企业无视已经生效的法律贸然行事,其风险和不利后果最终都要由企业承担,这种损失远远大于设立预案的成本。

三、从管理角度看循环改进

提起法律风险管理方案的循环改进,就不得不提及戴明的 PDCA 循环理论和

ISO 9001 中对于持续改进的规定。这两者是对管理体系进行循环改进的理论基础,而且意思完全相通。尤其是在 ISO 9001:2000 标准中已经明确指出 PDCA 方法可适用于所有过程。

(一)戴明循环与持续改进

戴明循环(Deming Cycle)①又被称为 PDCA 循环、PDSA 循环,是一个质量持续改进模型,在二战后由美国统计学家威廉·爱德华兹·戴明(William Edwards Deming)连同一些统计方法和质量管理方法一道带到日本。这一理论的诞生与二战后的日本迅速成为制造业大国,诞生全面质量管理(Total Quality Management)理论有非常直接的关系。日本天皇于1960 年为戴明授勋,以表彰他为日本企业所做的服务与贡献。

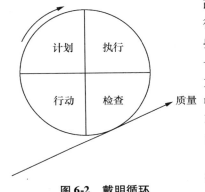

图 6-2 戴明循环

戴明循环包括持续改进与不断学习的四个循环反复的步骤。即:

(1) P(Plan)——计划,分析问题、找出原因并制订方针和目标,确定活动计划;

(2) D(Do)——执行,实地去做,实现计划中的内容;

(3) C/S(Check/Study)——检查,总结执行计划的结果,注意效果,找出问题;

(4) A(Action)——行动,总结成功经验并推广和形成标准,总结失败教训亡羊补牢,新问题和未解决的问题则放入下一循环。

事实上戴明循环并不高深,它的要旨其实就是有计划、有步骤地按照一定的章法去做事并坚持下去,通过持续的循环而不是天才的设想使事物日趋完美。操作时还可大环套小环、一环套一环,分解目标后各个击破遇到的问题,在循环往复中阶梯状上升。这一理论可以用于任何领域,而无论是专业活动还是非专业活动,也无论是工作还是生活。它将人们对于完美目标的追求从依靠天才转为依靠自己,通过知识的不断积累和问题的一一解决而最终改变质量状态,使普通人只要掌握这一方法并持之以恒,也同样可以实现事物的完美。

ISO 是国际标准化组织(International Organization for Standardization)的英文缩写,由该组织制定的标准均以 ISO 冠名。该组织的成员来自世界上 100 多个国家的国家标准化团体,是全球最大的国际标准化组织。代表中国参加 ISO 的国家机构是中国国家技术监督局(CSBTS)。ISO 是非政府机构,是否采用其标准全凭自

---

① 参见 MBA 智库百科 http://wiki.mbalib.com "戴明循环"条目。

愿。由于该组织制定的标准实用性强而且非常优秀，以至于全球的诸多企业乐于采用并成为一种通用的标准。

由第三方对产品质量提供认证的最早发起国是英国，以这种方式提供质量认证比交易中的任何一方提供更有公信力。1975 年，英国标准协会公布了 BS5750 质量保证国家标准并推出了相关的认证、注册服务。在大受欢迎后，该协会于 1979 年建议 ISO 制定有关质量保证技术和实施的国际标准并被采纳。1987 年，ISO 正式颁布了 ISO 9000 质量管理质量保证国际标准。ISO 9000 不是一个标准而是一族标准，包括由 ISO/TC176 制定的所有国际标准。目前，为企业提供 ISO 质量认证的机构很多。如果企业在产品上标注其已经通过了 ISO 9001：2000 管理体系认证，则说明该企业的质量管理体系已经通过认可，就会更具质量水准的公信力。

目前，ISO 9000 标准的最新版本为 2000 版，包括如下四个核心标准：
（1）ISO 9000《质量管理体系 基础和术语》；
（2）ISO 9001《质量管理体系 要求》；
（3）ISO 9004《质量管理体系 业绩改进指南》；
（4）ISO 19011《质量和环境管理体系审核指南》。

根据 ISO 9000：2000 标准，持续改进是质量管理的八大基本原则之一，而且在该标准中还特别指明 PDCA 方法可适用于所有过程，可见循环改进同样是质量管理体系中的要求。

（二）法律风险管理体系的循环改进

目前，许多企业已经通过了 ISO 质量管理体系认证，并有意识地将闭环的循环改进作为改进企业管理水平、提高绩效的重要手段。但从前两年的实际情况来看，这两方面的实际执行上还有一定的改进空间。只要一个企业长期存在某个不难解决的问题，而且这类问题的保留并非是出于有意安排，就足以证明企业并未对需要改进的目标执行循环改进或持续改进措施。

通过实际访谈得知，PDCA 和 ISO 这类抽象的舶来品对决策层及各级管理人员的素质有一定的要求。加之组成质量管理体系的文件中，往往为了节省篇幅而大量地相互引用，与中国人的阅读习惯大相径庭。抽象的表述加上几乎没有休止地需要参见其他条款，使得 ISO 文件既不利于理解也不利于掌握。如果企业的执行力存在一定的不尽如人意之处，对 ISO 中的持续改进及对 PDCA 的执行都会首当其冲。

在实际操作中，许多企业为了具体操作上的便利，将包括法律风险管理方案在内的制度体系作为质量管理体系中的第三层文件，也就是质量管理文件，以解决单纯的质量手册或程序文件抽象难懂的问题。由于整个质量管理体系的文件结构关系复杂，难免影响质量管理体系的执行力。如果整个质量管理体系难以执行，必将影响法律风险管理体系的执行。

四、对法律风险解决方案的循环改进

从实际工作经验来看,没有哪家企业的法律风险管理方案会在一年之后不需要调整。以当前的立法及法律修订的速度情况来看,大多数企业都需要在一年之内对其解决方案中由于法律环境的变化而出现的问题进行调整。而企业主体发生的变化、经营模式发生的改变等,也会造成原有的解决方案与变化后的现实不相适应,需要对原有方案进行修补以适应新的情况。

(一)需要改进的几种情况

企业的完善在许多情况下都是通过渐进来完成。刻意安排的渐进是为了保证企业的平衡进步,法律风险管理解决方案的设计也大多采用这个思路。当这个渐进的过程完成以后,就具备了实施更高水准方案的条件,就可以通过调整方案并实施更高层面的方案,以确保企业的不断进步。有时企业也会存在另外原因引起的渐变,那是因为包括企业管理者在内,所有人的认知水平都是有限的,这种有限性有时也会使一个本可以更早实现的进步转变为一个渐进的过程。

例如,某名牌 MBA 毕业生初到某一大型民营企业,针对企业存在的一系列问题提出过不少的意见。这些意见包括了生产运作管理中的诸多细节以及对企业经营数据进行分析的诸多内容,但由于其在公司里的职位较低,而且其观点超出了企业多年以来的经验范围,加之没有很好地掌握表述方法,因而他的那些主张一直未被采纳。由于该企业在法律风险管理项目中以及其他企业咨询项目中,曾多次被建议增强生产运作管理、防范生产过程中产生的法律风险,在意识到这一问题的存在后,企业终于高薪吸纳了行业内有着丰富生产运作管理经验的团队。通过他们对企业既有设备、生产流程、作业模式的大力调整,成品率上升、质量上升、设备无故障运行时间延长、工作效率提高,整个企业的生产、运营自此井井有条、焕然一新。

如果在法律风险管理方案的实施过程中,企业发生了因上市、申请 ISO 质量管理体系认证、向新领域投资、建立新的运营模式、获得知识产权等主体情况变化或运营模式变化,则需要对超出原管理体系覆盖范围的部分进行一系列的法律风险识别、评估、解决方案设计,调整原有的制度、流程、文本体系,以形成新的解决方案体系用于保护企业的法律事务安全。这个过程需要充分结合原有的方案以保持管理思路的一致性,甚至需要对新方案重新进行宣贯以确保其得到有效执行。整个社会经济形势的变化以及企业管理模式、业务模式的创新都会引发主体及行为的变化,并产生调整原有体系的需求。

而法律风险环境变化引起的循环改进需求在近年来已经成为企业改进法律风

险解决方案的主要原因。例如,在房地产开发企业的商品房开发活动中,政府部门出台的住宅面积测量方式、商品房预售标准、环保标准、商品房交付标准、《商品房买卖合同》示范文本,以及《物权法》的出台、最高法院与商品房有关的司法解释的颁布等,都会引起房地产开发企业所处法律环境的变化,企业必须根据这些变化在其销售合同中对于界限不清或授权其自行约定的部分设计解决方案并融合进新的合同标准文本之中,否则容易在销售和履行中遭遇法律风险。

(二) 实施改进的处理方法

  对于 PDCA 循环,日本的一名质量管理专家主张先从 C、A 入手,提高 P 的水平,然后再进入 PDCA 循环。也就是先进行"检查"、"行动"并根据结果观察效果、分析问题所在,然后更有目标地进入"计划"。这种主张实际上是强调新的循环要建立在前一循环的基础之上,这也同样是进行法律风险管理解决方案改进时所要坚持的原则。

  从这个理念延伸开去,循环改进必须对原有的制度、流程、文本存在一定的延续性,这既有利于体系的稳定性并便于企业执行,也可以在原有的基础上通过不断的提高来使体系更加完善。毕竟新的方案仍旧需要通过旧的"接口"才能与原有体系有效地衔接,不保持一定的延续性容易破坏原有的系统性。反之,也需要在设计解决方案时,尽量将一个完整的内容分为不同的独立组成部分,以便于后期进行循环改进时,通过调整最少量的内容而实现整个系统的更新,使新旧体系能够平稳过渡。

  此外,PDCA 的可贵之处是在于对解决问题持之以恒、稳扎稳打,用"小步快跑"的方式通过不断的循环解决一系列的问题,而不是以推倒重来的方式颠覆以往的所有成果。所以,当出现一个没有办法在本循环中解决的问题时,或者这一循环在解决了旧问题后又出现了新问题时,不妨将这些一时没有办法解决的问题或新出现的问题留给下一循环去解决。特别是对于那些可改可不改的并不急迫的问题,完全可以将其留给"大修"时一并解决。由于法律风险的应对措施之一便是风险替代,即以较小的法律风险替代较大的法律风险,因而一般来说解决方案上不会存在太大的障碍,只有极为个别的问题需要留给下一循环解决。

  总的来说,相对于毫无防备下的法律风险事件爆发,法律风险管理遵循管理的原则对企业可能涉及的法律风险进行波澜不惊的事先、事中、事后控制,并以循环改进的方式通过知识和技能的积累使管理方案日益完善,实现了企业法律风险的最小化和企业利益的最大化。

  而为了使这一切能够得到有效的执行,往往需要对整个项目在设计方案提交后设定一定的辅佐期,许多企业也在项目洽谈时直接要求律师提供这样的服务。这个辅佐期的作用,一是以短期坐班或定期巡访的方式帮助企业理解宣贯完成后企业在实际操作中遇到的问题,帮助企业理解新的管理系统、学会掌握新的制度及流程;二是律师也可以通过一定间隔期内的回访,了解原方案中存在的不足并及时加以调整,并在调整后按需要决定是否进行再次宣贯、辅佐等后续工作。

第五节 法律风险管理中的合同管理

合同法律风险管理是企业法律风险管理中的工作重心。相对于企业对内事务和虽然对外但非商务性的事务管理,合同行为涉及交易双方的切身经济利益,因而矛盾会更为突出、回旋的余地也更小,需要投入更多的精力加以管理。而且,所有的企业都要涉及商务合同,因此合同法律风险的管理具有普遍性,有必要加以专门讨论。

在企业一系列的经营活动中,合同行为是经营活动的开始和结束。通过采购获取生产资料,并通过销售实现利润。而企业的投资行为、资本运作行为、扩张行为、营销行为、人力资源管理行为等,无不以一系列的合同来告一段落。把握住了合同方面的法律风险,也就把握住了大部分的企业风险。

法律风险管理中的合同管理,最主要是要通过法律风险管理手段使企业在文本及文本以外事务中都能够实现法律风险最小化以及交易利益的最大化。

一、交易利益最大化的基础

所有的合同都是为了实现交易利益而签订和履行,这种交易利益一般直接体现在经济利益方面。但经济利益并非交易的唯一目的,甚至在某些交易中根本不是交易目的。正如许多企业的经营策略那样,他们的商品有些是用于赚钱,而有些则只不过是用来"卖"。即使企业的销售收入遵循着二八法则,也就是20%的商品为企业创造了80%的利润,企业也不可能只卖毛利高的商品。没有那些利润不高甚至无利可图的产品"滥竽充数"地摆在产品目录中,企业会因"品种不齐"而缺乏人气并导致销售下滑。这一点在零售业和其他行业都是如此。

要实现交易利益的最大化,其基础是通过谈判等一系列手段取得经济等利益上最大化的条件,然后才是通过对于合同文本及合同事务的法律风险管理加以保障,才能实现交易利益的最大化和法律风险的最小化。这需要在合同管理活动中,在许多环节上追求完美,而追求的结果完美与否,将会通过时间给出答案。

所谓的"完美",是指完备、美好、没有缺陷。从这一涵义来说,由于人们衡量事物总是存在不同的标准和角度,因而绝对的完美是一种达不到的境界,也就不存在完美的合同。但所有的合同都是在特定的时间、特定的地点在特定的当事人之间的特定约定,在这一具体的时间和空间的结合点上,则完全可以存在一种相对的完美,也就是在那个特定的时空结合点上最大化地实现当事人的交易利益。因此,真正的完美虽然无法实现,但又必须不懈地追求。

而要实现合同利益的最大化,就需要企业在交易中有更为精细的筹划,使企业对于商业机会、资金、原材料、知识产权、人力资源、企业影响力等各项资源的利用实现最大化。体现在具体的合同中,交易标的、单价、总价、交付时间等大多属于商务条款,需要由当事人通过体现为交易地位的议价能力等方面因素的运用,取得最为有利的商务性交易条件。这些议价能力主要包括以下内容[1]:

(一)资源稀缺程度与交易利益

通过谈判能够达成何种合同条款主要取决于双方当事人在谈判中的力量对比。在谈判中处于优势地位的一方掌握着更多的主动权,也更多地掌握着最终条款的决定权,也能够通过交易获得更多的利益。而是否处于优势地位,非常重要的一点就是双方所掌握的资源中,哪一种更为稀缺。

当卖方所提供的产品处于垄断地位或由于热销而一货难求时,提供产品的一方无疑会由于其产品的稀缺而在交易中更具优势。他们完全可以在众多的采购商中,只选取能够完全接受他们所提出的价格及交易条件的客户进行交易。反之,当卖方的产品处于充分竞争、市场饱和的境地时,买方的订单远比所要采购的产品稀缺,买方完全可以从众多的供应商中只选取能够完全接受他们的价格及交易条件的供应商进行交易。资源的稀缺性,是决定双方交易地位的主要原因,谁掌握着稀缺资源,谁就会在交易中处于优势地位。

(二)议价能力与交易利益

这里所说的议价能力不是指谈判技巧,而是通过展示能够运用综合能力影响对方利益的方式施加影响,并综合运用各种技能去说服对方达成交易的能力。"波特五力"理论对议价能力有着全面的归纳。

卖方的议价能力主要包括以调高售价或降低品质而对买方施加影响的能力,主要体现为以下几种情况:

① 少数卖方主宰市场;② 买方无适当替代品;③ 买方并非卖方重要客户;④ 卖方产品对买方有决定性影响;⑤ 买方更换卖方的成本极高;⑥ 卖方能够影响其上游行业。

---

[1] 参见吴江水:《完美的合同——合同的基本原理及审查与修改》(增订版),北京大学出版社 2010 年版,第五章第一节。

买者的议价能力主要包括以压低价格、争取更高品质与更多的服务的方式而对卖方施加影响的能力,主要体现为以下几种情况:
① 买方采购量大;② 卖方产品是标准化产品;③ 买方更换卖方的成本低;④ 买方能够影响下游行业;⑤ 买方的信息充足;⑥ 同类产品卖家很多。

(三) 交易价值与交易利益

交易价值既包括了通过交易所能得到的经济利益,也包括了通过交易可以得到的其他利益以及交易安全,属于必须综合考虑各种因素才能得出结论而且受主观判断影响较大的价值观念。人们有时宁愿放弃那些价格实惠的小店而宁愿到声誉卓著但价格较高的大店购买商品,就是因为考虑到了大店能够在产品质量、服务质量、服务环境、售后服务、商业信誉等方面提供更多的价值和利益保障,也更能够安全地实现交易利益。

在这一问题上,菲利普·科特勒的产品价值理论足以全面解释交易价值的涵义,为实现交易利益最大化提供思路。该理论将产品分为以下五个层面:
(1) 提供基本效用或利益的核心产品;
(2) 体现核心产品或满足某种需求的形式产品;
(3) 购买产品时期望得到整套属性和条件的期望产品;
(4) 购买形式产品和期望产品时附带获得各种利益的延伸产品;
(5) 超出原有期望并具有额外价值的潜在产品。

当同类企业所提供的核心产品相差无几时,产品的竞争就会延续到形式产品、期望产品、延伸产品、潜在产品等方面,这也是比较交易价值时所要考虑的因素,例如更多的交易安全、更多的交易便利、更多的增值服务等,都是体现交易价值、有助于实现交易利益最大化的手段。但这些还只是商务条款,如果从法律角度考虑,合同利益的最大化还必须通过合法权益的最大化的方式加以保护,才能实现交易利益的最大化。

二、法律风险管理范畴的合同管理

法律风险管理意义上的合同管理,并非许多企业所做的那样体现为合同加盖公章的管理以及合同归档的管理。公章管理只能保证合同签订环节不会出现超越代理权的行为,归档管理也只能保证在争议时能够找到依据,只能控制很小部分的法律风险。而相形之下,法律风险管理范畴的合同管理,无论是范围之广度还是管理的深度都与常规的合同管理有着天壤之别。

最为初级的合同法律事务管理只是看一下合同中有无违法条款、哪些术语表达不当,如同老师批作业。这类常规的工作方式无法深入解决企业的利益最大化问题,企业的发展需要将法律与经营融合、将法律与管理融合。

(一) 合同法律风险管理的两大主题

合同法律风险管理分为合同文本及合同事务两大主题。即使是通过高超的技巧谈判并取得了经济等方面利益的最大化,也要通过合同文本及合同事务两个方面的法律风险管理加以实现。或者说,合同法律风险的管理主要是实现完美的合同文本管理与完美的合同事务管理,合法权益的最大化最终将通过这两方面的法律风险管理加以实现。

对于合同文本的法律风险管理,主要有两个途径:一是通过对交易机制的设计等,从更高的层面规避法律风险,或将法律风险不利后果或发生概率抑制在一定的程度之内;二是针对合同的具体文本内容,从主体合格性、内容合法性等方面控制合同法律风险。

对于合同事务的法律风险管理同样分为两类工作。一类主要涉及合同文本以外的一系列合同事务,包括各类尽职调查、缔约过失责任的回避、对于要约与承诺的控制、对合同生效及解除条件的控制、各类抗辩权的行使、违约责任的追究等。这类法律风险管理措施大多与《合同法》的相关规定有关,是对法律上的相关规定在处理合同事务时的具体运用。另外一类则同样是从管理机制着手,通过为企业设置合同管理制度、合同管理流程、标准合同文本体系等,对律师与法务、业务人员的责任界面进行分工,并规范相关行为。其中的流程管理、文本制作在前一节中已经大量提及,在此不再展开。

交易利益的最大化过程中,最为基本的商务性选择由企业从经济利益、交易安全、其他附加利益等方面考虑,这些必须由企业自行决策。而法务性的法律风险管理,包括合同文本及合同事务两类法律风险管理则主要由法律人员操作,从法律层面降低其风险、扩大其收益。而所有这些,都需要企业充分利用订立合同时的所有机会和资源、充分行使意思自治的权利,从而实现更多的收益。

(二) 合同文本的法律风险管理机制

对于合同文本本身的法律风险管理将在本节中专设一个主题加以讨论,在此仅讨论合同文本的法律风险管理机制的设计。这些机制未必能够在合同文本中得以实现,但却是考虑合同文本引起的法律风险时,所不得不重视的问题。如果具有良好的商务谈判基础而不知这些机制的运用,就会错失提高交易安全度的良机。这些机制方面的考虑主要有以下几点:

1. 使合同便于操作

一般情况下,合同履行中的操作内容及操作程序越是复杂则越是不便于操作,也越是容易出错。特别是对于那些并不具备相应的素质水平和管理水平的企业,操作过于复杂的合同极有可能造成违约、单方利益丧失甚至是违法。以至于对于那些内容复杂且违约责任较重的合同,许多企业宁可放弃,另一些企业则利用交易地位的优势改用适合自己管理能力和员工素质的合同。

这类问题也可以通过改变履行中的权利义务分配方式加以解决。例如,改验收为清点接收并加重质量违约责任、将义务性的责任改为权利性的"有权"等。

2. 分散合同法律风险

对于履行期限较长而且充满不确定性的合同,或影响较大而且风险集中的合同,一旦出现问题很容易造成极为严重的不利后果。最高人民法院虽然在第二次对《合同法》进行司法解释时规定了情势变更原则的适用,但即使运用这个原则去解决争议问题,其结果也存在着极大的不确定性,根本不足为恃。但企业可能通过其他方法分散相关的风险。

例如,企业可以将完整的履行活动划分为不同的周期或项目,再按不同的项目和周期设定违约责任,以达到分散风险的目的。甚至可以直接规定解除权等问题,为合同建立可以承受的退出机制,以便在不利事件发生时可以用较小的代价全身而退。

3. 考虑各类获得成本

合同首先是种经济行为,然后才是法律行为。因此除了顺利得到交易对价外,不但要考虑交易的获得成本也要考虑解决争议的成本。这也是法律风险管理中的成本核算问题。其中,违约成本是人们经常提及的成本,主要是说守约成本与违约成本孰高孰低的问题。如果违约的责任很轻,许多企业都会在利益的诱惑下选择以违约的方式为自己获取更多的利益。同样,不同的违约责任追究方式下,按合同约定比例追究违约金时几乎无需举证,而要求对方赔偿一系列损失时则举证非常困难而且很容易被否认,这便是约定方式不同引起的举证成本问题。

同理,合同履行中还会存在守法成本问题,以及如何合法化而规避因主体问题或内容问题造成的法律风险。当然,在成本问题上还有所有企业都要考虑的税务成本。某些经营活动由于其特殊性,以不同的方式运作就会存在不同的税率、征收方式方面的成本,如何以合法的方式避税,是法律风险管理中的重要内容,也是企业最为关心的内容之一。

4. 充分利用外围规范

除了合同条款中约定的权利义务以及法律规范明确规定的权利义务,还有一些外围的规范和文本可供利用。其中,最为值得关注的便是各类质量、技术标准等规范,这些规范中的强制性标准同法律一样具有强制性执行的效力。而产品说明书等虽然不是合同,但其实仍是合同中的一个组成部分,因为说明书中的内容同样构成经营者对于最终用户的承诺,甚至成为追究责任的依据。

三、对合同文本的法律风险管理[①]

对合同文本实施法律风险管理是合同法律风险管理的两项内容之一,除了前面所讨论的在规划合同内容时所要考虑的问题以外,合同文本本身通常需要考虑合同中的如下内容:

(一) 交易主体是否合格

在交易中,如果企业自己不具备应有的交易主体资格,很容易导致合同无效并承担过错责任或成为对方违约的借口。即使合同最终仍被认为有效,也有可能因违反行政法规而受到行政主管部门的处罚。如果交易相对方主体资格不符,则有可能并不完全具备签订及履行合同的合法资格及实际履行能力,影响交易目的的实现及交易安全。因此,主体是否合格是企业从事长期、稳定的正常生产经营活动所不可逾越的界限,不具备完全合法的主体资格,企业随时处于法律风险的严重威胁之下,并随时有可能由于法律风险事件而引发不利后果。

合同主体资格是否合法问题涉及许多方面,如法人资格、经营资格、经营资质、生产及经营许可等,有时还要涉及当事人是否有权处分标的物、签订及履行合同是否有违上级企业的管理制度、代理人是否完全有权代理、实际执行合同人员是否具备相应资质等问题。

虽然合同主体问题是企业经营过程中无法回避的问题,但在某些特定的交易中,可以通过一定的方案设计来回避相关法律风险,使经营行为合法化。如果某些交易无法实现主体的完全合法但又不得不进行,则必须将法律风险控制在可以承受或可以控制的范围之内。

(二) 合同内容是否合法

即使合同主体完全合法,在某些情况下也会存在内容是否合法的问题,这是影响交易合法性的另一重要问题。这是因为合同的签订及履行不仅要遵守《合同法》的规定,还应该遵守与交易标的相关的一系列法律规范的要求,甚至是必须先遵守相关法律规范的要求,然后才遵守《合同法》的规定。如果某些单行法律对相关合同有更为具体的规定,还要优先执行相关的单行法律。这是《合同法》第 123 条的规定,即"其他法律对合同另有规定的,依照其规定"。

例如,《商标法》、《专利法》、《著作权法》、《担保法》、《保险法》等单行法律中,分别对商标许可使用、专利权转让、著作权许可使用、担保、保险合同作了较为具体

[①] 参见中华全国律师协会编:《中华全国律师协会律师业务操作指引》,北京大学出版社 2009 年版。

的规定,相关合同必须首先适用这些单行法律,这些单行法律没有规定部分才适用《合同法》的相关规定。

除此之外,还要看合同中是否存在着在法律上足以认定合同无效、免责条款无效、可申请变更或撤销的情况,或者违反相关法律规定自行设定合同生效条件,以及合同中所用的法律术语、技术术语、合同名称等是否标准。此外,对于某些标的还要注意其质量标准是否符合法律的明确规定以及强制性标准。所有这些合法性问题都是为了使合同内容没有法律上的瑕疵,以顺利实现交易目的并充分利用法律所赋予的权利。

(三)基本功能是否完备

虽然合同条款千变万化,但合同的所有条款都可归入锁定交易平台、锁定交易内容、锁定交易方式、锁定问题处理四大基本功能,缺少任何一种功能都会给合同的履行结果带来极大的不确定性。如果合同履行中的所有事项都被这四大功能锁定而无其他可能,则合同的基本功能已经完备。否则都有可能出现法律没有规定而合同也没有约定的情况,从而缺乏共同认可的解决方案。合同的四个基本功能分散在合同不同层级、不同主题的合同条款中,交易越是复杂则合同涉及内容越多、相互关系越复杂。

如果从四个基本功能角度去分析比较抽象,可以借助于《合同法》所规定的合同基本条款及买卖合同的基本条款,只是这些条款也同样可以归入合同四大基本功能。而判断基本功能是否完备的思路及目标,主要包括合同各组成部分之间是否存在功能缺失或重叠、各组成部分是否具备了完整的应有功能等。从基本功能的角度去理解合同虽然有些抽象,但可以通过这一方法判断合同是否存在功能缺失的现象,从合同之外以系统的眼光去审视合同的结构和功能,避免来自结构或系统问题的重大失误。

(四)约定条款是否实用

合同条款的实用价值并不在于约定了标的是什么,以及数量、金额等交易所必须的内容,而在于审时度势约定"个性化"条款以避免不利后果的发生。当事人的不同、标的的不同、交易背景的不同、交易条件的不同,都会使只具备基本条款的合同无法有效地确保交易的安全性和交易利益的实现,只有针对具体交易中的具体风险有针对性地设置应对措施,才能完成这些使命。为此而增设的这些针对性的条款,则正是条款实用性之所在。

要提高约定条款的实用性可以从许多方面考虑问题,例如从交易标的特点、交易方式的选择、交易所涉及的行业特点、同类交易中的常见争议类型、交易相对人的特点、争议管辖地的确定、违约的识别标准及违约责任设置等,结合交易目的去考虑这些问题,就能设置出能够充分提高交易安全性及实现合同利益最大化的实用性的条款,使合同摆脱泛泛而谈、具体事项约定不清的缺陷。而在比较极端的情况下,正是由于缺乏实用性条款而套用那些不痛不痒的基础性文本,使得某些合同从其条款来看根本无法实现目的。

(五)逻辑思维是否严谨

构建合同架构及条款的逻辑思维是否严谨与条款内容的明确性有关,但侧重于通过逻辑推理的方式解决架构及条款内容如何才能"滴水不漏"的问题。条款功能完备的合同仍有可能不够严谨,而要使整个合同的逻辑思维严谨,就要考虑条款的上、下层级配合及前后条款的配合,并要考虑在不同的履行阶段中各项权利如何变化以及这些变化下如何改进,以促进合同文本质量的提高。

合同条款的设定原理,除了通过细节的安排千方百计让合同的交易内容、交易方式明确无误外,对于交易平台、问题处理两个功能的设定其实都是从逻辑角度进行一系列的假设,并根据假设的结果设定具体的应对条款。要使合同严谨,就必须首先保证假设的严谨,也就是假设出各种可能发生的情况或可能存在的漏洞,才能使合同条款丝丝入扣、滴水不漏。尤其是当需要对某些事项的前提或适用对象进行列举时,必须注重所要实现的目标与列举内容之间的关系,恰如其分地设定列举内容,并通过这些内容的列举促进目标的实现、杜绝可能被人利用的漏洞。

而在更为细节的层面,还要考虑条款之间的配合是否严谨、得当,避免因严谨性问题而导致的条款间关系不明、缺乏配合、相互冲突等情况。例如,术语或关键词是否前后统一、禁止的行为是否设定了相应的违约责任、合同篇幅过长是否引起概念内涵及外延的变化等。

(六)权利义务是否明确

权利义务是否明确方面所要讨论的,是指双方当事人在交易中的各项权利义务边界是否清楚,能否凭借条款清楚地判断是否违约及违约应当承担的责任,但泛泛而谈的条款无法依照交易目的的需要而锁定权利义务,会使履行面临不确定性。在理想状态下,一份严谨的合同应当包括了合同履行中可能出现的各种情况,并约定了相应的解决方法。如果合同履行中出现了某种情况,只需按合同约定解决即可。但事实上这种境况只有那些重大的投资项目及长期合作的项目中才有可能出现,一般的交易很少能使合同细化到这种境地。

当合同条款严谨到只能在法律及条款允许的范围内履行,任何影响交易目的的实现的违约行为都会明白无误地被识别出来,并对相关的违约责任有着明白无误的约定时,是非曲直已经无需多谈,争议的解决也就变得非常简单。要实现这一点,就要使权利义务的范围、权利义务履行的标准可识别、违约的标准及责任可识别等。如果每种情况都有约定并有了处置方案,就可以避免在争议发生后由第三方按是否"合理"来解释某项权利义务的归属,避免无谓的争议并使违约行为付出足以补偿另一方损失的应有代价。

(七)语言表述是否精确

任何合同条款都需要通过语言表达以文字的形式加以固化,语言文字也是合同最为基本的组成单位,失之毫厘则谬以千里。要完善一份合同需要诸多的努力,而要毁掉一份合同,一个关键字甚至一个标点符号也已经足够。相对来说,合同中存在的表述问题比比皆是,出现的概率远远超过法律问题。而且对于文字表述功底如何,并不需要多少语言文字知识就能发现和判断。因此合同语言文字的精确性问题,不仅仅影响着企业的对外形象、律师的对外形象,也会由于精确性不足而直接影响权利义务的意思表示、影响交易目标的实现。

在合同表述问题中,对合同权利义务影响最大的莫过于语言歧义现象。存在这种现象的合同,由于某些语句中的句子成分可以使用不同的语法规则做出不同的解释,因而影响了权利义务的唯一性。语言歧义现象的种类很多,大致有词汇歧义、语法歧义、语义歧义、语用歧义等类,只有熟悉与语言歧义有关的语法知识后,才有可能在设计条款时通过变换句式等方法加以避免。

在细节方面的表述精确性问题则更多,需要在合同中采用标准的术语、称谓并确保语句中的权利义务主体、内容、对象清晰无误。此外,还要保持特定事物表述用语的前后一致性,以及各项内容在理解上的唯一性,而且还要特别注意不同标点符号对于语言精确性的影响、序号及页码编排对于权利义务的影响等,确保表述精确无误。

四、对合同事务的法律风险管理

除了对合同文本以外的各类合同事务依照法律风险管理的原则及相关法律规定进行处理外,合同事务法律风险管理的另外一个主要内容是从管理机制着手,设计和执行合同管理制度、合同管理流程、标准合同文本体系等。

(一)合同管理制度

企业合同管理制度的内容可以根据企业的发展需要、交易类型、内部分工等情况制定。制定这些企业合同管理制度时,企业在合同方面已经发生过的问题、同行业其他企业已经发生过的问题,以及根据目前的交易内容、交易流程很有可能会发生的问题,都是制定企业管理制度不可多得的基本信息。通过分析这些基本信息,可以了解哪些环节存在问题、哪些问题需要解决,以提高合同管理制度的针对性和实用性。

以目前的状况,大部分企业的合同管理制度存在着责任部门不明、内容过于宽泛、结构及条理不够严谨等问题,甚至某些企业不假思索地套用其他企业的合同管理制度,这些情况都会影响合同管理制度的执行力度,或影响到合同管理的工作质量和工作效率。总的来说,拟订合同管理制度需要考虑以下几个方面:

1. 负责的部门与分工

合同的签订与履行需要多个部门的分工协作才能完成,因此要明确各个部门在合同管理中的职责范围,甚至要明确各个部门完成本职工作的时间界限。例如,某些企业的合同管理制度分别规定了业务部门、法务部门、审批部门、财务部门的职责范围及完成工作时限,还规定了何种情况下由企业法务解决、何种情况下应当交由律师解决。

2. 合同签订及履行的各个环节

根据企业实际情况的不同,有的企业会在合同管理制度中包括诸如供应商的选择、对方主体资格的审查、合同签订审批流程等内容,有的则简单得多并以公章管理及归档为主。

对于这些内容的设置,以明确具体的职责为主。例如,需要明确业务人员所控制的合同内容、法务部门所要控制的合同内容,以及财务部门、其他所涉及部门的配合事项和具体的工作内容,避免因分工而引起的工作漏洞。

3. 合同的履行管理

合同的签订涉及审批程序、授权,而合同履行则涉及诸多部门而且存在多种变数,因此相对于合同签订来说合同的履行是约定的重点。由于可能遇到的情况分为多种,如在不同阶段出现不同类型的违约、合同的变更与解除、合同争议的处理等,需要细化各个不同合同履行责任部门在遇到相关情况时的职责范围、与其他部门的沟通,以及处理各类争议时各个部门之间的配合等。

4. 违反制度时的处罚

对于企业内部人员不按制度执行的行为进行处罚本不属于合同管理制度中的内容,但从实际效果来看,如果在企业的其他管理制度中没有规定不履行职责的处理方法,就必须在合同管理制度中规定违反相关规定所应受到的处罚,以增加其强制执行的效力。

需要说明的是,合同管理制度应该是由具体的责任部门起草而由总经理甚至更高层面统一颁布实施的制度,具体部门在后期只不过是具体负责其实施,而不是由职能部门自行编写并强制其他部门执行。

(二) 对具体合同事务法律风险的应对

在具体的合同事务管理中,往往会接触到各种不同的问题,这些问题都需要在熟知相关法律规定的前提下以最优的方式加以应对。由于可能遇到的情况很多,具体的应对方式也非常丰富,但都是依据法律规定进行,以保证具体的应对措施能够充分得到法律的保障。

1. 合同生效前的法律风险管理

一般的企业合同事务管理是从合同签订开始,但通过研读《合同法》的相关条款可知,《合同法》项下的责任有时在合同签订以前就已经存在。其中,在主合同生效前由对方提供担保、在谈判阶段设定后履行义务、对合同相对方的资信进行调查等均是有效的事前法律风险管理手段。而对要约、要约邀请、承诺的操作进行控制,以及对于合同生效条件进行限制、通过主体安排或尽职调查避免签订效力待定合同、通过有效的控制避免产生缔约过失责任等,都是合同签订前实施法律风险管理的工作内容。

2. 合同生效后的法律风险管理

在合同生效以后的法律风险管理事项也非常之多,其中最为典型的是不安抗辩权、同时履行抗辩权、先履行抗辩权的行使,这些抗辩权是在合同履行期间当对方出现履行瑕疵时非常重要的自我保护依据。又如,《合同法》中对于代位权和撤销权的规定,是企业应对债务人恶意逃废债务行为的有力武器。而对于法无明文规定且合同未明确约定,但依据诚实信用原则及合同的性质、目的和交易习惯而必需的通知、协助、保密等工作属于合同的附随义务,当事人必须履行。

此外,合同权利义务的转让及终止、合同履行期间的证据管理等也都是合同生效后法律风险管理的主要工作内容。

3. 违约责任的承担与转移

许多企业对于违约责任的设定仅限于最为常规的项目且往往语焉不详,这是因为他们尚未意识到是否违约主要在于"约"而不是在于法,通过约定违约的范围及责任承担方式可以有效地行使意思自治的权利,确保交易目的的实现。而通过对标的物转移时间、方式的设定,同样可以控制风险、控制违约责任,其关键仍旧在于"约"。

此外,当出现违约情况时,承担违约责任的方式往往也存在选择的余地。以何种方式承担违约责任,或是该违约责任是否可以转嫁给真正有责任的一方,都需要依照法律和实际情况进行判断。

第六节　非企业组织的法律风险管理

前面所讨论的法律风险主体均以企业为代表,包括有法人资格的企业和没有法人资格的企业。由于企业的数量庞大而且受法律风险影响的程度最大、对法律风险的反应最为敏感,企业便成为法律风险主体的代表。但这并不意味着只有企业才是法律风险主体,其他类型的法人组织、非法人组织,包括政府部门、社会团体等,在开展活动过程中也同样面临着各式各样的法律风险。

这些不属于企业的组织,包括具备法人资格的组织与不具备法人资格的组织,他们所面临的某些法律风险与企业是完全一样的,只有部分有所不同。只要能够掌握这些不同之处,便能掌握其法律风险控制的基本方向。

一、非企业组织的法律风险特征

组织(Organization)一词并非法律术语,泛指按照一定的宗旨和目标建立起来的集体,如工厂、机关、学校、医院、各级政府部门、各个层次的经济实体、各个党派和政治团体等。① 相对于法律上的法人、其他组织的划分方法,"组织"一词实际上包括了所有的法人与其他组织,只是不包括三大民事主体之一的自然人。在许多领域,例如质量管理体系认证,由于其认证对象虽然以企业为主但并不限于企业,因而往往将其对象表述为"组织"而不是"企业"。

(一)非企业组织所包括的范围

在本书第一章中已经提到,法律风险主体分为法人、自然人、其他组织三类。按照《民法通则》的分类,法人又可以分为企业法人、事业单位法人、机关法人、社团法人四种。但随后根据1998年10月25日由国务院令以第251号令颁布的《民办非企业单位登记管理暂行条例》,产生了一种被称为"民办非企业单位"的社会组织。这类组织由企业事业单位、社会团体和其他社会力量以及公民个人利用非国有资产举办,主要从事非营利性社会服务活动,其中符合法人条件的即可以登记为法人。另外,根据《基金会管理条例》而成立的基金会其实也是一种比较特殊的法人。因此,目前我国存在的法人至少有这六种,其中五种是非企业法人。

按照最高人民法院1992年对《民事诉讼法》所做的司法解释《关于适用〈中华人民共和国民事诉讼法〉若干问题的意见》第40条的规定,"其他组织是指合法成立、有一定的组织机构和财产,但又不具备法人资格的组织"。除了定义外,该条司法解释还列举了几种其他组织的类型,但不属于企业的其他组织只有"经民政部门核准登记领取社会团体登记证的社会团体"以及"符合本条规定条件的其他组织"。结合前面所提及的《民办非企业单位登记管理暂行条例》,个人型、合伙型的民办非企业单位也是非企业的其他组织。

从其定义及列举的类型归纳,其他组织与法人最大的差距就是不具有法人资

---

① 参见智库百科 www.mbalib.com,"组织"条目。

格,但他们能以自己的名义独立地进行一定的民事活动并承担相应的民事责任。虽然做出这一解释的目的是为了解决民事审判中的诉讼主体问题,而且该司法解释所依据的《民事诉讼法》已经于2007年完成了修订,但该司法解释基本上揭示了其他组织的内在规律,而且这类技术性条款不会因《民事诉讼法》的修订而产生太大的变动。而从其列举的情况来看,其他组织中包括了企业也包括了非企业。

综合以上的细分,非企业组织其实就是依法或合法成立、具有一定的财产及组织机构、能够独立承担民事责任,但又不属于企业的法人或其他组织。自然人虽然同样也是法律风险主体,但除非是以非自然人主体的身份从事商务等活动,一般情况下的自然人主体所面临的法律环境基本上还没有复杂到需要进行专门的法律风险管理的程度,因此本书并未将其作为法律风险主体进行深入研究。

(二)非企业组织的法律风险特征

非企业组织的法律风险可以从其行为进行判断。无论何种组织,其行为都可以归为两大类,一类是必须依照法律规定或政府部门确定的范围从事的活动,包括设立、变更及开展相关活动的行为;另一类是与这些非企业组织的生存、开展活动密不可分的一系列民事活动,当非企业组织开展这些活动时,他们与其他民事主体在民法意义上并无区别。

例如,一个依照政府部门的行政决定设立的政府部门分支机构,从法律上看它并无法人资格。但这个机构如要行使行政管理职能,就必须依照相关行政法律规范所规定的范围、内容、程序从事活动。当这一机构从事这类职务性的、特殊性的与其他组织不同的工作时,这些工作决定了该机构有着特定的法律风险。而除了这些本职工作以外,这一机构要想正式开展工作又往往首先需要一系列的普通民事活动,如办公场地租赁、物品或服务的采购、人员的雇佣等,这时所从事的活动与一般的民事行为并无区别,所面临的也只是普通的法律风险。

又如,依照2004年颁布生效的国务院行政法规《基金会管理条例》设立并开展活动的基金会,其法律地位为"利用自然人、法人或者其他组织捐赠的财产,以从事公益事业为目的,按照本条例的规定成立的非营利性法人"。根据这一定位,基金会的财产来源、运营目的、法人性质均已确定,超出这些范围必定属于违法行为,至少是从事活动不规范。

而在一些细节方面,《基金会管理条例》对于基金会的设立条件、设立程序、分支机构、变更及注销登记等均有明确规定,未能按照这些规定从事设立等登记行为,就会存在身份不合法的法律风险。而违反该《条例》中对于组织机构、财产管理和使用、监督管理等规定开展的活动,不仅有可能使基金会面临行政主管部门的行政处罚,还有可能导致相关的理事承担民事赔偿责任直至刑事责任。而这些都是基金会特有的法律风险,当基金会从事一般的民事活动时,其行为仍旧等同于普通的民事主体,其民事法律风险也与其他主体相同。而基金会与其聘用人员之间的关系,也完全是普通的劳动合同关系。

从合同法律层面看,基金会的财产来源和去向都与赠与合同有关。依照该《条例》的规定,基金会既要遵守接受捐赠时捐赠协议明确了的具体使用方式,也可以在资助时与受助人约定资助的方式、数额及用途和使用方式,并有权对资助的使用情况进行监督。而且,该《条例》还特别规定,当受助人未按协议约定使用资助或者有其他违反协议情形时,基金会有权解除资助协议。这一点与《合同法》上关于赠与合同的规定以及合同的一般原则完全一致。基金会在财产来源和去向上的这一特点,也同样构成了基金会的特有法律风险,并需要结合《基金会管理条例》以及《合同法》关于赠与合同的相关规定采取应对措施。

二、非企业组织的营利活动法律风险

非企业组织一般都属于非营利性质,无论是社会团体、机关、事业单位,至少从法律规定上都是非营利性的组织,如果直接从事营利活动则属于违法行为。当然,现实社会中存在着非企业组织从事营利活动的行为,甚至其利润比一般的企业还要丰厚,但这属于法律的监督执行问题,不在本书的讨论范围之内。

(一) 社会团体的分类及非营利性

社会团体所包括的类型目前未见统一的分类方式,但各地的地方性法规或地方政府规章对于此类问题已经有所规定。参照上海市社会团体管理局《上海市社会团体分类规定(试行)》,可将社会团体理解为学术性、行业性、专业性、联合性社团四类①,这种划分方式具有一定的科学性。

(1) 学术性社团

主要是指专家、学者和科研工作者自愿加入,为促进哲学、社会科学和自然科学的繁荣和发展等目标而开展工作的社团组织。其主要功能是推动学科发展,促进原始性创新和科技成果的转化,造就专门人才和技术创新人才,开展咨询服务,推进科技产业和社会进步。

(2) 行业性社团

主要是指法人组织自愿加入,为加强行业自律,推动行业和会员单位的健康发展,配合政府部门规范市场行为而开展工作的社团组织。其主要功能是为会员单位提供服务、反映需求,维护会员单位的合法权益;制定行业标准,进行行业统计,开展行业培训,加强行业协调,促进行业自律;承接政府转移的职能,协助政府部门加强行业管理。

---

① 参见上海社会组织网 www.shstj.gov.cn,上海市社会团体管理局主办。

（3）专业性社团

主要是指单位会员和个人会员自愿加入，围绕相关领域的专业知识，开展活动，发挥专业人员、专业组织的专长为经济、社会服务的社团组织。其主要功能是为单位会员提供专业化的服务，提高个人会员在科学技术、教育、文化、艺术、卫生、体育等方面的能力和技巧。

（4）联合性社团

主要是指相同或不同领域的法人组织或个人为了横向交流而自愿组成的联合体。其主要功能是对内联合法人组织或个人，研究产业政策、协调行业关系，促进相关产业、行业或个人的交流和合作；对外代表他们与其他会员组织进行协商，以维护其利益和实现其诉求。

在社会团体方面，国务院于1998年颁布施行的《社会团体登记管理条例》中，第2条、第4条分别规定："本条例所称社会团体，是指中国公民自愿组成，为实现会员共同意愿，按照其章程开展活动的非营利性社会组织"，以及"社会团体不得从事营利性经营活动"。而在该《条例》的罚则部分，第33条还规定社团从事"从事营利性的经营活动"时，"由登记管理机关给予警告，责令改正，可以限期停止活动，并可以责令撤换直接负责的主管人员；情节严重的，予以撤销登记；构成犯罪的，依法追究刑事责任"。

（二）事业单位的非营利性

事业单位也同样属于非营利性质。2004年修订的《事业单位登记管理暂行条例》的第2条中规定："本条例所称事业单位，是指国家为了社会公益目的，由国家机关举办或者其他组织利用国有资产举办的，从事教育、科技、文化、卫生等活动的社会服务组织。事业单位依法举办的营利性经营组织，必须实行独立核算，依照国家有关公司、企业等经营组织的法律、法规登记管理。"由此可见，事业单位本身应该是非营利性的，但这些事业单位可以依法举办营利性的经营组织从事营利性活动。

事业单位包括了经中央或者地方编制委员会办公室批准成立，依靠国家拨款或者自有资金从事非生产经营事业的组织。事业单位法人不以营利为目的，一般不参与商品生产和经营活动，收益只能用于目的事业，且属于辅助性质。它们的独立经费主要来源于国家财政拨款，也可以通过集资入股或由集体出资等方式取得。事业单位法人必须依法登记或备案，开展活动时需有事业单位法人证书作为合法的法人身份凭证。[①]

根据由国家事业单位登记管理局于2005年4月颁布，并于2006年1月1日实

[①] 参见北大法宝，"事业单位法人"条目。

施的《事业单位登记管理暂行条例实施细则》第 4 条的规定，"本细则所称事业单位，是指国家为了社会公益目的，由国家机关举办或者其他组织利用国有资产举办的，从事教育、科研、文化、卫生、体育、新闻出版、广播电视、社会福利、救助减灾、统计调查、技术推广与实验、公用设施管理、物资仓储、监测、勘探与勘察、测绘、检验检测与鉴定、法律服务、资源管理事务、质量技术监督事务、经济监督事务、知识产权事务、公证与认证、信息与咨询、人才交流、就业服务、机关后勤服务等活动的社会服务组织。"《细则》中对于"事业单位"的进一步解释使事业单位的概念更加具体化，但同样没有进行真正意义上的分类。而且，其中的某些"事业单位"其实早已市场化经营，并一直实实在在地以营利为目的。

正因如此，政府各有关部门正在考虑对事业单位进行改革。从目前的趋势来看，拟将事业单位分为监督管理、经营服务和公共服务三大类，并针对不同类型的事业单位，分别实施回归政府、推向市场、保留和撤销等改革措施，解决目前所存在的乱局并使事业单位回归到其应有位置。

（三）机关单位的非营利性

毫无疑问，行使公共管理职能的机关必须是非营利性组织。在 20 世纪后期改革开放之前，确实存在着政企不分、事企不分的情况，公共事业单位行使行政管理及处罚职能或机关行使经营职能的现象不足为奇。但从实施改革开放政策开始，政企职能分开一直是努力实现的目标。经历了 20 世纪末机关办企业的潮流后，国务院办公厅于 1993 年 10 月 9 日以转发国家经贸委《关于党政机关与所办经济实体脱钩的规定》的方式，要求各县及县以上各级党的机关、人大机关、审判机关、检察机关和政府机关中的公安、安全、监察、司法、审计、税务、工商行政管理、土地管理、海关、技术监督、商检等部门以及办事机构，均不准组建任何类型的经济实体、不得以部门名义向经济实体投资或入股、不得接受各类经济实体的挂靠。1998 年 11 月，国务院办公厅又发出了《关于中央党政机关与所办经济实体和管理的直属企业脱钩有关问题的通知》，进一步强化了前一《规定》。

机关所办的实体随着这些规定的出现，渐渐淡出人们的视野。而且，许多国务院部门甚至军队等还针对自己系统内的各级机关专门下达相关的整改规定。自此，机关既不能本身从事经营活动，也不能像事业单位那样通过设立公司从事营利活动。

（四）民办非企业单位的非营利性

民办非企业单位依法同样属于非营利性组织，不得从事经营活动。依据《民办非企业单位登记管理暂行条例》第 2 条的定义规定，"本条例所称民办非企业单位，是指企业事业单位、社会团体和其他社会力量以及公民个人利用非国有资产举办的,从事非营利性社会服务活动的社会组织"。而且,该《暂行条例》第 4 条还特别强调"民办非企业单位不得从事营利性经营活动"。

特别是在罚则部分的第 25 条中还规定,如果非企业单位从事营利性的经营活动,将"由登记管理机关予以警告,责令改正,可以限期停止活动;情节严重的,予以撤销登记",直到依法追究刑事责任。而且"有违法经营额或者违法所得的,予以没收,可以并处违法经营额 1 倍以上 3 倍以下或者违法所得 3 倍以上 5 倍以下的罚款"。由此可见,民办非企业单位同样属于非营利组织,如果直接从事经营活动,同样存在法律风险。

三、机关的特有法律风险

所谓机关,是指办理事务的部门,或是指办事单位或机构。在我国,机关是行使公权力的部门或机构的代名词。它以政府机关和行政部门为主,但也包括了人大机关、审判机关、检察机关等拥有特定权力的机关。总的来说,审判机关、检察机关的功能比较单一,均与诉讼有关。而立法机关的功能则更为单一,唯有行政机关的功能非常丰富、种类也非常多,是机关中最主要的组成部分。

机关面临的法律风险类型较多,而且同样是围绕其作为或不作为在实体和程序两个方面的合法性问题。在这些法律风险的不利后果中,轻则只是与其职能无关的民事赔偿,重则影响机关的公信力、引发国家赔偿,以及有限资源或财力、物力的重大浪费,甚至引发群体性事件、造成恶劣社会影响。除此之外,还有可能因违法行为而使机关的负责人或直接责任人遭遇行政处罚、刑事处罚等。

(一) 机关法律风险的特征

作为一种特殊的社会组织,机关通过法律所赋予的权力对社会、经济、文化等方面的事务实施管理,并具有法律赋予的强制力。也正是由于其行为存在着公权力的特征,因而对于整个社会的影响及导向性作用也远远大于社会个体行为。随着我国社会的进步,机关的行为已经笼罩在越来越多的法律规范及民意之下,其作为与不作为都同样存在法律风险和公信力风险。而政府的道德、政府决策的公益性等前所未有的观念也受到普遍的关注。这些既是我国社会进步的表现,也为机关行为提出了更高的要求。

机关在行使其职能时,不仅要涉及其职权范围、职责、工作程序等方面的法律规范,也还包括机关从事其他类活动所涉及的法律规范。其中,机关行使职能时所涉及的法律规范,如诉讼程序的要求、行政许可及行政处罚的要求等,属于机关特有的法律风险;而除了特有法律风险外,机关参与其他活动时涉及的法律规范,如机关在服务采购、基建等方面遇到的风险,则属于普通风险,与其他主体遭遇同类法律风险的情况相同。

当前,政府决策的法律风险主要体现在超越其职权范围进行决策、超越法定范围制定强制性规范,以及行使职权时违背职守、通过不作为或滥作为的方式不正当使用公权力等。机关在行政许可、行政处罚、审判、执法等方面的不规范行为,会对整个社会产生非常严重的导向性影响。

例如,自 2006 年南京"彭宇案"判决以后,全国各大城市经常出现遇见老人摔倒而众人袖手旁观的报道,其中尤以南京为甚。因为在该案中,法官根据当事人彭宇将摔倒在地的徐老太送往医院并垫付医药费的行为,"依据常理"认定其存在过错,并判令其承担 40% 的赔偿责任。自此以后,路遇老人摔倒人人不敢上前相救,成为对于人性和现代文明的绝大讽刺。

(二)机关法律风险管理的总体思路

对于机关特有法律风险的识别、评估其实也并不困难,只是机关由于有所依仗而往往对自身法律风险的管理意识会比企业淡薄。从律师的角度来说,机关法律风险的识别、评估仍旧是从法律风险的主体、行为及法律环境着手,在技术上并无太多区别。只要能够通过细致的尽职调查及科学的评估发现问题之所在,以事前防范的方式管理相关的事务,许多问题也就会迎刃而解。

但正如培根所说的那样,"一次错误的判决胜过十次犯罪,因为犯罪只是污染了水流,而错误的判决则是污染了水源",无论是机关的一次错误判决还是一个错误的行政行为、决策,都有可能带来社会财富的无端浪费和机关公信力以及整个社会对公平正义信念的丧失,因而机关更应该重视其行使公权力时的法律风险。这不仅仅关系到机关本身,也关系到整个社会的稳定、和谐。

事实上,政府行为合法性的问题在 20 世纪末已经提出。1999 年,国务院发布了法规性文件《关于全面推进依法行政的决定》。2004 年 3 月,国务院又颁布了《关于印发全面推进依法行政实施纲要的通知》,从依法行政的角度提出了决策合法性的要求。与此同时,国务院办公厅也颁发了《关于贯彻落实全面推进依法行政实施纲要的实施意见》。而各个国务院部委的具体实施办法的陆续出台,以及不同级别的地方政府制定的决策合法性等规范,则是对国务院相关规定的一种响应和深化。

而机关本身也同企业一样,根本不可能仅凭其自身的力量熟知各方面的法律规范,所以非常容易出现行为违法或未将法律赋予的权利用足的情况,甚至各部门在自己所管理的事务中出现低级错误也并不罕见。以前,任何机关的决策都很少有人会提出质疑。而随着社会的进步和开明以及网络的发达,对任何一级机关的决策提出质疑都有可能发生。因法律意识淡薄而做出的决策不仅贻笑大方,而且很容易在各级媒体的质疑中无果而终。

此外,按照《民法通则》第 121 条的规定,"国家机关或者国家机关工作人员在执行职务中,侵犯公民、法人的合法权益造成损害的,应当承担民事责任"。这一规定扩大了机关的民事责任范围,但实际上与员工的职务行为由企业承担责任具有同样的道理,并非机关特有的法律风险。因此,机关的作为与不作为以及其工作人员职务行为中的作为或不作为,均有可能为机关带来法律风险。

四、政府行政行为法律风险的管理

根据最为广义的学说,行政行为是一切与国家行政管理有关的行为,包括国家行政机关行使职权、履行职责、参加诉讼等行为,以及行政机关公务人员的各种职务行为。由于抽象的行政行为一般不在行政诉讼范畴之内,因此政府机关主要面对的是具体行政行为的法律风险。

按照以前司法考试教材的分类,具体行政行为分为 10 种,分别为:行政征收、行政征用、行政给付、行政奖励、行政裁决、行政处罚、行政确认、行政许可、行政强制措施、行政监督检查。这些具体行政行为往往都涉及不同领域的法律规范,如果行政部门的行为违反相关的法律规定,就会存在法律风险。由于找不到系统化的分类体例,这里仅进行简单列举。

1. 政府决策法律风险

政府决策超越其职权范围并因此而造成损失及重大不利影响的情况目前已经屡见于报端,属于对行政职权的滥用。究其原因,还是由于政府的行政决策缺乏有效的制约,而对于这种结果整个社会都不希望其发生。为了加强决策的合法性,许多政府均责成其所属的法制主管部门认真研究决策的合法性问题,为政府决策提供合法性保障。

例如,宁夏回族自治区 2009 年 6 月起准备建立由各级法制办负责的,针对本级政府行政决策的合法性审查制度。对政府重大行政决策合法性的审查包括本地区国民经济和社会发展规划的编制、政府价格管理和城市规划事务、土地利用总体规划的编制和重大调整、重大市政基础设施建设、农村土地征收和征用的补偿安置,以及教育、医疗卫生、劳动就业、公共交通、旧城区改造等。与公民、法人或其他组织利益密切相关的重大行政措施,在出台前都必须进行合法性审查。其中,对违反法律、法规、规章禁止性规定的决策内容,应当根据需要提出调整建议;对法律、法规、规章未作规定,但符合法律原则、国家政策精神、改革发展方向和当地实际的决策内容,可以根据需要提出相应的完善建议。特别是要坚持事前防范为主和事中控制、事后补救为辅的原则,妥善帮助政府解决招商引资、征地拆迁、农村土地流转、劳动就业、社会保障等国计民生方面的涉法问题。①

除了宁夏回族自治区政府外,还有北京、广州等众多地方政府在更早的时间制定了相关的规范性文件,以提高其决策、行政行为的合法性。而国务院各部委自行制定并下发、仅针对本系统的规范性文件,也反复提及决策合法性的问题。所有这些,不失为一种社会进步。

从操作层面上看,政府的法制主管部门尚不完全具备为政府决策提供深度咨询意见的能力,要提高决策质量、降低决策合法性方面的法律风险,还是需要由专业律师提供深度服务才能实现。

2. 行政许可法律风险

行政许可是可诉的具体行政行为之一。按照《行政许可法》第2条的规定,"本法所称行政许可,是指行政机关根据公民、法人或者其他组织的申请,经依法审查,准予其从事特定活动的行为。"而该法第4条则点出了问题的关键,即"设定和实施行政许可,应当依照法定的权限、范围、条件和程序",否则就存在法律风险,甚至导致国家赔偿。

行政许可属于依照法律规定授权相对人从事某些未经授权即禁止的行为,分为普通许可和特许。其中的特许,是授权相对人从事法律普遍禁止的行为,特许经营制度下的经营行为即为此类。总的来说,行政许可是行政主体对外行使行政管理职权的外部行为、要式的行政行为,同时也是抑制公益危险或社会秩序紊乱的事前控制手段,不同于行政处罚、行政强制等事后或事中所采取的手段。②

行政许可的设立具有时间性、地域性,并与特定的背景、对象有关,而行政许可法的亮点,则在于其确定的许可法定原则。按照《行政许可法》第12条的规定,在六种情况下可以设定行政许可。但除属于下列规范性文件且属于限定的范围,其他规范性文件一律不得设定行政许可:

(1)法律;

(2)尚未制定法律,行政法规、国务院决定可以设定;

(3)尚未制定法律、行政法规,地方性法规可以设定;

(4)尚未制定法律、行政法规、地方性法规,符合法定要求的,省、自治区、直辖市人民政府规章可以设定临时性行政许可。

需要特别说明的是,行政法规、地方性法规、规章都只能在其上位法许可事项范围内做出实施时的具体规定。而且,为实施上位法的行政许可而做出的具体规定,不得增设行政许可、不得增设违反上位法的许可条件。另外,地方性法规和省、

---

① 参见张怀民:《自治区法制办将出台制度审查政府决策合法性》,载《法制新报》,第2009-06-08期。

② 参见北大法宝《中华人民共和国行政许可法》释义,总则部分。

自治区、直辖市政府规章不得设定应由国家统一确定的资格、资质的行政许可,也不得设定企业或者其他组织的设立登记及其前置性行政许可。

而目前所存在的问题,是大量存在的以地方性法规、规章形式设定的行政许可是否认真进行过合法性审查。以及即使是设立时完全合法的行政许可,是否依照《行政许可法》第20条的规定,"行政许可的设定机关应当定期对其设定的行政许可进行评价;对已设定的行政许可,认为通过本法第十三条所列方式能够解决的,应当对设定该行政许可的规定及时予以修改或者废止"。

为了体现行政许可的公开、公平、公正原则以及便民实则,《行政许可法》规定了许多许可过程中的细节,违反这些细节规定意味着机关或机关工作人员有可能因此而承担法律责任,因此需要仔细审查相关细节才能杜绝相关法律风险。例如,某行政诉讼案中,工商行政管理部门由于将变更登记中的确认行为当成了许可行为,不当地实施了许可及撤销,导致了在诉讼中败诉的结果。而这类由于细节上及程序上未加注意而导致的法律风险并不少见。

3. 行政诉讼法律风险

提起行政诉讼,人们会直接联想到行政处罚。应该说,行政处罚只是可诉的具体行政行为中的一种,行政诉讼除了针对行政处罚外,还可以针对大量的其他行政行为。而且,行政诉讼是大多数行政行为能否经得起法律考验的标志。行政处罚与行政许可一样属于可诉的具体行政行为,而且在《行政处罚法》的总则部分也同样花了大量篇幅规定了各级别法律规范设定行政处罚的种类甚至前提条件,并明确规定除了限制人身自由的行政处罚只能由法律规定。而地方性法规则只可设定除限制人身自由、吊销企业营业执照以外的行政处罚。

按照《行政处罚法》第3条的规定,行政处罚必须"依照本法由法律、法规或者规章规定,并由行政机关依照本法规定的程序实施。没有法定依据或者不遵守法定程序的,行政处罚无效。"尽管在行政处罚法中直接出现了警告、罚款、没收违法所得或没收非法财物、责令停产停业、暂扣或者吊销许可证及暂扣或者吊销执照、行政拘留这六种行政处罚,但还有一些行政处罚散见于不同的法律、行政法规中,由不同的行政部门执行。

根据最高人民法院2008年的工作报告,在2003年至2007年的五年间,最高人民法院审理行政案件1242件,国家赔偿案件313件;监督和指导地方各级人民法院审结一审行政案件47万余件,比前五年同比上升1.5%;审结国家赔偿案件1.3万件,同比上升17.31%,涉及赔偿金额1.8亿元,同比增长6.26%。可见在整体数量没有显著上升的同时,国家赔偿案件有了明显的上升,说明了社会在进步,人们针对政府行为维权的意识在增强。

值得注意的是,司法解释对于行政诉讼的受案范围进行了扩大解释,因而机关的行政诉讼法律风险范围必须参照司法解释的规定加以确定。

根据1989年颁布并于1990年10月开始实施的《中华人民共和国行政诉讼法》第2条的规定,"公民、法人或者其他组织认为行政机关和行政机关工作人员的具体行政行为侵犯其合法权益,有权依照本法向人民法院提起诉讼"。而根据最高人民法院于2000年3月颁布的《关于执行〈中华人民共和国行政诉讼法〉若干问题的解释》第1条第1款,受案范围被概括为"公民、法人或者其他组织对具有国家行政职权的机关和组织及其工作人员的行政行为不服,依法提起诉讼的,属于人民法院行政诉讼的受案范围"。两者之间的差别主要体现在两个方面:一是《行政诉讼法》上规定的行为主体身份必须是"行政机关和行政机关工作人员",而司法解释中规定的行为主体身份则为"具有行政职权的机关和组织及其工作人员",以扩大行为主体身份范围的方式适应那些具体行政行为由其他组织实施的情况,填补了原来的漏洞;二是《行政诉讼法》规定的行为必须是"具体行政行为",而司法解释中则为"行政行为",扩大了受理的行为范围。

根据司法解释,即使行为主体并非行政机关,只要是具有行政职权,其他组织或其工作人员所从事的具体行政行为也同样属于法院的受案范围,即使超出了具体行政行为的范围也仍有一部分属于法院受案的范围,扩大了对公民及法人合法权益的保护。使得人民法院对行政诉讼的受案范围可以扩大到侵犯人身权、财产权之外的受教育权、劳动权及政治权利等方面的行为,以至于将学校拒绝颁发毕业证和学位证行为,以及开除学籍、勒令退学等涉及侵犯学生身份资格的权益的行为纳入受案范围,顺应了时代和社会发展的需要。① 正因如此,对于行政诉讼的法律风险管理并非单纯应对行政诉讼事务,而是要对行政机关的不同行为进行分类并识别各类法律风险,然后依法找出相关的管理措施。

以上只是非系统化地简单列举了政府行政行为中的部分法律风险,实际存在的行政行为法律风险无论其范围还是体现形式都十分的"丰富多彩",需要潜心加以研究方能发现并排除。例如,国务院于2007年4月颁布了《中华人民共和国政府信息公开条例》并于次年由国务院办公厅颁布了《关于施行〈中华人民共和国政府信息公开条例〉若干问题的意见》。由于这方面的规定相对"冷门",许多机关在公开信息方面做得并不完善,导致某些规定无法成为实施许可的依据。

---

① 参见杨小英:《公立学校能否成为行政诉讼主体》,摘自北大法律信息网。

Contents

Chapter One The Overview of Legal Risk

Tips in this chapter	001
Part One Understanding of Legal Risk	002
1. Law and legal risk	002
2. The concept and factor of legal risk	004
3. The features of legal risk	006
4. Four main categories of legal risk	008
Part Two The Subjects of Legal Risk	011
1. The scope of legal risk subjects	011
2. Legal person as the subject of legal risk	013
3. Natural person as the subject of legal risk	016
4. Other legal risk subjects	019
Part Three The Legal Risk Environment	021
1. Factors of the legal risk environment	021
2. The legal system in mainland China	024
3. Legal regulations concerning the specific subjects	027
4. Selection of the legal environment	028
Part Four Legal Risk Behavior	030
1. The behavior of the legal risk subjects during establishment	031
2. The behavior of the legal risk subjects during operation	034
3. The special behavior of legal risk	037
4. The corporate behavior of change and termination	039
Part Five The Unfavorable Consequences of Legal Risk	040
1. Legal risk consequences of criminal punishment	041
2. Legal risk consequences of administrative punishment	044
3. Legal risk consequences of civil liability	045
4. Legal risk consequences of losing single rights and interests.	047

5. The indirect unfavorable consequences of legal risk	048
Part Six Other Attributes of legal Risk	050
1. The relationship between legal risk and other risk	050
2. All the related parties of legal risk	051
3. The phases of legal risk	054
4. Legal risk from different perspectives	057

Chapter Two The Basic Theory of Legal Risk Management

Tips in this chapter	061
Part One The Concept and Development of Legal Risk Management	062
1. The source and generalization of legal risk management	062
2. The concept and principles of legal risk management	065
3. The footing of legal risk management	068
4. The differences between legal risk management and other risk management	070
Part Two Corporate Management and Legal Risk Management	071
1. Legal risk management from the corporate management perspective	072
2. Corporate management from the perspective of legal risk management	074
3. Compliance and legal risk management	077
4. Corporate legal consultants and legal risk management	080
Part Three The General Issues of Legal Risk Management	081
1. The basic factors of legal risk management	081
2. Discovering management strategies in legal risk	084
3. The contents of legal risk management	088
4. Legal risk management and legal risk management projects	089
Part Four The Operational Issues of legal risk management	091
1. Dimensions of overall risk management	091
2. Dimensions of legal risk management	096
3. The boundaries of implementing legal risk management	097
4. Basic methods dealing with legal risk	100
Part Five The Interior Relationships Concerning Legal Risk Management	102
1. The related parties in legal risk management	103

2. The relations between different interests inside the enterprise and legal risk management — 106
3. Formal and informal organizations in the enterprise — 109
4. The interior relations concerning the enterprise value chain — 110

Part Six Legal Risk Management Practice in Mainland China — 113
1. The development of legal risk management in mainland China — 113
2. The motivation for enterprises to try out legal risk management — 115
3. Changes in the enterprise due to legal risk management — 117
4. Legal risk management awareness in Mainland China — 119

Chapter Three Legal Risk Investigation and Identification

Tips in this chapter — 123

Part One The identification perspective of the corporate legal risk — 124
1. Identifying legal risk by means of regular experience — 124
2. Identifying legal risk by means of organizational structure — 126
3. Identifying corporate legal risk by means of value chain — 128
4. Identifying legal risk by means of enterprise life cycle — 131
5. Identifying legal risk by means of legal risk categories — 133

Part Two The Outlines of Enterprise Legal Risk in Different Phases — 134
1. Legal risk in the establishment of enterprises — 134
2. The basic legal risk in operation — 137
3. The specific legal risk in operation — 139
4. The corporate legal risk under abnormal situations — 142

Part Three The Due Investigation of Corporate Legal Risk — 144
1. Launching the legal risk management project — 145
2. Specifying the contents and scopes of the due investigation — 146
3. Some methods of the due investigation — 149
4. The work principles and requirements of the due investigation — 153

Part Four The Identification Process of the Corporate Legal Risk — 155
1. Critical Reading of the corporate original materials — 155
2. Basic judgment of corporate legal risk — 157
3. Comparisons between corporate behaviors and legal regulations — 158

    4. Discovery of the unmentioned legal risk 160
    5. Improvement of precision by means of techniques 161
Part Five Identification of the Specific Legal Risk 165
    1. Legal risk in contracts concerning foreign business 165
    2. Legal risk in the management system 167
    3. Legal risk in the corporate procedure 170
    4. Legal risk in individual cases 172
Part Six Identification of the Legal Risk Checklists 174
    1. Principles of making legal risk checklists 174
    2. Legal risk checklists and legal risk management 175
    3. The basic legal risk checklists 177
    4. Improvement of the basic legal risk checklists 179
    5. Submission of the legal risk checklists 182

Chapter Four Legal Risk Assessment and Report

Tips in this chapter 185
Part One Summary of Legal Risk Assessment 186
    1. The work targets of legal risk assessment 186
    2. The work principles of legal risk assessment 187
    3. The dimensions of legal risk assessment 189
    4. Collection of legal risk assessment information 190
    5. Aessment methods of legal risk 193
Part Two Dimensions of Legal Risk Assessment 195
    1. The basic dimensions of legal risk assessment 196
    2. Other dimensions of legal risk assessment 200
    3. Setting the dimensions of legal risk assessment 202
Part Three The Value Assignment of the Legal Risk Points 205
    1. The meaning of evaluating legal risk points 205
    2. The standards of evaluating legal risk points 207
    3. the operation and order of evaluating legal risk points 208
    4. Assigment of legal risk points in different dimensions 212

Part Four Calculation of Evaluating Legal Risk	216
1. The basic principles of evaluation	216
2. Calculation of two dimensions	220
3. Calculation of multiple dimensions	222
4. Correction and deduction of evaluation price	226
Part Five Technical Process of Legal Risk Assessment Conclusions	228
1. Breaking through the boundary of regular legal affairs	228
2. Professional analysis and induction	231
3. Professional expression	235
Part Six Report and Submission of Legal Risk Assessment	239
1. Drafting principles of the assessment report	240
2. The due contents in the assessment report	243
3. The organization of structure and content in the assessment report	246
4. Correction and submission of work results	248

Chapter Five   Solutions to Legal Risk

Tips in this chapter	251
Part One The Basis of Designing Solutions	252
1. The basic work in designing solutions	252
2. Principles of designing solutions	255
3. Factors in designing solutions	258
Part Two Analysis of Legal Risk Countermeasures	261
1. Understanding of legal risk countermeasures	261
2. Legal risk countermeasures in the decision-making level	263
3. Legal risk countermeasures in the operational level	268
Part Three System Design in Solutions	271
1. The basic principles of systemized management	271
2. The general framework in corporate regulations	273
3. Regular defects in corporate regulations	275
4. Optimizing system from the perspective of legal risk management	277
Part Four Procedure Design in Solutions	280
1. Understanding of procedure and procedure management	281

2. Legal risk management embedded in current procedure　　283
　　3. Legal risk management cooperation among procedures　　286
　　4. Procedure design of legal risk management　　288
Part Five　Text Design in Solutions　　292
　　1. Text and legal risk management system　　292
　　2. Legal risk management measures regarding text　　294
　　3. Legal risk management of contract text　　296
　　4. Legal risk control of other text　　299
Part Six　Designing Solutions to Project Legal Risk　　302
　　1. Research on legal feasibility of specific projects　　302
　　2. Research on legal environment of specific projects　　305
　　3. Research on related situations of subjects in deals　　308
　　4. Thinking of operations research and thinking of legal risk management　　311

Chapter Six　Implementation and Improvement of Legal Risk Management

Tips in this chapter　　313
Part One　Thinking Review in Designing Solutions　　314
　　1. Legal risk classification from the perspective of management　　314
　　2. The due functions of legal risk management system　　318
　　3. Testing legal risk solutions　　321
Part Two　Improving Legal Risk management Execution　　324
　　1. Factors affecting execution for managers　　324
　　2. Factors of the employee and execution improvement　　327
　　3. Effective methods strengthening execution　　330
Part Three　Publicizing of Legal Risk Management Solutions　　333
　　1. Understanding of Publicizing training　　334
　　2. Methods and Effects of publicizing　　336
　　3. Publicizing of legal risk solutions　　338
　　4. Improving publicizing effects with follow-up measures　　341
Part Four　Cyclic Improvement of Solutions　　343
　　1. Defects of systemization and system alienation.　　343

2. Changing legal risk factors	346
3. Cyclic improvement from the prospective of management	348
4. Cyclic improvement of legal risk solutions	351
Part Five Contract Management in Legal Risk Management	353
1. Basis of dealing profit maximization	353
2. Contract management in the legal risk management category	355
3. Legal risk management of contract text	358
4. Legal risk management of contract affairs	361
Part Six Legal Risk Management in Non-enterprise Organization	363
1. Legal Risk Classification of non-enterprise organization	364
2. Legal risk in profitable activities of non-enterprise organization	366
3. Special legal risk in organs of government	369
4. Legal risk management of government administrative behavior	371

Postscript   383

后 记

在求道还是求术之间,我更愿选择求道,虽然我明白求道更难、更苦。在授人以渔还是授人以鱼之间,我更愿授人以渔,虽然我也知道许多人更想要鱼。

道是事物的本质规律和终极原理,是思想体系,参透它就能解释事物的所有现象并游刃有余地解决问题,只要你能不计成本地在喧嚣中耐住寂寞。相对于道,术只是对道的零星运用、是技艺和方法,只需知其然而无需知其所以然。术只要发挥得淋漓尽致,同样可以应对自如,但却无法达到道的境界。

求道需要在万籁俱静的时候,用心去聆听、用心去触摸,才能透过表象看穿事物,直到神秘不再神秘、平常不再平常。在这个经历中,有混沌不清的假设、有扑朔迷离的灵犀,有时会一知半解、有时会无穷多解却又始终没有最优解。因此需要不断地验证规律、验证方法,直到颠扑不破。而求术则要简单得多,有时只需一招半式就足以免去衣食之忧,只要足够用心地学和用。

世间万物本无定式,多是后人误解了先行者的所思所想而将其视为金科玉律而墨守成规。然而,这个世界中唯一永恒的就是变化,时间会打破一切,使那些曾经无比经典却又似是而非的结论浅薄得只堪一笑。知识是前人思考的沉淀,但它本身并不是力量。真正的力量在于如何运用知识去分析问题、解决问题,而这则被称为智慧。因此,许多理论应该否定、没有什么理论不可以创立。

对道的追求如登山般走得越高则所见越多,而你的同行者也越少。而最终所能看到的,可能只是一种鲜有人解的抽象的存在。但这些抽象的存在意义非凡,因为所有的问题都是制约条件相互作用而构成的综合体,参透这个综合体的结构、找出不同条件的性质和相互关系并反向运用,才是分析、解决问题的基础和不二法门。

正是基于这样的想法,我在这个众说纷纭的领域中以我的方式探讨并按我的思路建立一块理论和方法的基石,将渔而不是鱼拿出来与大家共享。这既算是对多年研究成果所做的一个总结,也可以令我了却一件心事,从此可以心无牵挂地考虑那个 20 多年前就在思考的命题。

2009 年 9 月　于北京

图书在版编目(CIP)数据

完美的防范:法律风险管理中的识别、评估与解决方案/吴江水著.—北京:北京大学出版社,2010.1
ISBN 978-7-301-16179-1

Ⅰ.完…　Ⅱ.吴…　Ⅲ.企业法-研究-中国　Ⅳ.D922.291.914

中国版本图书馆 CIP 数据核字(2009)第 204029 号

书　　　名：完美的防范——法律风险管理中的识别、评估与解决方案
著作责任者：吴江水　著
责 任 编 辑：苏燕英
标 准 书 号：ISBN 978-7-301-16179-1/D·2476
出 版 发 行：北京大学出版社
地　　　址：北京市海淀区成府路 205 号　100871
网　　　址：http://www.yandayuanzhao.com
电　　　话：邮购部 62752015　发行部 62750672　编辑部 62117788
　　　　　　出版部 62754962
电 子 邮 箱：law@pup.pku.edu.cn
印 　刷　 者：北京鑫海金澳胶印有限公司
经 　销　 者：新华书店
　　　　　　730 毫米×980 毫米　16 开本　25.25 印张　473 千字
　　　　　　2010 年 1 月第 1 版　2020 年 4 月第 15 次印刷
定　　　价：45.00 元

未经许可,不得以任何方式复制或抄袭本书之部分或全部内容。
版权所有,侵权必究
举报电话:010-62752024　电子邮箱:fd@pup.pku.edu.cn